东南亚研究丛书
DONGNANYA YANJIUCONGSHU

「十二五」国家重点图书出版规划项目

东南亚文化概论

Dongnanya Wenhua Gailun

于在照 钟智翔◎主编

中国出版集团
世界图书出版公司

图书在版编目（CIP）数据

东南亚文化概论 / 于在照，钟智翔主编. — 广州：世界图书出版广东有限公司，2014.6（2024.1 重印）
ISBN 978-7-5100-7930-6

Ⅰ. ①东… Ⅱ. ①于… ②钟… Ⅲ. ①文化—概论—东南亚 Ⅳ. ①G133

中国版本图书馆 CIP 数据核字（2014）第 111343 号

东南亚文化概论

策划编辑： 刘正武
责任编辑： 程 静 张东文
出版发行： 世界图书出版有限公司 世界图书出版广东有限公司
（地址：广州市新港西路大江冲 25 号 邮编：510300
网址：http://www.gdst.com.cn）
联系方式： 020-84184026 84453623 E-mail：wpc_gdst@163.com
经　　销： 各地新华书店
印　　刷： 广州市怡升印刷有限公司
版　　次： 2020 年 1 月第 2 版 2024年1月第7次印刷
开　　本： 787 mm × 1092 mm 1/16
字　　数： 384 千字
印　　张： 18.75
国际书号： ISBN 978-7-5100-7930-6
定　　价： 48.00 元

咨询、投稿： 020-84460251 gzlzw@126.com

解放军外国语学院亚非语系

《东南亚研究丛书》编辑委员会

目　录

导 言

东南亚幅员辽阔，北接中国大陆，北界西起于缅甸，大致沿北回归线向东直到北太平洋西部的岛屿，南邻澳大利亚，东濒太平洋，西接印度洋，并与孟加拉国、印度相毗邻。在这广阔的区域内共有越南、老挝、柬埔寨、泰国、缅甸、菲律宾、马来西亚、文莱、新加坡、印度尼西亚、东帝汶11个国家。东南亚作为一个相对独立的地域，其社会历史和文化发展源远流长，但将东南亚作为一个“区域”整体来看待，并将这种称谓固定下来以及被人们广泛地接受、采纳和使用，却经历了一个相当漫长的过程。直到第二次世界大战结束后，“东南亚”才作为一个确定地区的地理名称逐渐被广泛接受并普遍采用。面对东南亚这样一个既年轻又拥有悠久历史，更重要的是与中国山水相连、唇齿相依的地区，我们对它的认识和了解还是远远不够的。而要真正了解东南亚，首先就应认识其文化，因为“文化是人的生存环境。人类生活的任何一方面无不受着文化的影响，并随着文化的变化而变化。文化决定了人的存在、表达自我的方式(包括情感的流露)、思维方式、行为方式、解决问题的方式、规划和建设城市的方式，以及经济和运输系统的组织和运行，与政府的关系和发挥作用的方式”。①因此，了解东南亚文化对于认知这个地区的国家和民族具有非常重要的意义。

然而，东南亚文化的内涵究竟是什么，却是一个很难回答的问题。毕竟，“文化”本身就是一个充满争议的概念。目前学术界所下的定义就多达数百种，不同学术领域的专家学者和各类辞书都从不同的角度讨论了文化概念的含义。英国人类学家泰勒认为，文化“是包括全部的知识、信仰、艺术、道德、法律、风俗以及作为社会成员的人所掌握和接受的任何其他的才能和习惯的复合体”。②社会学家兰登贝格则认为：“文化可以被定义为是一套从社会活动中习得并传递的判断标准、信念、行为，以及因此出现的行为的习惯模式，及其物质的和象征意义上的产物。”③而美国学者露丝·本尼迪克特的文化概念则是：“文化是通过某个民族的活动而表现出来的一种思维和行为模式，一种使该民族不同于其他民族的模式。”④在我国的权威辞书《辞海》中，文化被区分为广义和狭义两种。广义的文化指人类社会实践过程中所获得的物质、精神的生产能力和创造的物质、精神财富的总和；狭义的文化指精神生产能力和精神产品，包括一切社会意识形式——自然科学、技术科学、社会意识形态。

---

① ［美］拉里·丹·萨姆瓦：《跨文化传通》，北京：生活·读书·新知三联书店，1998年版，第26页。

② ［英］爱德华·泰勒：《原始文化》，上海：上海文艺出版社，1992年版，第1页。

③ 裔昭印：《世界文化史》，上海：华东师范大学出版社，2000年版，第2页。

④ ［美］本尼迪克特：《文化模式》，张燕等译，杭州：浙江人民出版社，1987年版，第45~46页。

尽管文化的定义千差万别，但其中有相当多的成分还是相同的，即都把文化理解为人类的思维与行为模式，重视人的精神活动领域，包括语言、风俗等相关方面。由于文化概念本身具有复杂多义性，为了避免泛泛而论，文化研究者往往根据不同的视角对文化的内涵做出不同的层次划分，以便更好地对其进行把握和解释。例如，从时间的角度可以将文化分为古代文化、中古文化、近代文化、现代文化等；从空间的角度可以将文化分为东方文化、西方文化，海洋文化、大陆文化，或中华文化、印度文化、阿拉伯文化、希腊—罗马文化等；从不同的社会层面可以将文化分为贵族文化、平民文化、官方文化、民间文化等；从不同的社会功能出发可以将文化分为礼仪文化、服饰文化、校园文化、企业文化等。这些从时间、空间、社会层面上对文化所做的分类属于外在角度的分类。而从文化自身内在逻辑结构的层次上，又可以将文化分为物质文化、精神文化两个层次，或者物质文化、精神文化、制度文化三个层次，甚至分为物质文化、精神文化、行为文化、制度文化四个层次。无论是两分法、三分法还是四分法，其所研究的都是文化本身的基本结构。由于三分法分类合理、简洁，在学术界影响较大，因此，本书对文化进行分析时完全采用了该种分类方法，从人与自然的关系，人与社会的关系，人与自身的关系出发，把文化的内涵界定为三个层次：第一个层次是物质文化，指人类所从事的物质生产创造活动及其劳动产品，它反映了人类对自然的认识、利用和改造的程度与结果，包括服装饮食、居住条件、劳动器具、工艺技术等方面；第二个层次是制度文化，指人类在社会实践活动中所建立的各种社会规范的总和，用来解决和规范协调人与人之间的行为，其中包括生活方式、家庭模式、行为礼仪、风俗习惯、节日庆典等等；第三个层次是精神文化，指人类在长期的社会实践活动和意识形态活动中升华出来的价值观念、知识体系、审美情趣和思维方式，包括文学、音乐、艺术、戏剧、思想、宗教信仰等等。文化作为人类社会生活的体系特征，每个层次既有区别，又相互联系，是浑然一体的。

在本书中，东南亚文化就是指存在于东南亚这一地区的物质文化、制度文化和精神文化，它包括以东南亚地区各民族为主体的民族文化，以东南亚各民族国家为主体的国家文化，以及以东南亚地区为主体的区域文化。由于东南亚各个国家具有不同的历史背景，同时并存多种民族、宗教、语言、文字、风俗习惯以及音乐、舞蹈等艺术风格，而且彼此相互渗透，既异彩纷呈又纷繁复杂，这增加了我们整体认识和了解东南亚文化的难度，同时在研究及阐述时也很难做到全面和深入。本书选择从微观的视角出发描述东南亚的文化要素，将东南亚作为一个地区加以研究，并不意味着我们简单地把东南亚文化视为文化上的一个整体。毕竟“东南亚作为一个地理学意义上的地区，各地之间有历史联系，与东南亚是否是文化上的一个整体，是三个不同的概念”。[①]而且，“东南亚世界

① 贺圣达：《东南亚文化发展史》，昆明：云南人民出版社，2011年版，第4~5页。

代表了一种复杂的多样的文化模式”。[①]因此，本书更多的是要透过东南亚文化的差异性和多样性去探寻其相似性和统一性，以使读者对东南亚文化有一个全面而清晰的认识。而差异性和多样性的有效呈现和展示，恰恰需要建立在东南亚这一区域的整体性与统一性视野之下。

纵观东南亚文化的发展历程，我们会看到不同国家、不同区域、不同民族往往拥有差别很大的文化特征，多元化和多样性成为东南亚文化的主要特点。美国亚洲问题专家罗伯特·斯卡拉皮诺曾指出：世界上很少有别的地区能比东南亚地区更鲜明地说明在千差万别之中求得一致所会遇到的各种问题。各个种族的代表性的特点、文化类型、经济制度和政治制度的纷繁杂陈，其种类之多、范围之广，几乎囊括人类所见识过的全部类型。[②]究其原因，主要是以下几个因素对东南亚文化发展产生了影响。

首先是自然环境因素对东南亚文化的影响。人类的文化是在自身与其生存环境之间的互动关系中，通过生计方式的选择与适应而逐渐形成的。文化生成基础的多样性内在地决定了文化类型的多样性，也决定了人类文化发展模式的多样性选择。毋庸置疑，东南亚的文化特征与当地自然环境关系十分密切，从中看出在特定的环境中文化生成的过程。整个东南亚南北间距约3500公里，东西间距约6400公里，地域总面积约450万平方公里，由中南半岛（又称中印半岛或印度支那半岛）和马来群岛两个部分组成。该地区总面积虽然大，土地面积却少而分散。中南半岛上山脉纵横，河流密布；而马来群岛上2万多个岛屿则星罗棋布，海湾、海港、海峡聚集。整个东南亚地区被山脉、河流或海洋分割为许多大小不等、相对隔离的地理单元，地缘政治学家也因此将其称为“破碎地带”。由于地形破碎，交通往来不便，生活在各个地域的人们彼此隔绝，他们在各自不同的环境里创造和发展自己的文化，由此形成了东南亚文化的差异性和多样性。

其次是民族构成因素对东南亚文化的影响。文化是由人类创造或衍生的，自民族形成后，文化又是以民族的形式出现的。一个民族使用共同的语言，遵守共同的风俗习惯，养成共同的心理素质和民族性格，即为民族文化的表现。[③]因此，文化所具有的基本特质之一就是民族性。文化的民族性是文化的灵魂，是民族区别的标志。东南亚是人类的发祥地之一，同时它又处于种族和民族迁徙的“十字路口”。东南亚最古老的居民是尼格里陀人，他们的后代迄今仍生活在马来半岛和菲律宾群岛的一些丛林地带。距今约1万年前，已进入新石器时代的东亚大陆地区的原始居民由于战争、自然灾害、疾病等不断向远方迁徙。气候温热、植被茂盛的东南亚成为大陆原始部落居民理想的迁徙之地。流经华南、西南和中南半岛的大江河谷地带成为原始民族迁徙的天然走廊。中国南部的原始

① ［新］尼古拉斯·塔林主编:《剑桥东南亚史》(第一卷)，贺圣达等译，昆明：云南人民出版社，2003年版，第228页。
② ［美］罗伯特·斯卡拉皮诺:《亚洲及其前途》(中译本)，北京：新华出版社，1983年版，第18页。
③ 孙秋云:《文化人类学教程》，北京：民族出版社，2004年版，第31页。

族群从陆路到海路，经过不同的路线，一批又一批地移居中南半岛，南下海岛地区，并与当地原始民族结合，形成新的族群。经过长期的融合、分化与发展，东南亚逐渐成为民族众多的地区。按民族学谱系分类，东南亚的民族分别属于四大族系：澳大利亚—美拉尼西亚族系、南岛语言族系、南亚语言族系和汉藏语言族系。后三者均属南蒙古利亚人种。据粗略统计，该地区有400~500多个民族。其中，印度尼西亚就有300多个民族，而缅甸、菲律宾、越南则分别拥有130多个、90多个、50多个民族。东南亚各国无一例外都是多民族国家，东南亚也由此成为世界上民族最多、民族情况最复杂的地区之一。由于各民族有着不同的族源、历史和文化传统以及生活方式，这就增加了东南亚文化的差异性与多样性。

再次是外来宗教因素对东南亚文化的影响。如前所述，东南亚位于亚洲和大洋洲，太平洋和印度洋的交汇地带，地处印度和中国两大文明古国之间，这就使得它很早就受到了中国文化和印度文化的影响。随着东西方贸易的发展，伊斯兰教的传入和西方殖民者的入侵，东南亚文化又受到了阿拉伯文化和西方文化的影响。纵观世界各国、各民族文化发展的历史，可以说无一例外地都会受到四大文化体系中的一个或若干个的直接或间接影响。而东南亚则更加与众不同，世界四大文化体系先后汇集于此，互相碰撞和渗透，对这个地区的文化发展产生了直接的影响。先是婆罗门教和佛教，后是伊斯兰教和基督教，纷纷影响本地区，从而形成了目前丰富多彩的宗教文化。其中，缅甸、泰国、柬埔寨、老挝以上座部佛教文化为主；越南以大乘佛教和儒教信仰为主；印度尼西亚、马来西亚、文莱、泰国南部和菲律宾南部以伊斯兰文化为主；菲律宾北部和中部、东帝汶以基督教文化为主。同时东南亚是世界上华侨华人最多的地区，华侨华人带去的中华文化对东南亚各地本土文化的影响也是巨大的。上述各种外来文化都深刻而广泛地影响了东南亚各国文化的发展，使得东南亚文化的差异性迅速扩大。这种局面又与东南亚地形破碎、民族众多、各地发展不平衡等因素交织在一起，形成了多元并存、和而不同的文化格局。有学者指出，东南亚的情况“是与中国、印度和西欧根本不同的。在东南亚，不存在占绝对优势的、有代表性的民族。出身不同系统的形形色色的民族相互并立，几乎每一个国家都是不同的民族国家。语言、风俗习惯、宗教都不相同”。“所谓共同的东南亚生活方式或者统一的东南亚文化，是不存在的。”①

然而，尽管东南亚文化极具差异性和多样性，但并不能因此就否认或忽略其中所蕴含的相似性和统一性。赛代斯曾对东南亚早期文化的统一性做过精辟的概括：从物质方面看，有水稻的耕作，黄牛和水牛的驯养，金属的初步使用和航海技术；社会结构方面，妇女和以母性为世系的作用占有重要地位，以及因灌溉耕作的需要而产生的组织；宗教

① ［日］梅棹忠夫：《文明的生态史观》，上海：上海三联书店，1988年版，第158~160页。

方面，万物有灵论、崇拜祖先和土地神、修建在高地上的祭祀场所、石瓮葬和石棚葬；从神话方面看，皆为宇宙二元论，其中高山对大海、飞禽对水族，居住在山区的人与沿海的人相对。①尽管在11世纪以后，多种外来文化的影响在东南亚迅速扩大，这些外来文化和当地民族文化交织在一起，对东南亚人民的思想意识、宗教信仰、语言文字、风俗习惯、文化艺术等都产生了极大的影响，使东南亚文化呈现出纷繁复杂的特点。但是，仍然有一些因素把这个看似支离破碎的地区联系在一起。

首先，东南亚特殊的自然环境使文化的相似性成为可能。东南亚地跨赤道，绝大多数地区属热带草原或热带雨林气候，终年炎热多雨、湿度大。在长期与环境互动的过程中，生活在东南亚的人们逐渐生成了相似的文化特征，并延续至今：（1）经济生活上以从事稻作农耕为主，插秧、灌溉等农业生产和水利工程修建所需要的人力和物力远非一家一户能够承担，最有效的方法是整个村庄通力合作。进行劳作时，必须有一些有见识有威望的人出面组织、分派任务、分配收成等等。久而久之便形成一个人人都乐于依照一定成规行事的社会。以互助合作、敬重权威、协商一致为特点的村社文化逐渐形成，并长期存在，成为当代东南亚社会结构的重要特征。（2）插秧种植水稻这种繁重而细致的手工操作，需要有足够的耐性和耐心。在劳动力缺乏的情况下，妇女无疑会参与这种劳作，并在很大程度上成为一种依靠，由此提高了她们在家庭生活甚至在基层社会经济生活中的地位。（3）由于稻谷是当地的重要农产品，谷神崇拜一直是东南亚许多民族的共同信仰，有关谷神的神话，也是东南亚神话中类型最全、数量极多的神话。各民族都有异彩纷呈的水稻文化节、丰收节等。（4）自然环境也对东南亚人的衣、食、住、行和生活方式产生相似的影响。比如东南亚各民族都喜欢穿纱笼或筒裙、多住干栏式建筑（高脚屋）、喜欢用手抓食米饭、偏好嚼槟榔和辛辣食物等，这与东南亚人大多生活在潮湿炎热的地区直接相关。

其次，东南亚文化的相似性也表现在不同文化群体共享某种相同或近似的精神价值上。外来宗教文化传入东南亚之前，在这一地区的部落社会中，原始宗教或民间信仰就业已存在。其中最主要的是万物有灵和祖先崇拜。外来宗教文化到来后，东南亚并没有消极、被动地接受外来文化，而是对其进行筛选过滤，使外来文化的精华本土化。那些与当地民族的生活习俗、文化传统相适应的文化要素被消化吸收且最终生根发芽。这个过程并非单纯地拼凑、组合，而是相互碰撞、相互融合。在这一过程中，东南亚本土文化不仅对外来宗教文化兼收并蓄地加以改造，同时也在外来文化的冲击下不断提升。那些被民族化、本土化的外来文化不再保持原来的形态，而是随着时间的推移成为东南亚宗教文化中不可或缺的部分。由此不难看到，原始宗教或民间信仰在当今东南亚各国社

① ［法］G. 赛代斯：《东南亚的印度化国家》，蔡华、杨保筠译，北京：商务印书馆，2008年版，第25页。

会仍有遗存。这些信仰主要通过各种仪式、造型艺术和表演艺术体现出来。如果我们对东南亚那些享誉世界的文化遗产如皮影戏、史诗诵唱、民间舞蹈、铜制乐器等加以研究，便会发现它们具有“文化共享”的特点。各种文化形态虽然表现形式不同，但实际上有着内在的关联，共同体现了东南亚传统文化的特点。

文化的差异性决定了文化存在的多样性。不同文化的和谐相处是一种差异性的共存。东南亚文化给我们提供了一个异常丰富的样本。同时，我们也看到，文化的差异性是构成东南亚和谐社会的基石。一方面在于东南亚文化具有多样的表现形式和类型，不同的文化都有其自身的独特价值和生成机制；另一方面，多样式的文化共同构成了东南亚文化的有机整体，同时东南亚社会也共享着某些共同的文化要素，分享着某些共同的价值观念。如果说东南亚文化的差异性带来了东南亚各国合作的困难，甚至构成了导致冲突的潜在因素，那么东南亚文化的相似性则为大家找到了一种为各方所接受的合作方式，那就是包含了每一个成员国文化价值观中所共见因素的“东盟方式”。“东盟方式”正是因为照顾到了东南亚文化的差异性与多样性，同时又集中体现了东南亚文化的相似性和相对统一性，因此得到了东南亚各国的积极认同。

文化差异性和相似性的关系为我们理解文化提供了一个辩证的视角。在文化研究和文化实践活动中，任何渲染和夸大文化差异的态度，与过分强调文化统一性的态度一样，都是错误甚至是有害的。人类文化的追求，应该是在尊重差异前提下的统一。因此，在面对东南亚这块本土与外来、东方与西方、传统与现代汇聚交融、璀璨多姿的文化园地时，我们既要重视其差异性，不能忽视其相似性和相对统一性。文化上的求同存异、多元共生、和谐发展不仅符合东南亚地区的发展利益，同样也符合整个世界的发展需要。

第一章　东南亚生活习俗

东南亚生活习俗文化是指东南亚各民族为满足自身生存、生活和发展需要所创造的物质生活形态和习俗，及其所表现的文化。其中包括服饰、饮食、居住以及婚姻和丧葬文化等。

第一节　东南亚服饰

服饰文化是东南亚物质文明的体现之一，是东南亚各民族的审美体现。从服饰起源的那天起，东南亚各民族就已将其生活习俗、审美情趣、色彩爱好，以及种种文化心态、宗教观念都沉淀于服饰之中，构筑了东南亚各民族服饰文化的丰富内涵。

东南亚各国地处热带，气候炎热，四季如夏，为适应当地的气候自然条件，当地民众的穿着多以棉麻类轻质的衣料为主，通常衣着朴素、简单。在缅甸、泰国、老挝、柬埔寨、印度尼西亚和马来西亚等国流行的是纱笼，这种纱笼制作简易，实用方便，成为该地区传统民族服装的一个代表。由于生活习俗、审美情趣以及历史文化发展的轨迹不同，东南亚各民族服饰在花色图案、裁剪方式等方面各有特点，呈现出多姿多彩的浓郁民族特色。缅甸的岗包头饰、泰国的兰顿服和吉叻达服、柬埔寨的松波筒裙和凤尾裙、越南的长衫、印度尼西亚和马来西亚的巴迪上衣、菲律宾的巴隆衬衫和特尔诺服等构成了东南亚地区传统民族服装的灿烂画卷。随着对外交流的扩大，牛仔裤、西服等外来的服饰也进入了东南亚各民族的服饰文化中。

在缅甸，服饰可以分为头饰、上衣、筒裙、拖鞋，男装、女装，普通服饰、传统民族服饰等。

缅甸传统男性头饰为包头（岗包）。包头风俗据传源于印度，缅甸人包头巾的风俗始于阿瓦王朝时期（14世纪中叶）。古代缅甸男性以留长发为美。作为一种发式，他们常将发髻盘于头顶。为了不使发髻散掉，缅甸人借鉴印度人的做法，用布将发髻包上扎好，或在盘好的发髻外再围上一条布带。到了贡榜王朝后期（19世纪），缅甸人不再蓄长发，包头的功能也随之改变，由实用转为装饰。古代岗包是官员与平民、大官与小吏贵贱的标志。现代缅甸人一般不系包头，只有在正式场合如庆典婚礼上才系包头。从质地上看，包头巾多为丝质，颜色多样。

缅甸女性不扎包头。头饰方面有发髻，常在头上戴金花装饰。在现代，一般缅甸妇女还要在头上插鲜花，在肩上披披巾。披巾颜色鲜艳，贡榜朝后期曾大规模流行。缅王时期，披巾约有1.5尺宽，长过双膝，现代披巾较以前略有缩短。

男式上衣分衬衣和外衣两种。缅式衬衣多为白色长袖、立领。外衣分对襟衣和右衽衣两种。右衽衣较为少见，男女均穿，男式比女式长。现在男性多穿对襟衣。对襟衣无领、窄袖，一般有五粒布扣，三个兜，无兜盖。女式上衣为用素布或彩布做成的薄右衽外衣，无领、无兜、紧袖、紧身、短幅。

缅甸男女下身均着筒裙。筒裙又称“纱笼”。穿筒裙之俗在蒲甘时期就有了。筒裙一般长4.5尺，宽5尺，用整块布缝接两头而成。男式筒裙称作“布梭”，多用大花格布或冷色调棉布缝制而成。女式筒裙叫做“特门”，颜色艳丽，上腰缝有两三寸宽的腰边，腰边多为黑色。系筒裙时，男子在腰间正前方系纱笼结，女子在左侧系纱笼结。

缅甸人不论男女均穿“人”字带拖鞋。拖鞋质地上分为牛皮底平板绒带拖鞋和泡沫塑料拖鞋两种。旱季、凉季穿牛皮底拖鞋，雨季穿泡沫塑料拖鞋。

缅甸妇女爱打扮，喜欢扎发髻，在头上插鲜花。妇女常戴的饰品有耳环、耳钉、戒指、手镯等。传统上，缅甸妇女常在脸上和身上擦黄香楝粉。黄香楝粉由黄香楝树干研磨而成。妇女们早上沐浴后，常把黄香楝粉调水，涂抹于脸颊、手臂上。黄香楝粉不但气味芳香，而且还可以润滑肌肤、祛热防晒。乡下妇女喜欢用黄香楝粉在脸颊上抹两个圆圈，或用牙刷刷成四方格子等形状。

缅甸男子有文身习俗。文身起源于图腾信仰，为的是防灾避祸，后成为男子成人的标志。文身部位在上体胸前背后，腰至双膝之间，胳膊上也可以文身。文身的图案多为吉祥动物，如伽龙鸟、龙、鱼等，也有文经文、咒语的。古代不文身的男子被认为是懦夫，遭人看不起。现代这种观念已经改变。大范围文身的现象已很少见，一般只在手腕、胳膊等处稍许文上几个字或简单图案。

在漫长的历史发展过程中，泰国的服饰文化始终保持本民族特有的风格。虽然当今的泰国人在日常生活中以时髦的服装代替了传统的服装，但是在一些正式场合或重要仪式上，泰国传统的服装仍然焕发着绚丽的光彩。

纱笼是泰国传统的民族服装，它实际上是两头对缝、筒状似的一块布。纱笼是一种下装，男女都可以穿。穿纱笼时，先将其套在身上，用两手把它的两端拉开，再将两端从左右往中间包缠，在肚脐上方处打一个圈便成。纱笼分为绊尾纱笼和帕农纱笼两种。帕农纱笼是一种用布缠裹腰和双腿的服装。绊尾纱笼是用一块长约3米的布包缠双腿，再把布的两端卷在一起，穿过两腿之间，塞到腰背处。由于纱笼下摆较宽，穿着舒适凉爽，因此成为泰国平民中流传最长久的传统服装之一。

女筒裙是泰国女子下装，比纱笼要窄短一些，在曼谷王朝拉玛六世时期开始流行。筒裙同纱笼一样，布的两端宽边缝合成圆筒状，穿时先把身子套进布筒里，然后用右手把布拉向右侧，左手按住腰右侧的布，右手再把它折回左腰，在左腰处相叠并塞紧。

为了发扬民族传统服饰文化，体现泰国女子的优雅与端庄，泰国王后诗丽吉对泰国女子的传统服饰进行了规范，确定了九种女子传统服饰：兰顿服、吉叻达服、阿玛林服、布笼皮曼服、却克里服、却克里帕服、杜锡服、悉瓦莱服、布拉育服等。

兰顿服：上装为圆领、半长筒袖，多与横纹筒裙配穿，筒裙长及脚面。一般用棉织花布或丝织品制作。适于出席一般的场合或不是非常正式的典礼、宴会等。

吉叻达服：上装为圆立领、长筒袖，多与横纹筒裙配穿，筒裙长及脚面。服装用类似提花丝织布制作，颜色较艳丽。适于出席较隆重的集会、典礼、寺庙仪式或正式场合的迎宾仪式。

阿玛林服：上装为圆立领、长袖，多与横纹筒裙配穿，筒裙长及脚面。布料织有金丝花边，衣服色泽及装饰品要求华丽。适于出席隆重的晚宴、集会以及王室的庆典。

布笼皮曼服：上装紧身、立领、长筒袖、后开襟。下装是折叠筒裙，并有一条明显的折叠层悬垂在前面，有腰带。服装用提花丝织布或提花金丝线布制作。适于出席王室庆典或要求佩戴勋章或绶带的隆重活动。

却克里服：上装为无袖无领内搭，外挂长披巾，从背后自然垂下拖地，露出一肩和两臂。下装是折叠筒裙，有腰带。服装用提花丝织布或提花金丝线布制作。适于出席婚礼、晚宴等活动。

却克里帕服：与却克里服类似，区别在披巾刺绣，悬垂在背后不拖地，披巾内有绸布围胸。古时为女子高贵的服装，现多作为豪华晚装。它适合的场合与却克里服相近。

杜锡服：上装为大开圆领、后开襟、无袖、紧身，下装同却克里帕服。衣服花纹上有赛璐珞、珍珠等饰品，有腰带。适于出席晚宴。

悉瓦莱服：上装为无袖无领内搭，后开襟，外挂长披巾，从背后自然垂下不拖地，露出一肩和两臂。下装是折叠筒裙，有腰带。它适合的场合与却克里服相同。

布拉育服：改自却克里服，上装无袖，圆领或尖领、大开领。下装同布笼皮曼服。它是适合在婚礼或晚宴上穿着的服装。

老挝的传统服饰文化主要体现在妇女的着装上。老挝社会对妇女着装的总体要求是：庄重典雅而不保守极端。具体要求是：筒裙要有腰有脚，即穿着筒裙时要使用腰带，裙脚即裙子的下摆要有装饰图案，以显庄重；筒裙不可过短，也不可过长，裙腰齐于肚脐，裙脚齐于脚踝；不可过分裸露。特别是在重要的节日集会或婚礼上，还要求妇女盘发并使用披肩。老挝社会对男性服饰的要求较为宽松：一般在家可穿纱笼（仅为一块布，兜系在腰间即可）或宽松的裤子；参加重要集会时，要穿比较正式的服装——兜裆裤和无领衫；男子结婚时所用的新郎装通常也是如此安排。

在柬埔寨，由于气候炎热，人们通常衣着单薄，朴素简约。上身男子穿无领直扣开襟衫，式样与中国对襟短衫相似，在天气炎热的时候一般不穿上衣，女子穿紧身开襟齐腰短上衣；下身服饰种类则包括纱笼、松波、凤尾裙等等，装饰物有水布，通常不戴帽子。

纱笼也称作围裙，是柬埔寨人的传统服装，穿着十分方便，用一块长数尺的横幅布，两边缝合，围系腰间即可，状似裙子，古代纱笼围好后叠缝在中间，现代纱笼叠缝在侧面。纱笼是男子和少女的常服，在家中穿着，成年女子不需劳动者也可以穿用。纱笼通常使用方格布、印花布或丝绸制成，布料一般长约2米、宽约0.9米。

松波是一种筒裙，即我国古籍中所称的“干曼”或“都缦”。筒裙和纱笼式样相同，尺寸一样，但筒裙事先已经缝合，可以在正式的公开场合穿着。筒裙多为黑色、紫色、深黄色或其他深色，用料比较考究，显得庄重典雅。

凤尾裙又称插尾裙，它历史悠久、高贵典雅，是庆典、婚礼等正式场合和喜庆仪式上的礼服。凤尾裙男女都可以穿着，用料一般质地良好，布长3米、宽0.9米。穿着时首先将裙布围在腰间，上面两角对齐拉紧，然后在腰部把裙掖紧。这时上两角下垂，再从边缘开始向里卷，卷成一个布卷，从双腿之间拉向身后，将裙尾掖进背后的裙腰。

水布是柬埔寨人们日常生活和装饰的必备之物，用途非常广泛。一块水布通常长1米、宽0.85米左右，样式可以是白布、花布、方格布或花条布。在乡村，民众将水布一物多用：将水布围住下身当作裤子，围住脖子当作围脖，缠在头上当作头巾，或系在腰间当作汗巾，披在头上遮太阳，洗澡时用来当替换的短裤，妇女头上顶物时可用来当垫子，夜里还可盖在身上御寒。水布多由棉布制成，也有用丝绸织成的水布，这主要是当礼物送给贵客。

在柬埔寨，有用服装颜色代表星期的古老风俗。古代柬埔寨人用星宿和颜色表示一周中的每一天。星期日代表太阳使用红色，星期一代表月亮使用橙色，星期二代表火星使用紫色，星期三代表水星使用绿色，星期四代表木星使用灰白色，星期五代表金星使用蓝色，星期六代表土星使用黑色。人们穿着的衣服也根据这一风俗每天更换不同颜色。由于白色在柬埔寨象征死亡，因此星期四改穿浅绿色服装。如今在日常生活中，柬埔寨人已不再严格遵守这样的穿着风俗，只有在举行国家庆典和宗教仪式时才遵守这种习俗。

独立后，柬埔寨人开始穿鞋，逐渐改变了赤脚行走的习惯。普通百姓无论男女老少、无论在什么场合都经常穿拖鞋；政府官员、有社会地位的人则爱穿皮鞋。女子通常赤脚穿凉鞋和高跟鞋。在农村，人们常常打赤脚。此外，僧侣和佛教徒认为佛堂和禅房是圣洁之地，规定除僧侣以外任何人都无权穿鞋入内。信徒进入之前，要把鞋脱在外面的台阶上。而进入高脚屋时，人们会将鞋脱在楼梯下，进入设在高脚屋中的佛堂时，僧侣也要脱鞋入内。

在越南传统服装中，妇女以裙子、长衫（áo dài）为主。裙子分开口裙和合口裙两类。穿裙子的习俗与越南的热带气候以及农耕时的便利需要有关。庄重的场合如举办礼会时，越南妇女常穿长衫。

长衫享有越南“国服”的美誉。根据缝制样式，妇女长衫可分为四幅长衫和五幅长衫。四幅长衫由四块布料缝制而成，其中身后的两块布料在背中央处缝合，前面的两块做衣襟，自然下垂或通过腰带系在一起。五幅长衫与四幅长衫类似，只是左衣襟用两块布料缝合，称“大衣襟”，穿着时置于右衣襟之上。传统长衫缝制较为宽大，腰部遮严，故意掩盖妇女的体型美。颜色也以深、暗色为主(北部以棕色、暗红色居多，中部顺化地区偏爱紫色，南部多用黑色)。在礼会、庆典等场合，则需在长衫内穿色彩鲜艳的短衫(圆领长袖、衣襟对开)或肚兜，以增加服饰的亮丽色彩。

20世纪初，受西方文化影响，越南妇女传统长衫在样式上有了一些变化：四幅长衫逐渐变成单襟衣(只有前后两片)，并且在腰、领口、袖子的裁剪上呈现出不同的风格。经过越南人不断地改造，一种有别于传统长衫的新式长衫诞生了(传统长衫只在礼会时穿着)。在延续传统长衫含蓄、庄重风格的同时，新式长衫更注重体现越南妇女的体型美和性感美，主要表现在：(1)色彩多样化；(2)由传统的“五幅”、“四幅”变为前后“两幅”，看上去更加端庄；(3)设计更贴身，以突出胸部和腰部；(4)两边开衩更高，及至腰部以上；(5)布料更薄、更软；(6)内衣以胸罩代替短衫和肚兜；等等。新式长衫将越南妇女的含蓄、庄重和性感之美展露无遗。

除长衫外，越南妇女上半身的传统服饰还有肚兜，或称掩胸衣。肚兜样式丰富，尤其体现在衣领上，有圆领、开领、勺状领等。不同场合需穿不同颜色的肚兜，如农村妇女外出干活时穿棕色肚兜，在家则穿白色；城市妇女平常也穿白色肚兜。红色、桃红色或深红色肚兜则穿于节会、礼会等隆重场合。

肚兜—裙子(不穿外衣，两手裸露)的衣着搭配非常适合越南炎热的天气，因而成为最稳定的越南妇女服饰。旧时越南妇女往往自己缝制肚兜。越语歌谣中有很多以“肚兜”比喻爱情的歌谣，如“多希望河只有一拃宽，让肚兜绳做桥哥哥过来玩”、“昨天卷好的槟榔，放在肚兜里打开请哥哥吃”等等。北方妇女还喜欢在肚兜外穿无扣短衫(立领或滚边领，有口袋，两边开衩，称为“翼衣”)，有时还要外穿四幅式单衣，或外罩三五件套衣；南方妇女也喜欢类似北方的短衣(衣短无领，袖长而阔，称“三婆衣”)，或外罩两件套衣。

越南妇女的传统服饰还包括脚上穿的木屐(庄重场合穿红漆木屐)、拖鞋，腰上系的腰带以及头上戴的头巾、斗笠等。拖鞋有草鞋、蒲草鞋、椰子壳鞋、橡胶鞋等多种。干农活或在室内越南人常常赤脚，只有逢礼会或者有钱人家的妇女平时才会穿鞋。腰带的最初功能是防止下身服饰脱落，并使长衫看起来更利索，后来逐渐具有了修饰形体的装饰功能。腰带常缝制成长条的布筒形状(又被称作“大象肠”)，因而又可做口袋之用，用于放置槟榔、钱物等。在头饰上，越南妇女常用卷巾将头发盘起，留一小撮发梢在外面，称作“鸡尾”。越语有歌谣云：“一爱鸡尾发，二爱言谈温柔可人。”盘发之外还要缠头巾，天冷时将头巾缠成“乌鸦喙”形（在下颚处打结），天热时缠成“铜钱”形（在脑后打结）。南方妇女则喜欢将斑纹头巾披在后脑髻上。斗笠是在头巾之外或代替头巾的另一种越南传统头部装饰，其功能是遮阳避雨。斗笠有扁斗笠和尖斗笠两类，都需系带。扁斗笠顶平、边宽，内有帽圈；尖斗笠呈锥形，内部由细竹条弯成的大小不同、均匀分布的圆圈来固定，外面用棕榈叶或蒲葵叶层层铺开。顺化的斗笠在越南最为有名，其特点是在两层叶子中间夹有山水画或诗歌，当阳光照射时，画与诗就会显现。有的斗笠顶中央还放有小镜子，可供妇女在外梳妆之用。斗笠是越南妇女传统服饰的重要组成部分，它增加了越南妇女的含蓄美。

首饰也是服饰中必不可少的。越南东山文化时期的铜鼓上已经出现了戴耳环、手镯并挂有铜铃等饰物的舞女形象。耳环、手镯、项链、脚环等都是越南妇女熟悉的装饰。

越南男人的最早装束是遮羞布。它实际上就是一条缠于腹部并将其末端搭于前面或后面的长布。由于穿戴简单且便宜，越语中往往用该词指代穷人，但并非只有穷人才穿遮羞布，劳动时男人往往都穿它。如今越南男人早已不再穿遮羞布，但由于气候炎热，不管大人小孩，大部分人在家时都是上身打赤膊，下身穿裤衩。当裤子传入越南后，越南男士开始习惯穿裤子，经过改造后的越南男士裤有两类：耷拉裤和细腿裤。耷拉裤裤腿粗、裤裆深、裤腰肥，穿时系腰带，腰带上端多余的裤腰自然垂下。耷拉裤凉快，且裤腿高度可调节，适宜耕种时穿着。细腿裤多为白色，裤腿细、裤裆浅，穿着利索、美观。其与长衫、绸裤、盘巾、木屐、黑雨伞的搭配构成了越南男士在正式场合的传统经典装束。

长衫并不是越南妇女的专利，男人在参加礼会等重要场合时也要穿长衫，只不过男人的长衫只选用黑色、白色或深蓝色薄纱材质（下身穿白色绸裤）。穿长衫时，男人头上要戴黑色盘巾（事先盘多圈成圆形，戴时露出头顶），劳作时则盘成斧头形（称作斧头巾）。

在鞋帽方面，木屐、布鞋、拖鞋深受男士的青睐。穿长衫时多穿木屐或布鞋，日常生活中拖鞋最为普遍。较之斗笠，越南男人更喜欢戴帽子，虽然是舶来品，但越南人很早就接受了它。法属时期，帽盔、鸭舌帽、呢子帽大量涌入，深受公职人员喜爱。抗美战争期间，越南人发明了大耳朵帽（南方解放军的军帽）和草帽。受战争影响，越南男人特别是劳动者至今仍喜欢戴绿色头盔帽。

印尼人的传统民族服装独具特色，一般是上身穿巴迪（batik），下身围纱笼。女的上衣是无领对襟长袖，下身围色彩艳丽的纱笼；男的上衣是有领对襟长袖，下身围带格图案的纱笼。女的一般要佩戴披巾，男的头上包扎各式头巾，或戴黑色无边小礼帽。由于天热，印尼人平时喜欢穿拖鞋或木屐，一般不穿袜子。印尼地域广阔、民族众多，各地民族服装在用料、布的花色图案及裁剪方式上各有不同，形成了多姿多彩的服饰特色。

巴迪上衣是由已有1200多年历史、名为巴迪的蜡染花布制作而成的，其花色品种繁多，布料品质不一，图案讲究对称，裁剪制作十分精细。印尼妇女传统的巴迪上衣也叫“格巴雅”（kebaya），是一种无领、无纽扣的长袖衬衫，穿时用别针将左右两片襟边别住，两襟相对，襟角略长。格巴雅分长式、短式和便服、礼服。长式格巴雅长至膝部，镶金边，常用作新娘的新婚礼服；短式上衣到臀部。便服由单色或花棉布制作，不加绣饰，用于日常穿着，别针为铁丝别针；礼服料子极为考究，通常为纱、绸或浮花锦缎，前襟两边及袖口有用彩线绣制的各式漂亮图案，别针为金质，更讲究的还有胸针，其上面还镶有钻石。马鲁古一带的上衣为宽松式，有的袖口还缝有7颗扣子，前胸用链形别针别住；巴厘人的上衣较短，前襟角与后襟边是平的，穿时用长巾围裹腰部，衣服上绣有花卉图案，色彩鲜艳；爪哇人的上衣其前襟较窄，胸前另加一长方形布块，缝于襟边的稍上部分，袖子与衣襟的连接部分稍微鼓起，袖口稍窄。在米南加保地区，未婚妇女穿颜色较暗淡的长式格巴雅，绣各种图案。作礼服穿时，下身配以长花裙、圆筒裙式纱笼。根据当地民俗，只有已婚妇女才能穿绣有金线的服装。巨港妇女的上衣是用一种名为“宋吉特”的布做成的。这种布的制作方法是抽掉部分纱线，然后再绣上金银丝线。穿上宋吉特料子做成的上衣，浑身闪闪发光，明亮耀眼，显得雍容华贵。

在印度尼西亚，男女老幼皆可穿纱笼。纱笼是一种圆筒裙，一般长2.5米，宽度因人体而异，通常为1.5米左右。布料多为蜡染布，有的用丝线织成方格或线条图案，有的染有花、鸟、鱼、虫等图案，其基本色调为棕、蓝、红、黑、白、灰、金色。穿纱笼时从头顶套入，拉至下身，双手各持纱笼的一端向前伸展，然后对折。折起的边置向左边或右边均可，然后用一条窄布带系上。纱笼除了围下身外，晚上睡觉时还可以盖在身上防凉、防蚊子。

印尼人穿民族服饰时一般都要配以头饰或其他装饰。男人扎的头巾用料讲究，往往印有各种图案。扎的方式、形状因地区和民族的不同而有差异，扎成三角形、四角形或圆形的都有。头上戴的无檐帽通常是用平绒布制作而成的，颜色发亮。按印尼人的习惯，男人到了成年时就该戴上这种礼帽，表示已长大成人，要讲究礼仪了。在苏门答腊、爪哇、苏拉威西等地，男子在穿民族服装时，大都在腰间佩带“格利斯”短剑，而东部地区的男人却喜欢在头部插上美丽的羽毛，巴厘人则在腰上系彩带。

印度尼西亚妇女穿民族服装时，多配以长条披巾。长条披巾的质地一般为蜡染布、丝绸或锦缎等，通常都是按设计的规格和图案由手工或机织而成。其形状、大小各异，但以长方形、三角形、四方形为多。为便于与各色服装搭配，妇女们往往有许多条色彩不同的披巾。除装饰用的披巾外，许多普通劳动妇女还使用另一种用普通布料制作的长巾，这种长巾比装饰性长巾要宽一些，其功能是搭在肩上兜小孩。

除配以披巾外，印尼妇女穿民族服装时还要梳发髻、戴头饰或插鲜花。印尼成年妇女的发髻式样因地而异，巴厘妇女的发髻一般盘成横写的“8”字，并插一把长梳子，另外再插上2个大簪子和4个小簪子；马鲁古妇女在脑后盘一大发髻，置于脑后正中，发髻右边插4个金簪子，上边绕有白花环。已婚妇女在发髻正中插一圆形金饰物，未婚妇女只能用半圆形梳子加固发髻；松巴岛妇女喜欢将头发往后梳，在头顶插一把梳子，露出梳背，然后将梳好的长发在梳子上缠绕几道，再用一条花色扎头带，折成5厘米左右宽，在头上扎一圈，带结打在脑后，让剩余的头带垂至腰部以下；苏门答腊妇女的发髻盘得很紧，发髻上插一把长梳子，另插2个大簪子和4个小簪子；爪哇妇女习惯梳圆形发髻，脑后的发髻呈扁圆状，盘结很大，有时加假发，并插上金银发簪，饰以鲜艳花朵，显得文雅、大方、华贵。①

印尼的国服是在爪哇地区传统民族服装的基础上吸收其他民族服装的一些特点制定而成的。标准的国服装束是：男人上身穿“巴迪”长袖上衣，下身穿西装裤，头戴“北芝”(peci)帽，脚穿皮鞋；女人上身穿“格巴雅”长袖衬衫，下身穿纱笼，头上束发髻，插头饰，肩披长条披巾，脚穿高跟的镶金边凉鞋或拖鞋。②

除上述标准国服外，印尼人还有普通礼服，男士通常穿长袖巴迪衬衣和长裤，不戴帽子；女士穿格巴雅上衣和纱笼，发式自编。另外，西服套装、套裙和连衣裙在印尼也可适用于各种庆典和社交场合。

马来西亚的传统服饰颇具有民族和宗教特色。在日常生活中，马来男子的传统着装为：上穿无领、长且宽松的长袖衫，俗称巴汝(baju)。下身穿长至脚踝的纱笼。马来女子的日常传统服饰也是长袖衫加纱笼，再配以纱巾裹着头发，纱巾垂掉至肩膀或胸前。但在一些正式场合或是重要节日，马来男子会穿一种名为巴迪的传统礼服。巴迪是一种蜡染的布料，编织手法细腻，其上的图案设计优美，讲究对称。因马来传统的礼服多由这种蜡染的布料缝制而成，久而久之被冠以“巴迪”之称。现在有的巴迪服是由丝绸缝制而成的，质地虽不同，但大多具有宽大、凉爽的特点。巴迪被称为马来西亚的国服。

马来西亚华人的传统服饰与中国汉族相似，女性的传统服饰是旗袍，男性则为中山装或唐装。而峇峇娘惹的传统服饰则融合了华人服饰文化与马来服饰文化的特点。峇峇的服饰是中山装或者西装，娘惹则为颇具马来特色的格巴雅和长衫。娘惹的服饰多采用轻纱等透气的材质，结合马来传统服饰的设计风格，加上中国传统的花边，并点缀各种精美的刺绣。珠鞋是娘惹服饰的又一精华。娘惹专司家中琐事，闲来无事时，她们喜欢用小珠子作为配饰钩绣珠鞋。制作精细的珠鞋是娘惹的嫁妆之一，也是娘惹贤惠勤劳的象征。但随着峇峇娘惹人数的减少，峇峇娘惹文化也日渐式微。在西方文化的影响下，除了逢年过节或者一些传统的正式场合外，在日常生活中包括峇峇娘惹在内的华人的衣

① 梁敏和、孔远志：《印度尼西亚文化与社会》，北京：北京大学出版社，2002年版，第279页。

② 武文侠、陆春林：《印度尼西亚》，北京：世界知识出版社，2001年版，第100页。

着都日益趋向西方化。

马来西亚的印度人服饰基本上还保留民族特色。沙丽（sari）是马来西亚的印度妇女最普通、最传统的装束。沙丽一般来说是一块1米多宽、5~6米长的布料。穿衣服时，女子将布料自腰部缠起，绕过前胸，布料的一端规则地搭在肩上，并在其上别一枚别针将其固定。为了彰显富贵华丽，印度妇女还喜欢在布料上加上一些图案和花边。印度男士的传统服饰则是一种名为托蒂（dhoti）的素色长袍。托蒂多是一块长3~4米的棉质或麻质白色布料，缠在腰间，垂至膝盖甚至脚面。男子的上衣是一种名为古尔达（kurta）的宽松服饰。印度男子在正式场合还会缠头巾。头巾的颜色不同，缠法也会不同。

菲律宾的民族传统服饰以男子“巴隆”衬衫和女子“特尔诺”为代表。菲律宾男子的传统礼服是一种名叫“巴隆”的衬衫。这种服装下摆两边开衩，腰部较窄，前衣襟上有两个大口袋，胸前两边各有一条织出来的垂直白色花纹。据说，在西班牙人统治时期，为了便于从远处区别西班牙人和菲律宾人，殖民者下令所有菲律宾人必须把衬衣穿在外面，不许把衬衣下摆扎在裤内。后来，菲律宾人开始在衬衣上刺绣各种图案，以此表示菲律宾人的自豪。20世纪50年代初，这种服装被正式推为菲律宾男子的国服，成为外交场合、庆祝活动和宴会的礼服。

菲律宾女子的“国服”叫“特尔诺”。这是一种圆领短袖连衣裙。由于它两袖挺直袖根高耸，腰部细小，裙摆宽大，宛如蝴蝶展翅，所以也叫“蝴蝶服”。这种服装结合了许多西欧国家特别是西班牙妇女服装的特点，并经过三四百年的沿革最终形成定式。在出席会议和宴会时，菲律宾女子有时也穿一种叫“马隆”的民族服装。它是一条又宽又长的布，围在身上，布尾搭在肩头，有多种搭法，非常讲究。

在菲律宾农村，男子穿的上衣称“康岗”，无领、短袖、上衣下摆略低于腰，颜色多为蓝黑色，只有酋长穿红色衣服，下身用一条叫“巴哈”的布裹着腹部。农村女子穿的衣服是一种叫“巴罗”的宽袖上衣，下身用一条叫“巴塔迪昂”的棉布裹腰，下垂至足。男女传统均赤脚。

菲律宾比萨扬妇女传统多穿缠裙，即用一幅宽布把下身全部缠起来，上身穿短衣，节日还穿袖子肥大僵硬的短上衣，大领子垂在肩上、胸前及背后。有些农村妇女穿西班牙式的大长衫，男女都打赤脚，只有在节日才穿鞋。男人常穿肥大的裤子和衬衣，头戴棕榈叶编织的凉帽。

在菲律宾他加禄人和伊洛克人的传统服装中，女性穿纱笼和短上衣，男性穿土布缝制的窄腿裤。他加禄男性戴凉帽，穿带小立领的对襟长衬衫，伊洛克男性则穿紧身上衣，戴用棕榈叶编的宽边大檐帽。

菲律宾伊富高人传统上男女都上身裸露，赤脚。男子在下身围一条布，用带子系在腰间，女子在腰间围一短筒裙，颜色鲜艳，在天气寒冷时，妇女加穿短外衣。同伊富高人一样，卡林加人男女传统上也都裸露上身，男服只有一块兜裆布，女子则穿家织土布做的纱笼，上缝黑、黄、白色的条带。

菲律宾邦都人和廷吉安人的男服传统上只是一块兜裆布，腰部佩带一把多用途长刀，传统女装是纱笼。廷吉安人无论男性和女性头上都戴宽大的凉帽或头帕，脖颈、手腕、脚腕都戴首饰。

菲律宾摩洛男子穿短外衣和宽大的长裤，围一条纱笼（花围裙）作为腰带。到麦加朝圣过的信徒，头上围一条白色头巾或戴一顶白帽子。男子外出时佩带短弯刀，腰带上悬挂着装槟榔的小盒，男人都染齿。妇女的头发与马来女人一样，梳于脑后，有的裹色彩鲜艳的头巾；戴许多首饰，如镯子、项链、耳坠等；穿紧身的马甲，钉上两层金属纽扣；穿紧脚口的宽大裤子，或穿瘦腿长及膝盖的短裤，外罩裙子。

菲律宾阿埃塔人的服装最为原始，男女均用树叶或布围于腰间。男人穿窄的兜裆布，妇女穿长围裆布或裙子，布料都是树皮制作的纤维布。为了防寒，妇女们还在皮肤上涂上动物油脂再撒上草木灰。她们喜爱各种首饰，手腕、脚腕上都戴着用野猪的獠牙串成的镯子，鼻子和耳朵戴着野猪獠牙和木圈。

菲律宾巴塔克人的男服是用两片树皮纤维布前后遮住胯裆，一对藤镯戴在手臂上。这种服装同时还是取火的工具，必要时把遮裆布拿下一块当火绒，把臂上的藤圈拿下来抻直，在一块干木头上摩擦引火。

随着社会的发展和外来文化的影响，现代东南亚各民族服装已有了很大的变化。除了传统服装外，男性喜欢穿各式衬衣、T恤、西装等，女性服饰也更加形式多样，艳丽多彩。

第二节　东南亚饮食

东南亚饮食文化是东南亚各民族有关食物和饮料加工、制作及使用的物质文化形态，是东南亚特殊的地理、气候环境下的产物，是经过长期历史发展演变的结果。东南亚各国盛产稻米，民众多以大米为主食。大米的衍生品——米线也是不少国家颇为普遍的小吃；东南亚濒临大海，河流众多，鱼、虾、蟹等水产品成为当地人民日常生活饮食的重要组成部分；东南亚盛产热带水果，椰子、香蕉、菠萝、菠萝蜜、芒果、柠檬、山竹、火龙果等都深受当地人喜爱；东南亚各国善用纯天然的材料作为烹饪佐料，如用鱼露、虾酱、椰奶等提鲜，用柠檬、香茅等调酸味；各国妇女还有嚼槟榔的习俗；茶也是东南亚各国的传统饮料。在进食的方式上，东南亚某些地区还有用手抓饭吃的习惯。

在缅甸，大米为缅甸人的主食。传统缅甸家庭一天吃两顿饭：早上9点、下午5点各一次。菜肴以辛辣为主，喜酸、油腻。烹饪多用植物油，如豆油、椰子油等。做菜时常在菜中放大蒜、洋葱、咖喱粉、辣椒。常吃的菜有虾酱、酸菜汤。休闲时有嚼槟榔和坐茶馆的习俗。平时的零食有棕榈糖、糕点、各种水果等。吃饭时用手抓饭。传统缅甸家庭吃饭时很有讲究。父母要坐主位，主位一般是睡觉时头顶的方向。父母不在时，子女必须虚出主位。父亡后，母坐主位。双亲健在时，母坐父之左，长子居父右，长女居母左，依次而坐。吃饭时长幼依次动手。父亲暂时缺席时，母亲要将好菜夹入为父亲准备的盘中，然后才能吃饭。子女有事需先吃饭时，得先为父母留出好菜。

缅甸人还有用槟榔、烟和茶待客的传统。槟榔盒是每家的必备之物。槟榔味道辛辣，略带涩味。槟榔包由茴香、儿茶、甘草、石灰、槟榔子包入槟榔叶中而成。咀嚼槟榔时，常会产生一种鲜红的液体——槟榔汁。缅甸人只嚼而不吞食槟榔，并边嚼边吐槟榔汁，最后将槟榔渣一同吐出。与槟榔一起待客的还有缅烟。缅烟有两种：一种是卷烟，由槟榔叶、玉米叶、嫩棕榈叶卷成的成品烟；另一种是家制烟，传统缅甸家庭的家制烟常是将原料分置于烟盒内，客人来后现卷现抽。烟盒中常放有制烟的7样必备物品：剪刀、线、烟梗与烟叶粉碎物、烟叶、碎烟梗、包叶、过滤嘴。

拌茶是缅甸人的重要零食，也是上等待客食品。拌茶由发酵的茶叶、炸洋葱、芝麻、姜、虾米、炒蚕豆、炒豆子拌匀后放少许食用油制作而成。

鱼汤米线是缅甸人最爱吃的一种小吃，在大型活动中多用来招待客人。它既是小吃又可作主食。早上缅甸人上班时，一般都喜欢在路边摊上吃上一碗。鱼汤米线由在开水中捞过的米线配上特制汤料而成。这种汤料常用鱼头、腌芭蕉杆等熬制，味道非常鲜美。

泰国的饮食在融合了各种饮食文化的基础上，衍生出一种全新的饮食风格。几千年来与印度、中国、中东以及欧洲国家之间的文化与经济往来，对泰国饮食文化产生了极大的影响。例如泰国菜的调味来自印度南洋菜系，炒菜等烹调手法学自中国。但是泰国饮食又不是简单地照抄照搬，一些外来的饮食特点被本民族的习惯所代替，如印度饮食中使用的酥油被椰子油取代，椰子汁代替了其他乳制品，食材中增加了新鲜的草药等等。所以泰国饮食实际上是把东方和西方的饮食特点有机地结合在一起，并将这些外来的饮食概念融合在一起，从而在长时间的潜移默化中变成一种纯粹的当地美食，并且形成了独特的泰国饮食文化。

“水中有鱼，田中有稻”是形容泰国物产丰富的一句俗语。泰国地处热带，气候湿热，自古以来泰国人就以种植水稻为生，所以米饭成为了泰国人的主食。并且由于河流众多、濒临大海，各种水生动物例如鱼、虾、蟹等海产品也成了泰国人日常生活饮食的最爱。在泰语里，“米鱼”就是食物的代名词，而“吃米饭吃鱼”就代表着吃饭，表明了米和鱼在泰国饮食习惯中的重要地位。泰国的中部和南部一般以大米为主，而且由于受到中国西南和潮汕饮食文化的影响，各种米制品也受到人们的欢迎，如河粉、米粉、米线等。而泰国北部和东北部的人们则更加喜欢吃由糯米和米浆制成的米糕，他们吃糯米时习惯把糯米饭用手揉成小饭团，再蘸各种酱汁吃。

泰国的菜肴种类繁多，风味独特。除了鱼和各种海产品外，肉类以及各种蔬菜和水果都是泰国菜肴的主要组成部分。泰国菜的口味以咸、酸、辣为主，尤其以酸辣为重，这与泰国菜中的调料有很大关系。运用调料是泰国菜肴的一大特色，泰国人能够用纯天然的素材调出他们所需要的口味。如用鱼露、虾酱、椰奶等提鲜；用柠檬、香茅等调酸味；用小辣椒、咖喱等增加辣味；用大蒜、红葱头、南姜等加入辛味；用九层塔、芫荽等提取香味等等。为了能够调出多种复合型的味道，泰国人往往把各种素材放到石臼中研细，再加入一些其他的调味酱汁一同调制。

在烹饪方法上，泰国传统的烹饪方法是蒸煮、烘焙或烧烤。其中烧烤食品广受欢迎，如烤肉、烧鸡翅、烤鱼、烤虾、烤蟹，还有烤香蕉、烤山芋、烤鸡蛋等等。另外由于受中国饮食影响，也引入了煎、炒和炸的烹饪方法。

老挝人的基本主食是糯米，近90%的老挝人习惯食用水蒸的糯米。糯米比较耐饿，在炎热的天气下也不易变质，在出远门或出外劳作时方便携带。老挝的俗语“食糯米、蘸鱼酱、嚼茄子、吹芦笋”可作为老挝饮食文化的标志。老挝饮食烹制比较简单，主要有凉拌、烧烤、焖等。老挝人酷爱食用酸辣味食物，酸辣虾汤和辣味十足的春木瓜是老挝餐桌上最常见的菜肴，春木瓜甚至已成为高档餐馆里的一道美食。老挝人将鱼腌制成鱼酱，将竹笋泡成酸笋，都具有难得的美味。各种野生的蔬菜甚至嫩树叶都在很大程度上满足了老挝人的饮食需要，老挝人的餐桌上总是郁郁葱葱地摆满新鲜的黄瓜、生菜、大葱和刚摘下来的嫩叶，给人耳目一新的感觉。

柬埔寨人信奉佛教，忌杀生，因此不太吃动物肉，而喜欢吃素菜。大米是柬埔寨人的主食，鱼虾是主要副食。居住在山区和高原地区的柬埔寨人除了稻米之外，还以玉米、白薯、蚕豆等杂粮作为主食。柬埔寨人最喜欢吃的食物是鱼。在收获季节，人们将各种鱼刮鳞，去掉内脏，用盐腌制，再风干加工成糟鱼、咸鱼、鱼干，有的做成鱼酱和鱼露，存在罐子里留待日后慢慢食用。由于气候湿热，柬埔寨人倾向吃各种酸、辣、甜的食物，以及生菜、凉拌菜、生肉和刺激性强、味道浓郁的菜。进餐时要添加鱼露、葱、姜、蒜、香菜、辣椒和胡椒等调味品，菜里习惯放些辣椒，常喝鱼汤、酸汤、香汤和咖喱汤，汤里放辣椒或者鱼酱。通常普通百姓一日三餐，僧侣一日两餐。柬埔寨百姓的菜肴都比较简单，素菜是各种蔬菜、沙拉和水果，荤菜一般是各种鱼，如烤鱼、红烧鱼、酸菜鱼、鱼汤等等，有条件的家庭还吃鸡肉、猪肉、牛肉。但柬埔寨人忌食狗肉、兔肉。进餐时全家席地而坐，不需桌凳。饭菜和餐盘摆在席子上，饭前净手，用手抓取饭菜，将饭菜包在准备好的生菜叶里，蘸上佐料进食，且以右手为净，左手为秽。柬埔寨人不喜欢喝淡而无味的粥，一般在粥里放入鸡、鸭、肉丝和动物肝脏等。

在各种节日期间柬埔寨人喜欢用糯米做成各式各样的点心，既作为供品供奉神仙、布施僧侣，也用于待客和自己食用。在柬埔寨，饮酒十分普遍，人们都爱喝啤酒。柬埔寨盛产热带水果，椰子、香蕉、橘子、菠萝、菠萝蜜、芒果、柠檬、山竹和火龙果等都深受人们喜爱。椰子是柬埔寨人最喜欢的水果之一，椰肉可以吃，椰汁可饮用，椰壳还可以做成各种工艺品。男性普遍喜欢抽烟，女性喜欢嚼槟榔。随着整个社会生活的变化以及受到外来饮食的影响，柬埔寨人的饮食方式也有了较大的改变，如越来越多的人开始使用筷子和勺子，菜肴的品种也渐趋丰富。特别是上层人士和城镇居民表现尤为明显，他们大多喜爱吃中国菜、越南菜和西式菜。

越南人十分重视饮食。如越语俗语有“有食才能卫道”、“打雷也要避开吃饭”等。受地理位置、自然条件、历史文化等因素的影响，越南人的饮食文化具有典型的水稻农业文明特征，其饭食结构表现为“米饭+蔬菜（瓜果）+鱼+肉”，从上至下呈倒金字塔状排列。

越南是世界上主要的稻谷产地，其水稻种类繁多，产量丰富。越南古代著名学者黎贵惇在其著作《芸台类语》中罗列了23种秋稻、9种夏稻、29种糯稻，每种之下又分成许多小类，共达上百种之多。米饭是越南人饮食结构中的主食，日常主食以粳米为主（越语有“粳米似亲妈”的说法），逢节日和祭祀则多用糯米。以粳米或糯米为原料做成的米粉、米线、粽子、春卷等也是深受越南人喜爱的主食。此外，越南人还食用木薯、马铃薯、白薯、玉米等杂粮。

在越南人的饭食结构中，蔬菜瓜果仅次于米饭。越南人“饿吃蔬菜，痛服药”，认为如果吃饭没有蔬菜就好比“富人去世却没有葬礼”、“两人打架却没人劝架”。越南时令蔬菜丰富，主要有空心菜、小圆茄、花菜、甘蓝、菠菜、小黄瓜、番茄、萝卜、南瓜、冬瓜、莴苣、生菜、茼蒿、苤蓝、豌豆、刀豆、苦瓜、香芹、芦荟、马齿苋、积雪草、鱼腥草、蕉蕾、金针以及各种香菜如芫荽、鸭舌叶、香花苣、小茴香、紫苏菜、荆芥、薄荷等。其中空心菜以及作为辅料的各种香菜是越南人最喜欢吃，也最具越南特色的蔬菜。瓜果以热带水果为主，盛产香蕉、菠萝、椰子、菠萝蜜、龙眼、柠檬、木瓜、榴莲、荔枝、番荔枝、红毛丹、毛丹果、火龙果、槟榔、腰果等。

鱼在越南饭食结构中位居第三，同时也是越南人获取动物蛋白的首要来源。越南海岸线长，河流、湖泊、鱼塘众多，鱼类资源丰富、品种繁多。除各类鱼（以鲤鱼、鲢鱼、鲮鱼等为多）外，受越南人喜爱的水产品还有蟹、虾、甲鱼、田鸡、鳝鱼、贝类等。越语俗语云：“鱼‘嫁祸于’米饭，有鱼就打破饭碗。”可见越南人对鱼的青睐。

肉类在越南人的饭食中也占有一定比例，不过相对较小。越南人常食的肉类有鸡肉、猪肉、牛肉、狗肉、鸟肉等。

上述结构被越南人认为是最优、最合理的饭食结构，它既保证足够的蛋白质摄入，又避免了摄入油脂过多而导致的肥胖等病症。

饮料，作为饭食结构的补充，在生活中不可或缺。槟榔、水烟、糯米酒、茶、水果榨汁等构成了具有越南民族特色的饮品。

饮食习俗是越南民族传统文化生活的一部分。在饭食方面，最体现越南民族文化特色的主要有以下几点：

在烹饪方式上，越南人擅长炙（烤肉米线中的烤肉）、煎（煎鱼、鸟）、烤（烤鸡、猪、鹅、鸭），但更喜欢吃带汤的食品，因而“煮”更为常见。白切鸡、水煮空心菜、带汤米粉、米线以及各类蔬菜、海鲜汤等都是十分具有越南特色的菜肴。

越南人喜欢吃生，尤其是蔬菜。吃饭时往往要搭配某种或某几种固定生蔬菜，如吃烤肉米线时要生吃香花苣，吃煎饼时要生吃青菜叶，吃鲢鱼沙拉时要吃丁蓼叶，吃鸡肉时配柠檬叶，吃猪肉时配葱，吃狗肉时配高良姜等。肉类食品也有半生或全生的吃法，如白切鸡、牛肉粉中的牛肉以及酸肉粽子中的猪肉等。

越南人喜欢将各类菜混合搅拌在一起，最典型的是各类凉拌菜。越南传统凉拌菜以丕蓝或青木瓜丝、胡萝卜丝、炒花生仁、香菜等为原材料，配以各种调料搅拌而成。此外还有凉拌牛肉干、凉拌空心菜、凉拌手撕鸡、凉拌香蕉花等凉拌菜品。

越南人爱吃腌制或发酵菜。常见腌制类食品有腌茄子、腌葱头、腌白菜、腌小黄瓜等。腌制时间短则几个小时，长则几天。越南人还喜欢自制各类酱，豆酱或花生酱即以大豆或花生、炒米粉或玉米粒与糯米饭混合在一起发酵而成，此外还有鱼酱、虾酱等。鱼露也是一种发酵而成的食品，深受越南人的喜爱，被誉为越南饮食之王，是餐桌上必不可少的调料和蘸料。鱼露的制作过程是十分讲究的：将海鱼放入瓦缸，淋上盐、糖、酒等调料，密封缸口，将缸体埋进海盐中，在阳光下暴晒，鱼肉发酵、溶解后的液体就是鱼露。鱼露集中了鱼的精华，具有很高的营养价值。

越南人注重味觉。“吃得香”是越南饮食的重要原则，因而越南人在使用调料方面非常讲究。除大量配食各种香菜外，越南人还以鱼露、小辣椒、蒜蓉、柠檬、糖等混合制成具有咸、辣、酸、甜、涩、香等各种味道的传统蘸料，以增加菜肴的口感。值得一提的是，越南调料多取自天然材料，如辣椒、胡椒、酸果、柠檬、罗望子、杨桃、葱、姜、蒜、甘蔗、动物胆汁等。总的来说，越南人偏爱酸、辣食品。

越南人一日三餐的基本模式为：早餐为辅餐，以饼、糯米饭、稀饭、米粉、米线等为主；中餐或晚餐为主餐，一家人一起吃。主餐一般包括：一锅米饭、一碗蘸料和三盘菜（一盘水煮或煎或红烧的肉或鱼；一盘水煮或炒蔬菜，或香菜、生菜、腌菜等；一碗水煮蔬菜的汤或其他汤类）。

在饮料等方面，越南人喜欢槟榔、水烟、糯米酒、茶等饮品。嚼槟榔是越南民族的传统古俗。越南人用涂了蚌灰的蒌叶卷槟榔，将槟榔卷放入口中嚼食，再将残渣和口水吐掉。蚌灰、蒌叶和槟榔三种物质混合后会发生化学反应，变成血红色的汁液，久而久之牙齿会被染成黑色。在20世纪60年代之前，越南妇女几乎人人都有嚼槟榔的习惯。嚼食槟榔不仅能染齿，还有解胸闷、消水肿、防口臭、防龋齿、泄唾沫、除瘴气等益处。如今，槟榔早已成为越南民族文化的传统象征物之一，"攀谈始于槟榔"、"一口槟榔成为别人家的媳妇"等俗语说的是槟榔在交际、情感方面的象征性。古时卷槟榔是判断妇女贤惠程度的标尺，此外，槟榔还是越南人祭祀祖先和神灵的必备之物，用以体现祭祀者的虔诚之心。

如果嚼食槟榔是越南妇女的乐趣，那么吸水烟则是越南男人的嗜好。水烟，也称哀牢烟、老挝烟、京烟。人们将水烟摘叶、晒干、切丝，放到有半米长的竹制盛水烟筒里，筒身上有两个孔，一孔放烟丝，一孔插入用于吸食的小竹管，烟气过水会发出"咝咝咝"的响声。水烟被越南人赋予了丰富的文化内涵，如情侣的爱恋常被喻为"陶醉如水烟筒呜响"。

越南人酷爱喝糯米酒。糯米酒由糯米发酵后酿成。如果在酿酒时加入各种花则可制成香酒，如莲花酒、菊花酒、柠檬酒等。泡入各种药材则可做成药酒，如三蛇酒、五蛇酒、蛤蚧酒等。在供奉祖先的场合只用白酒。

茶也是越南人的传统饮料。越南盛产茶叶，太原、富寿等地的茶叶在越南享有盛誉，越南的制茶工艺也相对成熟。越南人常饮的茶有绿茶和各类花茶。其中，荷花茶不仅香味浓郁，而且还具有提神、安神等功效，是最具越南特色的茶饮。越南的大街小巷以及机关、学校、医院、集市门前，处处都有茶店、茶摊。饮茶不仅是一种文化态度，更成为越南人的一种休闲方式。

印尼地跨赤道。温度高、雨水多、风力小、湿度大的独特气候条件使印尼土壤肥沃、物种丰富，也决定了稻谷在印尼人生活中占有非同寻常的位置。总体来说，印尼人以大米为主食。在爪哇、巴厘和苏门答腊，大米种植有悠久的历史，耕作技术水平高。这些地区的人平时喜欢吃白米饭，也吃炒饭和竹筒糯米饭。他们还喜欢用香蕉叶或棕榈叶把大米或糯米包成菱形蒸熟而食，称为"克杜巴"（ketupat）。居住在山区或干旱地区的印尼人以玉米、木薯、豆类等杂粮为主食。印尼产的木薯分为两大类：一类无毒，直接烧烤后即可食用，或切成片晒干后磨成木薯粉，再用木薯粉做成食物；另一类木薯有毒，必须经过加工后才能食用。西部的门达威群岛和东部的马鲁古群岛、伊里安查亚等地区，因条件所限，很少或基本不种水稻，人们以薯类和沙莪粉[1]为主食，辅以少量大米。

大多数印尼人信仰伊斯兰教，因此牛羊肉、鸡肉、鱼虾等成为印尼人食用的主要肉

① 沙莪粉是从一种野生的名为沙莪的棕榈树树干中提取而来的，提取的过程较为复杂。先选好树干，一般选树龄合适含淀粉量高的。砍下树干后将其剖开，将树心进行拍打、挤压、冲洗，使树心内淀粉从纤维中脱落出来，待淀粉沉淀后方可食用。可用沙莪粉煮成粥，也可做成面团或用模子制成各种形状蒸熟食用或在火上烤熟食用。

类。但在巴厘岛和伊里安查亚地区，信仰印度教、基督教或原始宗教的居民占多数，所以当地居民以食猪肉、鸡肉为主，巴厘人忌讳吃牛肉。

印尼风味小吃种类很多，主要有炸香蕉、糯米团、鱼肉丸、炒米饭及各种烤制糕点。其中甜点小吃最为有名，原料一般为大米粉、糯米粉、面粉、豆粉、木薯及红薯粉、香蕉、椰蓉、椰汁、红糖、白糖、植物油、花生等。由于所用原料和加工方法不同，因此可做出形态不一、花色各样、小巧精致的点心。如有客人登门，主人在请客人喝茶或喝咖啡时，一般都会端上此类甜点小吃。在社交活动中，一些早餐会和茶会也常用这类点心招待宾客。印尼盛产大虾，因此炸虾片也是印尼人餐桌上常见的食品。

印尼人喜欢吃辛辣的菜，许多菜里都要放辣椒。有一种用小红尖辣椒磨制的辣椒酱，辣中略带一些甜味，吃起来十分可口，是印尼人餐桌上必备的佐菜，而制作辣椒酱也就成了印尼家庭主妇不可或缺的看家手艺。印尼还是一个盛产香料的国家，在制作菜肴调味时，除葱、姜、蒜、食盐和味精外，还喜欢放各种香料，如胡椒、丁香、豆蔻、咖喱、香兰果、青芒果、桔子叶、酸小洋桃、姜黄叶、桂皮等，其中椰浆和辣椒如同“万金油”，成为印尼菜的主要佐料。

印尼人喜欢喝白开水[①]、咖啡和茶。由于盛产咖啡，因此印尼人，尤其是城镇居民喝咖啡相当普遍。印尼人喝茶的历史也比较悠久，许多地方都产茶叶。不过印尼人一般都习惯喝红茶，喜欢加糖。在大城市有人也开始喝绿茶和花茶，还有不少华人喜欢喝菊花茶。由于印尼水果丰富，因此印尼人喜欢饮用新鲜水果制作的各种果汁，如鳄梨汁、菠萝汁、橘子汁、芒果汁、木瓜汁、甜瓜汁等，应有尽有，喝时加冰块，清凉甜美。印尼各地还有许多自制的传统饮料，如用生姜和当地产的红糖煮成的姜汤（bandrek，现在市场上出售一种用红糖、胡椒、肉豆蔻制成的固体bandrek，用开水沏开后即可饮用），用鲜椰汁和鲜糖棕榈汁煮的巴吉固尔（bajigur）等。另有一种糖棕榈，割开其枝梗便有甜汁流出，这也是一种很好的鲜饮料。[②]

印尼人进食的方式与东南亚某些国家相同，即用右手抓饭吃。印尼人抓饭的方法是，将拇指以外的四指并拢，将盘子中的饭菜扒取一口之量再按实，然后用拇指将饭拨送进嘴里；或者把白米饭捏成团蘸佐料吃。抓饭时有时分餐，有时同抓一盘饭。饭桌边上要放一碗清水，边抓饭，边不时用手蘸蘸清水，以免米饭粘在手指上。印尼人过去不论乡下人还是城里人都用这种方法吃饭，但现在城里人，尤其是在上层社会和知识分子阶层，大都摈弃了这种习惯而改用叉和勺进食。

印尼的菜肴多以民族划分，而不是以地域划分，其饮食原料基本相同，所不同的是农村的饮食结构比较单一，主要有大米、木薯、蔬菜和少量肉、蛋、咸鱼干等，多以填

① 印尼人把凉白开水叫做“白水”（air putih），如果听到他们说要喝“白水”，千万不能理解成“白色的水”，而是指凉白开水。

② 武文侠、陆春林：《印度尼西亚》，北京：世界知识出版社，2001年版，第109页。

饱肚子为目的；城市与外界交流日益广泛，饮食结构发生了较大变化，早餐牛奶、面包、果酱已相当普遍。在烹饪方法、口味等方面，印尼菜独具特色，其中最为有名的主要有以下几种：

豆酵饼（tempe）是印尼大众食品，老少皆宜。其材料主要是黄豆，制作方法及程序如下：选择优质大豆，挑出杂质，用水洗净，浸泡半日，放入锅或铁桶里煮至半熟，浸入凉水，脱皮。待豆皮脱光后，把大豆放入瓮或缸里浸泡一夜，每2小时左右换一次水，去掉异味。然后煮熟，用竹簸箕将水控干，捞出后铺到席子上晾晒，半干后撒上豆酵饼酵母粉（将鲜豆酵饼切成条，晒干后碾成末即成酵母）。将撒了酵母粉的豆子搅拌均匀，分块摊在长木槽内，盖上香蕉叶或带孔塑料布，用木棍压住，置于阴凉处发酵。两日后发酵的大豆呈白色，风干后装入袋子上市。豆酵饼含有高蛋白和多种维生素，而且容易消化。随着人们口味的变化，豆酵饼制作者不断开发新产品，目前出现了豆酵饼汉堡，食用起来带有肉的口感。

沙爹（sate）是一种烤肉串，与我国常见的烤肉串的烤制方法类似，但佐料不同。我们常见的是在烧烤时直接往肉串上撒佐料，多以孜然、辣椒面、盐等为料。而印尼人则把切好的羊肉、牛肉或鸡肉肉片浸料加腌，浸料多为盐、酱油、胡椒粉、糖等。烧烤时，须往肉串上涂抹椰油或椰汁，烤熟后配以花生酱、辣椒酱等调制的调料，涂抹或蘸着吃。沙爹是印尼最常见的美食之一，各地大街小巷均有人售卖。

凉拌什锦菜（gado-gado）是印尼的大众菜，其做法是：先将豆角、圆白菜、土豆、空心菜或其他蔬菜洗净，切好后用开水煮烫至大半熟，捞出后用各种佐料拌在一起，佐料以花生酱为主。印尼的花生酱是特制的，即把花生仁煮熟，连同盐、辣椒、大蒜、葱头、糖等一起捣碎，然后用水把酱团调匀加入酱油和柠檬汁煮成糊状。凉拌什锦菜较稠，可把煮熟的鸡蛋切成块放入菜中当饭吃，也可把糯米放入用棕榈叶编织的菱形小袋里蒸熟，然后切成片放到菜里。凉拌什锦菜清淡爽口，营养丰富，是印尼人人爱吃、家家会做的家常菜。

索多（soto）是一种汤菜，其制作方法是先将肉丁（一般都用鸡肉）加水煮熟，然后加上一些切细的蔬菜如圆白菜叶，再加盐、胡椒等调料。这种汤菜味道鲜美，在一些家宴和自助餐式宴会上都可品尝到。马都拉的索多最负盛名。

巴东菜（masakan Padang）是印尼颇有名气、独具特色的地方风味菜，源自西苏门答腊省首府巴东。其菜多是蒸、炸、烤制而成的鱼、鸡、牛肉等，香味可口，最大特点是辣味十足，其辣味又有鲜辣、干辣、燥辣、酸辣、甜辣之分，真可谓“无辣不欢”。在印尼，从首都到各地城镇到处都有巴东餐馆，印尼人在国外开的菜馆亦多是巴东菜馆，可见它的影响之大。除了味美，其上菜方式也很独特。由于菜都是事前准备好的，所以没有菜谱，客人入座后，无需点菜服务员就开始上菜，少则十几盘，多则几十盘，有时摆放几层，荤素搭配，供客人选食。除了菜外，还有水果和米饭等，不愿吃的饭菜，不要动筷子或刀叉。结账时，服务员根据动过的菜计价。未动过的菜撤回，然后放到别的餐桌上，供其他客人选食。巴东菜是巴东人的骄傲，不仅在印尼流行，也是印尼菜在海外的代名词。

什锦黄米饭（nasi tumpeng）不是人们平日吃的普通饭，它主要是指作为各种传统礼仪和庆祝活动时吃的礼饭和祭祀用的供品，具有祝福、避邪、破灾等内涵。什锦黄米饭的做法是：把姜黄洗净，然后在搓床上搓成末，兑水榨出浓汁，加上椰汁、香茅草和小桔叶。将大米洗净，然后放入上述汁液煮熟，出锅后即成黄米饭。什锦黄米饭一般装在用细藤条或篾条编成的浅筐箩中或大盘中，底层铺上香蕉叶。黄米饭堆成锥形，有的将白、黑、黄三色饭分层堆放，更显好看。吃时盛到盘里或用椰叶编的盒中，然后给黄米饭饰以熟鸡肉丝、炸豆酵饼、黄瓜丝、鸡蛋丝、炸红葱等五颜六色的菜肴。黄色对印尼人来说具有特殊意义，它是吉祥、高贵和威严的象征，是封建时代为帝王专用色。而黄米饭的传承源于吉祥的黄色，并融入人们的日常生活中，成为印尼饮食文化的一大特点。在现代，不论是民间传统宴庆还是盛大的国宴都少不了开切分食黄米饭的仪式。一般在宴席开始时由参加者中地位最高的人切分黄米饭，而首先得到的当然是贵宾，或是仪式的主角。

中华民族与印尼民族有着长期友好往来的历史，特别是明清以来，大批中国沿海居民移居印尼，把当地部分食品也带到了印尼，对印尼人的饮食习惯、饮食结构产生了影响。印尼语中有一些食品名直接来自闽南语，如bacang（肉粽）、bakmi（肉面）、bakpao（包子）、bakso（肉丸子）、cakue（油条）、ciu（酒）、lengkeng（龙眼）、lumpia（春卷）、mihun（米粉）、mi（面条）、pangsit（馄饨）、siobak（烧肉）、siomai（烧卖）、sohun（粉丝）、tahu（豆腐）、taoge（豆芽）、tauci（豆豉）、teh（茶）、yan-oh（燕窝）等等。其中包子、肉丸、春卷、豆腐、豆芽、烧卖、肉面、油条等小吃已被大多数印尼人接受，并在原有基础上被加以改进，使之更适合印尼人的口味，成为印尼的大众食品。同时，印尼的部分传统食品，如凉拌什锦菜、烤肉串、印尼炒饭等也成为华人喜爱的食品，并通过他们传入中国大陆。

在马来西亚，各种美味佳肴集聚一堂是社会多元性在饮食文化中的体现。马来人、华人及印度人在饮食习惯上各有特色。

马来人几乎都是穆斯林，他们的饮食文化深受伊斯兰教的影响，如他们不吃猪肉和水生贝类动物，禁止饮酒等。马来人习惯以右手抓饭进食，因此他们餐前餐后都必须洗手，在进餐时，桌上一般会同时放置两杯水，一杯用来清洁右手，一杯可供饮用。

米饭和各种糕点是马来人的主要食物，而各种调味配料在马来传统的饮食文化中扮演着非常重要的角色，如椰浆、咖喱、辣椒、柠檬草、酸橙叶及各种香料是马来人日常生活中常用的佐料。一种名为三巴（sambal）的辣椒酱非常有名，是马来人用辣椒、虾酱再配以适当的调味料调制而成。沙爹、椰浆饭、忍当肉、爪哇面等是比较能体现马来特色的佳肴。

沙爹是一种甜中带辣的马来菜。将卤制的牛肉或者鸡肉串成串制成沙爹，放在炭火上烧烤，再撒上一种特制的花生酱，辅以黄瓜、洋葱等，和一种名为哥都粑（ketupat）[①]的饭团一起食用，是马来人家用以及宴会中常见的一种食物。相比沙爹，椰浆饭既集中体现了马来风情，也颇受外国游客的青睐。椰浆饭的制作过程并不复杂，将用椰浆蒸煮而成的米饭放入芭蕉叶中，佐以咖喱鸡、牛肉或鱿鱼、黄瓜等，再加入特制的三巴酱，美味的椰浆饭便大功告成。忍当肉则是一道大菜，是马来人在宴会时或者迎接贵客时方才制作的一道菜品，是一种用各种香料熬煮而成的辣味牛肉，有时候忍当肉也可以用鸡、鸭肉烹制。因为马来西亚常年天气炎热，各类汤品也是马来人酷爱的菜肴，如爪哇汤面、牛尾汤等。

马来西亚的大部分华人的饮食习惯与中国汉族相似，以米饭和面食为主。比较有名的华人美食有很多，如海南鸡饭、瓦煲饭、云吞面、牛肉面等。此外，华人的肉骨茶（bak-kut-teh）是享誉全马的一道美食。肉骨茶并非茶，而是一道以猪肉和猪骨为主料，再配以各种中药煲制而成的汤底。马来西亚的肉骨茶又以巴生的肉骨茶最为有名。需要特别指出的是，马来西亚华人中有一个特殊的群体——峇峇娘惹[②]，其饮食文化不同于一般华人社群。峇峇娘惹的饮食文化体现了马来文化和华人文化的完美融合。峇峇娘惹菜以酸辣为主，比较常见的有咸菜鸭汤、炒鱿鱼、猪肚汤、五香扣肉、甲必丹鸡等。此外，峇峇娘惹的各类糕点也非常有名，如木薯糕、发糕、萝卜糕等。峇峇娘惹菜烹煮的方式很精致，菜肴中采用很多马来人常用的食材，糅合了各种香料，但其烹饪的方式都还保留浓厚的中国传统风味。

马来西亚印度人的食物以辣为主，拉茶和各类煎饼是他们日常生活中最普通的食物。拉茶是用牛奶调制的一种风味茶，深受马来西亚各族人民的喜爱，制作过程对技艺的要求很高。印度煎饼则在铁板上煎制而成，很有层次感，搭配咖喱及鸡肉或羊肉，相当美味。此外，比较有名的印度美食还有咖喱沙拉、印度炒面等。

菲律宾人的饮食深受西班牙、美国和中国饮食的影响，食品种类繁多，味道鲜美，约70%的人以大米为主食，其余则以玉米为主食。他们喜欢吃椰汁煮木薯和椰汁煮饭，或在煮好的饭上浇上汤，然后用香蕉叶包饭，副食主要是鸡肉和猪肉，或焖或炸，炒菜不多。农民的米随吃随舂，米饭放在瓦罐或竹筒里煮，用手抓着吃，食用的玉米先晒干

① ketupat：一种颇具热带风情的饭团，用棕叶包裹大米蒸煮而成，米饭中带有棕叶的天然香气，十分美味。

② 峇峇娘惹（Baba dan Nyonya）：常被称为“土生华人”，是指在明清时期定居在马六甲、槟城、新加坡等地的华人移民的后裔。男性被称为峇峇，女性则被称为娘惹。峇峇娘惹是本土化程度最深的华人群体，曾因在生活及语言上与19世纪前后大批移民至马来半岛的华人存在一定的不同而在族群认同上出现过模糊状态。但自马来亚（马来西亚）独立以来，很多峇峇娘惹也将自己视为华人族群的一部分。

磨成粉，然后做成各种食品。

城市中上层人士大多吃西餐，主食是米饭、猪肉和鱼，惯用刀叉。菲律宾人对中餐也很感兴趣，但也用刀叉。菲律宾人非常爱吃的国菜叫“阿多波”(adobo)，制作过程是把加了辣椒烹制的猪肉和鸡肉(有时也用鱼肉)混合在一起，加上醋、大蒜和油，最后再加上重重的番茄酱。具有代表性的菜肴有咖喱鸡肉、烤乳猪、烤猪腿、香蕉心炒牛肚、肉类炒蒜、虾子煮汤、巴鲁特(balut，即煮熟的孵化到一半的鸡蛋)等。烹调中常用香醋、糖、辣椒等调味品。近代菲律宾人由于长期受西班牙人烹调方法的影响，所以菜肴中的辣味都不浓，味美适中，在炒番木瓜、洋葱和蔬菜时爱加胡椒。

菲律宾海产品丰富，烧烤海鲜是常见并广受欢迎的菜肴。在城市，吃海鲜是较高档次的饮食消费。烧鱼经常用一种酱油和小柠檬混合制成的调料，所有的调料中都有醋。“奶鱼”是菲律宾的“国鱼”，在鱼腹中塞上肉末烤着吃。

菲律宾人爱喝啤酒，很多人还爱喝茶和咖啡。因为天气较热，男人们几乎每天都要喝几瓶啤酒消暑解乏，特别是领薪水时，底层的男人大多喜欢与朋友一起泡酒吧。由于受西班牙生活方式影响，喝下午茶成为菲律宾人很重视的一种生活习惯，喝茶时要配三明治和饼干以及热的小食品。菲律宾人还喜欢嚼槟榔，经常用槟榔招待客人。

比萨扬人煮米饭时经常放少量的盐，用以佐食的有蔬菜、鱼羹和香料。玉米的食法或是用盐水煮嫩玉米穗，或是把玉米磨碎了煮饭。日常食品还包括水果、鱼、椰油，肉食比较少见。餐具以前均为竹子和椰壳制品，现在已经改用铝、铁等金属器皿。平时吃饭均用手抓，节日则改用刀叉。

他加禄人的食品主要是稍带咸味的稻米饭和玉米饭，以及蔬菜、水果等。肉类则很少吃，经常食用鱼。

伊洛克人的食物主要是稻米饭，佐以豆类、番茄等各种蔬菜。用手抓饭，平时使用的器皿都是当地产的陶器，它们随用途不同而制成各种形状和规格。

伊戈罗特人的主食是大米和甘薯，烹饪很简单，将小鱼、薯苗、豆苗等用盐水煮熟后即可当菜，富裕之家在举行庆典时才做肉食。肉和鱼类多用火直接烤熟食用。除猪肉和牛肉外，偶尔得到的飞鼠、野鹿等也是他们非常喜欢的肉食。辣椒每餐必不可少，喜欢嚼烟叶和槟榔。

伊富高人的主食是稻米，贫困人家也常吃番薯和玉米，此外还有蔬菜、水果等。他们经常食用小鱼和野生动物如野兔、蝗虫、白蚁、青蛙等，也常食用野生植物的根、茎及竹笋等植物嫩芽，很少吃畜肉。喜欢嚼槟榔老叶，经常将槟榔当作礼物相互赠送，并当作敬神的祭品之一。

穆斯林的主食是大米，有时也吃玉米和薯粉，佐以蔬菜、水果等。按照伊斯兰教规不吃猪肉，不喝烈性酒和牛奶。他们与其他马来人一样喜欢吃鱼，烹调很简单，喜欢使用刺激性的调味品，手抓进食。只有伊玛目（神职人员）宰的牛才可以食用，非节日和喜庆日很少吃到肉食，有咀嚼槟榔的习惯。

居住在三宝颜沿海与苏禄海域的巴交族人，以木薯、鱼类为主食，很少吃大米，多数人厌恶吃禽畜肉，但有的人不忌食牛、羊肉。他们喜食各种水果，偏爱甘蔗。

阿埃塔人的食物是各种猎物和鱼、野生水果、蜂蜜、初生的蜂虫以及各种野生植物的根实，如薯类、芋头、萝卜等。他们喜欢嚼槟榔，钻木取火烤食品吃。

从以上对东南亚饮食文化的分析，我们可以看出，东南亚各民族饮食多大米、蔬菜、水果、鱼类等食品，少猪、羊、牛肉等肉类食品。这一多植物蛋白和维生素，少脂肪的饮食结构符合热带地区居民的营养需求，有利于人们的营养丰富和身体健康。

第三节 东南亚民居

居住是各民族应对自然时节和气候的一种生存手段。东南亚居住文化是东南亚各民族以住宅为载体的文化现象，是东南亚各民族在创造住宅物质形态过程中产生的文化。东南亚各民族利用现有的材料和建筑经验建造出适合本地自然和人文环境的居所。东南亚各国炎热、潮湿，因此“干栏式建筑”结构的高脚屋就成为了当地最普遍的传统民居建筑。

缅甸人喜欢聚族而居，往往有血缘关系者结成一个村落。每个村寨一般有五六十户人家，多建在有水源的平地上。村寨周围多种有椰树、棕树等。每个村寨都有木护栏围护。房屋沿村内道路两边排开。各家自成院落，有篱笆围绕。院子前部多种有香蕉和瓜果蔬菜，房前多种有大树，树下搭有用来乘凉的竹榻、木榻。传统缅式住宅为木结构，是典型的干栏式结构类型，分上下两层。上层住人，下层养牲畜和堆放杂物。正门外有楼梯。上楼梯后有一小廊，为脱鞋处。进屋后便是客厅。楼板和墙壁均用木板做成。房顶为人字架构，用锌板或白茅草铺盖。一般家庭在房子东头设有佛龛或神位。佛龛中常放有佛像，供有鲜花、清水，装有灯饰。这间房子也常用作客厅。客厅地板上铺有竹席，放有小矮桌，但没有凳子。客厅和前廊相通，无隔板。前廊比客厅地面稍低。传统家庭有在家中挂椰子尊房神的习俗。缅甸人相信在家中挂椰子可以免灾、发财。椰子常挂于室内或室外房头。木楼上层的后半部为卧室。卧室里铺席子。铺盖常被卷放在一边，睡觉时才打开。主房后面或者旁边常搭有披房，披房一般用作厨房。房子后面的院中有水井。缅甸人常在井台边洗衣、洗澡。洗澡时，一般用水瓢从头往下淋水，也有下河洗澡的。在房后稍远处，常建有独立厕所。

多样的地理条件和特定的气候条件使泰国形成了独特的民居风格。总体而言，泰国的民居建筑多为高脚屋结构，又称“干栏式建筑”；屋顶、墙面、地面等用竹子或木材建成；

屋顶高耸，带有高翘的飞檐。

泰国的中部是泰国最大的冲积平原，大部分的河流都聚集于此。人们普遍以种田捕鱼为生，因此中部的泰国人喜欢傍水而居，房屋多建于河边。在泰语中，依河流而建的房屋被称为“邦”，其特点是房屋顺着河岸依次而建，房屋的正面朝向河流，楼梯及走廊架向河畔，房屋后面是园子，园子后则是田地。而沿湖泊建成的村落称为“班”。

泰国中部房屋为泰国最流行的样式，也被称为“泰式房屋”。其结构为双层高脚屋结构，上层用于住人，下层由多根木桩支起，大概一人高，用于储藏物品、饲养牲口、防止野兽蛇虫，另外还可以通风散热、防潮防水等。屋顶为高耸的三角墙式，大面积、大倾斜角，屋檐较长，利于排雨、遮阳和散热。古时多铺以象草、香蒲、白茅或者大芭蕉叶等，一些稍富裕的家庭则用瓦片代替。房屋由木材拼接楔合而成，内部用木板当墙，把房屋分成小间。最初由于家庭规模较小，每户的房屋只为独栋式建筑，内部包括卧室、走廊、阳台、厨房和楼梯。后来随着家庭成员数量的增多或者家庭经济条件的改善，人们会在现有的房屋周围加盖房屋，并用各栋房屋的阳台进行连接，从而形成一个小的家庭民居建筑群。

泰国北部多为高原和山地地形，所以泰国北部的房屋多建于山上。现在泰国北部的房屋多为古时兰那国的房屋样式，分为一般的村屋和嘎莱屋。村屋是一种小型的房屋，也较为原始，多为贫穷的百姓所建。房屋的建造方法十分古老，房屋的屋顶、地面和地面托梁都用竹子，房梁和柱子则用木头，房间的隔板用竹子编成，屋顶铺以白茅或者大芭蕉叶，用竹篾或藤连接各个结构。还有一种称为“嘎莱屋”，为双栋连体式建筑，多为经济条件较好或者有一定地位的家庭所建，如村长等。此房屋完全用木材建成，包括屋顶的瓦片也为木制。嘎莱屋最显著的特点是三角墙式屋顶的顶端装饰有被雕刻成美丽花纹的木头，被称为“嘎莱”，嘎莱屋也由此得名。

泰国东北民居也为高脚屋式，其特点是窗户较少，特别是屋后一般没有窗户，或者只开一个很小的洞，屋檐较短，且房屋周围不建栅栏。

泰国的南部多为信仰伊斯兰教的穆斯林。为方便进行伊斯兰教的朝拜仪式，房屋内部会留有较大的空间，其他除非有必要，否则不会有隔板隔开。穆斯林的生活习惯中男女生活分得十分清楚，所以房屋前后各有一个楼梯，男性用前面的楼梯，女性则用后面的楼梯。一个十分重要的特点是，泰国南部的房屋建造时要先把各个部分建造好，然后再进行组装，以便以后搬家。

泰国南部的房屋屋顶较高，分为三角墙式、四坡顶式、马尼拉三角墙式三种。屋檐伸出较长，能够覆盖住楼梯的整体。房屋仍为高脚屋式，但下层并不十分高，由于南部经常遭遇台风等恶劣天气，所以对房屋的结构强度要求较高。支撑柱不直接埋入地下，而是用木头或者砖做成柱子立于混凝土之上做房屋的支撑。房屋周围多不建栅栏，但是种植果树，如椰子、芒果等来标示房屋范围。

老挝的民居一般为高脚屋，分为上下两层，上面一层住人，下面一层放杂物或饲养牲畜。上楼的梯子也很讲究，老挝素有“奇留偶溜”（奇数能留住幸运，偶数会让运气溜走）的说法，所以高脚屋的梯子级数一般都为奇数。屋顶斜搭而下形成“人”字形的尖顶，由于老挝雨季时雨量很大，这种屋顶有利于排水，同时也易于搭建。在老挝，建房必须遵循的原则是：第一，屋脊线要与河流平行；第二，床铺的摆放要与屋脊线成直角，因为家中有死人时要将床铺与屋脊线平行，混放会招来祸端；第三，家中把神龛所在区域划分为屋首，过道划为屋尾，屋首和屋尾、卧室和门口以及两个房屋不能相互正对着。屋内按照使用功能可分为三个部分，包括客厅、卧室和厨房。卧室作为私密区，一般在结构上不会与客厅等公用区直接相连，而是有一定的纵深，中间或为走廊，或有遮挡物。建筑材料一般用硬实的木头做总体框架，竹子可做屋内隔墙，茅草和蒲葵叶可盖屋顶。总体说来，高脚屋比较简陋，使用年限也较短。

随着人们生活水平的提高，生活在大城市中的人们开始流行修建法式别墅。首都万象的别墅式民居掩映在绿树丛中，显得高贵而不张扬。各家按照自家的地势条件自行决定建房规模和样式，不受城市规划的统一约束，在无序中体现老挝特有的自然和舒适。虽然钢筋水泥等新型建筑材料逐渐替代木质材料，但屋内的陈设一般为木质家具、木质地板，体现了老挝人新式生活中渴望现代化与亲近自然的和谐统一。①

在柬埔寨，高脚屋是人们传统的民居，其结构简单、功能实用，一般使用木材或竹子建造，分上下两层，不仅能够避免热带的潮湿气候和雨季水患，而且能够防范茂密丛林中毒蛇猛兽的侵袭。高脚屋的下层使用数根木桩作为支撑，木桩高度通常2~4米，底端埋入地下几十厘米。高脚屋的下层用于放置农用器具、晾晒农作物、饲养家畜和家禽或者作为厕所。木桩上铺有木板，在木板上建造上层房屋，下层和上层由木梯相连，楼梯下常放有大的水缸，供洗脚用，如果穿鞋应在上楼梯或者进入屋内前脱下。上层房屋使用竹板或木板作为外墙，用棕榈叶编制的内墙将整层分隔成几个房间，包括客厅和卧室。有的房屋客厅前建有宽敞的阳台，阳台上有屋檐遮盖。客厅是一家人用餐、娱乐、待客的地点，里面供有佛龛，摆着电视，地板上铺有席子或兽皮，人们进餐和娱乐时都席地而坐。房屋的四周都有窗户，便于通风。屋顶呈“人”字形，使用棕榈叶、茅草或稻草铺盖。一般家庭都在楼梯下或院子里的空地上使用简易炉灶做饭，有的家庭在高脚屋后建有简易厨房。由于天气炎热，村民们在高脚屋旁还会搭建简易凉棚，凉棚呈长方形，四周由木桩支撑，顶上铺有茅草，像一把大伞可以遮阳避雨。日间人们在凉棚中干家务活、进餐和休憩，夜里则回到高脚屋睡觉。随着生活水平的提高，

① ［法］索菲亚、比阿热：《老挝建筑》，苏南塔·占亚拉等译，万象：多吉公司出版，2003年版，第198~200页。

有条件的家庭逐渐使用现代建筑材料来建造传统的高脚屋，如用坚固的水泥桩替代了木桩，用石梯替代了木梯，用砖石墙替代了棕榈叶墙，用石棉瓦替代了茅草，使整栋高脚屋更为牢固结实。

山地高棉人部落的住宅与平原高棉人的住宅有所不同，他们常常一家近亲合住一幢长屋，一个村寨由几十幢长屋组成。还有一群逐水而居的柬埔寨人，主要是越族和占族人，他们的住宅别具一格，多建造在漂浮的水面上，称为浮屋，几十幢浮屋便组成了水上渔村。浮屋底部由数十条粗壮的圆木连接而成，圆木旁捆着空汽油桶，以增强浮力。上层使用棕榈叶或木板围住，并分隔房间，屋顶使用棕榈叶铺盖。浮屋能够随着河水上涨而上浮，随着河水下落而下漂，避免了洪水的威胁。浮屋还可以用绳索拴在岸上，以免被洪水冲走。人们则依靠小舟往返于浮屋和陆地及各个浮屋之间。富有的渔家还将房屋建在大型木船上，这样抵御风浪的能力更强。

越南人的居住特点与其多水的自然环境密切相关。以水为生的人甚至以船为家，很多这样的家庭聚居在一起就形成了非常有特色的“浮村”。1909年一位西方人士这样描述道：“越南人非常喜欢水，相比岸边，他们更喜欢生活在水上。所以大部分江河都布满了船，这些船就是他们的家。船非常干净，哪怕是他们在船上养家畜。”①

“干栏”居室也与水有关，其居室脱离地面的房屋结构在应对涝灾方面非常有效。此外，这种建筑样式还与气候、环境、建筑材料有直接关系——气候炎热、雨量充沛、虫蛇很多的地区，以竹木为墙的干栏式房屋安全舒适，是人们的理想居所。古代百越民族很早就掌握了干栏房屋的建筑方法。考古学的资料表明越南在东山文化时期，干栏式建筑已较为普遍。这一古俗沿袭至今，如今在越南的农村、山区以及易被水淹的地区还处处可见干栏式建筑。

在建筑结构方面，越南人的房屋表现出屋顶倾斜度大、房高门宽的特点。屋顶倾斜角一般大于45度，除了审美的因素外，其功能主要是排雨，以防渗漏和屋顶腐烂。“房高”主要指房基高（相对于地面）、屋顶高，前者的目的在于防水淹、潮湿和虫蛇，后者则是为了创造一个宽敞、通风的居住空间以应对炎热、多雨的天气。房高但门不能高而是要宽：门高会导致阳光和雨水的进入（为了避免阳光直射，人们还编制竹帘挂于门檐上，屋檐也需延伸较远）；而门宽的目的则是为了有更多的凉风吹进来（门墙处留一个三角形的空间以排热气，以此构成一个完备的通风系统），同时为躲避强风，在建造宅院时需将院门和房门的位置错开，并且绝对要避免门正对马路的做法（民间观念认为如果不这样做家庭子女会多病、死亡或绝嗣），如果无法避免，则要用绿树屏风或砖墙遮挡。

越南人建房重视朝向和风水，选朝向和看风水是越南人建房的第一步。房屋需朝南

① Trần Ngọc Thêm. *Tìm về bản sắc văn hoá Việt Nam*. Nxb thành phố HCM, năm 2001, tr. 405.

而建。其原因是越南临海，在季风区，只有南向在避免来自西边的炎热、东边的风暴以及寒季来自北方的冷风的同时，还可以享受炎热季节来自南边的凉风（俗语说“南风吹来还没躺下就听见鼾声了”）。

房屋朝南，屋脊则为东西朝向。同中国人一样，越南人也有重视东向（左边）的传统。因此，作为一家生存保障的厨房，自然就被设在正室左边，面朝西向；与之对应，越南人最重要的家神——掌管厨房和家庭之事的土公（即灶君）的供桌也位于祖先供桌之左，同时越南土公还借用了中国灶神“东厨司命灶府神君”的神号。

房屋构造具有灵活性。木架构由柱、梁、椽、桁等搭建而成，各部分通过榫头连接，装卸非常灵活。另外，越南人以家主的一拃（大拇指和中指两端的距离）为单位做竹尺（称寻尺）进行丈量，使得各家的房屋在规格上打上了特定的烙印，寻尺也就成了家主对房屋所有权的象征。所以，当房屋建好后，要举行仪式将寻尺置于房梁上，只有等到修缮房屋时才能取下。

在建筑材料方面，越南人遵循就地取材的原则。竹子是最现成的建筑材料，其次是木材。越南人喜爱竹子，并将其视为民族性格的象征；竹子有降温、挡风、改善生态环境等作用，越南人善于利用不同种类的竹子的特性，将其运用于不同场合。最常见的建房木材则是苦楝子木、菠萝蜜木。在越南农村，人们结婚建房之初，要在院子一角种上一片竹丛，一排苦楝子树和几棵菠萝蜜树。20年后，当子女娶妻嫁夫时，这些树木也已成材，可做子女建房之用。屋顶则多使用稻草、蒲草、椰子叶、茅草和薄竹；墙砖和瓦用土烧制；越南人还创造性地将苦螺壳、蛤蜊壳烧成灰，与沙子、揉烂的细草纸或糯米秆、树皮、甘蔗蜜混合搅拌，制成一种黏性非常强的石灰涂料。

印尼地处赤道，炎热多雨，因此印尼人的传统民居除各具特色之外，还有一个共同特点，那就是房屋的边墙不太重要，往往只有一层薄薄的竹木结构墙壁即可，而屋顶比较讲究，要能遮挡炙热的炎阳和经常性的滂沱大雨，因此印尼的传统民居全都有倾斜的屋脊，有的还相当陡峭，以便于排水。印尼林木茂盛，竹子、椰树、棕榈树、竹芋等比比皆是，为建房提供了丰富的原材料，因此各地民宅大都为竹木结构，覆盖屋顶的是厚厚的椰树叶、竹芋叶、棕榈毛之类，既可就地取材，又能达到清凉、隔热、通风、透气的效果，而且印尼传统民居很少使用铁钉，多采用咬合、捆绑等方式。为了防水、防潮、防猛兽，除爪哇岛、巴厘岛一些地区外，印尼绝大多数村民都住“高脚屋”或“浮脚楼”。下面介绍几种典型的传统民房。

爪哇族的传统房。爪哇地区的传统住宅不同于印尼其他地区，它们都直接建在地面上，房柱以竹、木为主，尤以柚木为最佳。一般都有宽大的房檐，房内往往用活动的壁席按一定的规格或根据需要隔成若干小房间。爪哇人有着根深蒂固的等级观念，传统房形也能区分房主身份地位的高低。房基为长方形的房子，外观朴实无华，是农村普通居民的住房；而房基为正方形的房子，外观气派豪华，是王室贵族后裔居所独具的风格。[①] 这种房子前面有用作接待宾客、摆设宴席和举行庆典仪式的大厅。大厅四周无墙，中心有四根大柱，周围数根小柱，屋顶呈尖形。地基高于平地，一般坐南朝北或坐北朝南，只有王宫大厅才可坐西朝东。大厅后为正房，堂屋的台基与大厅齐高，两边房基与平地齐。有的大厅与正房相连，中间有走廊，有的则是相互隔开的。大厅之前一般有宽敞的庭院，种有各种花卉和果树。住宅四周均设有围墙，但院门不居正中，而是设在偏左或偏右的位置上。

亚齐人的高脚屋。亚齐人住的高脚屋基本都是一个模式，即一幢房子只分三个大房间。居中的一间地板略高于两侧，是主人夫妇的卧室，有的人家也将其辟成两小间；另外两间分别是未成年男孩或女孩的起居室。房屋地板一般离地面2.5~3米，外形呈长方形，东西走向，房梯及家门朝南或朝北。房柱一般选用上好的木料，房子骨架结实，据说起码能用上两代人。房顶铺有编好的竹竽叶，20年以内不必更换。地板选料或竹或木，因人而异。家中厨房通常设在两侧房间的某个角落里，也有的家庭挨着住房另盖。亚齐人家中很少有桌椅板凳，人们习惯于席地而坐。

巴达族人的风俗房。苏门答腊的巴达族人性格豪爽奔放，剽悍骁勇，这一特点也体现在他们的住房上。巴达人的传统住宅也是高脚屋，但其风格与亚齐族的高脚屋迥然有别。巴达族传统房按规模大小及屋脊形状一般分为风俗房和普通房。风俗房一般规模较大，长20米左右，宽10米，房脊呈牛头状，它是族长居住及族中举行传统风俗礼仪的地方。普通房规模较小，房脊呈两头高、中间洼的圆弧形，翘起的两个尖角上装有牛角或人头雕像，它是一般普通小家庭的住房。无论哪种房，都是东西走向，门开在东西两侧（多巴部族仅在一侧有门），四壁与地板不成直角，而是有一定的倾斜度。整个房屋用坚实的大圆木做立柱，房顶和山墙用棕毛编织铺成。东西两侧的墙壁用竹或木料制成，上面都用红、白、黑、黄等色画上图画，有人头像或狮头像，极为醒目。[②] 风俗房大都分上、中、下三层，分别象征着上、中、下三重天地，也是当地人传统三位一体观念的体现。最上层是圣室，存放着家族亡人的骨灰；中间一层分成若干间，是家族几个小家庭的生活空间；最下一层（即地板与地面之间的空间）存放农具、杂物及饲养牲畜。[③]

米南加保族的“加当”房。米南加保族的传统住房是印尼造型最独特的几种传统房之一，当地语里叫做“gadang”。“加当”房也是一种高脚屋，尖而高大的屋顶压在短粗的木桩上，屋长约几十米，分上下两层。上面住人，下面是牲口棚，上下楼备有竹梯。房屋是木结构，房基一般为长方形，高于地面2米，内有高至屋顶的柱子，用来分隔房间，

① Koentjaraningrat. *Manusia dan Kebudayaan di Indonesia.* Jakarta：Penerbit Djambatan，cetakan ke-18，1999，hlm. 331~334.

② Koentjaraningrat. *Manusia dan Kebudayaan di Indonesia.* Jakarta：Penerbit Djambatan，cetakan ke-18，1999，hlm. 99~100.

③ 武文侠、陆春林：《印度尼西亚》，北京：世界知识出版社，2001年版，第114页。

供小家庭居住。米南加保族一个母系大家庭的各种活动都在这里进行。加当房的朝向没有严格规定，但一般都背着道路，以使家庭生活，尤其是闺房内的活动不被外人窥见。它只设一个房梯，通常在房前正中央，一上梯子便是一个大阳台，是招待客人及举行各种庆宴的场所。加当屋造型的特别之处表现在其房屋脊上，它的房脊中间洼，两端高高翘起，远看好似一只船，而翘起的部分又酷似尖尖的牛角。这种状似牛角的屋形在蓝天白云的映衬下，显得格外高大雄伟。在传说中，米南加保民族用斗牛决胜的妙计战胜了来犯者，为纪念这次重大的胜利，他们修建了屋脊两端翘起的房屋，并一直相传至今。房脊上还挂有牛角或木雕牛角，每增加一代人，就增加一对牛角，房屋里住的代数越多，牛角的数目也越多。大阳台的后面是居室，居室的多少根据需要而定，但必须是奇数，少则有3间，通常是7间，但也有的多达17间。①在居中的居室之后往往有一个小高脚屋，是一家的厨房，有一天桥与加当屋相连。无论从侧面还是正面看，"加当"屋都很精美、标致，像一件艺术品。

达雅族的长屋。加里曼丹岛达雅族的传统房是名副其实的长屋。一般屋长50~60米，最长的可达170~180米，当地人称它为"贝当"。这种长屋有两种方向，或与当地的河流平行，或与河流垂直。它是前高后低，呈斜坡形的高脚屋。长屋为竹木结构，房梯往往用一劈为二的半个独木制成，上面凿有凹坑作为脚蹬，梯子两侧安有扶手。长屋外圈四周都设有阳台和凉台，是晾晒衣服、谷物的地方。长屋中间有一条长长的甬道，里面摆放着木床，供客人住宿。甬道两旁是两排单间房，每排分若干间。过去，有的长屋长达200~300米，宽10~20米，可容纳几百人居住，现在这样的长屋已不多见，一般都只住一个有两至三代血缘关系的大家庭，每个单间住着一个小家庭，都有一个独自的门户。房间里又分成几个部分，从进门到后面依次是睡觉、吃饭、做饭、招待客人或养鸡的地方。达雅人有个传统，喜欢把捕获的鹿和野牛的角割下来挂在长屋的前柱上，有的地方也挂牛头，这一方面显示他们的勇敢，同时也起"避邪"的作用。②

巴厘人的宅院。巴厘人的住宅，不论大家或小家，都自成一个院落。院墙一般不高，院门上都有精细的木雕牌楼，院内有住房若干幢，厨房一幢，谷仓兼客厅一幢，家庙一座。巴厘人家家都有一个家庙，是家中最神圣的地方，每逢大小节日全家人都要在此朝拜、祭祀。家庙的位置固定不变，在巴厘南部，它建在院中最北部；在巴厘北部，则位于院中最南部。这是因为巴厘岛中部有一条横贯东西的山脉，常有火山爆发，古代巴厘人认为是山神作祟，因而视它为圣地，家庙置于离山脉最近的位置表明巴厘人向山神祈拜的诚心。为了保存原始淳朴的自然景观，印尼政府严禁在巴厘岛上设立工厂，并规定所有建筑物的高度不得超过椰子树顶。椰树的高度一般不超过15米，因此巴厘岛的建筑

① Koentjaraningrat. *Manusia dan Kebudayaan di Indonesia.* Jakarta: Penerbit Djambatan, cetakan ke-18, 1999, hlm. 251.

② 武文侠、陆春林:《印度尼西亚》，北京：世界知识出版社，2001年版，第117页。

多是宽敞的平房，四五层的楼就算是高楼了。巴厘的房屋还有固定的格局，一座座院落排列得井然有序，院墙一律涂上白灰，门顶上都有雕刻着各式精美图案的彩色牌楼，因此各个村落显得十分优雅和精致。

在近半个世纪中印尼人的住房习惯受到西方文化的巨大影响，人们逐渐摆脱传统民居而改住现代化住房。在经济发达地区，除在农村尚保留一些传统民居外，在城市中几乎已见不到它们的影子。但与中国不同的是，印尼的城市居民都不喜欢住高楼，而喜欢住独门独户的平房或两层小楼，最高也不超过三层。拥有一幢独门独院的住宅是大多数印尼人一生追求的目标。正因为如此，在印尼的大城市里，除中心商业街区有高楼大厦外，在居民区是极少能见到高楼的。更为称奇的是，在现代化的城市，不论是高大的建筑物，还是居民的楼房、富人的别墅，屋顶几乎都是红瓦片。从高处看去，错落有致的红屋顶建筑像一幅幅精心构思的画卷。

马来西亚典型的传统住宅是一种被称为“浮脚楼”的单层木质建筑。这种房屋由数根木桩架空，离地面数尺。屋顶一般为两坡面，坡度很大，看上去陡而长，用树叶或木板铺盖。墙和地板均用木料或竹板建成。马来人的这种传统房屋构造与当地气候环境密切相关。马来半岛地处热带，常年湿热多雨。地板离地数尺，可有效防止地面湿气以及毒蛇、老鼠等动物的侵害。高架的结构也可增加通风，降低室内温度。长而陡阶的屋檐设计，可遮住窗前强烈的光线，避免其直射屋内，同时也能防止积水，让雨水能迅速从屋顶流下。屋顶两边的山墙一般是可以打开的，这也能够让屋内长期保持空气流通。门口设有一个固定的梯子，来访的客人必须先脱鞋子，再拾级而上。人一般住在上层，而屋子底层主要用来圈养家禽。传统马来习俗认为，屋子是不能朝南的，据说这样会给家里的人带来不幸。随着现代经济和建筑科技的发展，部分马来人房屋建造的选材有些变化，如有人改以石头作为支撑，用瓦片遮盖屋顶。但尽管如此，马来人这种传统居所的结构，包括高架、长而陡的屋顶等，并无本质的变化。长屋是马来西亚土著少数民族集体居住的传统建筑，也是一种用木桩架空、离地数尺的高架长形建筑。长屋的中间是一条长长的通道，两边是以家庭为单位的住户。

马来西亚的华人房屋建筑与中国汉族基本相似。而17~19世纪出现在马六甲及槟城等地的峇峇娘惹的建筑却别具一格。一些峇峇娘惹的房屋设计非常豪华大气。房屋的整体设计基本沿袭中国传统的庭院结构，其中往往设有大厅、中厅、内厅、天井、后院、侧院等。大门上贴有对联，一些门上、窗户上会有精美的雕刻。屋内雅致的实木家具古色古香。

菲律宾的传统民宅有比萨扬人、他加禄人、伊洛克人和伊戈罗特人的高脚屋，邦都人的圆形住房，加当人在树上建造的房屋等，样式独特，多姿多彩。

比萨扬人的住宅多数是高脚屋，而且只有一间，屋顶很长，屋檐很低。富裕人家住的是木板房，用铁皮做屋顶。目前比萨扬人的房屋形式发生了变化，窗户比以前更多了，房间也被分隔成好几间，并有一间公用居室，厨房一般建在住房的后边。

他加禄人的住房也是高脚屋，并有凉台。墙多用竹篾编成，也有用棕榈叶或草编制的。窗户既无窗框也无玻璃，夜晚或下雨时把吊在窗边的竹帘放下即可。地面铺上竹板，屋顶盖有棕榈叶或茅草。现在也开始使用铁钉、水泥、柏油等建筑材料。家具通常只有一张桌子、几个长条凳或椅子，全家睡在地板上。在受城市文化影响较大的家庭里，屋里有床和其他用具。火塘一般设在屋里的地板上，上边放置有炉灶，其形状恰似截去尖头的圆锥体，底边有洞，以便添柴，上边放置容器烧水做饭。洗衣服一般在卧室外边，用餐在凉台上。

伊洛克人的高脚屋整洁牢固，墙壁用一根根竹竿排列而成，上边覆盖着竹条或茅草。一间高脚屋通常被分隔成三四间屋子，分别用于客人和家人的住房、厨房和餐厅、衣物储藏室、洗衣洗澡室等。全家都睡在铺了席子的地板上。为防雨水，粮仓也建在高脚木桩之上，竹墙里面附上一层席子。

伊戈罗特人的高脚屋，可分为正方形、长方形、八角形和圆形几种，面积约30平方米，以木柱为柱梁和栏杆，屋周围则用竹片夹棕榈叶或树皮编织成墙壁，糊上泥，用茅草编成盖子，通常是高顶屋梁，远望如小金字塔。现在富裕之家也用木材、锌、铁造屋。屋有前后两门甚至三门，沿梯而上，晚上将梯子收起，以防止敌人或野兽侵袭。

伊富高人的住房既有直接建在地上的，也有高脚屋。建在地面上的房屋，其地板用泥铺成，也有用石头或木板铺成的，墙壁用木板或竹片制成，屋顶覆盖茅草。高脚屋底桩脚的上端套以较大的圆盘或倒置陶盆，防备鼠、蛇之类动物入室。高脚屋里上端建有阁楼样的小屋，可以储存稻谷及杂物，房屋柱梁上挂着筐篮，晚上把鸡装在里面，以防野兽。

邦都人的住房多为圆形，直接建在地上，这在东南亚是比较特殊的。房屋的外形像干草垛，地面上铺着竹板。屋内一般分为卧室、厨房两部分。房屋里还有阁楼，用以储存稻谷。邦都人村庄比较大，往往一个村庄有数百人乃至上千人，分为10~15个居住区，称“阿托”，每个“阿托”内居住的都是有亲戚关系的家庭，举行各种仪式和社会活动的中心是一个石头平台，上有石凳和灶。“阿托”还有公房，里面住的全是鳏夫和一些未婚的女性。

加当人的住房分建在地上、树上两种，建在树上的房屋离地面6~18米，进出需爬很高的梯子。另外，吕宋岛北部的巴戈波人、巴拉望岛南部的克诺伊人，以及住在森林中的苏把农人、蒂鲁赖人为了避免敌人或野兽的侵袭，也把房屋盖在树顶上，用独木砍出脚蹬当进屋的木梯，夜晚收起来。

伊巴坦人的住房绝大多数是石头砌的，墙壁涂以耀眼的白色。也有用苇草建的房屋，屋顶以茅草覆盖，用长竹竿压住，屋顶坡度很陡。因为当地经常发生地震，住草房比石头房安全。

摩洛人的住房与马来人相同，都用木柱支撑，往往是傍水建屋或建在水上。经济富有和社会地位高的人家，其屋子离地面也比较高，屋顶用棕榈叶覆盖，一座屋子通常只有一室，坐卧都在席上，进屋脱鞋。以装有泥土的竹箱做火塘。

萨玛尔人(有的地方称“巴召人”、“巴交人”)多在岸边生活，在陆地上无居所，即使有住房也是直接建于水上的高脚屋。大部分人常年生活在船上，过着流动的生活。棉兰老岛南部的萨玛尔人的木屋搭在海水中的珊瑚礁上，下面用几根插入水中的木桩支撑着，当地人称它为渔村，也有叫“水上部落”的。苏禄海面上的萨玛尔人住在船屋中，他们的住宅船用椴木制造，比其他船高大宽敞一些，船上放着简单的家具和日用品，生活空间很是狭小。

信奉基督教的阿埃塔人住房有两种形式：一种是用几根竹竿支撑、盖上各种叶子的“人”字形窝棚；另一种是用6~8根木桩插入地下，上端砍出槽，放上横梁，再盖以棕榈叶做成的房屋。其最现代的住宅就是学邻族建的高脚屋，一般选在干燥、敞亮、阳光充足的地方。

随着时代的发展和受到外来居住文化的影响，东南亚各民族的传统居住习惯也在逐步发生变化。同时，随着生活水平的提高，东南亚各民族的居住设施也在不断改善，不少人已经逐渐摆脱传统民居而改住现代化住房。

第四节　东南亚婚俗

人的一生在不同的年龄和生活阶段要举行不同的仪式和礼节。婚礼表示社会承认男女所建立的配偶关系，而婚姻和家庭则是构成人类社会的基本因素。家庭是社会的基础，通过婚姻而确立。东南亚各民族普遍实行一夫一妻制，多是自由恋爱结婚。东南亚部族众多，宗教不同，因而各民族的婚姻习俗差异很大。

缅甸青年男女婚姻方面多为自由恋爱，父母一般不加干涉。传统上男子满14岁后就被视为成人，可以找对象了。但要与未满20岁的女子结婚，须先征得女方父母的同意。缅甸人成家一般是女婿入赘，男方至少要在岳丈家住满3年后才可分家另立。

缅甸民族是一个好热闹的民族，节会多、人心善。一家有事全村帮忙。青年人是热心者的主体。若谁家有生死、婚嫁、盖房、建庙、出家等，一定有伙子头和姑娘头率领的帮忙大军。大家在一起说说笑笑，帮事主分忧解难。这种风俗给了未婚青年男女一个接触的机会。若男方看中某一姑娘，他会在天黑以后，约上自己的好友或独自一人，来到姑娘家的竹楼下诉说衷肠。有些小伙子遇到意中人后，也会在傍晚时分到姑娘家附近吹笛求爱。大胆者则径直上到女方家中做客聊天。外村的小伙来本村串姑娘需征得本村伙子头的认可。对小伙子来家中串门，姑娘的父母一般不会干涉。小姑娘也会以茶水、槟榔、烟草在客厅里招待来客。等姑娘的父母休息后，小伙子才能进闺房。双方若互相中意，会互赠礼物。小伙子一般送戒指，姑娘送岗包、纱笼、自制背包作为定情之物。缅甸人的择偶标准是：一结实，二有一技之长，三人品好。

男女定情后，会找社区中的头面人物去女方家撮合，送礼金等。征得女方父母同意后，小伙子才可以自由出入女方家中。双方一般恋爱三年，以相互了解、考察、适应。

缅王时期，缅甸男子结婚年龄规定在24~25岁。女子年龄则无具体规定。没有文身和出家的男子一般是没有资格结婚成家的。如今，此类限制没有了。缅甸人成亲有四项条件：（1）成年，心智健全；（2）不是近亲；（3）女方不是已婚者；（4）双方自愿。婚礼一般在女方家进行。结婚有三种方式：（1）双方父母约定；（2）媒人说亲；（3）自定终身。其中第2、3种方式须征得双方父亲同意。父亲不在时，须取得族人同意。习惯上，缅历四至七月安居期间不能结婚。在其他月份结婚，对小家庭会有一些影响。好的影响，如缅历二月结婚者会发家，缅历三月结婚者会恩爱到白头。坏的影响，如缅历四月、五月结婚者会大病，缅历六月、九月、十月结婚者会破财败运，缅历十一月、十二月鬼多，此时结婚者会膝下无子女。

缅甸人结婚前，男方父母要去女方家商量婚事。女方及村中头人要在家等候。双方都会把己方的掌门人叫上。人齐后，由男方讲明来意，察看双方的八字、相位是否相合，然后再选定吉日，安排细节。定下吉日后，双方要给亲友发帖，要告知亲友、村人前来帮忙。发帖通知一般是派人上门发茶包，告知有关事项。一切妥当后才举行婚礼。

婚礼当日，客人来时负责招待的少女们要在门口给客人敬烟，献上一小枝花。双方父母亲友也要到场给来宾领位，招待客人吃饭等。客人若有贺礼则交给受礼台，记录在案。婚礼上要避免蓝色、绛色和黑色这三种不吉利的颜色。吉日吉时到后，由司仪或灌顶师宣布婚礼开始。盛装打扮的新人们在嫔相的陪同下遵男右女左之俗步入婚礼殿堂。新人们在特定位置坐下之后要请灌顶师念偈陀、宣布礼敬“五敬”（佛、法、僧、父母、师长）。新人们在步入婚礼现场以及回房时，少男少女们会用金线阻拦新人，讨取喜钱，名曰“客璞祷”。新人入座后会献上四盆装有椰子、香蕉的礼盒，分别拜献给佛陀、男方父母、女方父母和神仙，以表敬意。婚礼上请有套鼓乐队，过礼时鼓乐暂停。新人们磕头三次后父母要给新人礼物。接着司仪或灌顶师为新人祈福、念偈陀、求神保佑。之后便是行合手礼，婚礼进入高潮。灌顶师或长者将新郎的右手放在新娘的右手之上，再将新人们的手浸入一个装有三分之一盆的水和各种吉祥树枝、花枝的铝盆中，表示新人会幸福、和谐、白头到老。灌顶师或长者同时要训导新人，并将盛在另一盆中的五色米撒向来宾。此时，鼓乐齐鸣，大家一起分享喜悦。来宾们也乐于抢五色米中的硬币。因为缅甸人相信婚礼上的硬币会给自己带来财富。之后男方或男方父母会摆酒席招待亲朋好友。新人们右手相握，坐于来宾之中，同吃一盘饭，并互喂饭菜一两口，表示小两口成家后会恩爱一生。婚宴结束后，婚礼便告一段落。新人们回新房。婚礼当晚，青年人有向新房上顶扔石子的习俗。

不在女方家成亲的新人，一般在完婚次日或第三日，夫妻双双要回到女方娘家。女婿对岳丈家人要大献殷勤，卖力干活。对于未经父母允许私订终身的私奔者，女方家长一般也会大度处理，接受生米煮成熟饭的事实。

缅甸人对自己的婚姻大事十分慎重，往往要经过深思熟虑后才结婚成家。但也有婚后不合的现象，这时就需要离婚休妻。据缅甸习惯法，丈夫对下列五种类型的妻子有权休弃：（1）不孕者；（2）只生女儿不生儿子者；（3）有严重疾病，如麻风病、癫痫者；（4）不守家规者；（5）不服从丈夫者。休妻后，丈夫仍要供养妻子。在以下六种情况下可以离婚：（1）丈夫步入佛界；（2）双方自愿离婚；（3）抛弃对方而离婚；（4）虐待；（5）不忠；（6）重婚。自愿离婚时，双方平分共有财产，带回结婚时的个人财产。对因过失而离异者，有错一方不能分享财产。另外，如果一方强行离婚又提不出对方有过错的证据，那么他（她）就要向对方做出赔偿并负责婚礼开支。

在泰国人的观念中，婚姻是人生的一件大事，婚礼也是人生中十分重要的仪式。泰国的结婚过程体现了泰国文化特色，以及所受到的佛教和婆罗门教文化的影响，其传统的礼仪程序复杂而且严格。

泰国实行一夫一妻制。婚姻法规定，任何年满20周岁的男女都可以自行决定结婚；年满17周岁但不满20周岁的男女结婚要得到父母或者监护人的同意；而如果不满17周岁，结婚则要经过法院的允许。

泰国传统的婚姻开始于求婚。当相爱的男女决定组成一个新的家庭时，男方将会请求父母寻找一位长辈作为媒人，以向女方的父母或监护人提亲。媒人要求地位较高，受人尊敬，并且最好是认识男女双方的父母。求婚在泰国分为两步：首先媒人要前往女方家里，向女方的父母征求意见，了解他们是不是愿意接受男方。在古代，女方的父母会问及男方的人品，特别是问及是否出家当过和尚，以及要求提供男方的生辰八字，让命相师看看是不是相配，如果不配或者自己不喜欢，就会以命相不合为由拒绝。但是在现代社会中，只要男女双方真心相爱并且父母认可，基本上都会同意。之后就会开始讨论彩礼和确定正式提亲之日。第二步为正式提亲之日，媒人再次到女方家里，向女方父母确定婚事，并确定彩礼、婚房、结婚的日子等事宜。彩礼包括礼金和物品两类。礼金是男方为向女方父母表示尊敬而赠予的现金，但现金只是形式上的，不宜太多，因为如果给的太多，会被别人认为是在卖女儿。礼金在结婚之后还会还给新人，以作为新人组成新家庭后新起步的象征。物品多为男方赠给女方个人的东西，多为黄金饰品，如金项链、手镯、戒指等。当一切商量妥当之后，就要开始确定结婚的良辰吉日了。

在泰国，婚礼日期一般选择公历的2、4、6、9、10、12月中举行，且禁忌在佛教节日举行婚礼。婚礼仪式一般在女方父母家中进行。婚礼举行之前，男方要准备好装彩礼和各种吉祥之物的“槟榔盘”，其由槟榔盘、彩礼盘、香烛盘、礼布盘以及食品盘组成。结婚那天，新郎与家人及朋友组成的迎亲队伍手托“槟榔盘”，结队而行去新娘家。到达新娘家之后，新娘会安排自己的女性亲戚和朋友在门口守候，并由两人分别手持金、银链子的一端形成门挡住新郎。门可有多道，古时一般有三道门即胜利门、银门和金门，新郎要正确地说出门的名称并把准备好的红包给挡门人，才能够通过并最后进入举行婚礼仪式的房间见到新娘。

当新郎及其父母和长辈顺利进入新娘家里之后，就会举行迎“槟榔盘”仪式。迎“槟榔盘”仪式由新娘家里一对结婚时间很久的长辈夫妻把“槟榔盘”迎到举行婚礼仪式房间的桌上，让新娘跪拜父母三次，之后媒人带领众人算彩礼。新娘家要准备一大块红色的或者是金色的布，用来包彩礼。新娘父母形式上清点一下彩礼的数量，之后把彩礼拿出来放到准备好的布上，双方的父母和长辈再把准备好的米、豆子、芝麻等洒在彩礼上，以祝福新人生活甜蜜美满。之后新郎给新娘戴戒指，并双手合十互拜。为了向养育自己的父母表示感恩，新人要手托香烛盘和礼布盘跪拜双方父母三次，并献上托盘。父母则向新人赠予红包或礼物并表示祝福。

僧人以及佛事在泰国传统婚礼中是不可或缺的。由于泰国人普遍信奉佛教，因此泰国的传统婚礼中会出现一系列体现佛教韵味的仪式和习俗。在泰国的传统婚礼中，新人要邀请僧人参加，人数一般为10人，并准备好供台，用于供奉佛像、鲜花、香烛、布施品等。当到达吉祥之时，新人坐于供台之前，点燃香烛并拜佛，僧人同时举行诵经仪式并向新人祈福。

诵经完毕之后要进行“洒法螺水”仪式。新人坐在准备好的一张朝向东方或北方的矮榻上，新郎坐在新娘的右侧。洒水时，新郎新娘双手合掌向前伸出，准备接受洒水。洒水仪式的主持者，首先为新郎新娘头上戴上吉祥纱圈。“吉祥纱圈”是用纱做的两个纱圈，并由一条圣纱连接两个纱圈和圣水钵，通向参加婚礼的每个僧人的手。“吉祥纱圈”戴好后，主持人在新郎的额头处点三点法粉，并抓住新郎的手为新娘点三点法粉。然后再将法螺水洒在新郎新娘的手上，洒法螺水要从右到左，即从新郎开始，以祝愿新婚夫妇相亲相爱，白头偕老。接着参加婚礼的客人依次上前为新人洒水祝福，最后由亲戚洒水祝福。长者为新人拿去“吉祥纱圈”，洒水仪式结束。

铺床仪式在新婚洒水仪式的当晚进行，表示把新人带入新房。要准备的东西包括研药石一块，表示情深义重；拐杖一根，表示长命百岁；冬瓜一个，表示清凉幸福；绿豆和芝麻各一袋，表示事业发达；水一份，表示和睦团结；一只猫，表示爱家，但可用玩具代替；乌鸡一只，表示勤奋；圣水盘一个，花盘一个（包括茉莉、玫瑰，以及金银币各9枚）。铺床仪式由儿女双全、有身份、德高望重的恩爱夫妻作为铺床人。他们把上述物品放入新房，把枕头、床单等铺好，圣水盘及花盘放于床边的桌子上。铺床仪式完毕之后，新娘长辈把新娘交给新郎，并祝福一对新人，然后众人离开房间。

在老挝，婚姻是人一生中最重大的事情之一，人们把结婚看作是一个人真正成熟、有能力走进社会独立生活的标志，因此非常重视结婚。结婚的形式和程序较为复杂和繁琐。

老挝社会传统上对女性要求极为严格，家庭对女儿的管束也很严厉，虽然不必通过父母之命，允许自由恋爱，但是恋爱的方式却很有特点，如果女子在家长完全不知情的情况下把男子领回家，这是不受欢迎的，家长会觉得丢面子。往往需要男子晚间到女子家里串门，如双方满意就继续发展感情，否则就此打住，父母在礼节性避让的同时也会观察男子的言谈举止，以给女儿把关。因此，即便男子到女子家的目的性很强，但因为女方家庭能在一定程度上掌控事情的进展，所以一般都会欢迎男子的造访，并提供谈情说爱的机会。男女双方感情达到一定程度时，男方家要由长者到女方家提亲，并准备丰厚的聘礼，在女方家门口还需有一个热烈的对话场面，在有目的的闲聊当中沟通感情，取得女方家的好感，然后提出结亲请求。但这种闲聊虽然不直接与提亲相关，但仍然需要很高的口才或文学才华，如果提亲者具有较高的诗赋或对歌能力，则提亲过程将会非常顺利。

提亲成功后，双方家庭要准备婚礼。婚礼一般有两天：第一天是“热身礼”，为的是把婚礼各项准备工作做好，并答谢亲朋好友。第二天是真正的婚礼，当天男方须先在自家举行拴线祝福仪式，如果是早晨举行仪式，忌讳超过中午12点，如果是下午举行仪式，则不能超过5点，特别忌讳太阳落山后举行。迎亲队伍在仪式结束后即出发，为体现男方家的诚意和身份，迎亲队伍一般会浩浩荡荡，隆重热烈，往往一路敲锣打鼓，鸣放鞭炮，并载歌载舞，场面蔚为壮观。新郎这一天的打扮要非常注重传统风格，穿兜裆裤，佩宝剑，手拿甘蔗和鲜花，象征保卫爱情并创造甜蜜美好的新生活。

婚礼上的一项重要程序是新郎新娘要感谢双方亲人养育之恩，也要经过一个繁琐的仪式过程，双方家长还要在仪式上宣讲老挝的“十二风十四俗”，强调夫妻互敬之德，提醒双方尊敬老人。总之，整个婚礼的过程洋溢着温馨甜蜜的气氛，不仅仅是一个简单的仪式，而是使人深切感受到老挝最淳朴、最传统的文化底蕴。

柬埔寨实行一夫一妻制，男女可以自由恋爱和结婚，近亲之间则禁止通婚，法律规定男女年满18岁即可结婚。男女青年成婚要经过说媒、提亲、订婚和结婚四个主要阶段。

首先男方的父母或者监护人要请一位熟识的值得信任的未丧夫的女子（称为媒人或媒婆）去女方家打听消息，通常媒人与女方家的关系也比较亲密。得知女子仍旧单身时，男方便挑选吉日，请媒人去向女子的父母或者监护人说媒。说媒的过程有三次，每次都要带上槟榔、蒌叶和烟草作为礼品。说媒时，媒人并不直接说明意图，而是旁敲侧击。如果第三次说媒时，女方家开门迎客，请媒人上楼进屋，[①]媒人就将这个消息告诉男方。第三次说媒的过程人们又称作“吃订约槟榔”。

当得知女方已愿意开门迎客后，男方开始考虑日后提亲的事宜。男方准备在哪一天去提亲要事先向女方通知消息。负责去向女方提亲的人称为“引路人”（女性）和“尊长”（男性），而女方的代表称为“家长”，他们是女方家的长者，代表女子的父母。

提亲的过程也有三次。第一次提亲：到了约定的那天，男方请三位夫妻关系良好的妇女作为“引路人”，带上一对木盒，成双的槟榔、烟草、黑树胶、香蕉、粽子、椰糕、糯米糕作为提亲的礼物送给女方。这一次女方的“家长”并不做任何决定，称要考虑观察一段时间。

第二次提亲：由于第一次没有做出决定，男方又委派三位“引路人”第二次前往女方家。这一次要带上一对木盒，在上面覆盖手巾，一对槟榔、蒌叶、黑树胶、香烛、一瓶酒、香蕉、粽子、椰糕、糯米糕和油炸糯米糕。女方仍旧不做决定，称需要“尊长”再来一次，因为担心“引路人”不能完全负责。此外也想让男子一同前来，以便考察一下未来的女婿。这个过程称为“吃手巾槟榔”。

第三次提亲：这次男方派出三位“引路人”和三位“尊长”领着男子，带着礼物，包括一对木盒、成双的槟榔、蒌叶、烟草、黑树胶、香烛、酒、香蕉、粽子、椰糕、糯米糕、油炸糯米糕、篮糕、绿豆糕、米、鱼、肉、蔬菜和各种水果，以及金银首饰、珠宝、衣服送到女方家中。在“引路人”、“尊长”和“家长”商谈完毕后，女方“家长”要求了解一下男子，考察他的人品和德行。而“引路人”和“尊长”也会要求看看女子。这个时候，女子会出来向客人们问候，有时候还要举办提亲双方互戴戒指的仪式，而在有的地区，佩戴戒指仪式也是一种招魂仪式。然后，“尊长”将象征商约结束的槟榔赠给“家长”吃。这个过程称为“吃结束商约槟榔”。

由于“家长”对男子的品行还不够了解，因此根据习俗，女方还要求男子在结婚前在未来的岳父岳母家干一段时间活，进行进一步考察。而男子所干的都是家外活，没有权利进入家中。订婚后双方的关系也要严格遵照婚前的习俗。

柬埔寨人对结婚的月份和日期十分讲究，通常不在斋月和佛历单月筹办婚礼。[②]人们将精心挑选的黄道吉日书写在准备好的一页纸上，带上礼物，包括槟榔台、槟榔、蒌叶、

① 柬埔寨人居住在高脚屋中，进入客厅和卧室要先上楼梯。

② 斋月是指僧侣们进入雨季时进行斋戒的月份。单月是指佛历中每个月只有29天的那些月份。

香蕉等等，由“引路人”送给女方“家长”。女方“家长”会打开这页纸，将约定好结婚的时间念给客人们听。在将规定时间的纸张送给女方“家长”后，“引路人”还会请“家长”吃槟榔，这个仪式称作“吃订婚槟榔”。在一些地区，人们约定将取槟榔盒或者“吃订婚槟榔”看作结婚已经进行到一半，如果国家不安定，人们只要让新郎和新娘结合在一起，祭拜过祖先便可，不必再举行大型的婚礼仪式。最后，“引路人”请“家长”将举行婚礼期间需要准备赠送的各种礼物嘱咐说明一下。从这个时候开始，男方可以前往未来的岳父岳母或监护人家里做家务。而女方会为男子准备寝食，如果患病，女子还会看护他。

古时柬埔寨女性无论是在家中还是在社会上都具有较高的社会地位。男女谈婚论嫁时，男方不仅主动提亲，结婚也要征得女方的同意，这种习俗延续至今。按照传统婚礼通常需在女方家中举行，热热闹闹地操办三天，这三天分别称为入棚日、订婚日和拜礼日。

婚礼的第一天，男方的家人要到女方家附近搭建举办婚礼的婚棚。婚棚使用竹子搭成，并铺有茅草，分成三个小隔间。一间是厨师做饭的厨房，第二间用于宴客，第三间是槟榔花棚，直至婚礼的最后一天，新郎都住在其中。在槟榔花棚前，还修建了一个神龛。在搭建和装饰好婚棚之后，人们将所需的物资运送到婚棚里，开始准备饭菜和各种糕点，特别是粽子和椰糕必不可少。因为在婆罗门教的信仰当中，人们将粽子当作湿婆生殖器的象征，而椰糕是湿婆妻子乌玛的生殖器。人们认为如果在结婚仪式上没有这两种食物，那么将会导致夫妻俩日后没有子嗣。

第二天的早晨，人们吹奏着欢快的高棉传统音乐，簇拥着新郎前往新娘家。新郎进入到槟榔花棚中。而在女方新房中，则要举行祭祖仪式，向祖先告知为子孙找到了合适的人家。还要举行吃订婚槟榔仪式（即吃订约槟榔、手巾槟榔和木盒槟榔）。这一天的下午，要在新房为新娘举行剃发仪式，在槟榔花棚举行新郎的剃发仪式。如今，两人的剃发仪式都可以在新房举行。按照传统，剃发师要手持剪刀和梳子，先唱歌跳舞。剪掉的头发要放在蕉叶做成的小盒里扔掉，以消除晦气。然后，人们要向猴王祭拜，请他将这个消息告诉土地神。家人们请来僧侣在新房和槟榔花棚分别为新娘和新郎诵经祈福，也可以一起在新房诵经祈福。诵经时，新郎和新娘席地而坐虔诚地倾听，接受僧侣滴洒的圣水，以便消除晦气和疾病，获得平安。

到了晚上，人们准备好水果，按照古代传统做成水果糕献给“家长”，然后人们为新娘举行“凿齿”仪式。接下来，男方准备好用纯银制成的银条作为彩礼。快要天亮时，人们请三位夫妻恩爱的女性用当天下午经过祈福的槟榔枝串槟榔花塔。槟榔花塔一共3串，第一串最大，串有21片槟榔和21片蒌叶；第二串中等，串上12片槟榔和12片蒌叶；第三串最小，需串6片槟榔和6片蒌叶。

婚礼第三天，天刚刚亮，新郎和新娘便要穿上传统的民族服装。婚礼主持领着新郎来到神龛前拜祭，新郎面东而坐，等待吉时的到来。当太阳升起，吉时到来时，主持三呼新郎的名字，新郎便向太阳跪拜三次。柬埔寨人认为，在选时仪式中获得的时刻是最纯洁、最幸福的时辰，预示新郎和新娘日后生活美满，幸福安康。吉时选好之后，人们便簇拥着新郎进入新房中行拜槟榔花礼。婚礼主持拿着剑走在最前，接下来依次是三位“尊长”、两位持烛者、三位端槟榔花者、拿彩礼者、端奶者、新郎、为新郎撑阳伞者，最后是乐师。到达楼梯口时，主持三呼新郎的名字，这是允许新郎进入新房的信号。这时与新娘关系亲密的妹妹或者弟弟会出来迎接新郎，并舀一瓢水给新郎洗脚，还要送上一片槟榔。新郎会给这个孩子红包，孩子便牵着新郎的手进屋子。

人们请新郎坐在一张席子上面朝东方，等待“家长”主持婚礼。新郎前放上槟榔花盘、烛台、两个盛有饭的碟子、一个猪头或者一只炖鸡、粽子和椰糕。然后新郎要向放在用蒌叶卷成三圈的枕头上的槟榔行合十礼。接下来一位“引路人”手持点燃的蜡烛去请新娘出屋，这个时候人们载歌载舞，让新娘肩并肩坐在新郎的右边。有些地区还会舞剑，然后将剑交到新郎和新娘的手里。接着人们围住新郎和新娘举行转烛筒仪式，仪式由收取了彩礼、家庭幸福的五位男子和四位女子操办，他们依次将烛筒从右手传到左手，主持则在一旁诵经。这个仪式结束后，主持要向槟榔花行礼。而“家长”要用白色的棉线系住新郎和新娘的手，象征夫妻永结同心，永不分离，并向他们表示祝福。然后人们解开第二串和第三串槟榔花塔，将槟榔花和蒌叶分给亲友们撒向新郎和新娘表达对他们的祝福。此时新郎和新娘转身面对，人们呼喊着新郎和新娘的名字进入婚房①，新郎抓住新娘的凤尾裙跟在身后。进入婚房后，新娘将槟榔和蒌叶请新郎吃，或者点烟给他抽。接下来新郎和新娘会换下婚服，坐在屋子中间，用剑将席子割成两半。这个仪式结束后，新郎和新娘便去宴席上招待“家长”。到了晚上八九点的时候，人们在新婚夫妇的卧室里举行同寝仪式，人们挑选两位上了年纪的女性来操办这个仪式。她们准备好一碟鱼和肉，一碟甜点，一个花塔，一个嫩椰子。首先人们点上香烛祭拜祖先，然后舀出鲜椰汁喂新郎三勺，新娘三勺。接着让新娘剥香蕉喂给新郎吃，新郎也要喂给新娘吃，象征着夫妻互敬互爱直到永远。

婚礼举行三天后，新婚夫妇带着槟榔、鱼和肉、甜点、烟叶去寺庙里布施，请僧侣诵经祈福，还请僧侣为夫妇俩撒上槟榔花瓣，祝福他们今后平安幸福。然后，双方的父母带上新婚夫妇一同到民政处，进行结婚登记，登记时还需有两位证人在场。从此之后，双方正式结为合法夫妻，家人带着新婚夫妇去向双方的亲友问候，告诉他们这个好消息。柬埔寨古代的婚礼仪式程序繁多，耗时较长，如今人们结婚时只是举办其中重要的仪式，时间也缩短到了一天。

① 婚房指婚礼后新娘和新郎居住的房间；新房指新娘家经过装饰作为举办婚礼的场所。

在越南，传统婚姻程序分为“六礼”，即纳采、问名、纳吉、请期、纳细、亲迎等，与中国传统婚礼程序几乎一致。

纳采就是男方通过媒人向女方家说媒、提亲。问名就是男方讨问女方的姓名及生辰，以卜八字是否相合；还要问清女方母亲的出身，以了解女方的受教育环境等。所谓纳吉，就是正式提亲，问名若属吉兆，男方遣媒人致赠薄礼，通报八字之合。请期顾名思义就是择定娶亲吉日，一般由男方请女方家择定日期或男方择定后征求女家同意。纳细，即正式送聘礼，包括礼金、礼饼、礼物、祭品等。亲迎就是娶亲，即男家派人或亲自迎娶新娘。

越南古人认为婚姻是缘分，因而非常重视婚事中的玄秘因素，其中男女双方八字相合被认为是最重要的。所以纳采之后，如果女方家同意，则要尽快问名。1945年以前，越南农村的许多地方，女孩从出生到嫁夫之前都不取名，直到男方行问名礼时，女孩的父亲或伯父才给女孩取一个名字。当然名字并不重要，女方的生辰八字才是问名的重点。如果男女双方八字相克，则婚事将取消；如果相合，则需进一步占卜神灵、祖先和月老的旨意，若为吉卦，则行纳吉礼通报这一喜讯。得到了神灵和祖先的认可之后，还需选择合乎男女双方的良辰吉日才能成婚。可以看到，在整个婚姻程序中问名、纳吉、请期是起决定作用的，至于纳采、纳细和亲迎只不过是走形式而已。另外，在整个婚礼程序中，槟榔都是必备的物品，它是越南象征爱情的信物。

除例行上述婚姻程序外，越南传统婚礼还需恪守以下原则：

首先，男女婚事要服从家族权利。越南传统观念认为，婚姻从不是两个人的事，而是两个家族之事。所以娶妻嫁夫找的不是个人，而是看两个家族是否门当户对；另外，对于家族而言，婚姻是家族延续和子孙繁衍的唯一和神圣手段，因而女人的生育能力极其被看重，而那些“具”字腰、“心”字胸的女性被认为是合乎标准的。迎亲时的舂臼和铺席合卺习俗也体现了婚姻传宗接代的功能，舂臼即迎亲前男方家人在门口放好杵和臼，等新娘迈进家门时，拿着杵向臼舂几下，此举是以舂臼的生殖崇拜文化内涵祝福新人早生贵子；铺席是由一位多子、福德仁厚、夫妻健在的中年妇女为新人铺席，席子有两张，铺时须一正一反，象征阴阳和谐。

其次，男女婚事要服从村社的权利。为了维护村社稳定，越南人历来就有轻视寓居人（外乡人）的传统，在婚姻方面就形成了嫁娶都需是本乡人的观念。旧时，越南农村还有男方向女方所在乡社缴纳款项或礼物（“喜钱”）的习俗，如果男方与女方同属一个乡社，则上缴得少；如果男方来自其他村社，则常常要缴纳前者的2~3倍。只有向乡社缴纳了款项或礼物，婚姻才是有效的，而村社出具的收据，则具有类似如今结婚证的功能。17世纪，黎朝规定官员和士兵不得靠收缴“喜钱”敛财，阮朝时朝廷对“喜钱”的缴纳有了具体规定，如富人家缴纳1.5贯钱，中等人家缴纳0.6贯，穷人缴纳0.3贯等。

以上原则体现了越南人重家族、重集体的观念。不管是普通老百姓，还是名门望族，甚至是帝王公主，他们的婚姻可能都体现了家族、村社和国家的利益。

如今，“六礼”的程序已得到简化。在越南农村，婚嫁只需行三礼，即提亲、问名和娶亲；有的地方将提亲和问名合二为一，行两礼。在城市甚至只举行婚礼，婚礼有隆重化和简单化两种趋势。但必不可少的环节是，婚礼当天，上午或中午，新郎新娘家人及亲戚朋友在家吃团圆饭；下午按照预先算好的吉时男方到女方家迎亲并祭祖，之后所有人到会堂吃冷席（甜点），或到酒店吃酒席。宾朋需向新人赠送礼物（日常用品）或红包，并送上祝福的话语。宴席结束时，新人回男方家或回自己家，开始他们新的生活。

在印尼，依据当地的传统，结婚不仅要依照政府规定的婚姻法，而且要遵守各地独特的婚礼习俗。由于地域广阔、部族众多，印尼的传统婚姻习俗五花八门，但一般情况下大都经过求爱、求婚、订婚、结婚几个阶段，在部分地区还流行着“抢婚”的习俗。

求爱和求婚是印尼人婚姻中不可缺少的程序，但不同地区、不同部族有自己不同的方式和做法，体现出多姿多彩的特色。

中苏拉威西的古拉威族小伙子如果看上一位姑娘，不必事先打听其情况，可只身到女方家求爱。如果女方家长看中小伙子，便留下他一同进餐，否则无需招待；假如姑娘已有人家或已订婚，姑娘只需穿过小伙子就座的房间，无需家长再进一步说明，小伙子便领会其意自动离去。

居住在苏门答腊的瑟拉威族小伙子如果看中一位姑娘，他只能向姑娘母亲表示，说他爱上了她的女儿，然后再由母亲转告女儿，如果姑娘情愿，母亲便开始为女儿梳洗打扮，以讨小伙子的喜欢。姑娘家要专门准备一间房子，里面铺张宽席，点上一盏幽暗的油灯，为孩子谈情说爱提供必要的方便，其过程要始终对父亲保密。该族与众不同的特点是：一个姑娘可同时与5个小伙子幽会，小伙子之间既不嫉恨，也不打架，而是以文明竞争方式博取姑娘的爱情。夜里，小伙子们聚在一起，谈天说地，竭力表现自己，接着纷纷向姑娘递情书，打起“书信战”。姑娘一一看过情书后，做出最后抉择，待姑娘选中一人后，其余4个人便知趣而退，从此与这个姑娘再无任何瓜葛。

努沙登加拉省龙目县的萨萨克族小伙子往往利用在海上举行联欢之际向自己的意中人求爱，这种联欢会每年都在当地人们认为爱神降临的吉日举行。男女青年各划一船，联欢会正式开始后，小伙子便摇橹追逐他所爱的姑娘，待两船靠近时，小伙子将事先备好的香蕉、糯米糕等食物投至姑娘所在的船上，如果姑娘对此毫无反应，则表示接受了小伙子的求爱；如果姑娘又把食物投回到小伙子的船上，则表示她回绝了小伙子的求爱。

加里曼丹达雅族人的求爱方式更特别。该族每年放火烧荒后都要举行下田仪式，人们将当场宰杀的公鸡血涂在食品及农具上，表示驱邪和获得丰收。仪式完毕后，男青年便乘机向女青年求爱。他们拾起地上烧焦的木炭往意中人的脸上涂抹，如果被涂抹的姑娘反过来也向那个小伙子的脸上涂抹，则表示她接受了对方的求爱。反之，如果姑娘无动于衷，则表示她拒绝了对方的求爱。

加里曼丹的班加尔族，为儿子找对象，不仅是父母的事，也是整个家族所关心和乐于参与的事。当有合适的人选后，男方提前通知女方家人，告之派“代表团”求亲时间。如女方家人表示同意，男方便请村里有名望和善谈的人组成求亲代表团，届时到女方家商讨求婚事。求婚一般安排在晚上，女方须设宴款待代表团，双方商讨、征求意见、了解对方均以诗歌、谚语形式问答。双方同意后，便谈及聘礼数额。男方求亲团的主要任务便是讨价还价，尽量压低聘金数额。求亲成败关键在此，聘金太少，女方不同意；聘金太多，男方承受不了。聘礼谈妥后，代表团便把带去的衣料、首饰等留给女方家人，作为嫁妆。有时，嫁妆里还夹带些钱币。最后，商定结婚日期。到此，求、订婚一并完成。

居住在南苏拉威西岛的望加锡人不同家族之间结亲，男方需请亲属到女方家或女方亲戚、朋友家了解有关情况。第一次去通常以办其他事为借口，尽量不暴露真实来意。如女方情况令人满意，则托近亲或男女双方的朋友做中间人，非正式地探询女方的双亲，若对方有接受求婚的可能，便进一步了解姑娘家境，并可直接提亲，不必拐弯抹角。待认为求婚条件成熟后，男方家请几位有地位、有经验的已婚男子当媒人，前往姑娘家正式求婚。通常姑娘的父亲接待媒人。一般女方家不立即给予答复，需先和亲友们商量。一两周后，男方再托媒人拜访女方家，听取姑娘双亲的意见。这时，如女方家以水果和糕点款待媒人，表示接受求婚；否则婉言谢绝，表示不同意。

居住在廖岛的萨凯人一般是男方向女方求婚。如果小伙子看中某位姑娘，便求一位可靠的年长女人做媒人，去姑娘家提亲。媒人须携带少许蒌叶、一副银手镯、一些布料、一把斧头和一把长刀，提亲时通过女方家的族长送给姑娘的父母。族长在定亲中起相当重要的作用，订婚批准权在族长手中。批准的标志是，族长把男方送来的蒌叶放在嘴里咀嚼。族长同意后，男女两方随即商量婚礼日期、彩礼等事宜。通常女方家长提出的要求，男方家很少拒绝。按规定，婚礼日期一旦确定，双方不得反悔。否则，如男方违约，彩礼将全部归女方所有；若女方不守诺言，必须向男方赔偿相当彩礼两倍的物品。假如女方家破坏协定，族长将判该家伤风败俗，并开除出族，赶出村外。送不起彩礼的小伙子一般通过抢婚得到所爱的姑娘。姑娘失踪3天后，家长要报告族长，然后族长派人寻找。找到后，把一对青年人送到族长面前。族长当即“审问”，最后只好判他们为正式夫妻。

印尼多数地方流行女嫁男娶，婚后女方到男方家落户，但一些地方则流行“男嫁女娶”，婚后男方到女方家落户。如苏门答腊的米南加保人就保留这种婚俗。男女到了适婚年龄时，女方派亲人（通常是舅父）主动登门向男方求婚，如果男方同意了，女方就送给男方一枚戒指定亲，还要筹集一笔可观的礼金送给男方，而男方回聘的礼物只需一把缝纫尺。女方接到这把尺子后，用它制作几套新衣和鞋子回送男家，以示对未来夫君的温存体贴。男方在婚前必须到女方家共商良辰吉日，女方以宗教仪式设宴款待。

印尼人的婚礼很隆重，部分仪式带有宗教色彩，或在教堂举行或由长老主持在家举行。婚礼上，新郎新娘都穿本族服装，大城市也不例外。除此之外，一些部族还有自己的特点。

爪哇人的婚礼较为复杂。出嫁前几天，专门会有家族里受人尊敬的老妇为新娘全身涂抹香脂，使女孩的皮肤更加细腻白嫩。婚礼前一天，新娘要坐在铺满花瓣的浴室里洗鲜花澡，家里的老太太负责从一个浮满花瓣的水罐子里舀水浇到新娘身上。沐浴之后，由德高望重的女性长辈把水罐子摔碎，然后开始为新娘盛装打扮。婚礼这天，新郎由数十名男人陪同来到岳父家，稍事休息并经过精心打扮后与新娘在大厅见面。两人首先互送蒌叶包，随后新娘的家人会在新郎面前摆放一个银盘，盘中放一个生鸡蛋，新郎要当众赤脚踩破它，表示永远忠于新娘，哪怕粉身碎骨也不变心。随后，新娘则面带笑容端水跪地为新郎洗脚，以表示感激和顺从。接着新郎新娘双双往地上抛撒黄米，以此象征婚后生活美满幸福。之后两人携手进入新房，在新人席上就座。婚宴开始后，新郎、新娘共食一盘黄米饭并互喂对方。宴罢，新娘蹲着从手巾包里向客人丢掷喜钱。在现代爪哇人的传统婚礼上，诵读《古兰经》是必不可少的。

达雅克族人的婚礼由主管风俗礼仪的长老主持。身穿漂亮民族服装的新郎、新娘按女左男右的位置站在磨刀石上，一起握住“结亲网”，同时由长老主持宰猪仪式，让猪血淋洒在木屑和一把剑上，然后再用蘸了猪血的手握住两位新人的右手，同时口念咒语，为他们祈祷，祝福他们粮谷满仓，万事如意，婚姻美满，财运亨通。

望加锡人的婚礼一般在夜里举行。婚礼之日上午8~10时，新郎家把部分彩礼放在竹制抬架上，由男方家族的亲友抬着，送到新娘家。现在，越来越多的人使用汽车运送。同日下午，男方家数名亲友护送新郎去新娘家，其中有一位高龄人手持盛有钱币的铜器。新郎乘坐用绳子吊着的抬筐于日落前赶到新娘家。送亲队伍接近新娘家时，新娘家的迎亲队伍开始高声诵读《古兰经》。新郎若是外村人，还必须送喜钱给站在门口的一位“土地卫士”，才可进入院内。接着，一位老人唱起夸新郎、请新郎入室的喜歌。新郎进屋后，与两家男性亲属聚在一起。此时，司礼官清点新郎带来的礼品，并一一记录在案。尔后新郎与司礼官握手，跟随司仪诵读《古兰经》，在婚姻证书上签字。然后，新郎由岳母或新娘的婶婶、舅母带领进入新娘房间。[①]日落后，宾客们在正厅开始畅饮欢宴。等客人散尽后，新婚夫妇才入洞房休息。

① 梁敏和、孔远志:《印度尼西亚文化与社会》，北京：北京大学出版社，2002年版，第287页。

苏门答腊巨港地区的婚礼仪式别具特色。婚礼前夜，男女两家开始为新人精心打扮，将他们的手掌、脚掌及指甲用凤仙花水染红。然后，男家的亲友们手擎火把，携带送给新娘家的各种礼品，簇拥着新郎，游行到新娘家中。这时，新娘家中载歌载舞，鼓声不断，但新娘在闺房中，不得与任何人见面。次日，新郎再次举行盛大游行，游行队伍里人们带着稻米、水果、给新娘的嫁妆等礼品穿街走巷，最后回到新娘家。这时，新娘家门前，拳师们表演起精彩的印尼拳术，迎接新郎。一位长者向新郎撒播稻谷、钱币和纸花，围观的人们争先恐后地抢夺这些象征吉祥的物品。新郎进大门前，首先要和岳父母对颂板顿诗，直至说明来意，证明已为姑娘带来珍贵礼物，岳父母才肯开启门帘让女婿进屋。接着，一位妇女领着新郎来到新娘闺房门口，新郎仍用板顿诗与姑娘对答，最后得到新娘允许才步入闺房。新郎新娘见面之后，要为宾客表演象征性节目，如“夫妻坐船”，新郎新娘以木板当“船”，妻子坐在“船头”，丈夫坐在“船尾”“掌舵”，象征丈夫当家，妻子也有重要地位。还有“夫妻逛街”，新郎新娘各用一只手，压在一杆大秤的同一端，另一端挂着“三件财宝”(三种不同质地的金丝纺织品)，表示夫妻共持家务，权利平等。接着举行喂饭仪式，双方母亲先后为新郎新娘喂饭，岳母喂女婿，婆婆喂儿媳，象征亲家之间和睦友好。最后举行“洗沐仪式”，两位新人在家人陪同下一起洗浴，象征着两人终身恩恩爱爱，永不分离。

巴厘贵族与平民的婚礼仪式大不相同。平民在婚前要举行“静心”和“祈祷”仪式，目的是使头脑清醒，以便接受神的意旨，揭开生活的新篇章。婚礼前一天，新郎身穿传统民族服装，在家人的陪伴下，前去接新娘。新郎一到新娘家，高僧便连敲三下女家门，新娘闻声出来开门，与未婚夫互致敬意。然后，随同新郎去男方家举行婚礼。婚礼在礼仪厅或神庙内举行，由高僧主持。巴厘贵族的婚礼比普通百姓的要隆重得多。新郎新娘须穿巴厘贵族盛装，由男女仆各一人陪伴步出庭院，然后各自上轿，新娘在前，新郎紧随其后，径直抬到礼仪厅。沿途白布铺地，两旁有长矛队夹道助兴。婚礼仪式开始，新郎新娘并坐在专设的新人席上，两位高僧主持拜神仪式，祈求神降福于他们。拜神完毕后，新人接受圣水洗礼。

米南加保人在举行婚礼的前几天，女方要单独举行一种特殊的仪式，称为“凤仙花会”，也就是用凤仙花把新娘的手指甲染成红色。新娘所戴的头冠要送到男方家去，由男方家长祝福后再带回来，然后用一块绣着金银丝的绸缎盖住，安放在花篮里，待结婚之日使用。婚前两三天，新郎和新娘不出家门，修身养神，以避邪祸。结婚那天，女方身穿华丽的服装把新郎接到女家。随后一对新人共同坐在客厅里，亲友们向他们祝贺送礼。接着宾客席地而坐，喜宴开始。宴后，新娘送一条新的纱笼给新郎，并携带一些礼品陪新郎到男家，俗称“送礼饭”。第二天晚上，新郎又被迎回女家。第八天，新婚夫妇再回男家居住。在此三天后，新郎送一些布和饰品给新娘，称“做三朝”。然后，新郎和新娘才正式回到女家，成为合法夫妇。

印尼人的婚姻绝大多数都经过正常的求婚、订婚和结婚过程，但少数地方仍存在逃婚和抢婚的习俗，如苏拉威西岛南部的一些地方常发生男女逃婚的现象。这种情况往往是由于男方付不起聘金或女方父母不同意而采取的一种行动。逃婚是有期限的，在这个期限内男方要尽量避开女方的家人。到一定的期限后，男方可以请媒人到女方家说情，进行调解并赠送礼品。这个时候，女方家里会表示同意，然后这门亲事得到肯定，两家就恢复正常的姻亲关系。印尼还有一些地方流行“抢婚”的习俗。

巴厘岛一带流行的抢婚习俗是：姑娘带着简单的行装在预定的时间、地点等候，以自己恋人为首的一伙青年便按时来“抢”，此时，姑娘必须假意抗争，而旁观者不必搭救。按习俗，两人藏身的地方必须在双方居住以外的地区，一般是在男方的邻村朋友家。当姑娘的父亲得知女儿被抢后，便用铜锣召集众邻随其“追踪”，在寻找过程中，姑娘的父亲往往已被告知其女儿的下落。到一定期限后，两家人和解开始商谈儿女的婚事，婚姻关系就名正言顺了。

达雅克族抢婚的方式是：男方把姑娘抢走后，留下明显的标记，姑娘的父母“气急败坏”地率众持械沿标记追赶，男方事先在住处附近筑一道象征性的防线，并在追赶队伍必经的路上拴上一些家畜，然后躲起来，追赶队伍追到这里便向家畜冲杀，并跃过防线。此时，男方队伍敲着锣、打着鼓、唱着歌冲出来迎战。双方对峙时，从各自队伍中走出一位专司礼仪的长者，两人一唱一和，口念祝词，双方队伍便偃旗息鼓表示和好。接着男方家人就用被杀的家畜做成饭菜款待对方。而后，双方家人商谈儿女婚事。

萨萨克人有两种抢婚方式。一种是不征得女方同意，强行抢婚；另一种是男女双方暗中事先约好，一同逃走，因此也叫逃婚。前者一般由于姑娘长相出众，向她求婚的小伙子很多，某青年担心姑娘被他人抢走，便“先下手为强”。或者因为男方在求婚过程中，女方长期犹豫不决，或以种种借口推迟互订的婚期。强行抢婚要在白天进行，趁姑娘去市场、到田里等时机，突然把姑娘劫走，藏在家里。女方父母发现女儿失踪，便派人四处寻找。找到后，先问女儿是否同意嫁给抢婚的男青年，若女儿不反对，立刻开始筹办婚事；若女儿坚决反对，便把女儿领回，并按习俗，向抢婚者索要相当数量的赔偿费。后一种抢婚则不同了，抢婚之前，男女双方已有很多接触。产生爱慕之情后，男方便可主动去女方家拜访。双方不必告诉各自的父母，便可私下订婚。订婚不举行任何仪式，也不交换戒指，但可相互赠送信物。订婚后双方暗中约定抢婚日期和地点。抢婚通常在傍晚6点钟左右，这时村民们正在清真寺做礼拜或在家里做饭，因此“抢”姑娘不会引人注目，姑娘也容易找借口离开家里。约定时间一到，男女双方便一同逃走。女方父母发现女儿丢失，便断定已被某人“抢”走。但女方家长并不着急，因为按规定，抢婚后3天之内男方必须请本村村长通知女方家。随后男女两家便开始商谈举行婚礼的具体事宜。

在马来西亚，马来人、华人、印度人的婚姻习俗构成了马来西亚总体的婚俗大观。

马来人的传统婚俗各州属之间存在差异，但大都遵循父母决定、男方入赘的规则。婚配的形式基本上有三种：媒约定亲、定娃娃亲、遗嘱定亲。结婚的时候，女方要准备婚礼用的并坐台。在婚礼开始之前，新娘由母亲带领着走出新房并由伴娘扶上并坐台。在婚礼开始的第一天，新郎在亲朋好友的陪伴下到达新娘家，由伴郎扶上并坐台，举行隆重的结婚仪式。婚礼结束后，新郎会住在新娘家里，三天之后方可洞房花烛。七天之后，新人会到男方家探亲，此为回门，然后便回到新娘家开始新的生活。近年来，这样的风俗习惯正在慢慢地改变，现在也有两人结婚后住在男方家的。

马来西亚的华人传统婚俗基本沿袭中国汉族的传统，其程序为提亲、下聘、订婚、纳采、选择良辰吉日、成亲。成亲的日子确定之后，双方家长会将确定的日子写在大红纸上并将其贴出来以广而告之。滚床是华人传统婚俗中的一环，即由一个自己父母健在且健康的男孩在新人的床上打滚，以示祝福。此外，婚礼前的梳头仪式也非常重要。婚礼前夕，新郎新娘都要在自己家中换上洁白的衣服，于子夜时进行梳头礼。正式的婚礼一般持续1天，新娘会穿上漂亮的新娘服，头戴凤冠恭候新郎的到来。新人见面之后，两人会一直住在新娘家，直到第12天，两人方能回新郎家。华人的传统婚俗礼仪较多，繁琐而复杂。随着华人日益受到西方文化的影响，传统的婚俗已慢慢被人遗忘，取而代之的是越来越西化的婚礼仪式。新人在结婚时，身穿婚纱、西装已经越来越普遍了。

马来西亚的印度人婚礼基本还保留其最传统的礼节。印度人的家庭观念很重，婚礼过程也备受人们的重视。在举办正式的婚礼之前，印度教牧师要先进行占卜以选择良辰吉日。在牧师的主持下，婚礼常常在半夜或者启明之时在新娘的家中或者寺庙中进行。在一个临时搭建的四角空间里，印度教徒们点燃篝火，并向神灵祈祷，以祈求新人婚姻美满，生活幸福。

菲律宾实行一夫一妻制，多是自由恋爱结婚，但各民族的婚姻习俗差异很大。在农村多流行男青年弹吉他，用歌声向所倾心的姑娘求爱，在恋爱中，男子多赠女方以化妆品、水果、花束等，花的颜色则以白色和桃色为佳，茶色和红色乃属禁忌之色。结婚仪式均在教堂中举行。

比萨扬人一般禁止近亲结婚，但富裕人家为了避免财产外流，也常有叔伯兄弟姐妹之间结婚的现象。

他加禄人大多愿意在本民族内婚配。青年人看中了心爱的姑娘，就告诉自己的父母，父母如果同意，就带着小伙子一起前往女方家中求婚。经过初步交涉后，男方的母亲就拿出一些钱送给姑娘家买槟榔老叶、烟、酒等礼品。如果女方同意，就收下钱和礼物，双方的父母再进一步谈判婚约条件。如果男方付不起彩礼钱，新郎就需要到姑娘家住两三年，为姑娘家干活，劳动期满就商定结婚日期。婚礼上流行模仿抢婚。婚礼前要举行宗教仪式，由天主教神父主持。

伊洛克人的结婚仪式与他加禄人相似，在一对新人同碗吃喝后，新郎宣布他要娶这个姑娘为妻，女方亲属中年长者祝他们多子多福，在场的人边吃饭边跳舞，婚礼一般举行三天。现在婚礼形式已经大为简化，一位老年亲属将新郎、新娘的手放在一碗米饭上连接在一起，然后将米饭抛撒在所有出席婚礼的人的头上，婚礼就算完成。

伊戈罗特族的婚姻主要是父母主婚和在女屋里自由试婚两种。富裕家庭为保住家庭财产，或指腹为婚，或在儿女幼时由双方父母订下口头婚约。他们禁止三代以内的血亲通婚，但是富裕人家为了维护家族财产，在举行一个特别的仪式来“解除”双方的血缘关系后，有三代以内近亲关系的人也可以结婚。

伊富高男女青年可以自由选择婚姻，并在婚前试婚。通常在举行仪式前，新人就早已同居。但如果男女结婚三年仍没有孩子，并经过“乞求神灵”还没有如愿，夫妇可以协商离婚，如果不愿离婚也可领养侄子侄女，如果离婚后与他人又有了孩子，原配夫妻也有可能破镜重圆。

卡林加人的婚姻由父母包办，孩提时期父母就忙着为他们订婚。男孩的父母如果确信女孩的父母会同意，就直接向女孩的父亲提出，如果没有把握，就托人以肉作礼送至女方家中，如果对方收下礼物，就可以提婚。未婚同居者较少见，禁止堂兄妹、表兄妹、异父异母兄妹之间结婚。

邦都人每个居住区里都有“奥拉”(olog，姑娘和单身女人居住的公用房屋)，每到夜晚，年轻男子就来到这里，以便相互认识、熟悉。邦都人不允许近亲结婚，所以小伙子们一般都到临近社区的奥拉去会姑娘，娶那里的姑娘为妻。婚前男青年为了博得姑娘的好感，往往到姑娘家里去干活，直到结婚为止。婚后女住夫家。

廷吉安人也是一夫一妻制，但男人可以有单独生活的情妇，所生的孩子归父亲。订婚往往在小孩6~7岁时就完成，禁止在血亲及过去有婚姻关系的亲戚间婚配，还禁止嫡堂婚和姑表婚，以及与异父母姐妹、妻妹、妻姐结婚。

曼达亚人的婚姻由父母包办，儿女在很小的时候就由父母做主订了婚。到成年结婚时，如果新郎无力支付聘礼钱，则婚期推迟，新郎到新娘家劳动一段时间，以充当彩礼。如今年轻人自由交往，已经开始打破父母包办的婚约。婚礼上，新人同吃米饭或互赠饭团，象征结为夫妻。婚礼在男方家里举行，但新婚头几夜在女方家里住，然后再单独另过。曼达亚人还保留一夫多妻制。

阿埃塔人也实行一夫多妻制，只要能养得起，就没有限制。男子可以自由选择，女子必须由父母做主。堂、表兄妹都可以结婚，只要男子向对方的父母交付一定的聘金或礼物即可。男子求婚，以弓箭射中女子在远处安置的竹筒为准，未射中者说明男子无力养活妻子，求婚就很难成功。

摩洛人可以一夫多妻，但绝大多数家庭都是一夫一妻制的小家庭，只有少数富人之家的男子妻妾成群。女孩子从9岁起就用头巾把脸蒙起来，只允许家人看到，12~13岁时便被视为到了适婚年龄。婚姻由父母包办，男方通过媒人向女方家求婚，并交付一大笔聘金。婚礼仪式由伊斯兰阿訇主持，并举行盛大婚宴。摩洛人离婚现象十分普遍，离婚后孩子都归父亲并成为他的继承人。过去摩洛人只娶本民族或同一教派的女子为妻，现在摩洛男子与女基督徒结婚十分普遍，婚后各保持自己的宗教信仰，但孩子都随父亲信仰伊斯兰教。摩洛族女子与男基督徒结婚则甚为少见。

苏禄群岛的萨马尔人在结婚前，男方需向女方赠送聘礼，聘礼上要放一张新娘的画像，男方的长辈要走到画像前投掷糕饼，以示男方同意这门亲事。举行婚礼时，魔法师撩起新娘的一缕头发吹三下，表示魔法保佑新婚夫妇相敬如宾、白头到老，接着向新娘身上浇水，并请美容师往新娘脸上涂白垩，他们认为这样很漂亮。

巴交人允许多偶婚，婚姻多由父母包办，表兄弟姐妹之间可相互通婚，堂兄弟姐妹则禁止通婚，如堂兄弟姐妹间要结婚，必须做一些“预防”措施和仪式，如将一些贵重物品丢入海中，祈求海神消灾免难。

巴拉望岛的巴塔克族，至今仍流行“招标结婚”的习俗。父亲可把女儿当作商品出售，公开招标，谁出的彩礼多，谁就可以娶他女儿做妻子。一旦中标，数日后即举办婚礼。婚礼很简单，双方的父母和亲戚聚集一堂，以抽纸烟表示祝贺。已结婚的女子，如果被人看上并出更高的价格，也可以再嫁。因此一名巴塔克族妇女往往要一嫁再嫁，以满足父亲的生财之心和自己的虚荣心。

由于菲律宾女多男少（有些岛屿上是三比一，最悬殊的可达到七比一），女性常为婚事发愁，老处女比比皆是。男子在婚姻上处于“尊贵”地位，在家庭中有绝对的权威，加之天主教不允许离婚，所以男性在性问题上显得比较随便，对于常见的男性与其他女子同居，妻子无力劝阻，政府也并不追究其重婚罪，但若女子与别人通奸，被丈夫发现后将受到严厉的惩罚。

华人特别是一些受过西方教育的年轻华人娶菲律宾女孩的很多，一方面结婚后他便成为菲律宾人，可以在地方和国会选举中参加竞选，容易得选票，同时也是因为与娶华人姑娘相比，娶一个年轻貌美、温柔体贴的菲律宾姑娘花费甚少，只要到政府有关部门登记后，到教堂结婚即可。反过来，由于中菲的文化传统、生活习惯等有较大的差异，以及传统观念根深蒂固，担心父母不同意和别人议论，第一、二代华人妇女嫁给菲律宾人的很少，不过目前华人姑娘与自己钟情的菲律宾男子结婚的现象也越来越多了。

综上所述，东南亚各民族重视婚姻，把婚姻看作是人生中的一件大事，婚礼仪式程序繁琐、庄重热烈，婚姻体现了各民族独特的婚姻习俗和浓郁的本地文化特色。

第五节　东南亚丧葬习俗

丧葬仪式是人结束一生后，由亲属、邻里、友人、同事等进行哀悼、纪念、评价的重要仪式，既有社会性质，又有信仰性质。东南亚各民族的传统葬俗有火葬、土葬、天葬等形式，丧葬礼仪肃穆、隆重。由于东南亚部族众多，宗教不同，因而丧葬习俗差异较大。

缅甸人的葬礼很隆重，传统葬俗是火葬，也行土葬。缅甸人家中若有人死了，要报告给亲属并将尸体安置于房屋中央，然后发丧告知庙里和尚、邻居、朋友来帮忙料理丧事。缅甸人爱助人，往往是一家有事全村相助。事主管饭，别无工钱。亲友也有带钱带饭资助丧家的。人一死，乐队便来丧家，在尸前吹奏丧曲，直至出葬。丧家一般会请一两位和尚来家居住，以防鬼怪来侵害家人。和尚只住在家中，并不讲法。缅甸人把死亡的原因归为五种：老死、不治而亡、治不愈而亡、被人害死、自尽而死。

人死后要先洗尸。洗尸时要用小水罐从桶里舀水，依次从右脚尖开始，过腿、腰、肩、头，再回到左脚尖淋水一次（中间水不淋完）。往尸体上往返淋水7次后方可洗尸。洗毕，要给尸体抹上黄香楝粉，用新白布裹尸，再穿上新衣，盖上新纱笼。同时要将死者的双手置于胸前，用死者子女的头发分别将其两手大拇指和两脚大拇指系到一起。停尸时，尸体不能放在地板或床上，要放在灵台上。死者的贵重物品要置于尸体边，要依据死亡原因来决定死者的脸外露与否。置死尸的灵台下要放洗尸罐。洗尸罐在出殡时打碎，此前则要注意不让罐子碎。灵台由17根长短不一的半边竹捆扎而成。放尸体时先在台上放一席子，再铺床单。缅甸天气炎热，尸体易腐烂发臭，故要在灵台下或在尸体旁围放4~5个冬瓜以除臭。习惯上丧家要停尸3天，也有停5天和7天的。土葬的话，出殡前要派人先去坟场挖坑。挖坑前要用茶包、槟榔请土地神给予葬身之地。入殓前，要在死者口中放硬币作为超度费，以使死者的灵魂得以升入极乐世界。同时，为了不使死者日后再来纠缠家人，有些地方将与死者最喜欢的子女身体等长的线放入棺材中；也有在棺材中放入饭团的。出殡时，死者若非一家之主则要从窗口出棺，家长则从楼梯口出。家长出殡时，棺材要从附梯上抬出。附梯多用竹子加搭在高脚屋的楼梯上，有三级台阶。棺材一般固定于棺架上。棺架由灵床，以及下加的纵三横五的竹杠做成。灵床上置棺木。床角立四根柱子，床上罩顶，略有装饰。依死者性别，在棺木上放一男式或女式纱笼。按习惯，出殡队伍绝对不能从村寨、大院东门通过。如果只有东边有门，则需拆墙出殡。尸体也不能从房屋前经过。出殡前要请来和尚。和尚在特置的僧位坐定后，将棺材抬至僧前，由僧超度。出殡时，队伍前头为给僧侣和穷人捐赠东西的男女（分队排列），再依次为和尚、乐队、哭丧队伍和棺木。抬棺人大多为身强力壮的青年男子，一般为6人，也有8人的。再后为送葬的亲友。送葬队伍不能朝东或朝北行进。到墓地后，只有亲属跟着棺木停在下葬的墓穴边，和尚和其他人在凉亭休息。葬礼布施时，死者亲属中的长者要洒水分福。死者的棺木由亲友放入洞穴中。放棺木时要抬放三次，以示告别。之后由殡葬工填土埋葬。所有送葬者要等下葬好后才能离去。之后，死者家属要为死者做功德，在其去世日、安葬日、头七、满月、周年时要斋僧行善。

除土葬外，缅甸人还有火葬习俗。缅甸僧侣行火葬。平民要火葬需为老者、曾为僧者以及曾布施斋僧者。火葬与土葬的程序差不多，只是出殡时，将棺材抬往火葬场，交由殡葬工火化。葬后一般由死者的两位亲属来拾遗骨。拾到骨头后用净水或椰子水冲洗，再用白布包好，放入专门准备的陶罐中带回家中供奉。头七前一天死者家属要在家中招待客人，头七当日要在家中斋僧。僧侣每日也来死者家用斋念经。满头七后，火化了的遗骨多被埋到佛塔附近，也有为遗骨建灵塔的。

缅甸人对圆寂的和尚行火葬。和尚圆寂后，其他和尚和寺童为死者洗浴，然后将其内脏取出，埋于庙宇一角或佛塔附近。在其躯体里填充糠谷后，再用白布紧缠尸体，将其手平放于胸前。缠好的尸体上要置一件袈裟，然后装入棺中。棺材大多制作精美，绘有佛本生故事。之后要筹款修建尖顶阁，尖顶阁修成后要将尸体放入其中。棺材上要竖白伞，供信众来参拜。和尚火葬时，先在郊外选一空地。中间建火化堆或竹子尖顶阁，阁有7层，高约15米。建好后由头面人物确定火化的日子。善男信女们会在火化日去庙中献功德树。火化时，尸体由四轮牛车运至火葬场地，然后用绳子顺东西方向系住车子，让信众拔河决定由谁点火。尔后再将尸体置于柴上。火葬时要载歌载舞，放高升，烧竹子。火化后，和尚的遗骨要埋于佛塔附近。

对于非正常死亡者，缅甸人也有一些特别的习俗。如妇女生死胎，则在胎儿棺材中或缠尸布中放一铁棍，以防死胎再次投胎于其母腹中。对初生难产而死的孕妇常悄悄掩埋，主要是怕她再次作孽其夫，或会妖术者借尸兴妖。对病死在外的人一般不让回村，要停尸于离村最近的路口，并尽快埋葬。对于被怀疑为妖法致死者则不埋不烧，要单独陈尸一处。

在泰国人的眼里，丧葬是人类灵魂形式转换的重要过程，而且由于鬼神信仰、祖先信仰等民间信仰使得泰国人对亡灵产生了敬畏的态度，以及希望能够得到来自祖先的保佑，所以丧葬礼仪在泰国人的生活中占据十分重要的地位。

据古籍记载，泰国古代的丧葬形式有火葬、水葬和鸟葬三种，且具体的细节由于不同区域文化的不同而有所不同。但是今天的泰国人死后多实行火葬，由于受到佛教文化的影响，火葬基本上都在寺院中进行，并且形成了一套极其复杂的具有佛教文化色彩的丧葬礼仪。

泰国人的传统丧葬礼仪实际上开始于老人临终之前所进行的“指路”仪式。泰国人相信，人断气之时是灵魂离开身体的时刻，而灵魂最终能够前往善道还是进入恶途则取决于死者断气前最后一刻的意念。所以在老人断气之前，亲友要让其双手合十握住用芭蕉叶裹着的莲花和香烛于胸前，并且站在老人旁边，在族长的带领下高喊“佛陀！佛陀！佛陀！”三声，从而为老人“指路”，使老人免去牵挂、净化心灵、一心向佛，最后能够进入天堂。老人断气之后，其遗体必须头朝西方，停放在房梁下，用布或蚊帐来遮掩遗体，同时家中门窗要关闭严实，不能让猫跳过遗体。家人则点燃长明灯，开始准备殓尸。

泰国传统丧葬礼仪中的殓尸过程包括浴尸、梳发、穿衣、缚尸、裹尸等仪式。浴尸仪式是用撒入艾香叶、金合欢叶和酸豆叶煮成的水为死者擦洗身体，以使其能够干净地进入天堂。浴尸需要洗两遍，先用温水洗一遍，然后再用冷水擦洗一遍，之后用捣碎的姜黄和青柠檬涂抹于死者的全身。浴尸完毕之后接下来就需要为死者举行梳发仪式。梳发者要求为德高望重的人，或是死者的长子。梳发的方式有多种，有的只是用梳子梳三下，有的则要求往前额梳一半，再往后脑梳一半，意味着人的生死两界。梳子梳完后则需折断扔掉或放在死者的棺内。

穿衣仪式是指为死者穿寿衣，衣服用白布缝制，一共有两套，分内外两层穿着。内层衣服反穿，即衣服的开口朝后，其含义是死亡。外层衣服按照正常活人的方法穿着，其含义是再生。在为死者穿好寿衣之后，要捣碎一串槟榔放在死者嘴里，同时还要在死者嘴里放置一些钱物，喻示着钱财为身外之物。泰国有的地区还会用蜂蜜或金箔盖脸或者封住口和眼，以保护死者的遗容。

缚尸仪式是指用棉线搓成的手指粗的绳子缚扎遗体。缚扎时要求用绳子把两只手大拇指绑在一起双手合十举于胸前，而后用绳子拴住腰部，最后把两只脚合拢，把两只脚大拇指拴在一起。而且缚扎每一个部位时法师都要口念特定的咒语。缚尸后要用一大块白布进行裹尸，要求从脚部开始向上一直裹到头，裹好后在头部打结，接着要用手指粗的绳子捆尸，从头到脚捆成五段。

殓尸完成之后就要入殓，把遗体装入灵柩以进行祭奠。不过在入殓前，会由“法师”进行开棺仪式和祭棺仪式，以辟邪驱恶。在泰国传统的丧葬礼仪中，停柩祭奠的时间差异较大，少则3天，多的则长达一年之久。停柩祭奠期灵柩前的长明灯必须昼夜不熄灭，为死者指引走向光明的道路。在此期间要一日三餐供奉饭食，并会有僧人为死者举行功德法事，诵经超度。

泰国丧葬礼仪中出殡的讲究和禁忌较多。如出殡前，要准备3口土锅，代表人出生、成长和死亡的3个阶段，锅中装满清水及3根木棍，待棺材抬出房后，用木棍把土锅敲碎，然后把木棍折断。在抬棺出门时，不得穿越屋门和房梁，而要从窗户或从挖开的墙洞踏三层梯过墙抬出棺材，这是为了防止鬼找到回到房屋的路或从屋门返回，对活人不利。抬棺出殡时，要求棺头朝前，棺尾朝后，和尚手持灵线在前指路。出殡途中，不得将棺材放下休息，也不能换肩。抬棺不能走直线，须走蛇行线，这样可使鬼找不到回家的路。到达寺庙和墓地的时候，抬棺的杠子要被砍断，以免再用。

最后的火葬在寺院中举行，泰国各地寺庙中大多设有火葬塔。棺材运至火葬场后，须先抬棺从左到右绕火葬台3圈，送葬者也要跟着转3圈。火化遗体之前，要用椰子水为死者洗脸。遗体烧着时，将死者的衣物等在火焰上来回抛3次后扔进火里烧掉。火葬完后，要等法师从火葬堆里撤出3块木柴之后，送葬的人方可回家。火葬后的第7天，为了保佑居住在房屋里的人的幸福，要在屋里举行一次特殊的早祭祀，请和尚来念经，在整个屋里洒上“圣水”。至此丧葬仪式结束。

在老挝，人们认为葬礼是对人走完一生的送行，人都应该热热闹闹并且风风光光地走完这最后一程。老挝社会认为人的一生有三次大的送行或称亲友游行才是完美的。第一次送行称为“那迦游行”（即送男子出家为僧）；第二次送行是迎亲，因迎亲队伍浩浩荡荡，有游行的气势，因而也称“女婿游行”；第三次就是“出殡游行”。老挝一般推行火葬，但也有区别，只有正常死亡的人才有资格进行火葬，意外事故导致死亡的人往往适用土葬，且三年后才能进行祭祀。人们认为正常死亡才可以升天堂，火葬是升天堂的简捷途径，而非正常死亡则要下地狱，土葬能很直观地与地狱联想到一起。老挝人的葬礼颇为繁杂，包括洗礼、守灵和出殡三个重要部分。人死后，首先要给死者擦洗更衣，让死者干干净净地走向另一个世界。然后要往死者的嘴中放入金子，期望死者能享受荣华富贵。如果死者是佛教徒，则要把死者的双手合到一起，拇指系到一起，状如礼佛。在放入棺材之前，则要解开双手，与身体自然平放。守灵可守一两天，也可以守1个星期，有时候为等待远方的亲人回家要等较长的时间，大人物去世的守灵期甚至可达到2个月，但现在已很少见了。老挝人不会把葬礼安排得太过悲伤，而是尽量在祥和甚至是欢乐的气氛中给死者送行。因为按照佛教的说法，人死后是去往西方极乐世界的，而不是毁灭。老挝人把有丧事的家庭称为“好家”，而忌讳称为“死人家”。把坟地称为“慢林”，有希望将死者送往坟地的时间来得慢些的含意。而在葬礼上出家也被视为吉利和积德的象征，特别是出家的女子穿白衣，在出殡时浩浩荡荡为死者送行，场面越宏大越使家属感到体面。一般火葬结束后，和尚便可举行法事，给这些短时间出家的女子还俗。

柬埔寨人将为逝者举行葬礼作为家庭成员应尽的责任。如果谁没有为逝世的亲人举行葬礼将会受到社会的批评，而且以后也会感到后悔。

在扶南时期，人们哀悼的方式有剃发和剃须。葬尸的方式有四种：（1）水葬，将尸体放入河流中；（2）火葬，火化尸体；（3）土葬，掩埋尸体；（4）野葬，将尸体放在野外，由动物吃掉。如果是火葬的话，人们通常会将火化后的骨灰放入一个骨灰盒，然后丢入河中。如果是国王，骨灰盒用金子做成，如果是大臣用银子做成，普通百姓则用泥土做成。真腊时期，家人逝世后，子孙们要落发，痛哭流涕，绝食七日。人们将尸体火化后，收集骨灰放入金银制作的骨灰盒里，然后沉入深水中。穷人家使用泥土做骨灰盒，再涂上各种颜色。也有一些地区，人死之后只是将尸体放到山林中，让鸟类和野兽啄食。吴哥时期，周达观记载称：在柬埔寨，人死之后，人们并不把尸体放入棺材，而是放在一张席子上，盖上一块布，然后抬到野外。出了城后，到达一个偏僻的地方，人们将尸体放下后返回，让动物吃掉。同时他发现有一些人火化尸体，但在悼念时并不穿白色的衣服，仅仅是剃发而已。如今，柬埔寨人大多采用火化的方式。家里有人逝世后会请僧侣前来念佛诵经、做佛事。

死亡的种类很多，如溺水、被勒死、雷击而亡，或者遭遇其他灾难死亡。人们把这样死去的人称为“非自然死亡的尸体”，即毫无准备就死去的人。按照传统，人们不会将非自然死亡者的遗体马上火化，而是掩埋起来，等到吉日再将尸骨挖出，举行葬礼。如今由于缺少掩埋的地方，风俗习惯已经发生改变，非自然死亡者也可以举行火葬仪式。自然死亡者，如患病无法治愈或寿终正寝的老人，人们则按照传统习俗举行葬礼。

快逝世前，人们要请一位或者四位僧侣来为病重者诵经，还要请一位尊者来负责照看，直到病人咽气。弥留之际，病者的兄弟姐妹、子孙后代和亲朋好友如果曾经做过对不起病者的事，都来请求病者原谅。然后人们让病者口里念着“佛祖保佑”，让他打起精神回忆自己曾经做过的善行，也别再牵挂家人和财产等物品。

同时，家人还要准备病人逝世后献给僧侣的食物、供品和其他用品。所有的这些器物都要向病者展示，让他看见知晓，使他对自己所奉献的功德感到满意。尊者准备好短烛、长烛、蕉叶袋、魂旗和六块薄片，薄片由金、银、黄铜、贝叶或者白纸制成，当病人逝世后，放在他的前额、头部、嘴唇、下巴、手部和胸前。在病人剩下最后一口气和死亡时要点燃短烛。蕉叶袋则是人们用来装槟榔、蒌叶和香烛的，人们将这些物品准备好，当病人在身体越来越虚弱时，用这些来供奉佛发舍利塔。人们还要用病人一手①长的白布做魂旗。人们有时在魂旗上留下空白，有时刻上格言，有时画上佛发舍利塔，在有些地区人们画上鳄鱼，用以代表猴王。人们将魂旗放在病人的床头，并将魂旗用棉线与佛像或舍利塔相连。人们相信当病者逝世之后，魂旗还寄存着他的灵魂，直到重新投胎转世。在病人周围和上方，人们还要系上白布或者介绍佛祖一生的经历和故事的画卷。

当病重者断气之后，尊长合上逝者的眼睛和嘴巴，然后取出六块薄片放在规定的地方。此时人们点燃一支短烛放在床头，点燃五支长烛放在逝者的头、肩和脚旁。而在逝者快要逝世时点燃的那支短烛现在由一盏小煤油灯代替。人们准备好一篮稻谷、一把银钱、五手长白布、一串栀子花和一盏煤油灯，把它们放在逝者的脚后，然后在下方放上一块石头和一个水罐。人们认为用煤油灯来替代短烛继续燃烧，是生命之火熄灭之后从

① 手，柬埔寨古代计量单位，从指尖至手肘的长度。

一个身体到新的身体的象征。按照有些地区的传统，人们抓上一把泥土放入装稻谷的篮子里，表示身体将变成泥土，而且在很快的时间里，将重生为一个新人。在逝者家门前，人们通常要挂上一面或者两面鳄鱼旗，表示这一家有人过世了。

在把尸体放入棺材之前，根据传统人们要先用水清洗遗体。按照婆罗门教的信仰，清洁尸体是在死后洗清生前的罪恶，人们每年都要到恒河洗罪一次。而柬埔寨人认为，为遗体洗澡是对逝者感恩戴德的表现，也可以消除尸体陈列时发出的异味。然后涂上香水，为遗体梳头，先往后梳三次，再往前梳三次，表现在三生三世中的生死轮回。然后人们用五手长的白布在尸体前方折叠，用四手长的白布在尸体后方折叠，其余四手长的布围在右肩上。然后用藤系住尸体的脖子、手腕和脚腕。这样系住遗体源自一个信仰，人们有三个尘世的愿望，即妻子或丈夫，孩子以及财产，如果谁了却了这些心愿，将会断绝生死轮回。然后人们将一枚金币或者银币放入遗体的嘴中，表示人死之后无法带走财产，即使是嘴里的银钱也是无法带走的。最后人们用一块长约一手的四角白布[①]盖住遗体的脸，然后将遗体放到寿衣上。将遗体裹住之后，人们再用藤捆上放入棺材板里。在整个过程当中，还要请僧侣念诵佛经。

对于贫穷的家庭来说，火葬可以在当天举行。而对于比较富裕的家庭来说，可以将遗体陈列两三天。而国王或者寺庙里的主持的遗体，人们会陈列很久才火葬。火化当天，人们要筹备送殡队伍前往火葬场。在从放置地移动遗体前，人们请僧侣手持裹尸布诵经。有时人们还要举行转烛筒仪式，围着棺材转三圈，然后根据传统，在移动遗体时，虔诚的尊长用水罐敲碎石块，然后将水罐和石块扔掉。

送殡队伍通常包括僧侣、尊者、乐队、撒谷人、剃度者、点火者、顶烛者。送殡时僧侣在队伍前诵经开路，尊者手持魂旗，乐队演奏着悲凉的哀乐，身穿白衣的撒谷者[②]跟随其后，将谷粒往右边撒一次，再往左边撒一次，撒向地里的谷粒象征着逝者的遗骨。之后是穿白衣的剃度者[③]，他在火化前剃度出家为僧，表示报答对逝者的感恩之情。随后是抬着棺材的四位点火者（现在人们喜欢将棺材放在汽车上）和顶烛者[④]，逝者的家人和亲朋好友跟在送殡队伍的最后。

到了火葬场之后，人们从火葬场的右边开始顺时针转三圈表示对逝者的尊敬，然后将棺材放下，将头朝向西边。人们打开棺材盖后，尊者掀开裹尸布和遮脸布，逝者的子孙则将遮脸布保存好，认为这会给他们带来幸福安康。然后人们砍断藤绳，请僧侣诵经，亲友们向遗体献上鲜花和香烛，请求最后的宽恕。最后，尊者和四位点火者每人点燃一支火把，围着棺材走上三圈后便点火焚烧遗体。如果是达官贵族，人们还会在火化前念

① 一般为一块十二手长的裹尸布。
② 撒谷者通常为女童，是逝者的孩子或者亲戚。
③ 剃度者通常为男童，也是逝者的孩子或者亲戚。
④ 顶烛者通常为逝者的孩子或者满意的佣人。

诵他的生平事迹以及亲友们对他的悼念词。

在火化遗体时，剃度者在火前为逝者念经，表达哀悼之情，感谢其生前的恩德。遗体火化后，剃度者便可以还俗，有时则需等到第二天天亮才还俗。5~6个小时之后，遗体火化完毕，点火者用盖住棺材的布拍打火三下，表示消灾免难。尊者用施过咒语的水，点火者一人拿一个水罐沿顺时针方向转三周后将火熄灭，然后人们将稻谷、豆子和芝麻撒在火堆上为变身仪式做准备，撒在火堆里的谷物即是新生命种子的象征。

变身仪式举行三次，表示对三世的思考。首先，尊者用铲子将木炭做成一个人形，头朝东方，并且问："好了吗？"点火者回答说："没好。"于是尊者便再做一个头朝向西方的人形，问与之前相同的问题。点火者还是回答："还没有好。"第三次，尊者又做了一个头朝向东方的人形，再次问道："是否已经好了？"点火者这才回答："好了。"尊者用一杆蕉叶盖住人形，然后用五手长的白布铺在蕉叶上。最后，人们请僧侣或者尊者切开白布，逝者的家人一起来捡拾遗骨，并用嫩椰汁、酸树汁清洗。在捡拾遗骨时，哪一个子孙捡到了逝者的银钱或者牙齿，就要一直保存，因为人们将这些银钱和牙齿视作逝者赠予子孙的特殊礼物。人们还将清洗干净的遗骨放入一个小的骨灰盒里供奉在家中，表示对逝者的缅怀。

在当天夜里，人们还要请僧侣诵经。第二天早晨，人们要斋僧，表示对逝者悼念。满七日和满一百日时，人们都要举行这个仪式。在举行完一百日的悼念仪式之后，人们可以将遗骨继续供奉在家中，也可以存放在寺庙里的骨灰塔中。从此之后，人们便可以在传统的节日中供奉祖先，举行祭祀来纪念逝者的恩德。逝者的直系亲属一般通过剃发，穿白色或者黑色的衣服这些方式表示哀悼。一般人们戴孝一百天，也有的人要戴孝一年。

越南人对于丧葬的仪式和态度与他们对死亡的认知有关：一方面，人们认为死亡就是灵魂到了另一个世界；另一方面又认为死亡就意味着人生结束。这使得越南人既能够平静地迎接死亡（所以老人善终被认为是喜事，子孙戴红、黄孝巾），同时在亲人去世时又会无比悲伤（因此生者要哭叹和叫魂，希望逝者重新活过来）。丧葬仪礼就是帮助逝者完成过渡，并安抚生者的一系列仪式，这些仪式主要包括取讳字、沐浴、饭含、入殓、祭祀、出殡、安葬等。

死者咽气之前，最重要的事是为死者取讳字。讳字为日后子孙祭祀之用，这个名字只有家人及"一家之主"土公神知道。祭祀时，长子只以祖先的讳字祷告，土公的责任是只允许被念到讳名的祖先的灵魂归来，而防止其他孤魂与祖先共享祭品。此后，要行沐浴礼和饭含礼。沐浴即为死者净身，穿上寿衣；饭含即以一撮糯米饭和三枚铜钱放在口中，糯米饭代替一日三餐，铜钱则用于摆渡。入殓时，在死者脸上遮一块布，以示不忍看到子女悲伤。遗体入棺后即设灵床、立灵桌，供死者牌位与魂帛。牌位是用竹篾做的，上面写着逝者的官爵、姓氏、讳名、号等，“魂帛”是指在逝者去世之前放在其胸前的一块白绸，去世后将白绸结成一个含头、身和手脚的人形，以象征逝者，今多用逝者的遗像来代替。[①]每日生者将逝者的魂帛或遗容迎到祖先的供桌前进行祭拜，行朝祖礼。出殡之前，要在各路口供奉神灵以请求通过，出殡时，要撒纸黄金（冥宝）作为给各路鬼的买路钱；到达安葬地点后，要拜土地神以请求其批准死者“入居”。安葬后，在墓旁放置一个鸡蛋、一碗饭、一双筷子（插在米饭上，筷子头削成团形），鸡蛋象征着生命的源头，饭象征大地母亲，筷子头象征云或者混沌世界，筷子则是连接阴阳的象征，寓意希望死者早日投胎返回人间。

葬礼之后，死者才会被认为是真正意义上的逝者，人们将牌位或魂帛（或遗像）迎回家，在祖先的供桌旁单立供桌，供神主、魂帛（或遗像）、一些必要的祭器等，并开始另外一些仪式，如“作七”、“卒哭（即百日祭）”、“小祥”、“大祥”等。“作七”是佛教仪式，在逝者去世后的49天内每隔7天举行一次，其目的是超度亡灵。丧期界满（丧期会随家境及人们观念的不同而不同，可为100天、1年或3年），家人“化”掉魂帛，并将逝者的新牌位、遗像等迎入家中历代祖先的供桌，定期享受家族的香火。[②]

越南北方农村有改葬的习俗，即逝者去世3年后，子女要将其尸骨重新埋入其他地方。改葬之前要在祠堂告祭祖先，之后开墓、拣出逝者尸骨，用清水洗净、擦干，放入一个小瓦罐中密封好。下葬至新地点前要祭祀新土神。关于改葬的由来有很多不同的说法，一说过去因一般家庭都较为贫困，亲人去世后没有足够的钱买一副好棺材，担心棺木腐烂伤及尸骸，所以3年后要重新埋葬；第二种解释是为了避免白蚁洪水的侵蚀所以改葬；第三种说法是当看到墓地无故下陷，或者墓地上的草木枯萎，或者家里有人生病，则认为是阴宅风水问题所致，需改葬。

改葬习俗出于子女对已逝祖先存在形式的认知。人们相信“生寄死归”，死就是回到另一个世界的祖先身边；谁都希望自己的祖先能“归”得安全、平静；人们还认为祖先与现世人仍然存在某种联系，只有当祖先的尸骨保存完整时，家人才能平安无事；否则家人不会得到安宁。

越南人认为“事死如事生”。在丧礼中，所有严密的规定都以表露子女的孝道为目的。如在亲人去世后的100天内，家庭行“供食礼”，每日两餐，与家庭的饮食一致，而在丧期之内，每天都要向祖先提供餐饭，碗筷等都是需要专用的。这一仪式的意义在于提醒子女实现自己对于逝者的义务。在“作七”仪式、小祥、大祥的祭祀中，供餐中必备的两样是一碗米饭和一个鸡蛋。大祥祭上人们还会为祖先烧很多纸制冥器，包括衣服、拖鞋、

---

① Bùi Xuân Mỹ. *Tục thờ cúng trong gia đình người Việt*. Hà Nội: Nxb Văn hoá Thông tin, năm 2001, tr. 60, 71. Nguyễn Đăng Duy. *Các hình thái tín ngưỡng tôn giáo ở Việt Nam*. Hà Nội: Nxb Văn hoá Thông tin, năm 2001, tr. 45, 46.

② Trần Huyền Thương. *Phong tục Việt Nam*. Hà Nội: Nxb Văn hoá Thông tin, năm 2002, tr. 64, 76, 77, 82. Nguyễn Hữu Ái, Nguyễn Mai Phương. *Phong tục cổ truyền Việt Nam*. Hà Nội: Nxb Văn hoá Thông tin, năm 2003, tr. 253~264.

冰箱、彩电、交通工具甚至是仆人等，以便他们在阴间享用。除了冥器之外，人们还在烧冥器的火中烘一根扁担或棍子，或是在旁边竖一根甘蔗，用意是让祖先借助扁担、棍子或甘蔗将这些冥器扛回去以省力气等等。

如今，越南人的葬礼已经有很大简化，如丧期缩短、不再进行改葬、很多家庭改行火葬并将亲人骨灰寄存于寺庙等等，但烧冥器风俗在有些地方还有繁琐化的趋势。

受汉文化的影响，越南人的丧葬习俗体现了阴阳五行观念。如色彩使用方面以白色为主，白色属金，对应西向。因此越南人的墓地常常是在村子的西边；少数民族还将森林的西边看作是鬼林。在数字使用方面，偶数为阴，奇数为阳。因此与逝者相关的一切都要使用偶数，如灵柩前拜2拜或4拜，供奉用的鲜花也需是偶数。[①]

根据去世亲人的性别差异，越南人还有“父送母迎”的做法：为父亲送葬时，长子拄竹棍位于棺材之后（竹棍为圆形象征“阳”）；为母亲送葬，长子拄一根下半截削成方形（象征阴）的棍子，在棺材前面拉。“送父”是因为“父”为一家之长，所有的家庭成员都需位于其后；“迎母”是因为封建时期女子地位低下，“夫死从子”，即母亲要跟着自己的儿子；长子位于棺材前向身后拉棺木的举动既体现了子女的孝心，同时也没有违背儒教男尊女卑的思想。

印尼人的传统葬俗主要包括土葬、火葬、天葬等几种形式。

印尼的穆斯林死后，其家人立即前往附近清真寺报丧，护寺人当即将噩耗公布在布告牌上告知众人。按伊斯兰教规定，去世的教徒应在6小时内下葬，葬前举行宗教仪式。先将死者置于灵堂正中，身上盖长白布，肚子上放着一把大剪刀，用以“驱魔”。灵堂前点燃沉香，四周保持肃静。人们为死者诵读《古兰经》第一章，为死者“超度亡灵”，同时有秩序地向遗体告别。当灵柩、裹尸布准备就绪后，人们开始洗尸，擦洗干净后，在尸体上撒樟脑粉或檀香粉，在腋下等凹处垫上棉花，然后用白布把尸体缠紧，最多7层。之后在脚部或颈部打结，露出面部。待撒上香料后，再将面部缠上布入棺。棺内垫白布，死者头下放一香料枕。入棺后，在尸体上再蒙一层白布，盖上棺盖后，再在上面铺数层白布，并在最上层写上《古兰经》有关章节。然后把棺柩抬至清真寺，请长老为死者亡灵祈祷。

祈祷完毕后，棺柩被抬至墓地直接放入墓穴，中途不得落地。埋土之前，死者家属请哈吉或护寺人跳入墓穴，打开棺盖，把一团泥土放入棺中，并把嘴贴在死者的耳部念经。最后盖棺，埋土和立碑石，埋葬完毕后，主持葬礼的哈吉在墓前展席跪坐，带领送葬人为死者亡灵诵读赞美诗。诵罢，人们往墓上洒浸花的香水和鲜花瓣。整个葬礼期间，在场的人不能哭泣和落泪。临别时，死者家属向主葬人和抬棺人馈赠礼品，

① 与之相对应，向他人行礼时则需拜1拜或3拜；送人的鲜花或水果需是奇数；供奉佛以及丧期已满的亲人也需用奇数；特殊的场合是女儿出嫁前拜别父母拜2拜，意即从此以后是别人的女儿了。

以示酬谢。

印尼东加里曼丹的达雅克人也习惯实行土葬，但其隆重程度取决于死者的经济状况，祭奠活动少则进行十天，多则数周。通常，有人去世后，其家庭成员和亲友们一块去林中伐木，为死者制作船形棺材。普通人的棺材很简陋，而为地位较高的人做棺材需选上等木料，棺木上还要雕刻几十种动物图案，因此需要较长时间。达雅克人相信，人死后会进入风景秀丽、湖水清澈的天堂，每天在湖上无忧无虑地乘船荡漾，所以为死者制作的棺材必须坚固耐用，不可漏水。制作棺材的同时，要用香料涂抹死者的尸体，以免腐臭难闻。入葬时，将死者生前喜爱的东西放入棺材，有钱人还用金币和贵重首饰陪葬，棺木一般埋在森林中。入葬前举行杀牛分肉仪式，以祭奠亡灵。这种耗资巨大的仪式场面十分热闹，常有几百人现场围观。仪式开始时，将拴在柱子上的一头又肥又壮的牛放开，三四个身强力壮的男人手持长矛进入场地，一齐抛掷长矛，射杀东奔西跑的黄牛。最后遍体鳞伤的黄牛倒在血泊中死去。然后，一群姑娘手持快刀进入场地，动作敏捷地将牛皮剥下，然后把牛肉分给在场的人。接着，又一群妙龄少女进入场地，一边翩翩起舞一边从舂米臼上跨越数十次，意为将亡灵送到最后安息地。与此同时，还要举行祭祖活动，吊唁者在长者或巫师的带领下一齐诵念死者及祖先的功德。入葬若干月或若干年后，如果死者家属有了更多的钱，还要再次举行同样程序的杀牛分肉仪式。

以精美的石雕艺术与高度的建筑技巧而闻名于世的尼亚斯人，其葬礼也与石头有关。尼亚斯人去世后，人们要为他制作一种船形的棺材，因为他们的祖先是坐船从海上来的，人死后把棺材做成船形则表示他的“最后旅行”也要乘船而去。葬礼由一个远方来的牧师主持，在葬礼举行之前男人们将一块巨石绑在类似雪橇的架上拉到放在死者的棺材的墓地中心。当棺材埋葬以后把这块巨石横放在死者坟前。这块巨石是死者的象征，如果死者是妻子，那么她坟前除了横放一块巨石，还要竖几根长石来表示她丈夫和其他男亲戚。这个古老的习俗一直流传至今，以至于小岛上的巨石即将耗尽。死者入葬后的第一天，家属和近亲要为死者举行祭礼。他们先去墓地将生前用过的最好的盘子打碎，把碎片撒在坟墓上。回家后，至少宰猪一头，举行祭宴。第二天，再次去死者墓地，此次不举行碎盘仪式。但返回后，须再宰猪一头，大摆祭宴。按照传统信仰，送餐盘意在告诉死者，其餐具已全部送来，让死者在另一个世界安心生活，不要回家扰乱家人的安宁。据说，将盘子打碎是为了不让他人偷走。

印尼多拉查族人的葬礼独具一格，成为印尼重点旅游项目，引起许多外国游客的浓厚兴趣。多拉查人认为人死后会回到造物主身边，因此“死去比活着更为高尚”，而葬礼也就异常隆重。在葬礼上，要宰牛祭奠，据说死者在造物主那里享受的待遇如何，取决于葬礼规模的大小和宰牲数量的多少。通常按死者的社会地位可分为四等：（1）政府中任职的贵族，其葬礼须持续14天，宰牛至少24头，此外还要宰杀其他牲畜；（2）非任职贵族死后，葬礼进行7天，宰牛12头；(3)非贵族出身的社会名人，其葬礼要举行5天，宰牛6头；(4)一般平民的葬礼进行3天，宰牛数量视财力而定。

按规定，贵族之家举办丧事时要为死者搭造灵堂一间，为远近亲友搭造40间客房，为参加葬礼的人准备一间客厅，还要为死者制作具有民族风格、十分考究的棺架和灵柩。棺架分上下两层，上层做成多拉查人传统的房屋式样，仅作为装饰，下层放灵柩。架子上雕满精美的传统图案。灵柩外面缠上红色或红黑两色的棉布，上面贴有无数大小不等的金星。斗牛及宰牛仪式是多拉查人葬礼必不可少的礼节。围观者常达上千甚至近万人。葬礼用的牛以花水牛为上乘，参加斗牛的牛不论胜负最后都将被宰杀。宰牛完毕，丧家将牛肉和牛血煮熟分发给所有参加葬礼的人。

多拉查人的棺木不是埋在地下，而是放在山洞的石崖内保存。他们认为放置在石崖内的死者的灵魂可以与活着的人们保持联系，从而协助人们守护稻田、驱邪逐魔。山洞前立有模拟死者的木雕像。大的山洞石崖内往往有数百只棺材，有的山洞墓地已有几百年甚至近千年历史，山洞外雕像成林。在死者的棺柩移入山洞之前，亲属们一一抚摸死者的遗体并放声大哭。该族还有为死者唱挽歌及雇人哭丧的习俗。

在印度教氛围浓厚的巴厘岛上，巴厘人的火葬仪式别具一格。巴厘人认为，人死后，火化能消除死者一生的罪孽，使灵魂早日解脱，升入天国，因此把丧事看成喜事，故火葬仪式非常隆重。葬前要做大量的准备工作，包括制作木牛、火葬塔、死者的模拟头像或画像等。所以，人死后一般停尸于家中某一房间或暂时埋入地下，待准备工作就绪后再举行葬礼。木牛是火葬时用于装尸体的，其性别与死者相符。木牛的颜色分三种：圣人用白色，普通已婚者用黑色，普通未婚者用黄色。除木牛外，也有制木象、木狮的。火葬塔的大小、高低、装饰，视死者的身份、地位不同而异。僧侣和贵族的火葬塔高达20米，分9~12层，缠着彩带，十分华丽。一般人的火葬塔不超过一米高，最多三层，装饰物也很少。死者模拟头像一般用椰叶编织而成，也可用木板画像代替，但都统一称作“阿代干”。

火葬仪式举行前，死者家属带着“阿代干”和装着槟榔、鲜花的银器及祭品先到火葬场为死者举行“洁身”仪式，后将“脱俗”的“阿代干”带回家中供奉，待火葬时连同尸体一同焚烧。火葬的前一天晚上，死者的所有亲属都身穿华丽的民族服装集合在一起，他们挥动彩旗和长矛，以“阿代干”为先导，在歌舞队伍的伴随下列队拜见当地权力最高的僧人，求神护佑。此时，高僧念经为死者亡灵超度，并往“阿代干”上洒香水。当天晚上，死者家张灯结彩，演出歌舞、皮影戏，还朗诵古典诗文，通宵达旦，热闹非凡。次日清晨，死者一家庭成员爬上高树敲木梆，向周围邻居宣告火葬仪式开始。接着，人们抬着木牛、火葬塔等在庭院里慢跑三圈，以使死者迷失方向，安心去天堂，不用惦记着回家了。出家门后，浩浩荡荡的送葬队伍多达几百人，一路上吹吹打打，载歌载舞，气氛热烈。乐队走在队伍的前面，紧跟着的是舞蹈队、木牛、“阿代干”、火葬塔和所有的祭物。队伍按规矩仍然走弯弯曲曲的路线，目的是避开凶神恶煞，让死者放心踏上不归路。

到达火葬场后，死者近亲割开裹尸布，祭祀者上场念诵经文和咒词，将“阿代干”放在尸体上，喷洒圣水，然后把盛圣水的瓶子打得粉碎。接着，用木石引火，木牛、“阿代干”、火葬塔和所有的祭物都付之一炬。火葬后，亲属们将骨灰收拾起来，在祭祀者的祈祷下到海边举行撒骨灰仪式。最后，所有参加葬礼的人要跳入大海洗澡，以便去邪，带着“圣洁”之身回家。

举行这种火葬要花费大量的钱财，那些无力负担的平民只好暂时把尸体埋起来，尸体用盐、米粉、醋、香料和檀香粉的混合液浸泡，眼睛上放一块小镜子，鼻孔里放香花，白布包头，据说这样尸体才不会腐烂。待经济状况好转后，再将尸体取出进行火化。为了满足那些没有能力火葬的人们的愿望，巴厘岛每一百年左右就要举行一次集体火葬仪式，届时岛上不存留一块尸骨。

巴厘岛多数地区实行火葬，但也有特鲁尼安等极少数村庄有晾尸习俗。除了病死和因事故死亡外，死者尸体一律暴露在墓地上，任凭风吹雨淋，日晒夜露。按规定有三种墓地：第一种是已婚者的晾尸地，可供游客参观；第二种是儿童和未婚青年的晾尸地，一般为森林空地，由于死者被认为纯洁无瑕，死后可以直接升入天堂，故禁止外人观看；第三种是病故和因事故死亡者的墓地，这种死者一般埋入土中，待以后家人经济条件允许时再将尸骨挖出进行火化，这样做是为了不让死者的灵魂到处游荡。晾尸场占地面积不大，一般有20平方米左右，新的尸体运来后，旧尸体便被移到晾尸场以外。所以，晾尸场附近白骨到处可见，待100年一次的集体葬礼到来之际再焚烧。特鲁尼安村人确信，清白之尸是不会发臭的，尸体若发出臭味，死者一定是罪人。并认为能闻到臭味者，也一定有罪。其实，晾尸场臭味不大，是因为海风随时将尸臭带走的缘故。[①]

在马来西亚，马来人的葬礼则相对简单。马来人信仰伊斯兰教，而根据伊斯兰教的教义，人死后必须在第二天太阳西下之前举行土葬，所以马来人的葬礼过程并不繁琐。马来穆斯林死后，其家属会在第一时间通知当地的伊斯兰清真寺及其管理人员，由清真寺出面将死讯告知社会，确定葬礼的时间，并指派相关人员挖墓穴。丧礼举行时，死者会被放置在屋子中间一张铺有白布的台上，众人对死者表示哀悼、对死者家属表达同情之时，要肃穆地掀开白布，瞻仰死者的遗容，但不能号啕大哭。在下葬之前，死者的同性家属会替他净身，之后用白布包裹，移入棺木之中。马来族的棺木一般用比较轻便的木板做成，盖棺之后还要在其上铺上一些布，最上面的一层绣上《古兰经》的经文。最后由死者的亲属将棺材抬往坟场。到达坟场之后，清真寺的管理人员会例行开棺仪式，抽

① 梁敏和、孔远志：《印度尼西亚文化与社会》，北京：北京大学出版社，2002年版，第306页。

离包裹死者的布条，然后将死者朝着麦加的方向放入墓穴之中。

马来西亚华人的丧礼文化基本与中国汉族的传统类似。孝道是备受华人推崇的传统美德之一，而子孙后代为去世的长辈所操办的丧礼则被视为表达孝心的重要方式。华人传统的丧葬为土葬，丧礼程序复杂，过程繁琐，包含有小殓、报丧、奔丧、停灵、守灵、大殓、守孝、扫墓等环节。但随着社会的发展，越来越多的华人开始改变丧葬方式，简化丧葬仪式。

马来西亚印度人的丧礼也颇具宗教色彩。印度人死后被抬至特定的墓地，到达墓地之后，抬尸者要发一些钱给墓地的管理者作为挖墓的费用。而在死者靠近墓穴之前，要模仿孕妇腹中的婴儿而被反复抬动多次，以示死者在死后会得到大地神灵的眷顾。之后，死者的尸体便会摆放在墓穴旁边，并在死者的两脚之间洒下一些硬币。当丧礼主持人将硬币拾起时，便表示死者下葬的时辰已到。为表示对死者家属的同情，所有哀悼人员在参加完丧礼之后一般都会陪同死者家属一同回家，然后再各自回家。

菲律宾传统的墓葬主要有瓮棺葬、悬棺葬等多种形式。

瓮棺葬，自新石器时代晚期即已出现的丧葬形式。以瓮、盆为葬具，将尸体殓入瓮具之中而后埋入地下。瓮棺主要在二次葬时使用，只有当小孩死亡时才使用葬瓮来进行一次葬。所谓二次葬，即人死以后，先经过一次葬等肌肉腐烂后，再由其亲属捡拾部分遗骨如头盖骨、肢骨、牙齿等，经过洗骨、涂骨等处理后，置于墓地长久安放。后来也有用木棺或石棺的，无论使用何种葬具，其中都会放置器物等随葬品。

悬棺葬，又称岩葬、船棺葬，是菲律宾萨噶达和吕宋岛等地一种特殊埋葬风俗。人死以后将殓尸棺木置于插入悬崖绝壁的木桩上，或置于崖洞中、崖缝内，或半悬于崖外。往往陡峭高危，下临深溪，无从攀登。

现代菲律宾人的葬礼多遵从天主教的仪轨。葬礼弥撒要在教堂中进行，死者的灵柩置于祭坛上，由神父和亲友为其诵经告祷。菲律宾人死后一般都要进入公墓，大部分的菲律宾人是土葬的，他们的棺材会被放置在一个水泥的墓里头，然后密封起来。

菲律宾华人以福建闽南人为主。菲律宾华人的葬礼延续闽南的地方风俗，有一套极其复杂的丧事仪式。土葬是华人的葬礼方式，墓场的坟冢是非常独特的，有钱人以别墅型的建筑物建造在墓地上，祖先的坟墓就在别墅内。每年清明的祭拜，他们携老带幼住进坟墓的别墅，就地烹饪美食祭拜先人，全家人也趁佳节在墓场内的别墅和祖先度过一个悲欢共存的假日，并在那里消磨一天的时间来作为度假。

华人墓地中以华侨义山最为出名。华侨义山始建于1870年，当时马尼拉疫病流行，西班牙殖民当局不准华侨死者同天主教徒同葬一地。华人甲必丹林旺于是在马尼拉近郊购置一块地皮作为华侨坟场，起名华侨义山。1875年，华人甲必丹杨尊亲再购地扩充义山，义山面积达52万多平方米，由善举公所管理。华侨义山建筑豪华，既是坟场，又是旅游景点。墓园内有一条条整齐、干净、宽阔的水泥马路，两边是一座座别墅式的房子。房子相当华丽、结实，房子里的坟墓用水泥砌成，墓碑上有死者的相片，还刻有死者的姓名、籍贯、生卒年月及立碑者的名字。墓房内有厨房、卧室、麻将桌，有的甚至有空调、游泳池，专供亲属扫墓守灵时享用。墓房平时上锁，有专人打扫。华侨义山本来是为收敛“死无葬身之地”的华侨而建的，但后来追求奢华之风越演越烈，显然违背了初衷，以致不时遭到人们的批评。现在在菲华社会的有识之士意识到攀比奢华已经损害了华人社会的整体形象，将会引起不可收拾的后果，各社团正慢慢改变这些不良习气，号召菲华社会大众节约、简朴，以期改变菲律宾人对华人的看法，争取融入菲律宾主流社会，创造族群融合的和谐氛围。

综上所述，东南亚各民族对于丧葬仪式极其重视，对人死后的身后事非常看重，充分体现了东南亚各民族对生命的重视、对死亡灵魂的高度认知、对亡灵的敬畏、根深蒂固的鬼神崇拜、祖先崇拜和宗教信仰。

第二章　东南亚艺术

东南亚艺术包括音乐、舞蹈、戏剧、绘画、建筑艺术等。东南亚艺术在长期的历史发展进程中，受本民族文化传统、社会状况、地理环境、审美习俗等诸多因素的影响，逐步形成了自己独特的艺术风格和表现手法，具有鲜明的民族特色和地域特色，并随着艺术实践的发展而不断丰富，日益显现出其时代感和兼容性。

第一节　东南亚音乐

音乐源自劳动，源自祭祀典仪。与其他艺术门类相比，音乐能直接、强烈、细腻、充分地表达内心情感。东南亚各民族的音乐艺术文化是各民族精神文化的重要组成部分，是与人们的精神信仰和社会生活结为一体的。无论是民俗礼仪、节日庆典，还是在日常生活和劳动中，无处没有音乐的存在。东南亚各民族的传统音乐，那种发自内心的柔和气息，天籁一般的声音，体现着各民族对真、善、美的追求，以及宽容豁达、典雅细腻的民族气质。

东南亚音乐异彩纷呈，艳丽多姿。有节拍、拖腔和韵味完美结合的缅甸古典乐曲；有泰北掸族音乐、清迈的情歌、泰东北的对唱音乐和说唱音乐艺术组成的丰富的泰国民间音乐；有被视为老挝民间音乐艺术精髓的咔曲和喃曲；有包括宾柏乐、保佑乐、高棉乐、彩阳乐、弦乐、锣鼓乐、拨浪鼓乐、芦笛乐等种类繁多的柬埔寨古典音乐；有民歌、宫廷音乐、宗教音乐等组成的精美的越南音乐艺术；有在印尼流传最广、最受人喜爱的格朗章、当都特音乐、佳美兰音乐等；有加萨、东当沙央、哈得拉、罗达特等丰富多彩的马来西亚民间音乐；还有具有浓郁异域色彩的菲律宾传统音乐。

缅甸民族音乐历史悠久，但由于早期没有乐谱，乐曲的流传全凭一代代宫廷文士伶人和民间艺人口授心记，演唱弹奏时又带有很大的随意性，缺乏统一标准，以至于很多传统曲目形成多种唱法和演奏法，有的甚至失传。良渊（第二阿瓦）王朝时期著名诗人巴德塔亚扎（1684~1754年）创作的4首"格腊"弦乐曲被认为是最早记谱的词曲。也就是从这一时期起，缅甸音乐进入了系统发展的新时期。乐谱的出现使传统音乐有了规范标准，也使后人得以系统学习和研究古典音乐的真谛。

缅甸古典音乐与诗歌是合为一体的，古代的诗歌都可以吟唱。如比釉、林加、唉钦、雅都、雅甘、鲁达等诗歌体裁被称为无乐器伴奏的音乐；弦乐曲、颂、鼓乐曲、波垒、德塌等诗词曲牌则被称为有乐器伴奏的音乐。而古典乐曲又都有韵诗作为歌词，乐曲的节奏、旋律与歌词的音节、韵律密切相关，诗歌和音乐交相阐发。因此缅甸古代很多著名诗人同时又是词曲家，都精通音律，长于作曲，如巴德塔亚扎、妙瓦底敏纪吴萨等。缅甸古典乐曲分为“丹优”和“丹山”两大部分。“丹优”（thanyo）即传统乐曲部分，包括弦乐曲、颂曲和基本乐曲，产生于良渊王朝。这些乐曲只用缅甸民族乐器弯琴、编鼓中的七音演奏。“丹山”（thanhsan）即创新发展部分，包括鼓乐曲（以鼓起音，故名）、暹罗曲、孟曲，产生于贡榜王朝。从孟云王在位时起，妙瓦底敏纪吴萨、彬喜敏达基貌那伽等人在陆续翻译改编《伊瑙》、《罗摩》、《达莫德郭达》等戏剧时创作了这些词曲。因传统的七音已不能满足乐曲的需要，故在原七音的基础上有所增减，吸收了暹罗音乐的一些作曲原理，推陈出新，发展了缅甸传统音乐。“丹优”和“丹山”这两大部分构成了博大精深的缅甸古典音乐体系。封建王朝时期宫廷中任有乐官，专司乐府、乐队之职。1885年缅甸沦为殖民地后，大批宫廷乐师、乐工流落民间，古典乐曲散失甚多。尽管宫廷音乐也吸收了一些民间音乐的营养，但由于在殖民统治时期整个传统文化都受到践踏，传统音乐也遭到了严重破坏，日趋衰落。独立后，缅甸政府为维护和继承传统民族音乐，曾专门成立了研究整理古典歌曲的机构，组织人力挖掘、采集、整理、出版古典乐曲，为保存和规范缅甸的古典音乐做了有益的工作，并取得了一定的成绩。

缅甸古典乐曲最注重节拍、拖腔和韵味，三者缺一不可。节拍是缅甸音乐的基本要素和重要表现手段。在古典乐曲中，凡强拍就击奏一下竹节拍板，弱拍就击奏一下铜铃，乐器演奏时铜铃和竹节拍板在一定的时值内有组织地疏密、轻重往复，表现出不同内容、情绪和风格特征，可以说它是缅甸传统音乐的灵魂。古典乐曲每个乐段为4节，每节8拍，根据击奏竹节拍板的疏密分为“那意”板（时板）、“瓦腊”板（中板）和全板三种基本板式。“那意”板为每节2板，即三弱一强反复一次。这种板式还可在基本节拍不变的情况下有所发挥，将“三弱一强”变为“两弱一停一强”或“一停一弱一停一强”。但无论怎样变化，始终要保持每节8拍中有2板的基本节奏。“瓦腊”板为每节4板，即一铃一板交替击奏，形成一弱一强的中速节奏。全板为每节8板，即铜铃和竹节拍板同时击奏，每拍均有板，形成力度较强的节奏。古典乐曲对节拍的要求非常严格，演奏时不能出错。弦乐曲多用“瓦腊”板，颂曲和基本乐曲多用“那意”板。各种板式可互相转换。

缅乐的一个突出特色是拖腔。乐句的尾音都有拖腔，演唱者拖什么腔，演奏者奏什么乐，均有规则可循。古典乐曲的基调称为“tya”音，七声音阶中的任何一个音都可定为“tya”音。与之搭配的音是“tei”和“tyaw”音。“tei”比“tya”高一个音，“tyaw”比“tya”高三个音。若“tya”为“sol”、“la”、“si”等高音，则“tei”或“tyaw”循环为低音，但彼此之间相隔音阶数量相同。演奏时演唱者的句尾拖腔为“tyaw”音，伴奏者必须根据演唱者拖出的腔弹奏出相应的“tya”音，因此演奏时特别强调演唱者和伴奏者之间的默契配合。

缅乐的另一个特色是讲究唱腔的韵味。音乐要通过演奏将其情感内涵传达给观众，表演者的表演具有二次创作的特点，不同的表演创造会产生不同的艺术效果。同一句歌词，演唱者停顿、换气、吸气、吐气的地方不同，腔调、韵味就会不一样。因此缅乐对语气的轻重缓急、停顿、语音长短清浊、吐字行腔等均有要求。演唱者和演奏者不仅要唱出弹出乐曲的词和调，而且要理解乐曲的主题内涵，运用不同的语气、表情、姿态和表演风格将其呈现出来，为欣赏者感知和接受。除节拍、拖腔、韵味外，缅甸音乐尤其是戏剧音乐还非常注重前奏、序曲、曲调、补板、间奏、结束曲的演奏，这些都是缅甸音乐不可缺少的要素。

缅甸古典音乐中最有代表性的是13首弦乐曲，即"'格腊'五首、'筏'三首，'达瑙'颂歌又五首"。这13首基本曲目包含了古典音乐乐理知识的精华，要系统地学习和研究古典音乐就要从它们开始。"格腊"五首指良渊王朝巴德塔亚扎创作的以"滩德拉代新"起唱的《蜻蜓抖翅曲》、"蒂达"起唱的《大格腊曲》、"达亚"起唱的《小格腊曲》、"维巴悉利"起唱的《六彩象王曲》和贡榜王朝孟驳王在位时期内苗摩诃觉廷列维瑙耶塔创作的以"推德拉拉"起唱的《风雨菩提叶》曲。"筏"三首指贡榜王朝妙瓦底敏纪吴萨创作的《重重高阁》（放筏歌）、《胜利之城》（拉纤歌）和《粼粼碧波》（泊筏歌）。这三首乐曲是吴萨于1819年取1758年挖掘模河渠道时产生的筏歌曲调填写新词而成的。"达瑙"五首乐曲最初是贡榜王朝辛古王在位时期诗人吴妙拉所作，后来在达亚瓦底贡榜王执政时期，妙瓦底敏纪吴萨取原曲调填写新词呈送国王，即被列入13大古典乐曲的《赫赫南岛》、《王都圣土》、《金宫玉宇》、《九彩光辉》和《威德远扬》。这些乐曲均为对帝王和王朝威德、王都及王宫辉煌的颂词。13大古曲中的第一首"滩德拉代新"是缅甸最早记谱的歌，也是缅甸乐谱的基础。该曲歌词共112个字，其中58个字只表示音符，余54个字有词义。如首句中的"htan"、"tya"、"tei"均代表音符，"shin"为虚字，无意义。因曲调轻盈舒缓，如蜻蜓翅膀抖动的声音，故名《蜻蜓抖翅曲》。第五首《风雨菩提叶》是表现王妃相思寂寞、思绪万千、哀怨伤悲的音乐主题。因此，曲调时而悲凄伤感，时而由缓而疾，如泣如诉，犹如风雨扑打菩提树叶的声音，故名。

缅甸的传统乐器大致可以分为吹奏乐器、弦乐器和打击乐器三类。古代的吹奏乐器有大匏笙、小匏笙、牙笙、三角笙、两角笙、横笛、两头笛等，现在仍在流传的吹奏乐器主要有唢呐和竖笛。弦乐器古代主要有凤首箜篌、骠国鳄鱼筝、龙首琵琶、龙头琵琶、大匏琴、小匏琴、独弦匏琴、三弦等，现在常见的仅有弯琴和鳄鱼琴。打击乐器在缅甸比较发达，可分为定音类和不定音类两种，常见的主要有编鼓、象脚鼓、长鼓、大鼓、锣、竹拍板、竹琴、钟、铜磬等。

弯琴是缅甸最古老的民族乐器，早在7~8世纪时就已在缅甸境内流行，早期的佛教建筑上就有弯琴的浮雕形象。9世纪初来中国唐王朝献乐的骠国乐团使用的乐器包括了7种弯琴，《新唐书》上称之为"凤首箜篌"。缅甸现在使用的弯琴没有固定的规格，琴体一般长约70厘米，琴颈高约66厘米。弯琴的琴形美观高雅，船形琴身与高高弯起的琴颈之间斜系着14根琴弦。缅甸人在演奏弯琴时非常讲究姿势。男琴师要盘腿而坐，左腿压在右腿上，脚掌上翻托住琴的底部，稳住琴身，用左手托住琴颈；女琴师托琴与男琴师一样，只是坐姿上将双腿后弯坐下。弹奏时，左手在托住琴颈的同时，用手指按弦，使音升高；右手大拇指和食指弹拨琴弦，以发出柔美圆润的乐声。缅甸人民自古就崇敬弯琴，将其誉为“乐器之王”。不弹奏时要将弯琴搁在专用琴架上，供于室内高处，不能随意放置。

编鼓又称套鼓，是缅甸最富民族特色的乐器，也是世界古代乐器中唯一一种按音列排列、能单独演奏的鼓乐器。据《琉璃宫史》记载，编鼓最早出现于16世纪40年代，至今已有460余年的历史。编鼓由24只大小不等的鼓组成。这些鼓从左至右按大小和音阶高低排列，用牛皮绳系挂在用8片镶嵌着彩色玻璃的雕花木板围成的圆圈内侧，整个编鼓装潢华丽多彩。演奏时鼓师身穿缅式上衣，头戴“岗包”，坐于圆圈中央，用手指轮番击打鼓面。鼓音委婉含蓄，节奏明朗，动人心弦。缅甸的传统乐队都以编鼓为主，编鼓鼓师即乐队队长兼指挥。编鼓演奏时一般与编锣、大鼓、铓锣、铜钹、唢呐、碰铃、节拍板等乐器合奏，可以演奏出富有民族特色的音乐。

竹琴，缅语称为“巴德拉”，早期的竹琴是由竹板按大小排列在琴的共鸣箱上而成，属有音列的竹制打击乐器。贡榜王朝后竹琴琴体加大，而且有的也将竹板换成了铁板和铜板。目前使用的竹琴一般琴长150厘米，宽约28厘米(左宽25.5厘米，右宽28.5厘米)，由琴板、船形琴箱、拴琴板的立柱、琴座和琴槌几部分组成。竹琴板由24~25块长短不等、厚薄不同的竹板组成。竹板按音调高低排列，拴挂于琴箱左右两侧的立柱上。演奏时用两个木槌敲击。经过一段时间的使用后，一般要用蜂腊贴补调音。竹琴可以独奏，也可以协奏，常用于“阿迎舞”的伴奏。

泰国的传统音乐在其发展的历史过程中受到印度、中国、爪哇和柬埔寨音乐文化的影响。例如，素可泰王朝建立之前，泰国的音乐就已经受到中国西南少数民族、孟族、高棉族等民族音乐文化的影响；而印度的宗教神话及印度戏剧、印度音乐等随着佛教在泰国的传播，对泰国的音乐发展产生了重要的影响。

泰国的传统音乐主要分为古典音乐和民间音乐两类。古典音乐成形于阿瑜陀耶王朝时期。在这一时期，柬埔寨的宫廷音乐对泰国的古典音乐影响颇巨，从而奠定了今天泰国古典音乐的基础。曼谷王朝拉玛一世时期，泰国的古典音乐又融入了爪哇佳美兰合奏音乐的因素，但所表演的戏剧、舞蹈则体现了浓郁的印度风格。19~20世纪，泰国的古典音乐日趋成熟，但是其仍然主要是作为戏剧和舞剧的伴奏，直至20世纪初，古典音乐才独立出来在舞台上单独演出。

泰国的古典音乐具有东南亚许多国家共有的锣群文化的音乐特征，同时，它又表现出自己独特的音乐风格。例如，泰国的传统器乐使用一种独特的七平均律，而音阶则具有明显的五声音阶的倾向。泰国的传统声乐采用的是不带半音的五声音阶，音律则接近于中国的五度相生律。在调式上，do、re、mi、sol、la五个音均可作为调式主音，终止音对调式的构成有决定性意义。在旋律上，泰国古典音乐的旋律多以循序渐进的方式展开，音域不宽，乐曲结构方整、前后呼应，一般由多个偶数等长的乐句和乐段环环相扣组成，且节奏十分平稳规整，通常都是2/4或4/4拍。板式分为慢板、中板和快板三种进行演奏。

泰国古典音乐乐器的演奏多由打击乐器控制节奏，每一个演奏者都可以在主旋律基础上进行变奏，自由发挥，形成复杂的具有泰国古典乐曲特点的多声部音乐。古典音乐歌唱体现出音色优美、节奏缓慢、声音柔和的特点，其音域宽广低沉，常用颤音、滑音和重鼻音，并配合泰语字调的抑扬顿挫造成余音缭绕的虚实效果。

泰国古典音乐题材较为单一，大多取材于印度史诗《罗摩衍那》(泰语称《拉玛坚》)。该剧上演需400个小时左右，为它创作的乐曲有1200首之多。后人按乐曲的表现内容将其分为表现喜、怒、哀、乐、感动、爱情、婚丧、战争等36类曲目，演出时根据需要选取相应的曲目进行演奏，或配上诗词成为唱段。其中有些内容的乐曲也被用到日常生活及各种民俗仪式和节日庆典上，成为泰国民间音乐的一部分。

泰国的民间音乐虽然也曾受到印度音乐文化的影响，但是由于民间音乐多源于现实生活，与人民的生活环境和生产劳动密切相关；再加上泰国是一个以泰族占多数的多民族的国家，所以泰国的民间音乐体现出了较为明显的生活特色和民族特色。但是这种特色又不是孤立的，各民族之间的相互融合使得各自的民间音乐相互借鉴、渗透，从而形成了泰国多样化的民间音乐，如泰北掸族音乐、清迈的情歌、泰东北的对唱音乐和说唱音乐艺术等。

泰国的民间音乐主要为一些劳动唱曲、歌舞曲小调等，其产生于普通劳动人民的劳作过程中，或者是源于民间的各种风俗节庆。民间音乐表演的场合也多在劳动过程中，或者是一些传统节日庆典上。比较有代表性的泰国民间音乐有：泰国民歌《割稻子》、泰中地区的《收割歌》、儿歌《催眠曲》、泰国北部地区各种集会或节庆典礼上演唱的《绍歌》、《排笙》，以及泰国流行最广泛的民间集体舞南旺舞的伴奏歌曲——南旺歌曲，等等。

泰国的传统乐器有着较为悠久的历史。在素可泰时期，鼓、锣、笛、螺号、牛角号、月形琴等乐器就已经得到较为广泛的应用。现今泰国的传统乐器有50多种，由于泰国的传统音乐是以金属打击乐器为中心的合奏音乐作为古典音乐的主体，因此泰国的传统乐器包含了大量的打击乐器种类，这与东南亚其他国家所共有的锣群文化的音乐特征是相一致的。泰国乐器的分类受印度的影响，按照乐器声音所产生的不同动作方式分为四类，即弹拨乐器、拉弦乐器、打击乐器、吹奏乐器。

弹拨乐器包括琵琶琴、鳄鱼琴、四弦琴等。琵琶琴是泰国一种传统的弹拨乐器，泰国北部特别是东北部较为多见。琵琶琴形似吉他，但琴体较小，分为单弦琵琶琴和多弦琵琶琴。单弦琵琶琴用葫芦壳制成共鸣体，多弦琵琶琴则用半个椰壳制成共鸣体，可为二弦、三弦或四弦，以四弦居多，用拨片进行演奏。四弦琴与四弦的琵琶琴较为类似，但琴体大而长。鳄鱼琴由四弦琴发展而来，琴柄上有3根弦，琴下方有5个支脚，早期琴的一端会刻成鳄鱼头状，故命名为鳄鱼琴。鳄鱼琴演奏时把琴平放在地面上，左手按弦，右手用拨子拨奏。

拉弦乐器包括三弦胡、乌胡、都旺胡等。三弦胡多用于为声乐伴奏。乐器共有3根琴弦，琴弓很长，共鸣体为半个蒙以羊皮的椰子壳，壳上带有三个鼓包，硬木或象牙琴杆插入共鸣体内，其下方伸出一根细长的支脚。乌胡与三弦胡类似，但体型较小，只有二弦，共鸣体为椭圆形普通椰子壳。都旺胡为二弦胡，琴杆由竹子或硬木制成，共鸣体用一截粗竹筒制成，与中国的二胡十分相似。

打击乐器根据材料的不同可分为三种：木制打击乐器，包括高、低音木琴以及各种梆子、拍板等；金属打击乐器，包括各种锣、钹，高、低音铜琴和铜鼓等；皮制打击乐器，有单面鼓、单面扁鼓、双面鼓、双面长鼓、象脚鼓、孟族鼓、马来鼓等。

木琴是用竹片或硬木做成不同规格的键片，按大小串联在船形的共鸣箱上。高音木琴为21或22个键片，合奏时多与大围锣一道齐奏主旋律；低音木琴为17个键片，在乐队中作主旋律变奏。

锣与钹一样都可作为节奏性打击乐器，但把多个不同规格的锣组合围在一起形成围锣，则可以成为旋律性打击乐器。围锣有大围锣与小围锣之分，大围锣由16个小釜锣组成，按音高顺序水平放置在圆形的藤支架上，演奏者则坐在藤圈里面手执两槌击奏釜锣。小围锣的形制与大围锣相同，只不过规格略小。

吹奏乐器可分成箫、管和笛子两类，其中包括单簧管、双簧管、竖笛、爪哇笛、短笛以及高、中、低音笛等。

音乐在老挝社会中的影响极其广泛、深入。音乐不仅是舞台上的表演艺术，而且还是婚娶、聚会、入住新居、庆祝丰收等各种场合不可或缺的大众娱乐艺术。老挝民间音乐具有通俗易懂、节奏明快、愉悦心情的特点，能调动大众的参与热情，不但人人能跟着音乐尽情起舞，相当一部分人还能即兴就曲赋新词，给人们的创造和娱乐留下了很大参与空间。老挝人给人的总体印象是非常乐观的，这与其音乐的大众化分不开。

老挝的乐器基本可分为敲击类、弦类、吹奏类三种。敲击类主要有锣、鼓、木琴、套锣等。老挝的鼓与邻国泰国、柬埔寨和缅甸的鼓相似，只是外形稍有差异，象脚鼓为长形单鼓，双头鼓支架较短，尾部开有两个小洞。套锣主要与木琴配合，起调整节奏的作用，可分为高音和低音两种。老挝弦类乐器与泰国、柬埔寨的同类乐器同宗，与中国和越南的近似，主要有胡琴（二弦琴）、诗琴、月琴（四弦琴）。吹奏类乐器大部分由竹管制成，最为常见的是芦笙，是咔、喃两种民歌的主要伴奏乐器，甚至可以看作是老挝人的一个形象代表，有谚语道："住高脚楼，吃糯米，吹芦笙者，老挝人也。"①

老挝民歌主要按地域分为北部和中部的咔曲、南部的喃曲。咔曲和喃曲被视为老挝民间音乐艺术的精髓。"咔曲"是一种综合演唱、述事、舞蹈的艺术形式；"喃曲"是老挝多种叙事民歌的总称。最为人们所耳熟能详的喃曲是"梁喃曲"，意为演唱叙事。可由30位歌手与5~10位比帕乐队成员共同唱演《罗摩衍那》或其他的古老故事，如《尚信赛》、《西敦·马诺拉》、《卡拉吉》，唱演时间通常会达到几个小时。还有两种类似"梁喃曲"的喃歌形式是"双人喃曲"和"官喃曲"。"双人喃曲"由男女两名歌手进行情歌对唱或逗乐；"官喃曲"由一个人围绕某一主题或故事演唱，通常还有芦筝伴奏。不论喃曲还是咔曲都有多种唱腔，各个地域的曲调都各有特色。北部主要有琅勃拉邦的通咔曲、桑怒咔曲，中部主要有傣咔曲、空沙万喃曲、党淮咔曲，万象地区主要有娥咔曲、德喃曲、龙喃曲，南部主要有马哈赛喃曲、西潘敦喃曲、沙拉湾喃曲等。近年来，老挝民歌的表演形式也随着时代的发展不断发展变化，吸收了一些新时代的元素。如在乐器的选择上，除了传统的芦筝等乐器外，还引进国际流行的电子吉他、节拍器、风琴等。②

在柬埔寨，音乐是人们在重大节日和日常仪式中必不可缺的艺术形式，它能够营造喜庆、热闹或者悲凉、凄惨的氛围。柬埔寨人自古就喜爱音乐，并能够演奏各种音乐。柬埔寨古代音乐艺术受到印度文化的影响，在扶南时期就已传入中国，《三国志·吴志》记载：三国时赤乌六年（公元243年），扶南王范旃曾遣使到中国，向孙吴敬献了一个乐团，孙权专门在皇宫附近造了一座"扶南乐署"，请乐师把扶南优美的歌舞教给东吴的宫女。扶南音乐传入中国后，在隋唐时期成为宫廷内外国主要音乐的一种，将扶南乐引入宫廷，证明了扶南乐发展水平较高，具有一定的特色，才能被中国宫廷所接纳和引入。③

柬埔寨音乐采用5音阶，与西方的7音阶不同。演奏中使用的乐器种类繁多，常见的吹奏乐器有直笛、筚篥，弦类乐器有木琴、竹琴、铁琴、单弦琴、二弦琴、三弦琴，打击乐器有单面鼓、双面大鼓、组合铜鼓、小鼓、铙钹、大锣、小锣等等。柬埔寨古典音乐包括以下种类：宾柏乐、保佑乐、高棉乐、彩阳乐、弦乐、锣鼓乐、拨浪鼓乐、芦笛乐等。

宾柏乐在吴哥时期就已经开始流传，至今已经延续了一千多年。宾柏乐富有感染力，优美动听，韵律感强。通常演奏时由乐器鼓琴（音译为宾柏）首先出场，因此得名。宾柏乐来源于古代印度，引入柬埔寨之后经过数个世纪的加工，增减了乐器，逐渐形成具有柬埔寨特色的音乐。宾柏乐对邻国也产生了巨大的影响，在泰国称作皮帕特乐。

目前，宾柏乐团可以分成：小型乐团，使用木琴、大铜锣、筚篥、双面桶鼓、双

① ［老挝］布班·沃拉昆：《文化的民族性》，万象：政府出版社，1998年版，第102~106页。
② ［老挝］布班·沃拉昆：《文化的民族性》，万象：政府出版社，1998年版，第110~113页。
③ 陈显泗：《柬埔寨两千年史》，郑州：中州古籍出版社，1990年版，第86~87页。

面大鼓5种乐器；大型乐团，使用木琴、低音竹琴、铁琴、竹琴、铜锣、筚篥、双面桶鼓、双面大鼓、铜钹、竹板10种乐器。柬埔寨王宫中还保存有一种由16种乐器组合而成的特别宾柏乐乐器。宾柏乐经常在佛教节日加顶节、花节、那迦落发节，及其他宗教仪式上演奏。这种音乐也在大皮影戏（large shadow puppet theatre）、面具哑剧（maskers pantomime）以及王家舞蹈戏剧（royal dance-drama）中作为伴奏。宾柏乐还在柬埔寨传统生活的日常仪式中扮演着重要的角色，如祈祷和下葬仪式中演奏。宾柏乐团可以通过吹拉弹奏各种乐器演奏250多支乐曲。

保佑乐是柬埔寨人在进行迎请鬼神仪式时演奏的一种乐曲。当人们生病时，如果想要询问鬼神生病的原因，就会演奏这种音乐，迎请鬼神进行祭祀。当询问得知生病的原因之后，人们会准备祭品请求鬼神消除疾病。保佑乐源自古代柬埔寨儿童“吃饭”游戏的故事。从前在一个村庄里，一群男孩和女孩聚集在一起玩耍，他们有些扮客人，有些扮主人，有些扮丈夫，有些扮妻子，还有一些扮演孩子，大家在一起吃喝玩乐，欢笑声整日不绝于耳。起初只是在白天玩耍，后来整日整夜都这样，到了废寝忘食的地步，即使父母禁止也无济于事。看到孩子们异于寻常，老人们想到可能是有鬼怪占据了孩子们的心，于是一同进行祈祷。当鬼怪听到呼唤时，立即附身到一个孩子上，命令老人们准备祭品，吹奏乐曲供奉他们，才会保佑众人的平安。于是鬼怪让孩子们根据他们的心意唱出了乐曲，然后饱饱地享受了祭品才离去。而孩子们也不再像从前那样疯玩了，生活得健健康康的。从此以后，村民们都信奉鬼神，并作为遇到险境时的依靠。除此之外，这种乐曲也在迎神仪式上演奏。

高棉乐通常在举行高棉传统婚庆典礼时演奏。老人们认为，婚礼上的高棉乐不仅可以带来欢庆的气氛，还能够带给新人祝福和幸福。高棉乐在结婚典礼不同的仪式中弹奏的曲目各有不同，如新郎和新娘在互行合十礼仪式上演奏的《混填与柳叶曲》。这一首高棉乐曲源自柬埔寨民间故事。相传柬埔寨历史上的第一位国王混填与柳叶（龙女，柬埔寨第一位女王）在人间举行婚礼结合登基后，龙王便邀请混填到龙宫赴宴。因为混填不会潜水，于是抓住龙女的尾巴潜入水中。因此，人们将这首曲子命名为《混填与柳叶曲》。时至今日，在互拜礼仪式后新郎都要抓着新娘的凤尾裙裙摆进入婚房。

彩阳乐旋律激昂，生动欢快，通常在欢快喜庆的仪式上演奏，如加顶节、花节、那迦落发节等。彩阳乐的由来虽无从考证，但由于这种音乐的节奏具有跳跃性，一些人认为它是古人在受到惊吓时创作的，如同动物看到人类时受到惊吓一样。一些人则认为，人们在获得胜利后感到非常兴奋，因此创作了这种乐曲，用以庆祝胜利。

锣鼓乐旋律十分凄凉忧伤，因此柬埔寨人只在有人逝世，以及打开坟墓的时候演奏。根据柬埔寨民俗学家的研究锣鼓乐源于“甜瓜王”时期。当甜瓜王即位之后，他十分怀念以前作为甜瓜庄园园主的日子，那个时候他可以日日夜夜听到各种各样的动物的叫声，以及风雨雷电的声音。为了表现这种自然界的凄凉之声，甜瓜王命令官员创作出锣鼓乐曲供其欣赏。

古时候，柬埔寨人将拨浪鼓作为军队的一种乐器，将它挂在大象的背上。到了现代，拨浪鼓乐被人们用作葬礼以及拳击比赛项目的伴奏乐曲。芦笛乐是柬埔寨宫廷舞蹈乐曲之一，通常在表演宫廷舞蹈倒椰子水祭拜祖先时演奏。

越南音乐艺术以民歌、宫廷音乐和宗教音乐最具代表性。

越南民歌有着丰富的体裁和曲调。最具代表性的有顺化号子、北宁官贺、富寿唱春（hát xoan）、兴安的男女对唱或群唱、义静的对唱及民歌调（hát dặm）、南部的“里调”（điệu lý）、越南各地都非常普遍的吟唱（乐器伴奏下的吟诗），等等。除号子是劳动时的助唱形式外，其余皆为人们在休闲时的娱乐表演方式。

号子的音乐节奏以及歌词内容会给人带来身心愉悦，进而让人感到劳动强度的减轻。根据劳动性质不同，号子有陆地号子和水上号子之分。陆地号子有拉木号子、织布号子、碾稻号子、舂米号子、汲水号子、插秧号子等；水上号子有离岸号子、靠岸号子、抛锚号子、撑杆号子、拉网号子、双桨号子、划船号子等。顺化号子属水上号子，是香江特有的，其曲风浓郁，听到它的人很难不被它吸引。

官贺是越北地区的特色民歌，深受越南北方人喜爱。演出形式则有独唱、对唱、合唱、歌伴舞等。官贺唱词多以爱情离别、友情、生产等为内容。官贺曲调类型丰富，或抑扬欢快，或情思缠绵，或哀怨恳切。2009年，官贺被联合国教科文组织列入世界非物质文化遗产名录。

唱春又称作“歌春”，是一种与城隍祭祀、节庆礼会相联系的民歌仪式。唱春包括三部分：仪式唱、表演唱以及游戏唱（男女对唱）。仪式唱即在礼会之前的“入会唱”，唱词是一些祝词、祷告词，先由唱春班“头人”与主祭共同在香案前祝唱，然后一名男角（胸前挂着小鼓）和四名女角先后登场，边唱边做动作，唱词内容是对神灵、皇帝、圣人的尊敬和歌颂。表演唱包括十四“格段”，如春、夏、秋、冬四季格，渔、樵、耕、牧格，划船格，四民格等等，其内容一般是描述民间生活，祝福村社人康物盛、农业丰收等。

中部义静地区的民歌调也十分有特色。其曲调急促、歌词为五言诗，最后两句需在音韵和调高上进行重复。

此外，越南农村地区盛行军鼓调。这是青年男女通过对歌来谈情交友的一种方式。其乐谱根据六八体诗创作，在断句处打拍子。少数民族地区的对歌也很有名，如岱依族的“伦”、侬族的“斯离”、山由族的“颂姑”、山泽族的“笙歌”，等等。

宫廷音乐或称上层音乐，最初主要流传于封建时期皇室贵族或知识分子阶层。最有特色的越南宫廷音乐要属北部的筹歌（ca trù）和中部顺化的顺化歌（ca Huế）以及顺化宫廷雅乐。

筹歌又称歌伎唱（hát ả đào, hát cô đầu, hát nhà trò）。19世纪，说唱诗体被运用于筹歌中，因此也有人用“说唱”来指筹歌。据越南学者的研究，筹歌始自李朝，盛行于15世纪，它是文人骚客将原本在亭祠庙宇演奏的圣歌体世俗化并运用于宫廷休闲娱乐的一种歌体形式。当出现说唱形式后，筹歌逐渐发展成为一种在室内或音乐厅演奏的高雅音乐。

一场筹歌演奏由以下成员完成：一位女歌手［称作陶娘或歌娘（cô đào）］负责敲云板，坐在中间；一位男乐师［称作文武小生（kép）］负责弹奏三弦琴（đàn đáy），一位玩赏者（称作官员，往往是歌曲的作者），负责敲鼓断句，通过鼓声来赞赏绝妙的歌词和琴声。如果是即兴创作则称“即席”。筹歌的唱词是双七六八体或其变体，如诗、赋、六八体、双七体、四字、说白等；筹歌的曲调丰富，最常用的有熔乐、吟望、三拍、北宫、寄信、读信、说唱等，其中说唱是最有趣也是最具文学性的。筹歌的著名曲目有《琵琶行》、《将进酒》、《前赤壁赋》、《咏前赤壁》和《香山风景》等。2009年，筹歌被联合国教科文组织列为世界非物质文化遗产，其文化空间遍及越南北部15个省市。

顺化歌是流传于中部顺化地区的一种传统音乐形式，最初是阮朝皇室赏玩的宫廷音乐。它是在越南政治中心从升龙（河内）转移至富春（顺化）这一历史进程中，中部对越北传统演唱方式接受和改造的结果。正因为如此，顺化歌既类似于越北的歌伎唱，又带有浓厚的顺化语音语调，具有鲜明的地方色彩，同时它还受到占婆和中国音乐文化的影响。其兴盛时期对整个中部以及越北和越南南方的音乐形式产生影响，如南方的“才子”音乐形式即源于顺化歌。

顺化歌在音律上与民间音乐相差无几，但在音乐形式上更加精致、娇柔、婉转、高雅。较之北部和南部音乐，顺化歌较少受到西方音乐的影响，更多地保留了越南传统音乐的特色。根据曲调可将顺化歌分为两个子系统，即南调和北调。南调柔和、忧郁、深切，包括南伤、南平、望夫调等；北调则积极、欢快，包括古本、流水、行云、赋六、四大景等。①

顺化歌的演唱空间一般都在室内或是在香江的船上。艺人边唱边弹（或敲云板），乐师则以月琴、胡琴、筝琴、饭鼓等配乐。顺化歌的歌词和曲调传达的内容包括思念家乡、宣扬道理伦常、歌颂爱情等方面。

顺化宫廷雅乐源于中国，是越南官吏参照中国明王朝的宫廷音乐建立的越南宫廷音乐体制，到阮朝日臻成熟。16世纪以来，雅乐主要演奏于皇帝登基、驾崩以及祭祀、礼会等严肃的典礼场合，成为王权的主要象征。雅乐包括乐、舞、唱三个要素，乐章、歌词由朝廷礼部根据不同礼仪编撰。因其在各类传统音乐体裁中的国家性，2003年顺化宫廷雅乐被联合国教科文组织列为世界非物质文化遗产。

唱文是宗教音乐的一种，演奏于越南母道教跳神（候影）仪式中。其内容主要是歌

① Lê Văn Chưởng. *Cơ sở văn hoá Việt Nam*. Nxb Trẻ, năm 2005, tr. 259.

颂母道教神灵。在祭祀其他神灵（如雄王等）仪式过程中也有“八音班”弹奏的专门祭祀乐曲。

越南大约有50种民族乐器，分为弦乐器、打击乐器和吹奏乐器三类。弦乐器如京族的独弦琴，虽只有一根琴弦，但琴声悠扬；此外还有岱依族的二弦琴，拉基族和哈尼族的三弦琴，侬族、岱依族、芒族和越族的二胡，高棉族的木船形琴，赫耶族的布若克琴和布日昂琴等。演奏顺化歌使用的筝琴也是越南最重要的弦乐器，大量使用于宫廷演奏、戏剧、八音班以及吟诗和民歌配乐中。

打击乐器主要有铜鼓、铜锣、铙钹、锣钲等。铜鼓是越南最古老神圣的打击乐器。古代，铜鼓不仅是伴奏乐器，同时也是古人信仰的寄托。锣钲是西原地区特有的打击乐器，西原各民族都有自己的锣钲乐曲。2005年，越南西原锣钲文化被联合国教科文组织正式列为人类非物质和口头文化杰作。

吹奏乐器中最为普遍的是竽，此外还有芦笙、唇琴、箫、笛子等。

印尼民族众多，各民族的音乐各具特色。爪哇族的旋律悠慢、柔和，音调低沉；西爪哇巽他族的曲调与爪哇族的相似，但更缠绵、伤感；巴厘族的音乐气势雄浑；马鲁古和巴达克族的曲调热情奔放；而马来族的曲调活泼明朗，节奏欢快。

在印尼丰富多彩的民间音乐中，格朗章和当都特音乐是流传最广、最受欢迎的民间音乐。

格朗章（keroncong）本是一种类似吉他的四弦琴乐器，格朗章音乐就是用这种四弦琴，加上小提琴、大提琴和吉他演奏的一种音乐，最初由葡萄牙人在16世纪时带入印尼。后来，有的格朗章乐队又增加了横笛、单簧管、萨克斯等乐器。格朗章在印尼的传播发展过程中吸收了印尼各地本土的音乐元素，形成了不同的风格，中爪哇的格朗章受佳美兰音乐的影响，马来地区的格朗章则运用马来民歌班顿的韵律。在20世纪40~50年代，以格朗章音乐配曲的抒情歌曲在印尼盛极一时。著名的格朗章歌曲《梭罗河》至今还在印尼和世界各地广为传唱。

当都特（dangdut）原是拟声词，指击鼓时发出的“当——都特”的声响，当都特音乐即是一种用鼓伴奏的音乐。这种音乐最早流行于马来族，是在伊斯兰乐曲基础上吸收印度歌曲曲调，后来又加入中东、拉美的音乐因素演变而成的。其特点是激越流畅、热情奔放，用它配乐的歌曲大多为爱情歌曲。演唱者边歌边舞，身体随着节奏扭动，带有现代气息，深受青年人的喜爱。后来，摇滚乐因素也被运用到当都特音乐中，印尼各地涌现出不少著名的当都特歌手，电台和电视台也经常播放当都特歌曲。

荷兰殖民统治结束之后，印尼本地的音乐人在与西方音乐文化的接触中，吸收了其精华部分，使印尼本土音乐得到了进一步发展。与许多其他东方民族的音乐一样，印尼的民间音乐都是5音阶的，现代音乐中的7音阶旋律是在西方音乐传入印尼后才有的，并成为许多印尼歌曲创作的基调。印尼一些曾留学国外的作曲家创作了许多脍炙人口的作品，如《哈罗，万隆》、《前进，不要害怕》、《过去的回忆》等。著名的《大印度尼西亚》由作曲家苏普拉特曼创作于1924年。1928年，在印尼第二届青年代表大会上，苏普拉特曼用小提琴演奏了《大印度尼西亚》。1945年印尼独立后，《大印度尼西亚》被定为国歌。

印尼民族乐器有佳美兰（gamelan）、昂格隆（angklung）等。佳美兰是印尼音乐中历史最悠久、特点最显著、在世界上影响最大的乐器。"佳美兰"一词源自爪哇语"gamel"，意思是锤子，因为佳美兰乐器多以打击乐器为主。在印尼，佳美兰音乐既指以金属打击乐器为主体的合奏音乐，也指演奏这种音乐的乐队。据考证，佳美兰在印尼已有上千年的历史，在建成于9世纪的婆罗浮屠佛塔的浮雕上，已能见到佳美兰乐队中的一些乐器。10世纪时印尼人开始大规模制作并演奏这种乐器，现代佳美兰乐器在14~15世纪定型。

一套佳美兰乐器由少则15件，多则23件青铜制品组成，包括锣鼓类乐器、排琴类乐器、弓弦乐器、拨弦乐器，还有竹管乐器等等。其中锣类又分为吊锣、锅锣、排锣等；排琴类分为木琴、金属排琴、共鸣筒金属排琴等；管弦乐器类分为列巴布、切连朋、竖笛等。主乐器是各种锣，演奏时起主音和强音的作用。佳美兰中使用的鼓都是双面鼓"根当"（kendang），通常置于木架上，用双手分别击鼓的两面，左手击强拍，右手则以掌心和指尖击鼓面的不同部位，奏出音色不同的鼓点。在乐队中鼓的作用非常重要，乐曲的开始与结束以及段落的转换都由鼓来指挥。在大乐队中有两个大小不等的鼓。一支佳美兰乐队一般由24名演奏员组成，多的则有60多人。拥有如此众多和全面的器乐组合，无怪乎西方惊叹佳美兰高度发展的音乐文化为"一个新世界"，而佳美兰乐器和佳美兰音乐也当之无愧地被印尼人视为国宝。

佳美兰音乐流行于印尼各个岛屿，但不同的地区在乐队编制，演奏风格，演奏技巧，乐器的形状、大小、音色等方面往往有某些差异。最具有代表性的是爪哇和巴厘的佳美兰音乐。爪哇的佳美兰由于受宫廷音乐的影响，典雅文静，在演奏力度和速度上的转换是逐渐完成的，音乐柔和细腻，如小溪潺潺，清澈动人；而在信奉印度教的巴厘岛，佳美兰音乐充满生活气息，活泼欢快、热情奔放，在演奏力度和速度上的转换对比十分明显，音乐时而如疾风暴雨，震撼大地，时而如雨过天晴，风平浪静。

佳美兰的用途十分广泛，常为舞蹈、戏剧、皮影戏伴奏，并在幕间休息时单独演奏，还常在各种庆祝活动、宗教仪式、迎送贵宾及举行火葬时演奏。作为宝贵的文化遗产，佳美兰受到上至王公贵族下至黎民百姓各阶层人士的喜爱，即便在一些偏僻的乡村，也有自己的小型佳美兰乐队，村民们可以随时参与到这种音乐的表演之中。今天，佳美兰已经作为最具印尼特色的音乐形式向全世界推广和传播，世界各地也有越来越多的人关注和喜爱印尼的这种传统表演艺术。

昂格隆是印尼独有的一种民间乐器，属于竹筒琴，或称竹管琴，常见于西爪哇。昂格隆原为拟声词，指这种乐器演奏时发出的声响。每支昂格隆由长短、粗细、厚薄、老嫩不同的2~4根竹管组成。竹管的上端被切割剖削，套装在一个竹框架内。竹管下端插在底框上，上端切削部分穿洞套在不同的横竿上。演奏时用手抖动框架，竹管和底框相互碰撞发出清脆悦耳的声音。一支昂格隆乐队中的每支昂格隆大小不一，有的只有5~6厘米，有的则长达1米，以便奏出强弱不同的乐声，每个竹筒发出的高、中、低音，取决于竹筒的长短、厚薄和老嫩。不同音节的竹筒可组成一支单独演奏的乐队，演奏人数少则10余人，多则上千人。[①]

昂格隆乐队有大有小，小的仅由四支昂格隆乐器组成，大型乐队则往往多达数十支。乐队演出时，演奏员根据乐队指挥不断变化的手指动作来变换摇动手中的乐器，每个演奏员一般演奏1~2支昂格隆。演出效果的好坏，除了昂格隆本身的音质因素外，还取决于指挥的水平以及演奏员演技的娴熟程度。

在马来西亚，目前流行的传统音乐大都滥觞于马六甲王朝时期。根据音乐的起源和表演场地的不同，可将马来传统音乐分为民间音乐和宫廷音乐。随着音乐的传播和普及，民间音乐和宫廷音乐也时而出现交叠与融合，一些宫廷艺术逐渐传入民间，为民众接受、发展与再创造。目前依然保存较好的宫廷音乐大多为舞曲，将在舞蹈部分详细介绍。下面主要介绍几种流行于马来西亚的民间音乐。

加萨（ghazal）是一种用于表达爱情的马来传统音乐，早在1870年之前由廖内—林加（Riau-Lingga）传入柔佛地区。加萨最初是用印地语唱的，再配以传统的印度弦乐做伴奏。目前在马来西亚一些传统的印度人社区，仍然能够听见印度人表演的最原始的加萨。但目前流行于马来西亚的加萨已经被当地化、被现代化了。传统的印度乐器被现代乐器如吉他、鼓、曼陀铃等所取代，而以马来语演唱的加萨也越来越受青睐。

东当沙央（dondang sayang）是一种流行非常广泛的马来传统民谣，它以对歌的形式进行。人们在乐器的伴奏下，将马来传统诗歌——班顿配以特殊的音调唱出来，常常用来表达爱意。东当沙央的伴奏一般由四人完成，一人演奏小提琴，两人敲打传统马来手鼓，另一人则负责敲小铜锣。其中小提琴的演奏最为重要，控制着歌者演唱的节奏。东当沙央的节奏很缓慢，且一首东当沙央一般由32个小节组成。最先由小提琴开启，紧接着其他乐器响起，而歌者一般从第5小节开始演唱。

哈得拉（hadrah）是一种宗教赞美歌，起源于阿拉伯世界，并经由印度传入马来西亚。不同型号的鼓是哈得拉最主要的伴奏器具。

罗达特（rodat）与哈得拉相似的是，它也是一种主要以鼓伴奏的伊斯兰宗教赞美歌。罗达特的歌者，同时也是舞者。目前，为了吸引年轻听众，罗达特这种音乐的主题也有

① 武文侠、陆春林：《印度尼西亚》，北京：世界知识出版社，2001年版，第191页。

所拓展，除了宗教赞美歌，他们也相应地吸纳一些表达爱情的曲目。

马来西亚传统民乐种类很多，除了上述几种，还有歌龙重（kerencong）、子吉尔（zikir）等。这些民间音乐深受大众喜爱，它们来源于生活，又成为人们生活中不可或缺的一部分，是马来人情感表达的一种方式，更是马来人展示传统文化的一扇窗口。

菲律宾大多数居民为先后来自印尼的马来人，在历史上他们有着和东南亚马来群岛其他国家一样的马来音乐文化，并受到了阿拉伯、印度和中国音乐文化的影响。16世纪被西班牙占领后，西方音乐大量传入，形成了菲律宾音乐文化的多种形态。按照地区可主要将其分为三种类型，即北部山区音乐、南部地区音乐和平原地区音乐。

北部山区音乐。吕宋岛北部山区的伊戈罗特、卡林加、伊富高等民族，其音乐活动常常是集体性的，并和劳动、宗教、祭祀、喜庆节日等礼仪习俗联系在一起。传统的歌唱形式多为领唱和合唱。独唱部分，演唱者经常运用颤抖的声音表现高超的技艺，合唱部分则强调母音以增强节奏感。音乐大多为五声音阶。最重要的乐器是锣和鼓，普遍都有锣乐队。锣，称"贡沙"，由青铜或黄铜制成，用手或锣槌敲击，节奏复杂多变。此外，由于所处纬度与气候条件的关系，菲律宾北部山区盛产竹子，且这里的竹子直径粗大、管壁较薄，发音效果好，北部山区音乐中经常使用各种竹制的乐器，如竹鼻笛、竹弦琴、竹口弦等，普遍重视乐器的音色和音质。

南部地区音乐。南部棉兰老岛和苏禄群岛有100多万信奉伊斯兰教的居民，他们保持着传统的音乐文化。无论是《古兰经》或史诗的吟唱，还是爱情歌曲，都具有浓郁的阿拉伯音乐的特点。歌唱常在祭神、治病活动中进行，多为合唱，音域较窄，音程变化细微复杂，有丰富的表现力。歌唱部分有时模仿拨弦乐器的节奏韵律，产生一种近似乐器的效果。普遍使用的曲调乐器为"库林唐"（kulintang），是一种编锣，由7~8个大小不同的带有乳突的锣组成，按音质顺序平列在木制的共鸣箱上，用两根木槌击奏。它主要演奏传统乐曲，也为舞蹈伴奏。它作为菲律宾民族乐器的代表，还用于大型管弦乐队中。南部地区音乐中经常使用的大锣，中间亦有隆起的乳突，被称为"阿贡"（agong），是神、权力、财富的象征。举行祭祀仪式时，人们把装饰华丽的锣悬挂起来，按照严格的规定敲击，有时也用于巫术、驱魔治病等活动。此外，两根弦的弹拨乐器"可恰皮"、笛子、"库宾"（kubing）等竹制乐器都十分流行。

平原地区音乐。16世纪以来，在西班牙对菲律宾的殖民统治中，西方各种音乐形式大量传入人口稠密的中部地区各岛屿，传统的民族音乐逐渐被西方音乐所取代。然而在长期的流传过程中，西方音乐的曲调风格、乐器的形制、音色、乐队组合等许多方面越来越具有浓重的菲律宾特点，逐渐演化为菲律宾民间音乐的一个组成部分。声乐方面的"昆迪曼"，是一种善于表现悲伤哀怨情感的抒情歌曲，内容大多与爱情和祖国的命运有关，节奏为缓慢的三拍子，多为小调式，并常用转调手法。"巴利道"是一种活泼、愉快、诙谐的爱情歌曲，多为节奏较快的三拍子，既可独唱，也可边舞边唱。其他还有“库明唐”和“乌牙义”，它们原为战歌，节拍较自由，演唱者可根据情绪的变化而决定其终止与否。在器乐方面，流行最普遍的是“龙达拉亚”乐队和铜管乐队。此外，吉他、小提琴、钢琴和西洋管弦乐队也颇有影响。

从上述分析中，我们可以看出，东南亚各民族音乐形式多样，婉转动听，充满独特、迷人的魅力，这源于各民族种类繁多、独一无二的乐器，源于各民族人民富有智慧性的创作。

第二节　东南亚舞蹈

东南亚各民族能歌善舞，把舞蹈作为一种抒情方式，把对生命诞生的欢欣喜乐、死亡降临的深切悲哀、爱情婚姻的热烈喜庆、田间劳动的辛苦与快乐都通过舞蹈表达出来。

东南亚各民族的舞蹈样式颇为丰富。缅甸有以瑞波大鼓舞为代表的民间舞蹈、造型细腻、舞姿优美的戏剧舞蹈和宫廷舞蹈；泰国有以孔剧舞蹈为代表的古典宫廷舞蹈和以诺拉、长鼓舞、蜡烛舞和笙舞为代表的民间舞蹈；老挝有以南旺舞为代表的大众舞蹈和以纳达欣舞为代表的古典舞蹈；柬埔寨有服饰华美、动作优雅的古典舞蹈以及南旺舞、德乐特舞、野牛角舞、捣杵舞、伊给舞等民间舞蹈；越南传统舞蹈包括求雨舞、祈丰舞、铜鼓舞、弓箭舞等的仪式舞和划船舞、舂米舞、斗笠舞、扇子舞、狮舞等的劳动舞；印尼舞蹈按不同的地域和民族分为爪哇舞蹈、巴厘舞蹈、苏门答腊岛舞蹈、加里曼丹舞蹈等；马来西亚有浪迎舞、烛光舞、情人舞、斗鸡舞、稻田舞等民族舞蹈。

缅甸舞蹈的历史源流与农耕劳动、宗教信仰、宫廷娱乐、文化交流等方面都有密切的关系，包括民间舞蹈、戏剧舞蹈、宫廷舞蹈等。民间舞蹈创作于民间，流传于民间，与人们的日常生活、风俗、宗教、礼仪密切相关，直接反映了劳动人民的生产生活、思想情感和审美情趣，具有鲜明的民族风格和地方特色。缅甸一年12个月中每月都有传统节会。每到传统节日或平日婚丧嫁娶红白喜事，人们都喜欢载歌载舞或举办歌舞演出活动。在农村插秧或收割季节，人们为了祈求天神保佑、祈求风调雨顺、五谷丰登，或为鼓动劳动热情，也会在田间地头进行演唱。缅甸的著名民间舞蹈“瑞波大鼓舞”就产生于古代农业发达的瑞波地区。舞蹈者在三尺多长瑞波大鼓的鼓声中边说边唱边舞，插秧的人们也情不自禁有节奏地插着秧。在大鼓舞的基础上还发展出了多种鼓舞，如长鼓舞、短鼓舞、象脚鼓舞、背鼓舞等等。演出方式大致相同，都带有浓郁的生活气息。所不同的是使用的鼓形大小不一，节奏和气氛各有特色。

戏剧舞蹈、宫廷舞蹈与民间舞蹈有所不同。民间舞蹈带有自娱性，而戏剧舞蹈、宫廷舞蹈表演性较强，有娱他色彩。在古代，这类舞蹈大多是王公贵族用于宴享娱乐或用于在殿堂庙宇祭祀祖先神灵的，艺术形式更为完整华丽。但戏剧、宫廷舞蹈大多是在民间舞蹈的基础上由宫廷专业艺人加工改编、提炼或创作的。因此戏剧舞蹈和宫廷舞蹈集民族舞蹈的精华，是具有典范意义的古典舞蹈。这种舞蹈注重节奏和讲究关节的对称变化，强调舞者在节奏感、柔软功、眼、手、腰、身、步的完美结合，结构精确，富于造型美。

戏剧舞蹈主要源自傀儡戏和古典宫廷剧。来源于傀儡戏的男女傀儡舞、宫女舞、隐士舞、箱子舞等，舞姿造型模仿傀儡动作，多呈棱角弯折，演员在台上腿和手的动作都是自下而上，自上而下，犹如傀儡提线般的一张一弛。舞姿静止时上身前俯、头部高扬。翘首、飞臂、扬足、上踢裙边等动作均来自傀儡戏。演出时有鼓乐伴奏，舞律顿挫有力，节拍分明。演员身穿华丽服装，表情形神兼备，多旋转、跳跃和技巧性表演。来源于古典宫廷剧的舞蹈则另有特色。18世纪从泰文编译过来的《伊瑙》剧中的女子单人舞，也称“缅甸暹罗舞”，舞姿造型清丽秀逸、优美抒情，是古典舞中的珍品。该舞描绘一位贤淑的公主抱着孩子，追赶被父王驱逐的丈夫，多情的驸马为使妻子追上自己，一路撒下石子作为标记，公主边走边俯拾石子整冠簪花，坚贞不渝地踏着丈夫的足迹寻去。舞者细腻地描绘出公主梳洗打扮、对镜整容、凝神远眺、娇羞含情等优美姿态。此舞采用“十二段”，即“细六段”和“粗六段”。“细六段”是用慢板音乐表现女子柔软功夫的6种舞姿造型(整冠、照镜、簪花、抱儿、拾石、束发)，每个造型完成后，需腰肢波动，颈肩柔转，双眸流盼，使舞蹈更富于造型美。“粗六段”运用以鼓谱节奏为标志的6种快板舞步，借以表现公主因追赶丈夫心切，步如流星的情景。舞者踢起曳地较长的筒裙边，左旋右转，时而双手抱儿艰难地行走，时而俯拾地面石子往前急奔。整个舞蹈动作规范，如跪地板腰、立臂跷腿、圆场舞步、弹指转腕等既吸收了泰国古典舞的动作，又融入缅甸传统舞蹈的舞技要领，或柔若无骨，或刚如山石，刚柔相济，舞蹈语汇非常丰富。19世纪末，缅甸舞蹈逐渐脱离戏剧，发展成为独立的艺术表演形式。

泰国的舞蹈艺术汲取了印度、柬埔寨、中国等地舞蹈艺术的精髓，同时又糅合了本国各民族、各地区的文化与风格，形成了泰国独有的舞蹈艺术体系与特色。泰国舞蹈可分为古典宫廷舞蹈和民间舞蹈。

古典宫廷舞是泰国舞蹈艺术的精华，在历史上受到了柬埔寨吴哥王朝时期的宫廷舞蹈以及印度宗教文化和舞蹈艺术的影响。泰国的古典宫廷舞蹈动作轻盈，舞姿优美，服饰华丽，并且多有固定的乐曲、唱词，以及整套规范性的舞姿动作和严谨的表演程序。由于历史上古典宫廷舞蹈的表演多用于讲述宗教神话故事，因此往往以舞剧的形式表现出来，多出现于宗教活动、纪念庆典中。泰国古典宫廷舞有“宫内”与“宫外”之别。宫内舞比较严肃，没有滑稽场面；宫外舞则比较活泼自由、诙谐有趣。其基本舞姿是：下体保持半蹲状态，身体及手臂每个关节都弯曲，形成“三道弯”造型，腿在半蹲状态上做重拍向下动作，节奏均匀地上下屈伸，身体上下颤动为其动律的主要特点。舞者在表演时完全赤脚，无论一举手或一投足，都十分缓慢而富有韵律，婀娜多姿，宛如姿态迥异的神像雕塑。他们通过手和手指表达意思，并以眼睛传神，蕴藏无尽的神韵。这种舞蹈动作会给欣赏者以一种动中带静、静中有动的美感。

古典宫廷舞中最著名的是“孔”剧，它同时也是泰国戏剧艺术的典型代表。孔剧相传来源于印度南部的“卡达卡利”舞蹈，多用于宗教和民间祭祀，并糅合了泰国的皮影戏、古典暹罗舞蹈、泰国武术等艺术文化的元素。演员在表演中没有一句台词，完全以程式化的手语和舞姿表现剧情。手势有接受、拒绝、呼唤、爱情、愤怒、嫉妒、端坐、敬礼等语汇。程式舞姿有68式。孔剧表演时，舞者要戴着绚丽多彩的面具，并穿着颜色艳丽用泰丝制成的衣服，有乐队及歌唱者伴奏、解说。

泰国的民间舞蹈历史悠久，类型丰富多彩，它来自泰国人民的日常生活与劳动，并因民族和地区文化的差异而有着不同的表现形式。泰国的民间舞蹈舞步简易、舞姿优美，具有浓厚的生活气息和强烈的地方色彩，具体可分为泰国南部、中部、北部和东北部的民间舞蹈。

泰国南部最为流行的民间舞蹈被称为“诺拉”，它是泰国舞蹈最古老的形式。最初诺拉舞只是单纯的舞蹈，后来逐渐开始演绎宗教经典、民间故事和文学作品，其中最为著名的是《玛诺拉》。诺拉舞舞姿婀娜优雅，舞步多变且细腻，富于韵律感；造型具有雕塑性，尤其是手臂的造型可谓千姿百态。诺拉舞对泰国许多古典舞蹈的模式和戏剧的发展产生了重要的影响，例如泰国著名的孔剧、洛坤剧等都受到过诺拉舞的影响。除诺拉舞以外，泰南舞蹈还有如扇舞、割胶舞以及源自马来宫廷的隆迎舞等。

泰国中部地区流行的舞蹈包括长鼓舞、丰收舞等。长鼓舞又称特腾舞，据说来源于缅甸舞蹈，在宋干节等一些重要的节庆日子里，背着长鼓奏乐的男子和女子在游行的队伍中相对而舞。丰收舞表现的是农民丰收时的劳动场面，舞者头戴草笠，手持秧苗边歌边舞。中部地区的这些舞蹈节奏欢快、情绪热烈，表现了当地劳动人民欢快愉悦的心情。

泰国北部地区流行的民间舞蹈包括蜡烛舞、长甲舞、掸族舞、花环舞、丝绸姑娘舞等，大部分的舞蹈动作轻缓柔美。由于与缅甸接壤，泰国北部的民间舞蹈与缅甸舞蹈有一定的相似性。例如在蜡烛舞中，女子身穿民族服装，头戴花束，两手各执一支点燃的蜡烛，身体动作多呈弯扭蹲状，手臂成方形屈伸，这与缅甸舞极为相似。在长甲舞中，女子身穿与缅甸服饰相似的长袖衫和筒裙，十指带着金色假长指甲，脚踩莲步，摆动纤指，在优雅的音乐中婆娑起舞。

泰国东北部地区流行笙舞。笙舞是泰国东北部民间舞蹈的总称，包括多个种类，例如捕鱼舞、饭篮舞、竹锣舞、椰壳舞等。笙舞共19种基本舞步，但表演形式自由，舞步流畅洒脱、节奏明快，表现内容大多为东北部人民的劳动生活和风情习俗，例如农民田头送饭、河塘网鱼，以及男女青年彼此的爱情等生活情景。笙舞的演奏乐器以芦笙和打击乐器为主，男女舞者随着伴奏边舞边唱，并随着小铙钹的节奏变化而改换动作。笙舞的服饰大同小异，男子一般穿青色长袖无领衫裤，头缠巾；女子穿黑色或棕色衣裙，头顶堆髻，插白花。

南旺舞原是泰国东北部笙舞的一种，后经政府的推广全国流行，现在成为了泰国民间舞蹈中流传最广、最受群众喜爱的舞蹈。南旺舞是一种民间集体舞，共10套基本动作，由于跳舞时人们会围成一个圈，故又称“圈舞”。人们一般会在宋干节、生日、婚礼等重大的节庆日子里跳南旺舞，只要场地许可，舞蹈不限人数。南旺舞的乐器全是打击乐器，男女按节拍成对共舞，女子双后翻动在前领舞，并以面颊、上身、手臂向男子作情致委婉状，男子则以双臂拱护女子，在其周围环绕而舞。

老挝的舞蹈可分为古典舞蹈和大众舞蹈。古典舞蹈也称宫廷舞蹈，以表演性、艺术性较高的纳达欣舞为主要代表。纳达欣舞起源于柬埔寨，是吴哥王朝繁荣的见证。14世纪法昂王统一老挝后，纳达欣舞传入老挝。纳达欣舞共有68个基本舞姿，主要体现在手上动作，如以手掩面可表示害羞，双手合十表示招呼、感谢，双手交叉胸前表示感动等。整套动作轻柔、舒缓，通过不同的姿势表达情节并推进剧情的发展。对于比较复杂的剧情，还有伴唱以详细进行阐述。

大众舞蹈主要有南旺舞、占芭花灯舞、象脚鼓舞、登沙舞等。大众舞蹈最突出的代表是南旺舞，意为圆圈舞，也称“团结南旺舞”，其唱腔属于喃曲，这是老挝社交和礼仪当中的一项重要内容。人们在举行婚礼、生日等庆祝活动时都要载歌载舞，南旺舞就是让大家共同参与的一个最好方式。该舞蹈主要体现为手上动作，双手自然伸直，或拇指和食指接触，其余手指伸直，做转圈动作，而脚步则跟着音乐节奏随其他舞者绕圈挪动。

占芭花灯舞起源于宫廷舞，原常在重大节庆晚会上给国王和大臣们演出以示颂扬和祈福。20世纪30年代传入民间，成为颇受社会欢迎的舞蹈样式，占芭花是老挝的国花，受到全国人民的喜爱，人们把花灯做成占芭花的形状，上面写出自己的良好祝愿，绘上各种图案，作为表演时最重要的道具。该舞蹈为大型集体舞蹈，少则几十人，多则几百人，对表演性要求不高，基本上也可认为是一种边游行边跳舞的舞蹈样式，由于场面热烈，在一些大型节会活动上常会进行表演。

象脚舞对表演者的体力要求极高，不但要始终用力击鼓，还要跟随节奏跳舞，舞动幅度很大。象脚舞的动感和激情是通过全身动作来展现的，其中的魅力更多体现在足蹈方面。象脚舞主要流行于佬族社会，在大型的节庆活动中如宋干节（泼水节）、龙舟节、高升节和漂水灯节中作为必选庆祝节目，而且不限于舞台表演，常在队伍游行过程中边走边舞，整个游行过程舞感洋溢，沉浸在音乐的美感当中。

登沙舞源自黑泰族，是深受男女青年喜欢的一种交际舞，现已流行全国。与南旺舞节奏缓和、动作轻柔有很大不同，登沙舞动作较快，舞姿变化极大。跳舞时，男女围成圆圈，随着音乐节奏面对面起舞，时而相互绕转，时而拉手向相反方向跳，甚至有些拉丁舞的味道，与南旺舞相比要狂野得多。

在婚礼上还流行一种叫“巴沙洛”的舞蹈，该舞蹈为集体舞蹈，舞者自动排好队，随音乐的节奏整齐起舞，转身、踢脚要求统一节奏，一般向前走三四步，右脚往前踢出，再转身往后走，仍然走三四步踢出右脚，再向左右舞动，如此循环往复，由于动作整齐，节奏变幻迅速，整个舞蹈非常具有观赏性。

在柬埔寨，舞蹈是深受人民喜爱的艺术形式之一，柬埔寨舞蹈分为古典舞蹈和民间舞蹈。

古典舞蹈又称为宫廷舞或柬埔寨王家芭蕾舞（royal ballet of Cambodia），是柬埔寨的艺术瑰宝，2003年被联合国教科文组织列入世界非物质文化遗产名录。古时候，古典舞蹈在宫廷表演，如今已作为国家的重要文化遗产在正式的场合为王室、政府官员和贵宾演出。古典舞蹈节奏平缓，服饰华美，舞姿典雅，动作优美，宽舒洒脱，静动自如。舞者通过每一个蕴含明确象征意义的手部动作、身体姿势和面部表情来表达人物的喜怒哀乐、爱恨情仇等各种复杂的内心活动。

柬埔寨保留有很多古典舞蹈节目，如《祝福舞》、《百花园中的仙女舞》、《神仙欢乐舞》、《扇舞》、《蝴蝶舞》、《剑舞》、《海龙舞》等。《祝福舞》产生于吴哥王朝之前，在吴哥时期十分盛行。《祝福舞》通常在开场时演出，表达对观众的美好祝愿。表演时，天使们跳着优美的舞蹈把金花银花撒向天空，表示对人们的祝福。舞蹈《百花园中的仙女舞》描述了仙女阿普莎拉和六位侍女一同下凡，她们在百花园中翩翩起舞，侍女们采摘了很多鲜花献给她，仙女把自己喜爱的花朵带回家中，使她的寝宫充满了浓郁的芳香。《神仙欢乐舞》则是柬埔寨王家芭蕾舞团传统的表演节目，含有向柬埔寨王国和贵宾表达祝福之意。

古典舞还包括舞蹈剧，如《罗摩衍那》、《裴拉沙恩传奇》、《雷木·爱索与莫尼·麦卡拉舞》、《伯雷阿·金纳风的神话》、《黑猴与白猴的战斗》等，这些舞蹈剧内容丰富，表演时间较长，通常伴有演唱。舞蹈剧一般演出神仙、魔鬼、国王、王后、王子、公主、仙女、猴王等各种角色之间爱情与战斗的故事，其情节曲折、跌宕起伏、引人入胜。

柬埔寨的民间舞蹈主要有南旺舞、德乐特舞、野牛角舞、伊给舞、彩阳舞等，这些舞蹈带有浓郁的民族色彩，具有自身独特的艺术风格。

南旺舞是柬埔寨流传最为广泛的舞蹈，无论在偏远的乡村，还是繁华的城市，无论是平民百姓，还是达官贵人，男女老幼都喜欢跳南旺舞。跳舞前要在场地中央摆上一张小桌，放有装着鲜花的花瓶。首先由男主人领舞，他围着桌子跳完一圈后，便招呼男舞伴一同再跳一圈。之后来到女舞伴面前，行合十礼，请她们一同跳舞。女舞伴们还合十礼表示接受邀请。在结对跳舞时，女子通常在前，男子在女子身后或两侧，人们通过手臂的上下、左右摆动展示柔美的舞姿。几圈过后，舞曲节奏逐渐加速，把欢快的气氛推向高潮。当乐手连续击鼓时，男女舞伴便停下，相对而立，双手合十表示告别。

德乐特舞是柬埔寨松来族①的民族舞蹈。人们喜欢在过新年时跳德乐特舞，以表达辞旧迎新、新年祝福。按照一些地区的传统，人们也常在天旱已久，求神祈雨的时候跳这种舞蹈。

野牛角舞，因柬埔寨人在跳这种舞蹈时头上要带上一个野牛角表演野牛的各种动作，故有此称。野牛角舞源自一个民间传说，一位叫做布的猎人领了王命去猎捕野牛。最后，猎人空手而归，但是他向国王讲述了他的亲身经历。他说他看见了一对野牛，一公一母会跳优美的舞蹈，吸引了他的注意，不忍捕杀。另外有一只老虎潜伏在那里想要吃掉野牛，也不忍吃它们，而是用爪子为野牛敲打节奏，在野牛的周围还有一群蜜蜂围着顺时针飞，它们发出悦耳的“嗡嗡”声为野牛伴奏。国王听后让猎人模仿野牛跳舞从而创作出这种舞蹈。表演时两位带野牛角的人扮演公野牛和母野牛，用乐曲来表示虎啸和蜜蜂发出的“嗡嗡”声。

伊给舞是柬埔寨人自古以来就非常喜欢跳的一种舞蹈，人们经常在节日或者在农闲时跳这种舞蹈。村民们先在村里围上舞圈，然后男女老少都加入一起跳舞。关于伊给舞的来源，有人称是柬埔寨国王阇耶跋摩二世从爪哇回国时传入的，舞蹈由爪哇人或者马来人创造。这种舞蹈由于深受人们的喜爱而迅速传播。但从19世纪初到法国殖民时期，由于柬埔寨国内不稳定，伊给舞逐渐衰落，从那时起，伊给舞仅在少数地区流传。柬埔寨获得独立后，伊给舞才重获新生。

彩阳舞是柬埔寨众人皆知、深受喜爱的民间舞蹈，它由柬埔寨的原始居民所创作。人们常在加顶节、花节、那迦落发节等节日中表演。彩阳舞能够营造热烈的节日气氛，因为这种舞蹈的伴奏乐曲彩阳乐节奏欢快，跳舞的人跳上跳下，扭动身躯，同时做着各种面部表情，演员们一边奏乐，一边表演，舞蹈形式热烈、活泼，使观赏的人心花怒放。除此之外，柬埔寨的民间舞蹈还有孔雀舞、高戴莱舞、走绳舞、椰壳舞、敲竹板舞等。

越南传统舞蹈不仅和生产实践有关，而且和宗教祭祀相联系，可分为仪式舞和劳动舞。仪式舞包括求雨舞、祈丰舞、铜鼓舞、弓箭舞等，带有巫术和娱神的性质。比如求雨舞和祈丰舞反映了农耕文化中越南人的古老信仰，即通过祭天和神灵以祈求风调雨顺；弓箭舞是出猎前聚众跳的狩猎舞，人们认为这种舞蹈具有某种魔力，能够保证狩猎的成功。劳动舞主要配合农业耕作等活动，有划船舞、舂米舞、斗笠舞、扇子舞、狮舞等。划船舞再现了越南人的水稻耕作生活；舂米舞则将人们舂米的动作加以艺术化，由2~4人

① 松来族现居洞里萨湖北面。

手持杵做出舂米的动作，时而舒缓、时而紧急；斗笠舞是极具越南特色的舞蹈，包含摇摆、旋转、倾斜、盘旋等多种舞姿，舞蹈者通过队形的变化摆出各种造型，以模仿或含苞待放或盛开的花朵，或抒发某种情感等等。

少数民族如芒族在节会时喜欢跳竹榻舞，即4~8人每两人一组轮流边跳边敲打竹榻。此外山泽族的燃灯舞、鼓舞、筑路舞、道别舞，侬族的勒恩舞，巴那族的龙编舞，拉祜族的芦笙舞，西原一些民族的盾牌舞等都别具特色。

除类型丰富多样的民间舞蹈外，宫廷舞在阮朝时的顺化也得到了发展。阮朝宫廷舞是越、占、高棉、汉等多民族文化交流的产物。代表性的舞蹈有八逸、四灵、双凤、献花、马舞、花灯舞等，其中花灯舞最为普及，并流传至今。宫廷舞多出现于宫廷礼仪、祭祀、皇子公主成婚等场合。

印尼的民间舞蹈天然质朴，带有浓厚的地方特色和生活气息，具有极高的艺术价值，是印尼灿烂文化的重要组成部分。印尼舞蹈的发展与宗教有着密切的关系。最初的舞蹈，是表达对神的一种愿望或请求。大约在10世纪以后，舞蹈与故事结合，印度两大史诗中的一些故事逐渐成为宫廷舞蹈的题材，当然也有以印尼尤其是爪哇当地的国王、王子、公主的故事为题材的。11世纪爱尔朗卡统治时期，文化得到重视，舞蹈艺术有所发展。18世纪中叶，在梭罗和日惹王族的积极参与下，舞蹈艺术得到进一步发展，剧情、舞蹈和音乐融合在一起，演员众多，可以表现非常复杂的内容。但是，正如梅·加·李克莱弗斯所说的，“在20世纪能够细致制作图和照相之前，不可能精确地描绘这些舞蹈形式”。不过，印尼的古典舞蹈艺术传统一直没有中断过，在当代印尼舞蹈艺术家的表演中，人们仍然能领略到古典印尼舞蹈动作缓慢优美、表现细腻等特点。①

从舞蹈的内容和表演手法来分，印尼舞蹈可以分成古典舞和现代舞。古典舞大多取材于印度两大史诗《罗摩衍那》、《摩诃婆罗多》中的传奇故事和印尼各地的历史故事。现代舞多是在印尼民间舞蹈基础上吸收其他国家尤其是西方国家的舞蹈艺术而创编的新型舞蹈，其典型代表是根据《罗摩衍那》史诗及印尼民间故事改编的芭蕾舞。按舞蹈的功能来分，印尼舞蹈可分为礼仪性舞蹈和娱乐性舞蹈。礼仪性舞蹈是在举行各种礼仪活动时跳的舞蹈，其中包括宗教舞、宫廷舞、迎宾舞、婚礼舞、丧礼舞等。娱乐性舞蹈则是人们在喜庆和休闲娱乐时跳的舞蹈。这类舞蹈多为民间舞，有不少是表达庆丰收等欢乐心情的，有的则是模拟自然风物或表现男女爱情的，例如伞舞、扇舞、孔雀舞、盘烛舞等等。②

在舞蹈风格上，各民族各地区的舞蹈都有各自的特色。爪哇和巴厘的舞蹈具有很高的艺术水平，以中爪哇日惹和梭罗为主的宫廷舞，更是蜚声国内外。从风格上看，爪哇

① 贺圣达:《东南亚文化发展史》，昆明：云南人民出版社，1996年版，第325页。

② 武文侠、陆春林:《印度尼西亚》，北京：世界知识出版社，2001年版，第200页。

的舞蹈比较悠慢、细腻；巴厘舞蹈的基础是爪哇舞，因此在风格上有许多相似之处，但巴厘舞蹈的形式更为丰富多样，节奏有缓有急，除用手腕、手指做动作外，演员还用又大又圆的双眼来传神达意；苏门答腊马来族的舞蹈以热情、欢快著称；加里曼丹和东部偏远地区的舞蹈相对比较粗犷、简单，带有原始宗教色彩，尤其是西伊里安各土著民族的舞蹈，节奏感十分强烈，极富感染力。

下面按不同的地域和民族简要介绍爪哇舞蹈、巴厘舞蹈、苏门答腊舞蹈、加里曼丹舞蹈等。

爪哇舞蹈通常都以佳美兰乐器伴奏，除表演正义与邪恶之间斗争的舞蹈节奏稍快之外，一般节奏悠然缓慢。动作主要靠两腕和手指，表演时演员保持半蹲姿势或挺直姿势，神情严肃单一，无喜怒哀乐的表情，演员的感情只通过手腕、手指的动作和音乐来体现，十分细腻、委婉。舞蹈的节奏悠然、缓慢、典雅，富有诗意。演员腰间的丝巾是重要的服饰，男女角色都用。在表演时，演员以手指轻夹下垂的丝巾，然后往外一弹，使舞姿更为优美动人。

著名的爪哇舞蹈有梭罗宫廷舞斯林比舞，原先只有王族成员才有资格欣赏这种舞蹈，后来逐渐在社会上普及。因参演人数的多寡以及表演内容和唱词的不同，斯林比舞又分成若干种。最常见的斯林比舞，其题材主要取自爪哇历史故事，表演者为四名少女。舞者两人为一组，均穿华丽的浅色民族服装，头戴闪光的头饰，手戴金黄色的长指甲套，在佳美兰乐器伴奏下款款起舞。演出一般用1小时左右。虽然演出中有时也有战斗场面，但在总体上演员的舞姿始终保持爪哇舞柔缓优雅的特点。

伯达雅舞也是爪哇著名的舞蹈。作为宫廷舞，伯达雅舞深受当时盛行的宗教文化的影响。该舞在表演内容及舞姿上与斯林比舞大体相同，只是通常都由9名少女表演。数字“9”在印度文化中非常神圣。对曾经深受印度教影响的爪哇人来说，数字“9”有着超自然的神力，他们相信“9”能给生活带来好处。因此，跳此舞蹈无疑寄托着人们对美好生活的憧憬。目前这种舞蹈已成为一种观赏性的文艺节目。

在中爪哇和东爪哇还盛行一种由单人表演、模仿骑马动作的民间舞蹈，舞者为男性，道具为用竹编制的扁形竹马。为了美观和逼真，一般将竹马漆成黑色或棕色。舞者策“马”扬鞭，以矫健优美的舞姿表演骏马飞驰的情景。过去在民间，表演竹马舞时通常有一名巫术高超的老者在一旁督演，这是因为据说跳到一定程度时，“骑手”往往会失去理智而无法自持，做出些不可思议甚至自残的动作，需要巫师施以法术加以引导。[1] 如今该舞已成为印尼艺术表演的保留节目之一，演出时没有巫师督演，演员也始终保持神态清醒。

① 武文侠、陆春林：《印度尼西亚》，北京：世界知识出版社，2001年版，第204页。

西爪哇的舞蹈属于巽他族舞蹈，在情节、服装和演员的动作、表情上，比中爪哇和东爪哇的舞蹈更丰富多样，也比较紧凑。这与西爪哇更多地接受外来文化影响有关。其主要舞蹈有采彭安舞，是西爪哇巽他族古典舞蹈，该舞优选了部分印尼武术的动作，演员一般为女性，具有温柔、典雅的特点，加上武术动作，可称得上柔中有刚。巽他族的斯林比舞则反映哇扬皮影戏中的故事。在西爪哇流行的舞蹈还有孔雀舞、蝴蝶舞等，表现的是孔雀开屏的五彩缤纷和蝴蝶翩翩的艳丽动人，演员以柔美妩媚的形象，使观众感到赏心悦目，获得美好的精神享受。

巴厘舞蹈中最为著名的有莱贡舞、巴隆舞、盖查舞、山哈央舞等。

莱贡舞是巴厘著名的古典宫廷舞。该舞过去只在宫廷为王公贵族表演，后来走出宫廷成为某些宗教仪式和文艺演出中不可或缺的节目。莱贡舞演员都是12~13岁苗条、漂亮而有灵气和悟性的少女。她们通常在5~6岁就开始接受培养，经过7~8年专门训练和多次淘汰后，最后能登台演出的往往所剩无几。因此，成为莱贡舞演员或曾当过莱贡舞演员是巴厘女性的骄傲。表演舞蹈时，演员们手持秀扇，身穿华丽舞衣，头戴花环等饰物，随着音乐翩翩起舞，肩、颈、腰、指等部位随节奏轻柔地扭动，体态婀娜多姿，双目左右转动，妩媚动人。由于舞姿优美典雅，莱贡舞备受印尼各阶层人士以及外国贵宾和普通观光客的欢迎。

巴隆舞原本是一种宗教舞蹈，现已成为巴厘的一个重要旅游演出节目，在巴厘的巴都婆兰村常年都有巴隆舞表演，吸引着世界各地的游客。巴隆舞的正式全名为“巴隆和朗达舞”，表演的是《摩诃婆罗多》故事中象征正义的神狮巴隆与代表邪恶的巨魔朗达之间展开的激烈战斗。“巴隆”亦被译为“狮子”，其形象与我国传统舞狮中的狮子相似，也有突出的巨眼、浑圆的大鼻、长长的胡须。但两者亦有不同之处，巴隆舞中的狮子都长着獠牙及短尾巴。巴隆狮均由两名演员扮演和操纵，一人舞动狮头，另一人摆动狮尾。该舞也被俗称为剑舞，因为在正义与邪恶两方的斗争中使用的主要武器是短剑。全舞共分六幕，出场演员多达十几人，演出时间约一个多小时，演出最后达到高潮时，恶魔朗达施展邪术，使围追他的剑手们个个中邪而用短剑连刺自己的胸膛，此时由法师出来破除朗达的邪术，剑手们才得以脱险。整场演出有声有色，扣人心弦。据说，在每次演出之前，法师都要为扮演剑手的演员们念经拜神并洒香水，以使演员刀枪不入，免遭伤害。看到演员们如走火入魔般个个用真剑刺向自己袒露的胸膛，却无一人受伤流血，观众无不为之折服而拍手称绝。

盖查舞是巴厘的一种传统舞蹈，也称为猴舞。其内容取自《罗摩衍那》，讲述的是神猴哈努曼率领众猴搭桥从魔王手中救出罗摩之妻悉多的故事。该舞一般在夜晚星空下演出，场地多在神坛前的广场上。舞蹈由主舞和伴舞组成。主演者表演故事情节，由数名男女演员担纲，伴舞者扮演群猴，由100~200名成年男子参演。“猴子”们的装束一致：上身裸露，下身围一块白底黑格的纱笼，腰间别着短剑。它们围着篝火或蜡烛，由里向外围成数圈席地而坐。演出颇具特色，自始至终无任何音乐伴奏，“猴子”们时而高举双手，时而前仰后合，并有节奏地发出“吱喳”、“哇哇”等叫声。表演达到高潮时，节奏越来越快，“猴子”们像多米诺骨牌一样，一个个、一圈圈依次向后倒下，并发出“喔喔”的低吟声，气氛紧张而热烈，有时演员们兴奋至极，还起身光脚踩在火上跳。据说他们个个拥有功力，不会被火烫伤。①

山哈央舞是巴厘岛流传至今最古老的宗教舞蹈，是发生流行病或遭遇天灾人祸时跳的舞，通过舞蹈表现神和人的联系。伴唱队唱着神的名字，舞蹈者便出场向人们洒圣水，以表示神的保佑。舞蹈常由未满12岁的两个女孩演出。在有些地方的山哈央舞演出时，少女赤脚在火上跳，一直跳到昏昏迷迷、神志不清。也有的站在男人肩上跳，男人来回旋转，姑娘们却不会掉下来，因此认为是神灵附体。这种舞蹈往往是在晚上表演。

此外，巴厘岛还流行章格尔舞、里岗舞、格比耶舞等历史体裁的舞蹈。章格尔舞由12对男女演出，6男6女面对面坐成四方形，舞时不必站起，音乐也很简单，描写《阿周那的婚姻》一书中主人公阿周那修行的故事。里岗舞要求舞者动作敏捷，佳美兰伴奏的乐曲时而快如急流，时而缓慢悠扬。演出者多为7~12岁的女孩。这种舞蹈的手部、眼部与臀部动作最引人注意。格比耶舞是一种单人舞，表演时舞者必须一直蹲坐或蹲行，以面部表情表达喜怒哀乐。

由于宗教观念的影响，巴厘人的舞蹈具有很浓厚的神秘色彩。巴厘人认为，舞蹈的起源与人们力图取悦神灵是分不开的。至今巴厘人仍然保留许多纯粹的宗教和灵术的舞蹈。比如马舞，这种舞蹈是在寺庙前面的一棵榕树下表演的。演员骑着用树叶装饰头部和尾部的玩具马进行降乩，疯狂奔驰，其踢动犹如真马一样。最后，跳到正燃烧的椰壳堆里达到高潮。这种舞蹈形式带有神话色彩，传说舞者在舞蹈中“灵魂出窍”后，与逝者或亡故的祖先交流，同时“亡灵”也通过舞者来转达他们的意志。后来随着印度文化的传入，这类舞蹈还将著名的印度史诗《罗摩衍那》的故事情节加以改编。近年来随着巴厘旅游业的发展，这类舞蹈被作为旅游固定节目，在每天夕阳西下时向游客展示。

苏门答腊是印尼的重要岛屿，这一地区的民间舞蹈以其丰富多彩、优美抒情而闻名。位于该岛东部一带的马来族是富有航海传统的部族。性情开朗活泼的马来人在舞蹈上展示出热情奔放的风格，与爪哇的宫廷舞形成鲜明的对照。著名的马来舞有十二段舞、弄庚舞等。十二段舞也称十二彩舞，是一种群众性的青年男女对舞的集体舞蹈。它由12段舞蹈组合变化而成，以女子表演为主，男子做陪衬，舞步变化迅速，动作活泼轻快，花样繁多。

① 武文侠、陆春林:《印度尼西亚》，北京：世界知识出版社，2001年版，第202页。

弄庚舞具有悠久的历史，13世纪已出现在宗教祭祀仪式中，16世纪开始流行。表演弄庚舞时一般以小提琴、手风琴和鼓伴奏，该舞如今已传至爪哇岛、加里曼丹等地，成为一种流行舞蹈，其内容和形式也都发生了变化。原来的弄庚舞，一般由一对男女青年边歌（用马来板顿诗对歌）边舞，现今则已发展成一种交际舞。在舞台上演出时，往往由几对男女青年共舞。舞至高潮时，手持披肩的舞女便边舞边离开舞台，将披肩挂在她们选中的男观众肩上，邀其共舞。被挂肩巾的男子如接受邀请，便上台与其共舞。男演员也可邀女观众共舞。此时舞台上演员们全身扭动，做出各种姿态，台上台下气氛格外热烈。

赛乌达蒂舞是北苏门答腊亚齐地区的一种民间舞蹈，现在已流传至印尼各地。参加演出者一般为6~12名男青年，他们身穿长袖上衣，头戴丝巾，腰围金银丝线纱笼，有时还在腰间别上弯刀。演出时不用音乐伴奏，表演者站或坐成一排，跟随一名歌手的歌声节奏，边歌边舞，以打响指、拍手、拍胸、拍腿、伸臂、挥臂、身体交叉前仰后合和左右摆动、相互击掌等动作为表演手段。节奏时快时慢，动作整齐划一，达到高潮时，节奏十分急促，但演员们舞技娴熟，动作始终协调一致。该舞过去一般由男青年演出，现在男女青年也可一起演出，或单由女青年演出。该舞的特点是热烈欢快，节奏感强，深受印尼各界民众的喜爱，现在常被列为文艺演出中的保留节目。

战士舞也是亚齐人所喜爱的一种民间舞蹈，舞者8人均为男子，他们头戴亚齐土布制成的头巾，身穿白色长裤，腰插一把亚齐阔头刀，腰部至膝围纱笼。跳舞时一人领唱，随之大家对唱、合唱，歌词内容多与宗教、社会问题有关。

盘烛舞是流行于西苏门答腊米南加保族地区的民间舞蹈。关于这种舞蹈的表现内容有多种说法。一说该舞描述一位少女在黑夜中不慎将结婚戒指丢失，担心他人知道说她不忠，于是她点上一支蜡烛，借着微弱的烛光四处寻找自已的戒指；另一说该舞为庆丰收舞。现在舞台演出时往往由4名或6名年轻女演员表演，她们手托点着蜡烛的瓷盘，身体和盘烛随着婉转动听的音乐节奏旋转舞动，在跪、扑、俯仰、转腰、扭腕等复杂动作中，保持烛火不灭。演员的舞姿轻盈飘忽，优美动人。

加里曼丹的舞蹈与爪哇和巴厘的舞蹈相比，显得比较原始和粗犷。最著名的舞蹈是古戴面具舞。古戴是东加里曼丹的一个城市，5世纪前后古戴王国曾在该市留下珍贵的石碑。古戴面具舞有的柔和婆娑，有的急促激烈。这种舞过去常在古戴的加达尼加拉王宫演出，目前常见于古戴族婚礼和节日庆典中。古戴面具舞可分为马蒂舞、格拉那舞、格民都舞、古农沙里舞等等。

在加里曼丹、南苏门答腊、北苏拉威西、帝汶、伊里安查亚、马鲁古等地民间还流行各类表演战场厮杀场面的土风舞，也叫战斗舞。各地的战斗舞虽然名字各不相同，在风格上也各具特色，但它们之间仍有不少共同之处。跳此类舞的演员一般都是男性，他们按各自民族的传统方式装扮自己。跳舞的道具均为古老的战斗武器——长矛和盾牌。跳舞者随着急促的“征战”鼓点儿，边高呼呐喊，边“追赶厮杀”，舞步刚健遒劲，极具阳刚之美。战斗舞是从实际生活中提炼而成的供自娱自乐的民间集体舞，过去一般只在民间节日或喜庆欢乐时跳，不登大雅之堂。现今，它常被用来欢迎宾客或为宾客表演，一方面表示东道主热情好客，另一方面也向外界展示自己独特的本土文化。

印尼舞蹈艺术深受印度文化、伊斯兰文化、中国文化和西方文化的影响。受印度文化的影响主要体现在宗教仪式性的古典舞蹈上，有不少舞蹈取材于《罗摩衍那》和《摩诃婆罗多》两大印度史诗。后来，伴随着印尼群岛的伊斯兰化，不少舞蹈有了伊斯兰教的色彩，如西努沙登加拉的姆巴伦高舞是庆祝先知穆罕默德诞辰的舞蹈。西苏门答腊米南加保族的伊斯兰文化氛围十分浓厚，其舞蹈也多受伊斯兰文化的影响。中国文化对印尼舞蹈的影响是伴随着华人移居印尼而产生的，其中影响最大的是狮子舞和佐克舞。

狮子舞（barongsai）是印尼华人在农历新年表演的一种舞蹈。狮子舞最早来源于10世纪的中国唐朝。狮子头大，似狮又似虎，眼睛大而能灵活转动。在印尼的舞狮表演中，一般有三只狮子，源于中国的三国故事。一只黄色，狮鬃为黄色，代表刘备；一只为红色，狮鬃为红色，代表关羽；最后一只为黑色或蓝色，狮鬃也为黑色或蓝色，代表张飞。狮子舞多在三宝垄的华人庙宇前举行，一般在中国农历新年时表演，寄托着人们祈望生活永远幸福的心愿。

佐克舞（cokek）是印尼华人创作的一种舞蹈，类似西方的交谊舞。佐克，原为舞女所穿的丝绸长裤，后成为舞蹈的名称。富裕华人举行堂会时，常邀请佐克舞的舞女来助兴。男女跳舞时分别身穿红、绿、黄、紫、棕等颜色服装，通常与同色服装的男女结伴共舞，边对唱边跳舞边喝酒。如今佐克舞不仅流行于华人中，而且为许多印尼土著男女青年所喜爱。

马来西亚传统的舞蹈主要指马来西亚的马来民族以及各土著民族的舞蹈。因马来西亚族群众多，传统舞蹈的种类也多达数十种。舞蹈是他们生产、生活当中不可或缺的一部分，他们用舞蹈来表达幸福，也用舞蹈来祭拜神灵，可以说，舞蹈是许多马来西亚土著民族文化的核心表现，也是他们情感表达的一种方式，在民族文化中占据着非常重要的地位。

浪迎舞（tarian joget）在马来西亚广为流传。实际上目前流行于该国的浪迎舞深受葡萄牙文化的影响，在舞步、配乐上和葡萄牙舞蹈恰恰相似，活泼而富有娱乐性，已经成为一种社交手段而为马来西亚各民族所接受。在比较随意的庆典或者是社交场合当中，都会有浪迎舞的表演。

烛光舞（tyarian lilin）起源于一个美丽而忧伤的传说。相传在很久以前的苏门答腊岛上，一对男女已经订婚，但男子为了寻求财富，远走他乡弃少女而去。少女伤心之时，又不幸遗失了订婚戒指。她四处找寻，不料天色已晚，暮色瞬间铺陈。于是她便点了蜡烛，并将烛火放置在小碟之中，或弯腰，或扭身，或祈祷。因其动作优美，同村的少女纷纷效仿，最终成为烛光舞而流传至今。烛光舞在其鼎盛时期流行于马来王宫。一名名训练有素的舞者，双手托着立有蜡烛的小碟，碟子在她们的手中平稳地旋转，烛光点点穿梭于裙袖之间，美不胜收。

阿沙舞（tarian asyik）是一种经典的宫廷舞，在其鼎盛时期流行于马来半岛北部的吉兰丹和百大年。阿沙舞的节奏相对舒缓，舞步轻盈。在舞蹈开场之时，10名舞者鱼贯而入，依次跪坐在舞台中间。之后，领舞出场，也就意味着所有舞者可开始舞蹈了。文化艺术是人们对现实生活和周围环境的反映，阿沙舞也表达了马来人对世界的认知和理解。舞者模仿动物以及他们生活环境中的现象是阿沙舞的重要构成部分，如他们会用起伏的身体来表达波涛汹涌，张开双臂比喻小鸟飞翔，扭动身躯好比游泳的小鱼等。在古代宫廷中，跳阿沙舞的一般是年轻的宫女。阿沙舞的配乐也较舒缓，乐器主要使用的是鼓、弦、琴等。

斗鸡舞（tarian ayam didik）起源于深受古代马来人喜爱的一种娱乐活动——斗鸡，成型于马来半岛的玻璃市州，流行于半岛北部的玻璃市、吉打、槟城以及霹雳州的北部。

稻田舞（tarian balai）起源于登嘉楼，是一种少女集体舞，主要表现人们在田间劳作时的景象，是人们对稻神表达敬意的一种方式。

查罗舞（tarian calok）是古代人们在订婚仪式、新娘修饰之夜以及沐浴礼[①]仪式上跳的一种舞蹈，目的在于逗得新娘新郎开心快乐。在欣赏这种舞蹈的时候，人们常常会四处张望，因为没有人知道舞者会从哪个方向、哪个地方出来。有时候舞者会从厨房“灰头土脸”地出场，有时候他们会不经意地从窗户中奔越出来，让在场的观众惊叹不已。

兽面舞（tarian barongan）讲述了先知苏莱曼时期的传奇故事。传说当时一头老虎巧遇一只美丽的孔雀开屏。这时，孔雀也发现了老虎，于是便跳上老虎背，骑在老虎的头上，老虎与其头上的孔雀开始跳起舞来。这个场景被公主的侍从加龙（Garong）所见，于是便下马与老虎孔雀共舞，兽面舞由此而来。

臧弓舞（tarian canggung）是第二次世界大战之后才出现的一种马来舞蹈，据说是由一名来自加央（Kangar）的舞者所创。“臧弓（canggung）”一词来自泰语，意为“舞蹈”。目前这种舞蹈在西马北部的吉打、玻璃市以及槟城广受欢迎。

竹板舞（tarian ceracap inai）是一种传统的马来民间舞蹈，但据说最初来自马六甲王朝宫廷。在苏丹·马哈默德·沙（Sultan Mahmud Shah）统治时期，竹板舞是苏丹和贵族们在盛大的节日庆祝时的一种娱乐消遣节目，因此被认为带有“面圣”之意。在马来传统

① 沐浴礼：在马来传统的婚俗中，新娘新郎要在结婚三日之后方可圆房，并在第三日举行沐浴礼。

的婚俗中，新娘新郎常常被称为“一日拉惹”（raja sehari）。因此，在现代社会，也会有人邀请舞者在婚礼仪式上大跳竹板舞。在表演竹板舞时，周边会用美丽的金花装饰，同时还会点亮蜡烛，寓意“幸福之光”的降临。竹板舞是一种集体舞，舞者人数一般为5~8个人，可以是男女混合，也可皆由女孩来跳。目前，竹板舞流行于西马南部的柔佛地区。

月形风筝舞（tarian cik siti wau bulan）是一种传统的马来民间舞蹈，人们常常以跳月形风筝舞来庆祝风筝节的到来。为了表达愉悦的心情，他们也会在丰收的季节跳起月形风筝舞。目前，这种舞蹈流行于吉兰丹州。

惜别舞（tarian cinta sayang）是一种马来传统舞蹈，主要表达的是渔民在下海捕鱼之前与家人的依依惜别之情。舞者通过动作和表情表达了家人和渔夫在离别之时的那种期望、不舍、担忧等复杂的情愫。

英雄舞（tarian dabus）与伊斯兰教相关。这种舞蹈最先发现于马来半岛北部的霹雳州，目的在于赞美阿里①的英雄气概。

碟子舞（tarian piring）源自西苏门答腊岛的米南加保（Minangkabau）。这种舞蹈的节奏很快，舞蹈的动作主要是模仿人们在田间耕种时的场景，表达的是人们对丰收的喜悦以及对神灵赐予粮食的感恩之情。舞者在跳舞时，手中托着一个小碟子。在有些场次，为了表达愉快的情绪，同时也为了营造气氛，舞者偶尔还会将碟子抛向空中，或者将碟子扔进田里，然后下田将其踩碎。在西马森美兰州的一些地方，如芙蓉（Seremban）、瓜拉比拉（Kuala Pilah）等地，邀请舞蹈团跳10~20分钟的碟子舞是婚宴中的一出重头戏。

佳美兰舞（tarian gamelan）是一种经典的马来舞蹈。公元17世纪，有史书记载舞者曾经在廖内一林加王朝的宫廷中为当时的王者表演过这种舞蹈。1811年林加统治者苏丹·阿布杜拉·拉赫曼的王子东姑·侯赛因（Tengku Hussein）与彭亨宰相的妹妹万·爱沙在彭亨的北干（Pekan）大婚，邀请了舞者在婚礼上表演佳美兰舞，这是佳美兰舞在宫廷之外的首次亮相。之后，彭亨公主东姑·玛丽亚（Tengku Mariam）与登嘉楼王子东姑·苏莱曼结婚时，佳美兰舞又被引入登嘉楼。最初，佳美兰舞由77种不同的舞蹈类型构成，整个场面看起来非常壮观。可以说佳美兰舞是马来传统舞蹈中舞蹈动作最为丰富多变的一种，具有很高的美学价值。但随着时间的流逝，加上外来文化的冲击，佳美兰舞中的一部分在传承上出现了断代，有的甚至濒临失传。目前在流行于马来半岛的佳美兰舞中，仍然存在的舞蹈类型只剩下33种，其中包括蜘蛛舞、托燕舞等。佳美兰对表演环境的要求不高，在室内、室外的舞台上均可表演。舞者均为女性。

依南舞（tarian inang）实际上是宫女舞的一种现代变体。人们会在一些社交宴会中跳

① 阿里（Sayidina Ali）是伊斯兰教创始人穆罕默德的堂弟，又因娶了穆罕默德的女儿法蒂玛为妻而成为穆罕默德的女婿。伊斯兰教什叶派认为在穆罕默德之后继任的四位哈里发中，只有阿里是合法继承人，而其他三位均为篡位者。而逊尼派则承认四位哈里发均为合法继承人。

依南舞，他们踏着小提琴和鼓声的节奏，挥动着手中五颜六色的手绢，翩翩起舞。

凤仙花舞（tarian inai）是一种马来传统舞蹈，最先来自宫廷，是王公贵族在进行重大仪式时所表演的一种舞蹈，如为孩子举行割礼仪式、结婚庆典以及苏丹登基等。凤仙花舞对舞者的身体柔韧性要求非常高，在舞蹈当中掺有一些非常难的杂技动作，如舞者身体向后弯曲，直至双眼能直视地板。此外，凤仙花舞中还有相当复杂而细腻的手部动作。凤仙花舞的舞者大多为男性。目前，这种舞蹈流行于西马北部的玻璃市、吉打以及吉兰丹东北部等地区。

吉可舞（tarian jikey）曾于20世纪60年代风靡于西马北部的吉打、玻璃市以及泰国南部的沙敦（Satun）和普吉（Phuket）。实际上吉可舞是一种综合舞台艺术，既包含舞蹈，也有笑话、歌唱和音乐，甚至还有与音乐内容相关的角色演出。

假马舞（tarian kuda kepang）是一种传统马来民间舞蹈，是爪哇文化与伊斯兰文化相互融合的产物。假马舞所讲述的是真主的侍从穆罕默德与敌人之间的战争，表现战争的惨烈和赞美穆罕默德的英勇。据说假马舞最先开始是由伊斯兰教的传教者引入马来半岛的。为了引起当地人们的关注，伊斯兰教的传教者们在讲经前或者讲经后表演假马舞。由竹子或者动物皮编织而成的假马是表演假马舞必不可少的道具，值得注意的是假马是没有腿的，且马身会根据需要涂上颜色以吸引观众眼球。假马舞是一种集体舞蹈，通常由10~15个人完成。早期的假马舞表演往往由一个宫女通过牵拉绳索控制每一匹假马的动作来完成。现在重大的节日庆典会有假马舞表演。目前，假马舞依然流行于西马南部的柔佛地区，尤其是在爪哇后裔聚集的地方。

水鱼舞（tarian labi-labi）是一种马来传统舞蹈，因其动作酷似水鱼而得名。传统的水鱼舞由两名男子完成，他们的动作像是水鱼探出头来企图去吃观众抛掷过去的香蕉。水鱼舞的娱乐效果很好，深受马来民众欢迎，目前流行于北干地区。

英东舞（tarian lagu anak indung）起源于马来传统社会中的祭拜仪式，与农业生产密切相关，舞蹈动作主要表现了人们在田间劳作以及相互帮助的场景。

宫女舞（tarian mak inang）成型于马六甲王朝时期，深受当时工公贵族的喜爱。苏丹·马哈默德·沙非常热衷于宫女舞，传言宫女舞的伴奏曲目便出自他手。他曾经命令负责管理宫女的尚宫教宫女们跳宫女舞，以便在盛大集会时表演。目前，宫女舞在马来西亚各地都有相应的表演团体，在重大集会或者结婚仪式上，偶尔会有宫女舞舞蹈表演。

菲律宾的舞蹈花样繁多，技艺独特，因为曾受到西班牙的长期统治，相当一部分舞蹈艺术带有明显的西班牙色彩。但在边远地方，如吕宋岛的北部山区和南部穆斯林聚居地以及一些小岛上，仍然保留土著民间舞蹈。菲律宾舞蹈可以分为4大类，即乡村（平原地区）舞蹈、北部山区舞蹈、南部棉兰老等地区的穆斯林舞蹈、西班牙风格的舞蹈。

乡村（平原地区）舞蹈。在菲律宾经济最为发达的中吕宋平原、米沙鄢群岛和沿海平原，由于西班牙的长期统治，西班牙的华尔兹、玛祖卡、雷塔等舞曲，以及波尔卡、矛舞、双人里加敦舞等，在这些地区广泛流传。这些西班牙舞蹈逐渐与本地舞蹈融为一体，成为当地人喜闻乐见的民间舞蹈。菲律宾独立后，这些舞蹈经过人们的整理加工，成为最具有代表性的“乡村舞”。这种舞蹈舞姿轻快、婀娜多姿，舞步、动作、队形排列虽明显吸收了西班牙传统舞蹈的语汇和表现手法，但表达更为典雅细腻，并且具有浓郁的生活气息，表现了久经苦难的菲律宾人乐观、热情、豪爽的性格，深受民众喜爱，有“国舞”之称。其中最著名的舞蹈有竹竿舞、班当果舞、鸭子舞（ltik-itik）、索毕利舞、捕虾舞、长凳舞等。

北部山区舞蹈。在吕宋岛北部山区的少数民族部落，西班牙和美国统治较为薄弱，保留众多古老的民间音乐和舞蹈。这里的居民信仰多神教，人们在种植、收割、婚嫁、驱病和丧葬活动中都有歌舞相随，歌舞成为生活中不可缺少的组成部分。这些舞蹈中，女性含蓄庄严，男性威武强悍，反映了人们在艰苦生活中饱受的磨难和不屈的奋斗。不同的部落舞蹈风格大同小异，表现出当地民众宗教信仰和文化的一致性。如卡林加、伊富高等民族有表现山区生活和节庆宗教仪式的舞蹈，另外还有庆祝部落反抗殖民者和部落之间战争胜利的本格特·本迪安胜利舞，有关于猎人头和竞赛、报复内容的博内托克战争舞，有欢庆本民族婚礼的卡林加婚礼舞等。菲律宾独立后相关专业人士将这些舞蹈加工提炼，创作出《水罐舞》、《婚礼舞》、《节日舞》等诸多舞蹈，并将其搬上舞台，其浓郁的土风色彩吸引了大量国内外观众。

南部棉兰老等地区的穆斯林舞蹈。棉兰老岛等地区的文化属于公元初期受印度文化影响而形成的马来文化圈。当地人的主要信仰是伊斯兰教。由于受到伊斯兰文化和阿拉伯、印度音乐舞蹈的影响，该地区的舞蹈带有浓郁的宗教色彩，内涵丰富，耐人寻味。如表现日常生活劳动的插秧舞，庆祝丰收的塔次巴依拉舞，以及表现穆斯林武士作战的马格拉拉替克舞（magalalatik），表现爱情的苏禄地区著名的“打令打令”舞（daling daling）等。这里除了土风舞外，还保留有宫廷舞蹈，代表剧目为《辛基尔》（*Singkil*），是陶苏格族的婚宴舞，由王族史诗改编，表现王子寻妃的经历。舞蹈高雅端庄，表演者表情庄严，眼帘低垂，感情内蕴，显示了伊斯兰文化的神秘色彩。其他舞蹈还有克扎舞、都拉套舞、碧拉舞、昆套舞、长甲舞等。该地区的舞蹈韵律柔韧细腻，注重手臂和手指的动作，下肢屈膝，脚趾上翘，有时还向两侧出胯，舞姿呈曲线形，造型非常优美。

西班牙风格舞蹈大多流行于城市中，从节奏到舞姿都具有西班牙舞蹈开朗、泼辣的特点，但比西班牙舞更为轻盈柔美，表演者通常手持竹制响板，身穿菲律宾化的西班牙服装。主要有求爱舞、亚来舞、巴爱得马尼舞等。

菲律宾还有其他一些不同种族的舞蹈，如分布在巴丹、赞巴尔斯、塔尔拉克等山区的土著黑人宗教舞蹈和充满生活情趣的哑剧性舞蹈土豆舞、蜜蜂舞等。居住在棉兰老、苏禄群岛山区的非穆斯林部落，也有自己的风格各异的土风舞。

综上所述，东南亚各民族舞蹈艺术是他们在生产劳动中、宗教祭祀活动中、休闲娱乐活动中产生的，并在与本地区以及与其他地区各民族的文化交流中不断丰富发展。东南亚各民族舞蹈姿态优美、赏心悦目，具有明显的仪式性和娱乐性，而且具有很高的艺术价值。

第三节　东南亚戏剧

戏剧是以语言、动作、舞蹈、音乐等形式达到叙事目的的舞台表演艺术。东南亚传统戏剧的种类多种多样，常见的有缅甸的平地围圈戏、宫廷戏、木偶戏、话剧、舞剧等，泰国的洛坤剧和孔剧，柬埔寨的考尔剧和伊给剧，越南的嘲剧、𠳨剧和改良戏，印度尼西亚的哇扬戏和列农戏，马来西亚的玛雍和皮影戏，等等。

缅甸戏剧从形式和发展阶段上看，有平地围圈戏、宫廷戏、木偶戏、话剧、舞剧等。但在古代缅甸，由于诗歌、音乐、舞蹈和戏剧之间相互影响渗透，关系密切，使戏剧形成了一种由唱、白、奏、舞四者有机结合在一起的独特的艺术形式。

据缅甸文献记载，缅甸戏剧形成的年代较晚，大约产生于200年以前贡榜王朝初期。由平地围圈和宫廷戏逐步发展演变而成。平地围圈戏产生于缅甸广大农村。农民们在劳动之余在田间平地或村头巷尾围圈唱戏，始称“瑞波大鼓戏”或“长鼓戏”。参加演出者只有6人，即长鼓手2人、大钹手1人、小钹手1人、唢呐手1人、竹节拍手1人。边唱边舞边击乐器，表演简单剧情。后期称为“平地围圈戏”，表演规模不断扩大，场地布置讲究，演出人员增加，节目顺序也有了一定的模式。一般要分三段通宵达旦地演出。头更天（晚上8时至11时），首先演出神婆舞12段，并唱神歌。然后四位大臣出场议事，宫女们出场跳暹罗舞，最后国王出场与大臣们讨论国家大事。三更天（夜12时至凌晨3时），主要演出男女双人对唱歌舞。剧情主要展示王子留学归国途中与美女海誓山盟的情景。五更天（凌晨3时至5时），演出主戏，这段戏是平地围圈戏的关键。剧情主要展现王子与公主悲欢离合、相互思念的场面，由帝释天使男女主角团圆在一起。据文献记载，平地围圈戏上演的剧目有《伊瑙》、《罗摩》、《杜德努》、《雄鹤》、《丁卡巴达》、《玛瑙》、《玛尼盖》等。

缅甸宫廷剧起源于泰国戏剧。1767年，贡榜王朝信漂辛王率军攻打泰国，占领了清迈，虏回了大批泰国艺人，命其在宫廷内上演泰国戏剧。1782年，波道帕耶王继位，命8位缅甸艺术家将泰国罗摩剧、伊瑙剧等译成缅文，并进行改编，加进了缅甸歌词和舞姿，使之适合缅甸人的口味。此外，为了排练和上演这些戏剧，上述8位缅甸艺人还受命赴泰国、柬埔寨、马来亚等国进行考察和观摩，回国后又写出了《丁卡巴达》、《格达迪丽》两种剧本，连同《罗摩》、《伊瑙》，成为缅甸戏剧的基础。表演《伊瑙》剧时，演员不戴假面具，用唱和舞展示剧情。上演《罗摩》剧时，演员要戴假面具或帽子，用舞蹈表示剧情，有旁白和插曲。

平地围圈戏和宫廷戏是缅甸戏剧的源头，也是缅甸戏剧的基础。到贡榜王朝中期，缅甸集唱、白、奏、舞于一体的戏剧艺术的雏形已经基本形成。1776年，白象王信漂辛之子辛古大力鼓励戏剧的发展，成立了戏剧部，任命专职戏剧大臣，并制定了戏剧法。1782年孟云王登基后，在王宫的东、南、西、北各门搭起了平地戏场，敏东王时期在王宫内还建起了戏楼。在国王的重视和支持下，贡榜王朝后期产生了大批艺术家、戏剧家、演奏家、演唱家、剧作家等，创作了不少剧本，使缅甸戏剧得到了很大的发展。

在缅甸古代，与平地围圈戏齐名的还有木偶戏，深受缅甸人们的喜爱，经常通宵达旦地演出。贡榜王朝时人们称平地围圈戏为“低戏”，称木偶戏为“高戏”。木偶戏一般在高台上演出。操纵木偶的演员必须是男演员，不能有女演员参加，否则，就是对台下观众的不尊重。缅甸木偶戏是线牵木偶，由木偶动作和演员的说唱展示剧情。木偶身上拴有13根细绳，分上6根、下6根和中绳。木偶演员将13根细绳操纵在手中，牵动绳索使木偶发出动作，并配以说唱。缅甸木偶戏有28个角色，分别为佛、神、王子、公主、元帅、将军、小丑、罗摩、凶神以及猴、马、龙蛇等。

缅甸戏剧除了平地围圈戏、宫廷戏和木偶戏外，还有话剧。最早的缅甸话剧是从农村演出的佛本生故事演变而来的。1579年东吁王朝良渊王时期，由大臣巴德塔亚扎写出了缅甸第一本话剧《马尼盖》。贡榜王朝敏东王时期，杰出的戏剧家吴邦雅创作了《渔夫》等一大批反映人民疾苦和揭露宫廷腐败现象的话剧，深受人民的喜爱。此后，1875年仰光剧作家创作的《猩猩兄妹》、1877年毛淡棉塞耶姚创作的《直通宫史》等话剧也很有特色，受到普遍的欢迎。缅甸话剧从实质上看，与平地围圈戏和宫廷戏没有很大的区别，有唱、白、舞形式，只是缺少平地围圈戏和宫廷戏中“哭戏”的场面。

从1885年至1948年英国殖民统治时期，缅甸戏剧发生了很大变化。随着西方殖民者的到来，西方音乐、舞蹈、乐器和舞台布置等传入缅甸。传统的平地围圈戏和宫廷戏从平地搬上了舞台，开始在剧院里演出大型戏剧，舞台上也使用了电灯和聚光灯。在演出技巧上也向英国学习，改造了缅甸歌曲和舞蹈，令人耳目一新。

第二次世界大战期间，缅甸话剧有了较大变化，完全改变了传统风格。这一时期，缅甸缺少拍摄电影的胶卷，电影演员们纷纷改行，组成话剧团在毛淡棉和伊江三角洲一带巡回演出，产生了许多深受人们喜爱的话剧。如塞耶杜卡的《荣誉》和《啊，女人》，塞耶敏的《缅甸魂》和《宝窟》，大光塞耶丁的《小伙子》和《姑娘》，吴昂敏的《爱的馨香》，塞耶坎的《在这场战争中》等。该时期的缅甸话剧，以完全用对白形式展现现代人民生活为主，令观众备感亲切。

缅甸独立以后，缅甸政府对英国等外国艺术采取了“模仿、积累、消化”的方针，缅甸著名戏剧家吴坡申、吴申格东等人把缅甸古老的戏剧艺术同现代戏剧艺术相结合，极大地丰富了缅甸戏剧艺术，推动了缅甸戏剧的发展。当时，缅甸著名的私人剧团瑞曼丁昂剧团全团80余人，在全国城乡巡回演出，并把传统的整夜戏改成了半夜戏，深受人民群众的欢迎。

泰国传统戏剧作为泰国富有浓郁民族特色的艺术形式，在广泛吸取其他国家文化精髓的基础上，与本国的音乐、舞蹈、文学、历史、绘画等艺术形式融为一体，具有极高的艺术欣赏价值。泰国传统戏剧主要有孔剧、洛坤剧、木偶戏与皮影戏、礼该戏等。

孔剧是泰国传统文化的代表，是泰国民间戏剧的精华，被看作是泰国最美丽的舞剧艺术。由于表演时演员们要戴上假面具，所以又称为“面具舞剧”。孔剧最早见于400多年前泰国阿瑜陀耶王朝纳莱王时期，来泰国的法国使节拉鲁贝尔在他的见闻录中曾提到泰国人演孔剧。据说孔剧源自印度南部的“卡达卡利”舞蹈，并糅合了泰国的皮影戏、古典暹罗舞蹈和泰国武术等艺术文化的元素，多用于宗教和民间祭祀场合。

孔剧的剧本是经印度古代史诗巨作《罗摩衍那》改编过来的《拉玛坚》，描述的是拉玛王子与妻子悉达之间悲欢离合的故事：拉玛王子遭后母迫害被流亡后，悉达又被邪恶魔王托萨堪劫走，囚禁在兰卡岛上，逼迫她和拉玛离婚后嫁给他。拉玛和兄弟普拉一起动身寻找，历尽艰辛，途中得到白猴神哈努曼的帮助。哈努曼和他的猴子军队搭建了一条通往兰卡岛的桥。经过激战，恶魔托萨堪被杀，悉达获救。

孔剧中角色有男主角、女主角、罗刹（魔王）和猴王四种。除了男女主角外，其他都戴上精美的面具，而这也是孔剧最大的特色。孔剧面具分为人面具、神仙面具、魔鬼与猴子面具、各种动物面具四种，每一种面具根据角色不同而形状色彩各不相同，代表一种特殊的身份。

孔剧表演时没有台词，全场只有舞蹈动作，每一个舞步都有特定步法，共68式。孔剧演员用各种手势及其变体来传达心情。但表演时要有乐队用音乐伴奏，主要是由包括木琴、围锣、笛、鼓、撞铃的马何里民族乐队（也称“五件乐”乐队）伴奏，同时用诗歌韵白解说剧情。

洛坤剧是泰国古老的戏剧形式，它是一种融合了舞蹈、音乐、唱曲对白等表演形式，并且有故事情节的舞剧。洛坤剧相传最早起源于印度，后来受到泰国南部诺拉舞的影响，目前在泰国中部较为流行。与孔剧不同，洛坤剧的表演自由活泼，动作流畅，演员在表演时不戴面具，可边道白边舞蹈。其题材广泛，表现内容多为宫廷轶事、英雄传奇、神话传说等。传统的洛坤剧类型包括洛坤差德里、外洛坤、内洛坤等。

洛坤差德里是最早的洛坤剧形式，阿瑜陀耶王朝时期就已经出现。其最开始流行于南部民间，后来渐渐流传到泰国中部。洛坤差德里有三种角色，即男主角、女主角和丑角。但最初演员全部为男性，且服饰为平民服装，十分简单，多不穿上衣，后来有女性演员加入，服饰仿宫廷服装，各种点缀和装饰物也开始增多。表演的剧目较少，《玛诺拉》为最流行的剧目。

洛坤差德里传入泰国中部后逐渐发展成为外洛坤，以和后来在宫廷内表演的内洛坤进行区别。外洛坤是在宫廷外演出的戏剧，流行于民间。演员最初只有2~3名男性，轮流表演各种角色，特别重视丑角的滑稽表演，表演的都是民间的社会生活，后来演员数量逐渐增多，女性演员也出现在外洛坤中。外洛坤表演的剧目较多，题材较广，除《玛诺拉》外，还有如《金海螺》、《卡维》、《猜亚塔》、《平沙旺》等。

内洛坤是一种宫廷剧，于阿瑜陀耶王朝晚期波隆玛格王时期发展起来。角色最初都由女演员扮演，演出仅限于宫内。内洛坤追求舞姿的优美、唱腔的动听和情趣的高雅，对演出的各方面都十分讲究。舞步和造型要求规范，表演技艺严格精致，服饰华丽。内洛坤剧目内容以宗教故事、神话传说为主，只表演《伊瑙》、《拉玛坚》和《乌纳鲁》三个剧目。

泰国的木偶戏与皮影戏是一种非真人表演的戏剧艺术，在古代曾是一种宫廷艺术，常在宫廷的重大活动上表演，后来逐渐流入民间并流行开来。

泰国的木偶戏最早见于阿瑜陀耶王朝波隆玛格王时期，被称为“王室木偶”(后又称“大木偶”)。“大木偶”高约1米，多由木头、竹筒等材料制成，头、手、脚等部位齐全。木偶底部用一木棍支撑，四肢由丝线连结，可活动身体的各部位。“大木偶”的服装、造型与内洛坤一样，表演的剧目大多为《拉玛坚》、《乌纳鲁》等。

曼谷王朝拉玛五世王时期出现了“小木偶”，高约30厘米，分为泰式木偶和中式木偶两种。中式木偶类似于中国潮汕手套式木偶，通过手指运动操作木偶的各种动作，表演的剧目多为中国古典文学作品，如《三国》、《岳飞传》等。泰式木偶则与“大木偶”类似，只是大小与中式木偶一样，表演的剧目大部分为《拉玛坚》。此外在拉玛五世王时期还出现了一种棍式木偶，其特点为木偶只有头和手，没有脚，下身以棍做支撑，并用大的木偶服罩住，表演时艺人手持木棍以及连接手的木棍操作木偶的动作进行表演。

泰国的皮影戏最早见于阿瑜陀耶王朝时期的《宫廷法规》上，相传通过爪哇由印度传入，并受到中国潮汕皮影戏的影响，进而发展成泰国民间一种广泛流行的娱乐形式。泰国皮影戏分为“南雅”和“南达隆”两种。南雅皮影戏的皮偶较大，最高的可达两米，多用牛皮制成。其分为单影和故事影两种，单影为只有单个人物的剪影，例如合十影、行走影、拜师影、飞天影等；故事影指有一个或两个以上人物，并配有宫殿、花木等场景的剪影。表演时皮影师通过举起绑在皮偶上的竹棍进行表演。由于皮偶的尺寸太大，所以南雅皮影戏的皮偶没有活动结构，也就没有丰富的肢体姿势变换，主要依靠皮影师通过腰部和腿部舞蹈动作的变换来体现剧情。另外，皮影师还需要为角色配音，同时还有乐队伴奏。

南达隆皮影多在泰国南部流行。皮偶在尺寸上要小于南雅皮影，由皮影师坐着来操弄这些皮偶。皮偶用单支木棍操控，细绳固定在双手及肩膀、手肘及手腕的关节处，而且它只移动皮偶胳膊、腿或下巴的一部分。南达隆皮影一般演出民间传说故事，夹杂一些讽刺社会或政治时事的幽默笑话。

礼该戏出现于曼谷王朝初期，它是产生于泰国南部伊斯兰地区的地方戏剧，原是指对真主的颂赞，后演变成民间的一种文化娱乐活动，并随着南部部分穆斯林的北迁传入泰国中部。传入之初，礼该戏仍是用马来语演唱，至拉玛五世王时期，礼该戏开始用泰语演唱，并被融入了许多本土文化元素，更加适应了泰国人的欣赏口味。

礼该戏在初期表演形式模仿外洛坤，演员全是男性，后随着礼该戏的发展，加入了女性演员，并且舞蹈基本上没有了。其表演的唱腔与其他戏剧不同，基本上一韵到底。现今礼该戏的剧本基本上源于内洛坤和外洛坤的传统剧和历史故事，甚至还包括中国的《三国》、孟族的《拉查提腊》等作品。

老挝的戏剧有古典舞剧、皮影戏等。古典舞剧较明显地表现为对外来文化的吸收，因为其内容基本是从印度神话故事中改编而来的，往往都是王宫中的各色人等与天神、魔鬼之间发生的冲突、斗争等故事，阐述佛教"善有善报，恶有恶报"、正义必能战胜邪恶的永恒主题。也有些改编自老挝的叙事长诗，多为战争题材，如《陶亨陶江》等。最为著名的是女性舞蹈"降福女神"和男性面具舞蹈"孔哑剧"，这些剧目来源于爪哇，主要流行于14~15世纪的老挝王宫。之后，吴哥王朝逐渐衰落，老挝澜沧王朝也分裂为三个王国，即琅勃拉邦王国、万象王国和占巴塞王国。暹罗势力在这一时期迅速壮大，其宫廷戏在继承高棉（爪哇）戏剧的基础上不断创新，形成了独具特色的戏剧形式，取代高棉戏而对老挝的宫廷戏产生了新的影响。这在老挝三个王国时期的宫廷戏中体现得非常明显，部分在现今的戏剧中仍有留存，泰国当前的宫廷戏则保存得更为完整。老挝的舞剧较柬埔寨更接近泰国的舞剧，如舞剧《火焰》，小说和故事中的人物也出现在舞剧中，主要以《罗摩衍那》、佛史和地方志中的历史故事等为主。舞剧一般还会有比帕乐队和合唱组为其伴奏和伴唱。面具哑剧取材于《罗摩衍那》，老挝和泰国的哑剧相似度更大于柬埔寨哑剧。

古典舞剧在民间派生出两种新的戏剧形式，称为伊给剧和娘乔舞剧。伊给剧的特点是演员身穿古装，通过大量的舞蹈动作和演唱表现剧情。娘乔剧的一大特点是戴面具，借助面具和服装表现帝王、王公贵族、英雄美女等角色，直观表现人物关系。

老挝皮影戏又称"大皮戏"，也源自柬埔寨，现今老挝未有遗存。但据考证，现有的"东隆皮影戏"改造自古时的皮影戏，表演者把皮剪裁成一张张小片，参照爪哇宫廷戏把皮组合成各种人物、动物、武器等，由多人在后台操纵拉线，表演《罗摩衍那》中的战争场面，各种敲击乐器也会极力渲染紧张、激烈的氛围。手袋戏也有与古代皮影戏相似的地方，现主要流行于琅勃拉邦一带，20世纪70年代末在保加利亚的援助下得到了恢复。[①]

柬埔寨戏剧起源于扶南时期，在吴哥时期得到了较大的发展，发展至今已近千年。在吴哥王朝阇耶跋摩七世统治时期，他的妻子因陀罗黛维是一位博学多才的公主，她曾亲自创建高棉剧团，对发展和传播高棉文化艺术起了促进作用。柬埔寨古典戏剧主要有考尔剧、女性话剧、伊给剧、巴萨剧、弦乐剧等。

考尔剧是柬埔寨历史最悠久的剧种之一，产生于10世纪吴哥王朝初期。考尔剧主要由男性演员表演，因此又称为男人剧。剧目内容根据柬埔寨古代神话《林给的故事》[②]改编，剧中人物设计、故事情节安排和语言的运用都融合了高棉的民族传统文化。演出时，演员头戴象征罗摩、魔王、猴王等主角的面具，并无对白和唱词，由专门的演员负责叙述戏剧情节。宾伯乐团是考尔剧演出时的伴奏乐团。

女性话剧起源于乌栋时期（哲塔二世王朝统治时期）。表演时由宾伯乐团伴奏，并不像考尔剧那样，专门有一个叙述故事情节的演员。演员在其他演员演出时，会摘下面具向观众们讲述事件。

伊给剧起源于扶南时期，在现今柬埔寨茶胶省得到了比较完整的流传和保存。伊给剧是一种祭祀剧，在人们举行拜祭自然神灵、祖先以及婆罗门诸神时表演。伊给剧与伊给舞有一定联系，如今伊给剧已经演变为一种民间戏剧，在逢年过节和农闲时表演。

巴萨剧以演唱和对白为主，演员配以简单的形体动作。巴萨剧剧目包括古代神话、历史故事、民间传说等。演出时有专门的乐曲伴奏，使用的乐器包括鼓、锣、胡琴等，舞台上还布置有背景和各种道具。

弦乐剧是在20世纪60年代根据弦乐曲、舞蹈、对白等艺术形式创作而成的舞蹈剧。弦乐剧由弦乐团伴奏，表演动作和舞蹈形式类似传统舞蹈。

20世纪中期，柬埔寨的话剧和歌舞剧在法国文化的影响下得到一定发展。70~80年代，柬埔寨戏剧的发展进入了一个新的历史时期，著名的现代话剧包括《母亲的牺牲》、《送子参军》等，都反映出柬埔寨人民救国斗争的现实生活，也成为民族解放斗争的有力武器。

除了上述传统的戏剧，柬埔寨的皮影戏也是一种发展历史悠久、群众喜闻乐见的民间戏剧，它是一种集音乐、舞蹈、雕刻、诗歌及造型设计于一体的综合艺术。柬埔寨皮影戏分为大皮影戏、小皮影戏和彩色皮影戏，其中大皮影戏于2005年11月被联合国教科文组织列入了世界非物质文化遗产名录。大皮影戏所使用的固定道具皮影由整张牛皮雕刻制作而成，高1~2米，演出的剧目为《罗摩衍那》中的故事，通常在宗教仪式上演出。小皮影戏的皮影不足1米高，表演的剧目趋向世俗，题材涵盖神话传说、民间故事、市

① ［老挝］布班·沃拉昆：《文化的民族性》，万象：政府出版社，1998年版，第106~110页。

② 《林给的故事》是印度史诗《罗摩衍那》的柬埔寨演绎版。

井新闻等等，不仅内容丰富多样，而且表演生动活泼，因此在民间广受欢迎。皮影戏通常在夜晚举行，在剧场或空旷处挂上白色幕布，在幕布上投射灯光或者用椰子壳点燃篝火，将演员操纵的皮影投影到幕布上供人观赏。大皮影戏的道具除了用线控制之外，由于皮影巨大，表演时演员需要手举皮影进行表演。彩色皮影戏的皮影介于大皮影和小皮影之间，故又称为中等皮影戏。人们为皮影描上各种颜色，使皮影更加绚丽多彩、引人入胜，彩色皮影戏只在白天进行演出。此外，皮影戏演出时还有乐队伴奏和专人讲解剧情。

越南传统戏剧包括嘲剧、嗺剧、改良戏、木偶戏、话剧等。

嘲剧（kịch chèo）是源于越南北部平原的一种民间戏剧形式，产生于15世纪，到18世纪末，嘲剧发展成为一种固定的戏剧形式。在民间尤其是农村地区广泛流传，越北农村的节会中少不了嘲剧的身影。因其常常在村亭前表演，因此也被称作"亭院戏"。传统的嘲剧班子一般由十几人组成，都是能歌善舞的农民，包括一名头人（负责总体事务）、一名诗伯（负责找故事、编剧、分配角色），7~8名农民演员分饰陶娘（头上有头盖，手拿折扇）、小生、老夫、老妇、小丑等不同角色，此外还有3~4名乐师组成的乐工班，以打击乐为主。农闲时，嘲剧艺人在头人、诗伯的召集下进行排练和演出。嘲剧唱腔格律固定，生动活泼。其内容多取材于越南神话传说或民间故事，代表性的剧目有《帅云》、《观音氏敬》等。虽然有剧本，但演出也有相当大的自由度，即演出者可以根据观众的喜好进行情节的增减，并穿插打诨。

嗺剧（kịch tuồng）是越南的传统剧种，兴起于陈朝时期，相传为中国元朝俘虏李元吉所授。17~18世纪因得到阮主的青睐而在越南南方获得极大发展。阮主名臣陶维慈（Đào Duy Từ）曾起草嗺剧剧本《山后》，颂扬阮主自立江山。嗺剧剧目大多为帝王将相，才子佳人，其内容有不少也是取材于中国的，如古典名著《三国演义》、《水浒传》、《西游记》、《红楼梦》、《说唐》、《东周列国志》中的故事等。嗺剧是集唱、舞、音乐于一体的综合性舞台艺术，其唱词多为诗赋或民间歌谣六八体或双七六八体。在音乐和舞蹈方面，嗺剧一方面依赖民间艺术，另一方面还吸收民族礼乐、禅乐及武术动作，形成了自身的独特风格。

嗺剧的演出人物一般包括陶娘、小生、老夫、老妇、皇帝、官员、大将、元帅等。陶娘又分为战陶（đào chiến，即女将）、伤陶（đào thương，即命运悲苦的女子）、风流陶（đào lẳng，轻佻风流的女子）、境陶（đào cảnh，指小姐、公主等）。小生又分为红生（kép đỏ，忠心勇猛、文武双全的英雄）、黑生（kép đen，心直口快的好汉）、绿生（kép xanh，指绿林豪杰）、橙生（kép màu da cam，生活在江河流域的人）、歪生（kép xéo，有无穷力量的人）、花斑生（kép rằn ri，戍边的值得敬畏的人）、白生（kép trắng，好谄媚之人）等等。

嗺剧是中国文化与越南文化交流的结晶。虽"出身"宫廷，但嗺剧很快便得到了越南民众的喜爱。18~19世纪，从宫廷到村社，从北至南，越南到处可见呶剧的身影。但自20世纪初，呶剧逐渐让位给了改良戏和话剧。

改良戏（kịch cải lương）在越南是一个年轻、新型的剧种，它兴起于20世纪初的越南南部，是在呶剧等传统艺术形式基础上，结合西方舞台元素发展起来的。

改良戏曲调丰富，唱腔通俗易懂，道白较呶剧、嘲剧多，并带有诗歌的韵律，演出的舞台效果好。改良戏题材广泛，多取自国内外的神话、民间故事、小说等。

改良戏的音乐也十分多样化，民歌、传统音乐和新乐在改良戏中都有使用，其中望古调起主导作用，是改良戏的灵魂。乐器方面，改良戏主要使用民族传统乐器如二胡、月琴、筝琴、饭鼓等，后来也渐渐使用一些西方乐器。改良戏还借鉴了中国戏曲中许多传统唱腔和舞蹈动作。

改良戏得到了越南社会各阶层人民的喜爱，尤其是在南部。究其原因，一方面，它是在民族传统艺术形式上发展起来的，同时又接受了国外尤其是西方的舞台元素；另一方面，以《阿榴的生活》为代表的一批改良戏生动、深刻地反映了越南社会现实，将舞台变成了社会的缩影，加之其语言接近人们日常生活，因而其影响越来越大。

木偶戏很早就从中国传入越南，成为越南传统民间表演艺术。前黎朝时期，木偶戏曾出现在黎大行皇帝的庆生典礼上。当时称“竹山”，即以竹子搭建起一座万寿南山，并造出千奇百怪的动物，再让人模仿这些动物的叫声以取乐。李朝时期木偶戏就已较为普遍。1121年的一篇碑文记载了每年八月在洱河上演出木偶戏的场景。经此后各个朝代的不断发展，到阮朝时这种表演艺术已趋于稳定，并有专门的戏班从事表演。

木偶戏是以水稻为生的越南人利用自然环境进行休闲娱乐的一种方式，是一种反映农民生活的民间艺术，所以木偶戏的舞台常常是池塘、湖或稻田。在水面上搭起一座两层小楼，称作“水亭”。水亭上层用于祭祖，下层做后场，是木偶操纵者操纵木偶的场所，后场前面用一块帘子遮住。木偶操纵者和操纵木偶的技术（在水下）都是隐蔽的，于是水面就变成了木偶们的舞台，岸边就是观众席。传统的水上木偶戏是在白天的露天场地表演的，如今它逐渐演变成了一种舞台艺术，演出时配以音乐、灯光、烟花、火炬等舞台效果，引人入胜。

水上木偶戏的内容丰富多彩，小到农民、渔民、樵夫的日常生活如耕地、放牛、灌溉、收割、撒网捕鱼、砍树挑柴等，大到民间竞技活动如击剑、赛马等都为水上木偶戏提供了素材。越南水上木偶戏不仅在国内有广泛的影响和众多观众，而且它已走出国门，吸引了不少国外的艺术爱好者。

话剧是通过人物对话和行动来展现一个故事的舞台艺术。越南话剧源自西方，最初出现在北部，出现时间与改良戏几乎同时。从20世纪40年代起，尤其是抗法时期，话剧很快在各地流行开来，并出现了很多话剧团、艺术学校和话剧学校。

话剧的要素包括剧本、演员、音乐以及道具、服装、灯光等。较之嘲剧、从剧和改良戏，话剧的题材更侧重反映越南当下社会的矛盾冲突，演员多为专业艺人，音乐则较多使用西方乐器演奏的现代音乐，较少使用传统古乐。20世纪初，越南的经典话剧有《一杯毒药》、《金钱》等。

越南话剧是西方舞台艺术越南化的结果，它与越南人的日常生活息息相关，反映了越南的历史和文化。此外话剧生动、现实、抒情的元素也使其深受越南人喜爱。

印尼的民间戏剧形式多样，种类繁多，据称有上千种。其中比较普及和影响较大的有哇扬戏、列农戏、克托帕拉戏、鲁德罗克戏、布袋戏等。

哇扬戏（wayang）是印尼流行最广和影响最大的戏剧形式。“哇扬”一词中“yang”是词根，意思是“影子”，“wa”是爪哇语前缀，意思是“神圣”。所谓哇扬，是对爪哇、巴厘、龙目和印尼其他地区特定皮质影戏、木质偶戏、面具戏和人戏的总称，以爪哇岛的皮影哇扬最具特色，流传最为广泛。

皮影哇扬戏（wayang kulit）也叫“皮影戏”，是印尼历史最悠久、影响最深广的一种民间戏剧形式。皮影，就是皮制剪影（傀儡）在摇曳灯光的投射下呈现在幕布上的或大或小、或高或矮、或深或浅的影子。按剧目的内容和表演方式的不同，印尼皮影戏又可分若干种，其中有布尔哇皮影戏、玛迪亚皮影戏、格笃皮影戏、格里迪克影戏、古禄皮影戏、杜巴拉皮影戏、哇扬培培尔（意译为摊开的皮影戏）、洛林皮影戏等。布尔哇皮影戏是最流行的一种，人们直接称它为哇扬或皮影戏。

印尼文化学家苏罗诺博士通过研究认为，早在大约1500年前在当今印尼的土地上就出现了哇扬表演，但剪影的制法简单。[①]为了通过剪影召唤祖先灵魂，当时剪影形象与祖先外貌比较相似，但具体制法无从考证。关于哇扬的首次确切文字记载是美国学者梅维恒提出的，据称在爪哇出土的一块840年左右的铜板上有“aringgit”的字样，含义是“哇扬艺人”。[②]因此一般认为皮影戏源于印尼本土，8世纪已有雏形，11世纪开始流行。

起初，皮影戏表达的是对祖先的崇拜，在幕布上摇曳的影像是祖先的影像。人们通过光影里浮游的影子与远逝的先祖交流、对话，从而获得祖先赋予后代子孙的神秘而强大的帮助，以期能够庇佑他们耕作、捕鱼、狩猎，远离灾难。直到如今，在盛大的皮影戏演出前，人们先焚香祈祷，在烟雾缭绕中把祖先灵魂接来。每一场哇扬表演的剧目都是根据人们的意图选择的，或者娱神祈福，或者禳解避祸。演出之前发起人需要准备牲畜和祭品，并举办祈福宴。达朗（印尼语“dalang”的音译，意指操纵皮剪影的艺人）取出剪影前，要在放置剪影的木箱上敲击几下，目的是叫醒它们，演出后放回箱子也需要复杂的仪式。总之，不论其源于何时何地，印尼皮影戏最初的功能与祖先崇拜有关，这

① S. Haryanto. *Pratiwimba Adhiluhung Sejarah dan Perkembangan Wayang*. Jakarta：Penerbit Djambatan，1988：8.

② 张玉安、裴晓睿：《印度的罗摩故事与东南亚文学》，北京：昆仑出版社，2005年版，第228页。

种信仰促使人们制作模型、图画、皮影等媒介召唤祖先灵魂，再想尽一切方法将灵魂附着于媒介之中，通过它与祖先灵魂进行交流，表达子孙后代向祖先寻求庇护的心理。

以两大史诗《摩诃婆罗多》和《罗摩衍那》为代表的印度文化传入印尼后，史诗中的神话故事和印尼本土的历史故事陆续走进了皮影戏，并成为皮影戏的主流剧目，戏的内容日渐丰富起来。伊斯兰教传入印尼后，苏南·卡利耶加对皮影戏进行了改革，把佳美兰音乐、传统演技与伊斯兰教教义完美地融为一体，并在爪哇大力推广。改革后的皮影戏被赋予了新意，戏中的三个班度国王已成为伊斯兰教教义中五大功课（即念功、拜功、斋功、课功、朝功）的化身。此外，皮影戏的表演剧目还囊括了班基故事、爪哇民间历史故事等传统文学素材。独立后，印尼政府利用这种人们喜闻乐见的传统艺术形式来推广“潘查希拉”理念、宣传计划生育等政策，取得了良好的效果。

皮剪影用牛皮刻制而成，雕刻原料是经过刮削干燥处理的完整水牛皮，尔后施以彩绘。剪影一般侧身站立，双手置于前后两侧，形象各异，多为尖鼻、平肩、大头、长臂。男性剪影上身裸露，通常是大头、大鼻、长臂；女性剪影腰细、发髻突出。在哇扬戏剧中，剪影角色大致可分为“优雅”和“粗鲁”两类。“优雅”形象多表现正面角色，“粗鲁”形象多表现反面角色，归属种类决定了剪影截然不同的外形和雕刻方式。雕刻最重要的四个部分是身体形状、双脚姿态、五官形状和头部倾斜角度，其中以眼和嘴为首，充分表现角色温柔善良、勇猛无畏、凶狠险恶及懦弱、暴躁等品质和性格。在哇扬戏剧中，同样的角色往往有许多略带差别的剪影形象，用以表现处于不同场合和状态的角色。成品剪影身上固定三根牛角棒，最长的一根作为撑杆，由几点固定贯穿剪影全身，底部削尖。剪影的肩膀和肘部各有两个活动关节点，另两根较短的牛角棒分别固定于剪影的两手，以便操纵手臂运动。

一个皮影戏班子大都拥有六百多个剪影人物，表演时根据类别分开插放。一般正面人物排列在导演右侧，反面人物在导演左侧，备用的放在箱子里。除剪影外，皮影戏的道具还有一张约半人高的长方白幕布，幕后横放两或四根香蕉树干以插皮剪影，上挂一盏大灯作照影用。皮影表演都在晚上进行，但其准备工作一般在下午四五点钟时即已就绪。演出前，焚香祭拜真主和祖先是必不可少的一环。表演时，达朗盘坐席子上，边熟练地操纵剪影，边根据剧情配上独白、对白，还要不时用脚蹬动挂在他前面的金属片道具和用木梆敲击木盒，模拟行军打仗、厮杀、呐喊等多种声响，并指挥歌唱演员在开场、过门及激烈场面时的独唱或齐唱，指挥排列在其身后的佳美兰乐队适时地伴奏。观看演出的观众可坐于幕前，也可坐在幕后。

在爪哇、巴厘等地的城镇乡村，凡有红白喜事或庆典仪式，一般都少不了演出皮影戏。演出往往通宵达旦，但人们却都乐此不疲，通宵观看。皮影戏之所以有如此大的吸引力，除了它集音乐、文学、舞蹈、戏剧、舞台布景、绘画、雕刻、造型等艺术形式于一身，实现了皮影、角色、观众、情节等各元素的高度协调和统一，具有极强的观赏性外，在功能层面上，皮影戏不仅是单纯的审美享受和感官娱乐，其内容还往往蕴含着深刻的寓意和人生哲理，观众可以从中受到教育和启迪。此外，剧中的独白、评论没有一成不变的脚本，表演者可根据现实生活临场加以发挥，道出观众的心声，与观众的心灵沟通。

随着社会经济的发展，今天的皮影戏无论在内容上还是形式上都有了新的变化。这些新变化一方面扩大了皮影戏的影响，但另一方面也使皮影戏逐渐失去了原有的价值内涵，趋向于满足市场的口味，成为纯粹的表演艺术。相对于传统皮影戏的神圣和教化意义，今天的皮影故事更加世俗化和商业化。2003年11月，印尼皮影戏被列为联合国教科文组织人类口述和非物质文化遗产代表作，这促使印尼社会对皮影戏这一国粹加以重点保护，重新思索其原有的内在价值。目前，印尼文化部门已采取了种种保护措施，在中爪哇的日惹和梭罗已建起专门教授皮影戏艺术的中心，在著名的卡查玛达大学文学院，皮影戏成为学生的必修课程。

人哇扬戏（wayang wong），即由真人表演的戏，它诞生于19世纪末的爪哇宫廷，20世纪初逐渐在爪哇社会流传开来。其演出内容与皮影哇扬戏一样，基本上取自印度史诗《摩诃婆罗多》和《罗摩衍那》。人哇扬戏演出时也有导演，但他不像皮影戏中的导演那样负责道白、评说，这一切均由演员自己担任。由于是由真人表演，完全不像皮影戏那样受空间演出方式的限制，因此人哇扬戏中往往舞蹈、道白、说唱兼而有之，人物形象具有审美性，剧情也更为真切动人。人哇扬戏表演的剧目丰富多样，还兼收并蓄了其他戏种的一些内容，如皮影戏中长鼻子的伯特罗克、矮胖子司马尔的形象常出现在人哇扬戏中。

面具哇扬戏（wayang topeng）也是由真人演出的戏剧，它因演员戴面具而得名。面具戏起源于东爪哇的玛朗，剧目内容多为11~13世纪东爪哇柬义里王朝时期的历史故事，其中尤以著名历史人物班基的故事为主。演员所戴的面具一般用木制作，当代也采用其他材料。人物的面具具有鲜明的性格特征，形象都较夸张，其中魔王以及帝王将相、跟班随从的形象最为夸张，很具特色。例如巨魔、恶人的形象多为锯齿獠牙的怪兽。

木偶哇扬戏（wayang golek）主要流行于西爪哇巽达地区。其木偶人物用圆木棍旋削刻制而成。木偶只有上身，没有下身，由头、上身、大臂、小臂几个部分组成。头及上身由竹棍相连，头能活动。大小臂之间由线相连，也能活动。木偶的双手用线连着竹棍，表演者操纵竹棍，木偶的双臂就能做出各种姿势。木偶的头部制作最为精致讲究，其尺码比上身大，造型酷似皮影戏。人物不同，其头部造型和彩绘也不相同。木偶人物的上身，有的裸露，有的披以饰物，空的下身则围上纱笼。木偶哇扬戏可在白天演出，亦可在夜间演出。若在白天演出，傀儡直接在舞台上表演，不需灯光照射。如在夜间演出，其表演方式则与皮影戏一样，靠灯光将影子投射到幕布上。在印尼，尤其在西爪哇，木偶戏人物也被作为艺术品在市场上出售。

列农戏（lenong）是流行于雅加达及其周围地区的一种民间戏剧，由于戏中歌唱的成分较重，该戏又有“雅加达歌剧”的美名。20世纪60年代，列农戏的发展达到了鼎盛时期。列农戏戏班一般由10~25名男女演员组成。演出服装和道具都有一定的模式，例如反面角色多穿黑色上衣、光脚，说话声高气粗。表演以演唱班顿民歌为主，配以舞蹈及对白，演唱及对白均使用雅加达方言。演出时由甘椰、木琴、鼓等民间乐器伴奏，乐手全为男性，女演员伴舞。

早期的列农戏团常被请去参加堂会，演出一般在晚上进行直到凌晨结束。演出前，演员唱传统的波斯歌，介绍该剧团并向堂会主人表示感谢，接着由丑角介绍剧情。剧本内容通常是歌颂民间伸张正义的英雄，或反映历史变迁及封建王侯的故事，同时还有一些来自社会生活、贴近百姓的剧目。作为集音乐、舞蹈和美术于一身的综合艺术，列农戏是雅加达当时实力最雄厚、演技水平最高的一种民间剧种，深受人们的喜爱。但随着时代的发展和观众欣赏水平的变化，列农戏逐渐失去了往日的光彩。如今，雅加达及其周围地区又在列农戏的基础上兴起了一种鲁姆比戏，即白话列农戏。戏中去掉了班顿演唱，只有独白和对话。剧目内容多来自现实生活，新颖活泼，贴近百姓，演员恰如其分的嬉笑怒骂、插科打诨常能使观众时而情绪激昂，时而捧腹大笑。伴奏的乐队，有的加上几件西洋乐器，也有的则全用西乐演奏，音响效果大大加强。每场演出常以女演员唱当都特歌曲及跳活泼而刺激的弄庚舞开场。由于鲁姆比戏生动活泼、妙趣横生，因此在城乡民众中具有广阔市场。

克托帕拉（ketoprak）本是一拟声词，是指两个竹、木器碰击时发出的声响。因克托帕拉戏最初在民间演出时是以木杵敲击石臼作为伴奏，发出“克托—帕拉”的声响，所以人们便将该戏称为克托帕拉戏。初期的克托帕拉戏，以歌舞为主，后来才逐渐有戏剧内容。

克托帕拉戏最初是以木杵和石臼等为乐器。1925~1927年，它以一种叫勒巴那的单面鼓、小提琴和佳美兰来配乐。1927年后，这种戏剧就以佳美兰为主要乐器了，也有的用小提琴等西洋乐器。为便于走街串巷演出，剧团的道具一般都较简单，易于携带。克托帕拉戏的剧目十分广泛，既有历史故事和民间传说，也有大量反映现实生活的故事，还将一些优秀的外国剧目搬上舞台。由于该剧种是在人民群众中产生和发展起来的，人物对话使用的是爪哇日常流行的平民语，道具简单，流动方便，因此深受广大民众的喜爱。

过去，克托帕拉戏的男女角色都由男演员扮演，如今已发生变化，女角色不再需要男扮女装。该戏最初以歌舞表演为主，后来渐渐发展成今天这种融说唱、武功、对白、独白等于一体的剧种。演出中，演员常能不失时机地对时事加以巧妙评说，用百姓最熟悉的词语说出许多噱头，令观众拍手称绝。有的剧团还常穿插一些与剧情无直接关系的滑稽节目，或启用武打演员进行替身表演，做出不少扣人心弦的武打动作，使演出更加精彩、生动。

鲁德罗克戏（ludruk）流行于民间，常见于东爪哇。该戏的演员全为男性，表演时由演员自编自演，道具非常简单，只需临时搭起的戏台、一张幕布、两盏汽灯即可，由佳美兰音乐伴奏。演出时间一般从晚上10点直到次日凌晨。演出内容大多反映现实社会状况，贴近大众生活，且情节生动，语言幽默诙谐，内容丰富。鲁德罗克戏曾一度繁荣过，20世纪60年代在东爪哇有30家鲁德罗克剧团，但近年来鲁德罗克戏的影响有所减弱。

布袋戏（potehi）于17世纪流行于巴达维亚（现雅加达）等地，是由闽南移民传入的。“potehi”一词即源于闽南方言的“布袋戏”，是木偶戏的一个类别。这种戏中的木偶形体较小，头部连在布袋上，外加戏装。艺人的手伸入布袋，操纵木偶动作。印尼布袋戏用当地方言说唱，剧情大都取材于中国历史或爱情故事，情节生动曲折，深受印尼民众的欢迎。

在马来西亚，玛雍（mak yung）和皮影戏（wayang kulit）是传统戏剧艺术中的瑰宝。玛雍是一种集舞蹈、音乐、戏剧等因素于一身的舞台表演艺术，大约四百年前流行于马来宫廷。关于玛雍的起源大致有三种观点，有人认为玛雍的诞生源于爪哇之神瑟玛尔（Semar）与其弟弟杜拉斯（Turas）模仿的自然之声，后来他们的优美之声又被人们所模仿并继承和发扬，乃至最终成型。也有学者从马来人原始宗教信仰的角度对玛雍的起源展开了剖析，认为玛雍的起源与马来人的“稻神”信仰有关。传统的农业社会，人们对自然环境的依赖催生了“万物有灵”的原始信仰，马来人相信一切自然之物都是有灵魂的，耕耘能否获得收获关键在于神灵对你眷顾与否。人们在祈求或者庆祝丰收时，对“稻神”的祭奠仪式产生了玛雍这种类似于歌舞剧的音乐艺术。也有学者认为现在流行于马来西亚的玛雍由泰国南部的百大年（Pattani）传入。

玛雍表演要求很严，这从其表演的程序和规则以及对角色服装的要求可见一斑。首先是玛雍正式表演之前的鬼神祭祀和开场仪式。在鬼神祭祀环节，巫师（bomoh）以符咒祈求神灵给予庇佑，并邀请它们分享祭品。此外，巫师还负责开启乐器和开启舞台。在开启乐器时，巫师要先拿起乐器，对其熏烟，念咒语，祈求神灵的允许，最后将乐器送予乐手，乐器方可使用。紧接着，巫师从祭品中抓出一把米，放在嘴边，轻念咒语，之后将米撒在地上和自己的肩膀上，然后巫师手举烛台，脚踏舞台四角，舞台才被开启。此时，演员们随着慢慢响起的鼓声鱼贯而出，玛雍表演正式开始。

玛雍的剧本大多以印度史诗《罗摩衍那》、《摩诃婆罗多》以及班基故事为基础，经过各个艺术家自身的加工，融合本地文化最终形成，讲述的大多是王子、公主以及妖魔鬼怪的故事。但故事要表达的道理又往往很生活化，凝聚着马来人代代相传的民族经验和价值判断。因此，玛雍既是传统马来艺术文化的表现形式，也是传统马来价值观念和道德标准的凝练与总结、继承与传播的重要手段。

玛雍的角色表演相对比较固定，一本玛雍表演剧本中的角色大致可划分为以下六种：（1）老爷（pak yung），是玛雍表演的主干角色；（2）公子（pak yung muda），是玛雍剧中的英雄，自出生那一刻，要历经磨难方能长大成人，有所成就，公子也是主要角色之一；（3）夫人（mak yung），在有些剧本里她就是皇后，也是主要角色之一；（4）小姐（puteri mak yung），为女英雄；（5）小丑（peran），一部玛雍表演剧本里通常有几个小丑，年纪大一点的小丑经常作为拉惹[①]的侍从出现，相比其他的丑角更为重要；（6）舞者（dayang-dayang），通常由一些美少女来担任，任务是做夫人或者小姐的舞伴。此外，在某些特定的剧本里也会出现一些反面角色。

玛雍对角色的服装穿着非常讲究，戏中的重要角色不仅有自己特殊的名称，同时也配有与众不同的行头。如主角的服饰通常是很精致的，带着王冠或者由天鹅绒做成的头巾，镶嵌着闪闪发光的宝石。在头巾的上端配有茉莉花做装饰。

女主角身穿装饰着金子和宝石的丝绸衣服，纱笼用带有金属亮片的腰带系紧，左边肩膀披着一块镶有花边的布，垂掉至膝盖处。戏中的男女主角都带着金手镯、金脚环和拉惹赐予的戒指。其他的角色也身穿丝制的衣服和沙龙，但没有腰带和披肩。他们常常会将头发挽成发髻，再插上茉莉即可。小丑的服饰很滑稽，他们穿很短的上衣，下身穿非常肥大的裤子。

除了舞台表演之外，音乐也是玛雍艺术的重要组成部分，用以吸引观众，或者营造氛围，或者为剧中人物的舞蹈和歌唱伴奏。玛雍的演奏乐器主要有以下几种：三弦或者二弦乐器（rebab）、鼓（gendang）、铜锣（tawak）、木箫（serunai）、小锣（canang）等。铜锣又分大铜锣（tawak ibu）和小铜锣（tawak anak）。大铜锣的声音比小铜锣的声音更加低沉。鼓也分为大鼓（gendang ibu）和小鼓（gendang anak）。大鼓的鼓面由牛皮制成，而小鼓的鼓面是用羊皮做的，两种鼓在音质上存在差异。小锣也有大小之分。弦乐器的外壳由芒果树或者青龙木制成，再以牛肚皮封口。以前这种弦乐器的拉线非常粗，现在已经被吉他线或者小提琴线代替。

现在流行于马来西亚的玛雍大致可分为四大类：百大年玛雍（mak yung Pattani）、吉兰丹玛雍（mak yung Kelantan）、吉打玛雍（mak yung Kedah）和海洋玛雍（mak yung Laut）。

马来西亚的皮影戏大致可分为四种：马来皮影戏（wayang kulit Melayu）、歌打皮影戏（wayang kulit Gedek）、古皮影戏（wayang kulit Purwa）或爪哇皮影戏（wayang kulit

① 拉惹，即马来语“raja”的音译，是“王、君王”之意。

Jawa）和吉兰丹皮影戏（wayang kulit Kelantan）或暹罗皮影戏（wayang kulit Siam）。吉兰丹皮影戏据说起源于柬埔寨，并经由泰国南部的百大年传入马来半岛。这种皮影戏的故事情节大多以罗摩故事为基础，基本的角色有神猴哈努曼（Hanuman）、斯里罗摩（Sri Rama）、悉多（Sita Dewi）、拉瓦那（Rawana）等。爪哇皮影戏起源于印尼的爪哇，据说一位马来皮影人在爪哇学成归来，于1834年将爪哇皮影戏引入马来半岛。故事情节多以公主、王子以及班基故事为基础。古皮影戏以爪哇方言为媒介，流行于马来半岛的南部；歌打皮影戏则主要流行于马来半岛北部的两个州即吉打和玻璃市。

皮影戏融合了表演、音乐以及戏剧和绘画等艺术。舞台、屏幕、皮影人、灯光、皮影艺人是皮影戏必不可少的元素。皮影艺人坐在幕布后面操纵皮影人，灯光将皮影人投射在幕布之上，在幕布另一面的观众就能欣赏到皮影戏了。为了让观众能更清晰地理顺故事脉络，理解故事内容，皮影艺人在操纵皮影人的同时还扮演着一个说书人的角色。表演时，说书人不仅要采用适当的语音语调对故事进行梳理和评论，还要根据不同的人物特点去表现人物形象，可以说声音是观众进行角色区分的重要依据。皮影戏中皮影人用以表现人物形象的声音主要有以下几种：（1）掺杂着鼻音的偏阴柔的声音，主要用以表现文雅的王子、半人半神和女人等角色；（2）低沉粗犷的声音，主要用以表现粗鲁的王子、勇士、将士等角色；（3）苍老、缓慢的声音，用以表现老年男人等角色；（4）蹩脚的爪哇口音，用以表现爪哇式的半神。此外，各种配乐也必不可少。皮影艺人后面往往还坐着9~12个乐手，随着故事情节的变更，他们会演奏不同的音乐，营造氛围。乐手使用的乐器主要有三种：木箫、鼓以及铜锣。

目前在马来西亚流传最广、艺术成就最高且保存最为完整的是吉兰丹皮影戏，这种皮影戏使用的媒介语言为吉兰丹方言，与标准的现代马来语有较大的不同。再者，为了取得剧场效果，皮影人在进行表演时常常会故意加入一些古典马来文学中的语言，让剧中人物更加栩栩如生。

吉兰丹皮影戏的剧本以印度的罗摩故事为基础，人物角色主要有以下几个：（1）罗摩王子（Seri Rama）。他是皮影戏的主人公、印度教毗湿奴的化身，皮肤是绿色的，有着英雄般的品格。（2）罗什曼那（Laksamana）。他是罗摩的弟弟，是智慧的化身，脸是红的。（3）摩诃罗阇·瓦那（Maharaja Wana）。他是这类皮影戏中的反面角色，形象类似于《罗摩衍那》中的罗波那。他长有12个头。（4）哈努曼（Hanuman）。他是罗摩转世前与风神结合而生的孩子，他的脸是白色的。（5）悉多（Sita）。摩诃曼那强娶罗摩的母亲生下悉多，后来悉多又成为罗摩的妻子。悉多的脸是黄色的。（6）多戈尔大叔（Pak Dogol）。他是最高神的化身，他将自己装扮成老人，下凡间视察。（7）龙叔（Wak Long）。他是多戈尔大叔用自己身上的汗泥造出的人，与多戈尔大叔一起成为吉兰丹皮影戏中著名的“神丑”。

皮影戏是马来西亚传统文化的重要组成部分，是马来民族宝贵的文化遗产，其以特殊的表演方式，成为一代又一代马来人的娱乐活动。同时，随着时代的发展，经过皮影艺人的改编和润色，融入社会民情，沉淀着马来民族的人生体验，承载了马来民族独特的价值观。

帮沙万（bangsawan）是一种传统的马来戏剧，它以传统的印度舞台艺术为基础，糅合马来传统文化的元素于19世纪最终成型。帮沙万的故事素材来源广泛，可以是印度人的传说，也可以是马来传统的故事，甚至中国和西方的人物故事都可以登上帮沙万的舞台。但目前在马来西亚，帮沙万剧团已经寥寥无几，也很难再欣赏到帮沙万剧团的巡回演出了。

菲律宾的戏剧很早已有萌芽，在16世纪中叶西班牙占领前，菲律宾已有皮影戏“卡利洛”和诗歌体的对歌辩论“杜普洛”与“卡拉格丹”，在庆丰收或办大事时演出。此后菲律宾戏剧的发展充分地反映了菲律宾人民争取独立民主的意志，作品有着很强的时代性和政治性。

西班牙殖民统治时期盛行宗教剧，最早的是1598年为纪念宿务省的第一任大主教佩·德·阿古尔托而上演的喜剧，剧作者是比生特·普彻。那时的宗教剧主要有两种：一种是“受难剧”，也称“晚餐室戏”，多在教堂前的广场上演出。它选取旧约和新约中的相关故事，重现耶稣在最后晚餐的次日被钉死在十字架上的受难经过。另外一种是“摩罗摩罗戏”，剧情通常表现基督徒如何战胜穆斯林，以及不同信仰的王子和公主之间的恋爱、历险、私奔和背叛伊斯兰教、改信天主教的过程等等。因为这种戏剧常常伴随着穆斯林舞蹈和斗剑，所以也常被称为“枪剑戏”。19世纪后期，西班牙的音乐喜剧“萨雪拉”（zarauela）传入菲律宾，1878年由达里奥·赛斯佩迪斯剧团首次在马尼拉上演。紧接着，菲律宾的著名文学家何塞·黎萨尔于1880年创作了音乐喜剧《巴石河畔》。19世纪末，音乐喜剧改用菲律宾语演唱，逐渐取代“摩罗摩罗戏”，并成为激励人民起来反抗外国殖民统治的有力武器。1901年美国侵占菲律宾后，音乐喜剧的题材仍具有强烈的民族主义思想，为避免美国当局察觉其煽动性目的，剧作家们用寓言的方式写作，与具有政治倾向的菲律宾民众遥相呼应。如帕·赫·帕布罗泰创作的《热爱祖国》、托·雷米西奥的《自由》以及塞·雷耶斯的《没有受伤》等，其中塞·雷耶斯一生共创作了48部音乐喜剧，他还组织创建了“他加禄语音乐喜剧大剧团”，对菲律宾音乐喜剧的发展做出了重要贡献。当菲律宾的革命怒火被美国人熄灭后，音乐喜剧转变为一种生活上的消遣，描写中产阶级家庭中的浪漫故事和道德信念。这时的戏剧难以与30年代传入并日趋流行的美国有声电影相竞争，逐步趋于衰落。

1946年菲律宾独立后，先后成立了“音乐喜剧基金会”、“东南亚文化巡回表演团”等团体，来继承和发扬各种戏剧艺术。1962年12月，著名剧作家威·玛·格雷洛创办流动剧团并任导演，长期在全国各地演出，在培养人才、普及民间戏剧等方面做出了重大贡献。格雷洛著有8部剧作集，其中名作有《三只老鼠》等悲剧。60年代后期，菲律宾民族主义力量突然崛起，迫使许多用英语写作的菲律宾作家将戏剧语言转换为他加禄语，戏剧主题也更紧密地贴近时代和政治，有着很强的激进倾向。1967年，由塞西莱·古伊多特领导的菲律宾教育戏剧协会（PETA）发起了用他加禄语演出本地和外国先锋派作品的"国家戏剧"运动。浪潮般的语言民族化运动甚至横扫到马尼拉中学协会这个使用英语的精英主义者的堡垒。同时，菲律宾的剧作家和导演们通过挖掘传统文化开发出极为丰富的戏剧资源，包括原始戏剧、史前叙事剧、受西班牙影响的宗教与非宗教戏剧、音乐剧等，他们对此进行重新塑造以适合时代和民众的需要。1973年成立的以著名演员罗·克·卡皮奥为团长的东方艺术戏剧演出团经常演出《黑暗中的孤独》、《顿洛区的纽约人》等名剧。这些话剧批判崇洋媚外的奴化思想，倡导高尚情操和爱国主义精神。奥诺弗里·佩桑汉领导的马尼拉大学青年剧团用他加禄语创作，实行自编、自导、自演。其中由波尔·杜莫尔创作的《白鸟》、《对赛拉比欧老人的审判》闻名全国，前者以象征性手法改编古老传说，后者描述一个老乞丐，因为流露出内心的爱和仁慈而被一群乞丐弄瞎眼睛。其他一流的剧团还有竞技剧团、菲律宾保留节目剧团和菲律宾剧人剧团等。

在剧本创作方面，从20世纪50年代以来，由于"阿伦娜剧作奖"和"卡洛斯·帕兰卡文学纪念奖"的评选活动和剧作家的努力，出现了一批优秀作品，如尼克·华奎因创作的反映父女两代人保护珍贵画像故事的《菲律宾艺术家的肖像》（1952年）。该剧表现了菲律宾人威武不屈的民族气节和珍惜民族文化传统的精神，它最初是以旧马尼拉城里的遗址为场景演出的，其后两年中在各地演出56场，并于1956年被搬上荧屏。[①]其他比较重要的作品还有由阿·弗罗伦蒂诺创作的描写青年工人马里奥为生病的女孩私摘一颗苹果而被解雇的《世界是一颗苹果》（1954年），阿·伊·克里斯托巴尔创作的描述民族英雄波尼法西奥被谋杀的《审判》（1963年）和罗兰托·提尼欧创作的表现下层人民悲惨境遇的《贫民窟的生活》等。女性剧作家也有不少著作获奖，如维·莫莲诺的揭露贪婪米商的《伪爱国者》（1967年）、阿·格·乌兰莎的再现民族英雄何塞·黎萨尔在就义前与母亲、爱人告别情景的《临刑前的黎明》（1958年）以及艾·阿尔芳的描写贫民生活的《大米》和《乞丐》（1962年）等。其中，维·莫莲诺因为作品成就突出曾被法国政府授予"法兰西学院骑士荣誉勋章"。

综上所述，东南亚各民族的戏剧艺术是融合语言、音乐、舞蹈等各种元素的综合艺术，形成了唱、白、奏、舞四者有机结合的艺术形式。东南亚各民族的戏剧艺术与他们的精神文化和民族心理息息相关，反映了他们悠久的历史和深厚的文化。同时，话剧等

① ［澳］克里申·吉：《东南亚现代戏剧概述》（张力平译），载《上海戏剧学院学报》2001年第2期，第52页。

戏剧形式的发展是西方舞台艺术在东南亚传播、影响的结果。

第四节　东南亚绘画

东南亚传统绘画是东南亚各民族绘画艺术长期发展的结晶，有缅甸、泰国、老挝和柬埔寨的佛教壁画，越南的民间纸画、木版画、丝绸画和磨漆画，印度尼西亚的巴厘画等。这些绘画具有独特的风格和魅力，体现着浓郁的民族文化色彩。

缅甸的绘画艺术最早可追溯到新石器时代。20世纪70年代缅甸考古学家在掸邦南部约一万年前的新石器遗址帕达林洞穴中发现了12幅岩画，并对之进行了考察。这些岩画系用红褐石描绘，画面有太阳图像和牛、鹿、象、鱼等动物图像，虽线条简单，但形象生动活泼，反映了先民的原始崇拜和当时以渔猎为主的生活。现缅甸国家博物馆中展有这些岩画的摹品。

缅甸封建时期的绘画艺术在早期从形式到内容都受到印度文化尤其是佛教文化的深刻影响。如早期的贝叶画和蒲甘初期的壁画，题材以佛本生故事为主，人物形象、佛教图像都带有印度风格。但到12~13世纪，寺院佛塔中的壁画无论构图还是色彩都开始明显地表现出缅甸民族绘画艺术的特征，即笔法柔细，线条挺拔，色泽艳丽；颜料使用了雄黄、银朱、虫绿、百垩等。14世纪以后，壁画有了进一步发展，不仅应用于佛教建筑，而且也应用于宫殿建筑的装饰。表现题材也由佛教内容扩大到宫廷和世俗生活，线条造型和色彩的运用更趋纯熟。

自蒲甘以来的缅甸古代绘画一直采用素描造型（以单线描为主）并设色填彩的绘画技法。构图丰满完整，线条单纯明快，勾描或精致细腻，或简约粗略，静动结合，写意传神。画面不表现三维空间的立体感，而以二维空间的平面感来取得装饰效果。这与西方传统绘画注重透视，突出明暗、立体感，追求写实的风格迥然不同。在色彩运用上，颜色的种类并不复杂，从蒲甘晚期至贡榜早期一直沿用红、黄、绿、黑、白几色，贡榜后期才增加了紫、蓝、靛蓝色。图画均以墨线勾描，人物口唇、两腮、鼻梁施以朱红，面部和皮肤施以浅黄或白色，服饰及其他图案多为红、绿两色，少部分为黄色。

缅甸古代壁画的背景图案和宫殿庙宇等建筑的天花板、栋檐梁柱上的纯装饰性图案大致有四种，也称“四种绘画手法”：（1）莲花纹图案（包括莲花、莲苞、莲藕、莲芯、莲叶、榕、葡萄、果藤等花蔓藤叶植物的各种艺术性变体，也包括圆、弧、菱形、曲线、螺纹、盘龙纹等无生物花纹图案）；（2）神女花纹图案（包括神仙、仙女、公主、王子、帝释、梵天等拟人形象）；（3）猴花纹图案（包括猴、狮、鸳鸯等动物的图案化形象及咖咙鸟、那牙神兽、紧那罗、魔鬼等神话传说中的动物形象）；（4）大象花纹图案（包括象、马等身体庞大的动物及静止物体）。这些图案在绘制时可以互相融合，在绘画发展史上形成了具有独特民族风格的传统图案，并广泛运用于雕刻、泥塑等工艺。

贡榜王朝敏东王时期缅甸绘画发展较快。由于对外交往增加，西方美术传入缅甸，东西方绘画技法的交流促进了缅甸绘画的发展。这一时期的绘画除保持传统的单线素描技法外，也吸收了西方的油画艺术，在壁画、纸折画、帆布画中都出现了油画作品。蒲甘时期画树木是一片树叶一片树叶地勾勒描绘，而到贡榜后期树木仅以颜料绘制，很少有线描了。

进入20世纪后，西方绘画艺术的影响越来越大。1920年起英属缅甸政府派遣吴巴年、吴巴佐等人赴英专修西方艺术。20世纪50~60年代也不断有美术家赴欧洲、中国学习美术、绘画、雕刻等。以风景、人物为题材的油画、水彩画、铜版画等都在缅甸发展起来。如水彩画《大金塔广场》(吴巴佐)、《香蕉》(哥佐温)，油画《摩诃班都拉将军》(吴巴龙勒)、《送斋归来》(觉吞林)、《金庙》(敏彬钦)、《大胖子》(吴巴年)、《哈卡钦族少女》(吴敏乃)等都是西方艺术技巧与民族艺术风格相结合的现代绘画佳作。

泰国的绘画艺术最早可以追溯到青铜时代至早期铁器时代的班清文化时期(约公元前3600年~公元200年之间)。20世纪60~70年代，从泰国乌隆府的班清遗址出土了大量的彩陶、黑陶和白陶，这些陶制品大多都描绘有复杂的曲线和几何花纹，如圆涡纹、弧线纹等。

此外，在乌汶府的帕砧、北碧府的达顿洞、洛坤府占牙山洞以及乌隆府朴菩蝙蝠历史公园等地都发现了2000~4000年前的岩洞壁画遗址。这些早期的岩洞壁画一般都以简单的线条勾勒出人物和动物形象，例如象、鱼、牛等。颜色为黑色、红色或白色，多数反映了在该地域生活的早期人类的所见所闻和信仰文化。

泰国本土绘画艺术真正的开端是在泰人建立了自己的国家——素可泰王朝之后。值得一提的是，素可泰王朝建立之后，佛教也逐渐在泰国确立了宗教的主导地位，因此，泰国绘画艺术的发展实际上从一开始就已经受到了印度文化和佛教文化的影响，并体现出极为明显的佛教色彩。

素可泰时期留传至今的绘画作品实际上并不多，且多数损坏严重。由于佛教被确立为泰国的国教，以及受到其他佛教国家的影响，素可泰时期的绘画作品大部分体现的都是佛教题材，并且由于受到当时佛塑造型艺术的影响，绘画作品以壁画为主，形象多与佛陀造型有关，色彩上由单纯的红、黑、白等颜色构成。不过由于受到中国陶瓷技艺的影响，素可泰时期绘制在宋卡洛瓷器上的图案花纹，除了佛像以外，还包括花草、鱼、龙等形象。

现存保存较好的素可泰时期的作品如素可泰府七排塔寺内的壁画，描绘了众天神、弟子、修行者和信徒聆听佛陀讲经的场景，场景之间用线条隔开，平行整齐排列，这是素可泰时期较为普遍采用的构图方法。另外还有13世纪末期素可泰府旧城西春寺内的以佛教为主题的绘制在石板上的色彩画或线条画，是石刻画中唯一幸存下来的作品。该作品表现了《本生经》的故事，画面构图紧凑，线条熟练流畅，人物形象、装饰及线条风格都带有浓郁的印度和斯里兰卡色彩。

阿瑜陀耶王朝初期和中期的作品仍然受到素可泰时期的影响，作品多采用近景图，形象多为重叠分层排列的佛陀，色彩运用上仍以单色调为主。但中期之后除了以佛陀为主的寺院壁画外，还在一些佛教典籍中配有故事插图，并开始采用黑色、白色、黄色和红色等多种色彩混合搭配，特别是流行以红色作底，白色和黑色勾线。至阿瑜陀耶王朝末期时，绘画作品开始出现阿瑜陀耶王朝自己的风格，多色彩的运用开始普遍，有时还会在画作上贴金箔作为装饰，泰国特有的绘画风格逐步形成，绘画技艺也逐渐成熟。

此阶段的作品不再流行重叠分层排列的佛陀，而是强调叙事功能，构图上常以锯齿形线条加以分割。如《本生经》中的故事插图、《三界经》中的群佛图以及其他叙事插图等。同时，人物造型上也摆脱了素可泰时期造型僵硬以及色彩以黑白红等色为主的特点。特别是由于引进中国颜料，色彩丰富明快，变化更为丰富，不仅有传统的颜色，还有绿、蓝、紫等颜色。绘画风格上则借鉴了中国山水画，使得壁画的山水带有中国山水的特色，经书中经常出现的风景和花草也大多模仿中国瓷器上的图案。

阿瑜陀耶时期现存作品最好的是佛丕亚·苏瓦那拉姆寺的《天神礼拜图》，长14米，宽5米，创作时间在17世纪末或18世纪初。该图描绘了成排祈祷的因陀罗神和梵天神，天神之间用锯齿形的线条分开，以花草纹填充空白空间，由暗红和黄构成基本色调，画面总体沉稳。

阿瑜陀耶王朝覆灭之后，经过吞武里王朝至曼谷王朝初期国家的重归完整和恢复，泰国的绘画艺术才得以恢复并发展。这一阶段的绘画作品既有对阿瑜陀耶风格的模仿，也有来自外部的影响，包括开始使用国外的绘画工具。

曼谷王朝初期的作品仍以建筑物、寺庙墙面上的壁画为主，多为装饰性的或是描述佛经故事，如《本生经》、《三界经》和佛陀史等，大部分风格模仿阿瑜陀耶王朝末期的作品，但色彩更加鲜艳，且流行进行贴金装饰。内容上以佛像为中心描绘不同的内容，佛像背后的墙上描绘三界的景象，正面描绘佛陀获得正觉的过程，两侧的墙壁分为上下两层，上层是一排排前来朝拜佛陀的大神，下层描绘《本生经》的故事和佛陀的生平。

拉玛三世与四世时期，各种宫殿建筑和寺庙建筑相继完工，使得泰国的绘画艺术特别是壁画艺术开始繁荣。壁画的宗教性逐步减弱，世俗性得到加强，特别是具有浓郁的泰国文化色彩。艺术家们不再限于印度古典文学典籍和佛经，而开始在画作里体现泰国本土的文化特色和平民官吏的日常生活，尤其是泰国的历史和王室生活。如玉佛寺墙壁上描绘泰缅战争的场景、大理石寺描绘拉玛四世观看日食的壁画等。这一时期的绘画作品色彩丰富明快，人物形象活泼，表情丰富，不再有素可泰时期和阿瑜陀耶早期绘画中庄严肃穆的气氛。构图上虽仍采用锯齿形线条分割人物和场景，但是画面连贯，不失整体性。一些绘画作品吸收中国山水画的技法，用树木、岩石或其他自然风景分割画面。

拉玛四世之后，西方的技法影响开始进入泰国，其中最为重要的是一改之前只有长宽，没有纵向深度的二维画作，逐渐采用西方的绘画风格。绘画手法上多为写实手法，在画作中增加了纵深维度，注重远景与近景的搭配，以及实物和阴影的运用造成的三维立体效果。之后，随着西方绘画艺术的不断传入，泰国的画师所受到的影响也不断加深，开始学习西方的绘画技巧，并模仿西方的一些画作。人物肖像画、风景画，反映西方生活的各种类型画作开始流行，并且装入画框用于装饰各场所，而不再像之前一样只强调宗教色彩。

泰国第一位西方透视和阴影画法的画师是曼谷拉差布拉那寺的因孔法师，同时他也是泰国第一幅宫廷人物肖像画——拉玛四世王像的作者。之后到拉玛五世王时期，人物肖像画和国王历史叙事画得以发展和流行，如关于国王历史的故事画以及王室仪式的记录画。因孔法师还注重对其他色彩的运用，如蓝色、绿色、褐色、粉色等。

老挝的绘画艺术总体水平不高，绘画手段和形式单一，主要使用铅笔、炭笔、钢笔、毛笔、干木炭等。画家们常在寺院的墙上、崖壁上或布匹上作画，在纸上作画并在市场上流通的却比较鲜见，可能与老挝经济发展水平低有很大关系。老挝绘画主要描绘国家的大好河山，反映人民的富足美好生活，展现人们爱好平静自然生活的性格特征，张扬人民不屈不挠抗击外敌入侵的斗争精神。古代留传下来的寺院墙壁上的画作主要保存在古都琅勃拉邦的香通寺、巴铁寺、龙昆寺和旧王宫。画作的内容包括佛祖史记、维先达拉的故事、罗摩衍那的故事、信赛的故事、药王菩萨的故事、十世佛祖的故事以及老百姓的日常生活。

在柬埔寨的绘画艺术中，佛教绘画是主要形式和典型代表，佛画的特点是栩栩如生，色彩艳丽。佛画广泛分布在柬埔寨各地的寺庙里和佛教徒家中，其主要创作者是僧侣和佛教徒，通常在寺庙的墙壁或白色的布卷上作画。佛画的主要功能为：供佛教徒瞻仰敬奉，展现佛祖的威严，传播佛教教义，发展佛教美术。佛画主题为：佛祖从入胎、出生、出家、降魔、成道、转法轮，到入涅槃一生经历和佛教故事。寺庙的壁画以佛像和佛本生绘画为主，而佛教徒家中供奉的主要是在白布上创作的佛像。

越南绘画历史悠久。迄今为止越南发现的最早的绘画作品是位于同内洞（和平文化时期）石壁上三个笔画简单的人头像，沙巴地区的石林中也发现了一些人形、兽形图案。李陈时期，陈仁宗曾派画师将抗元有功的将领画入《忠良实录》一书中，这是有关绘画的最早记载。胡朝印刷的纸币上画有四灵、云水图案。后黎朝，越南绘画艺术有较大发展，这一时期的绘画主题以肖像、生活和信仰为主，尚存的代表性作品有历史博物馆收藏的阮廌肖像、冯氏家族收藏的冯克宽肖像、河内冬玉村村亭中的渔、樵、耕、读组画等。

民间画在这一时期也得到发展，主要包括祈福、生活、信仰、历史和讽刺等主题，其中祈福画最为普遍，如通过家神土公或吉祥的动物、家畜如鸡、猪等来求财、求禄等。但总的来看，这一时期的民间绘画艺术在线条、布局、颜色等方面还比较粗糙。

随着与西方交流日益深入，阮朝时期的民间画进入了蓬勃发展阶段。这一时期的主题大部分集中在国家家乡、历史文化、宗教信仰等方面；采用以现实主义为主，象征主义和立体手法为辅的表现方式；绘画技术也逐渐多样化，不仅有纸画，还有木版画、丝绸画、磨漆画、油画等。

最有名的纸画要数北宁东湖村和河内还剑湖鼓行街的民间画。东湖村的民间画以反映农民质朴淳厚的生活为主，代表性的画作如鲤鱼望月、鸡群、猪群、摔跤、蛤蟆教书先生、老鼠的婚礼、接椰子、争风吃醋等；鼓行街的民间画则主要反映市民和上层社会的喜好和愿望，因此较东湖村的民间画更加精致，但因受到中国画的影响，在民族性和传统性方面不如东湖村画，代表画作有鲤鱼望月、七童、三多、四贵、素女等。在绘画技术上，两村皆采用彩色木刻技术，区别在于东湖村画全部色彩都由木版完成，而鼓行街画只有黑白色由木版完成，其余颜色均采用手绘。

丝绸画也是越南传统绘画艺术。保存至今的越南古丝绸画只有上文提到的阮廌和冯克宽的肖像画。因丝绸薄、细、亮的特性，丝绸画的线条往往较为模糊，但不失流畅洒脱、鲜艳柔和。丝绸画较好表现了越南文化的神韵，适合表现静物题材，尤其是风景画和妇女画，如农村景致、花草、少女、母亲等。

磨漆画的主要材质取自漆树树胶，绘画程序包括涂漆、晾干、磨光等，每一道工序都要进行8~10次。在磨石的摩擦下，各层涂漆逐渐变薄，绘画图案逐渐呈现，近景与远景重叠，极具层次感和立体感。磨漆画也适合表现静物，尤其是风景类题材，如春园、竹丛、少女、农庄的清晨、夕阳等。

与声色艺术（音乐、舞蹈、戏剧）一样，越南绘画艺术也具有象征性、传情性、综合性和灵活性。象征性首先体现在绘画原理和目的方面，即注重启发性而非写实，引导欣赏者将目光投向作品的思想性而非形式的美丑与对错上。其次，善于运用强调、省略、“两个视角”、“透视”等手法，着重表现人物内心和情感，因而在形式方面多有减省，哪怕这样会与现实的合理性相悖。比如在《老鼠的婚礼》中，为突出统治阶级的地位，猫比老鼠骑的马还要大出几倍；《摔跤》中除了用鞭炮表现节日气氛外，省掉了其他景致，甚至连看客也没有。再次，运用类型化和符号化的表现方式以满足祈福求寿的文化心理，如四灵中龙象征权威，麒麟象征太平，龟象征长寿，凤象征幸福，虎象征力量，鹤象征神仙风格，蝙蝠象征福德等。

传情性也是越南绘画的重要功能。比如《接椰子》通过妻子撩起裙子接丈夫从椰子树上扔下来的椰子，以及两个在椰子树下玩耍的孩童画面，来表现妻子对丈夫的爱以及一个家庭的幸福；龙的形象也因传情性而从最初凶狠鳄鱼的原型演化为和善形象。

越南绘画艺术既注重象征性，又注重传情性，即以象征的形式传达情感的内容。在表现风格方面，既有象征，又有写实；既有动，又有静；既体现时间概念，又体现空间概念；重视阴阳和谐等等。这些都是其综合性和灵活性的体现。

印尼真正意义上的绘画艺术产生于近代，是从西方传入印尼的。可以说在印尼各类文化艺术中受西方影响最深的就是绘画艺术。在印尼近现代绘画史上，最有成就、影响最大的画派亦为西方画派，曾涌现出不少优秀的天才画家，其中最著名的有拉登·沙勒、勃鲁托·阿卜杜拉、巴苏基·阿卜杜拉、阿樊迪、苏佐约诺、李曼峰等。

拉登·沙勒（1814~1880年）是印尼西方画派的开拓者之一，被誉为"印尼现代绘画的先驱"。起初，拉登·沙勒师从比利时画家巴延，后来又拜荷兰画家斯赫尔富特和克罗什曼为师。拉登·沙勒出身贵族家庭，在生活上与广大人民有相当距离，这使他的创作有一定的局限。但他毕竟是一位富有艺术天才的画家，善于学习西方著名画家的长处。他的画作富有自然主义色彩，擅长画人、动物和自然风光，作品中以描绘巴厘秀丽的景色和各种人物形象居多，具有深刻的内涵和高超的艺术造诣。其著名的传世作品有《蒂博尼哥罗》人物像、《燃烧的森林》、《林火中的野牛和猛虎》、《在爪哇捕猎小鹿》等，其中后两幅分别收藏在荷兰和法国博物馆，其他画作则收藏在雅加达、日惹、梭罗的博物馆或旧王宫之中。为表彰拉登·沙勒的艺术成就，1969年，印尼文教部给这位已故的画家追授"印尼美术先驱"艺术奖。

继拉登·沙勒之后出现的印尼现代绘画大师有勃鲁托·阿卜杜拉（1878~1941年）和巴苏基·阿卜杜拉（1915~1993年）。勃鲁托·阿卜杜拉的作品多半描绘爪哇农村的秀丽景色，洋溢着作者对祖国的无比热爱。巴苏基·阿卜杜拉是勃鲁托·阿卜杜拉的儿子，他18岁就到荷兰美术学院深造，后来又访学巴黎和罗马。他的作品富有自然主义色彩，常以自然景物和裸体少女为主题，深受上层社会欣赏，在茂物的总统行宫收藏有多幅他所画的裸女画。

这一时期的著名画家还有阿樊迪、苏佐约诺等。阿樊迪（1907~1990年）是位无师自通、自学成才的大画家。他于1946年参加印尼青年艺术家协会，后又与画家亨特拉等人联合发起成立人民美术家协会。50年代起，阿樊迪深受世界艺术大师伦勃郎特、鲁宾斯和达·芬奇的影响。他的画体现多种流派，其中表现主义倾向尤为明显。1955年，阿樊迪被任命为日惹印尼艺术学院美术和雕塑方面的指导教师。1965年，他在日惹建立美术博物馆。1969年和1978年先后荣获印尼文教部颁发的艺术奖和印尼政府授予的"首功巨星"勋章。20世纪60年代末，阿樊迪还荣获新加坡授予的荣誉博士衔。阿樊迪的作品意境深远，光彩夺目，被国内外博物馆和艺术爱好者广为收藏。

苏佐约诺早年师从日本画家矢畸午代二，曾倾向于印象主义和表现主义，后转至自然主义和写实主义，甚至被誉为印尼“写实主义之父”。他在30年代画过许多以雅加达风光为主的彩色粉笔画，1937年创立了印尼绘画史上第一个以本国画家组成的印尼画家协会，任协会主席。印尼独立后苏佐约诺在日惹创建青年印尼艺术家协会，陆续创作了《联合国先生和金公主》（1970年，印尼政府将这幅油画赠给联合国）和《鱼市》（1973年，该画由雅加达市政府赠送给英国伊丽莎白女王）等一系列著名的作品，还出版了《我们将把印尼美术引向何处》等专著，为发展印尼绘画事业做出了巨大的贡献。

李曼峰（1913~1988年）是位优秀的华人画家，祖籍广东番禺。1936年在印尼的一次画展上，他凭以西爪哇茂物名胜为主题的画作《彩色湖》一举成名。1947年，李曼峰赴荷兰进行深造。留荷6年间，他举办过4次个人画展，其中《比利时之马》等优秀作品被选入巴黎的国际沙龙。他还遍访英、法、意、比、瑞（士）和卢等国的著名博物馆和艺术学校。1956年访问中国，拜会艺术大师齐白石。1961年，李曼峰加入印尼国籍。翌年，被苏加诺总统命名为总统府画师兼藏画部主任。1963年，李曼峰应苏加诺之邀，主编《苏加诺总统藏画集》，这部画册在1964年出版，为国际艺术界瞩目。1990年11月9~24日，在雅加达举行了四大画家作品展，其中有阿樊迪、亨特拉、苏佐约诺和李曼峰。当年11月12日的《印尼日报》还用套色刊登了李曼峰的油画作品《舂米》。画面上两位巴厘妇女正持杵在臼中舂米，形象优美，充满巴厘农村的生活气息。①

在印尼的绘画艺术中，巴厘的绘画艺术可以说是独树一帜，具有独特的风格和魅力。传统的巴厘画为写实工笔画，它是在巴厘古典画的基础上发展起来的。巴厘古典画所用色料用牛骨粉制成，只有红、蓝、黄、棕和赭五种颜色，加上黑白两色共七色，主要用作宫廷壁画，为庙堂布幔绘神像，或用作贵族人家室内装饰画。自20世纪30年代起，一些西方画家来巴厘作画，带来了西方现代绘画工具和色料，如画笔、画板及墨汁、水彩、粉彩、油彩等，并传授西方绘画技巧，为巴厘的古典绘画艺术增添了新的色彩，使绘画技艺更趋精湛，形成了如今的新风格。②

巴厘写实工笔画主要以自然风光、各种人物及动物为题材。巴厘碧蓝的海水、蔚蓝的天空、洁净的沙滩、翠绿的梯田、古老的神庙、窈窕的舞女等无不激起画家的创作灵感，成为他们取之不尽的绘画素材。巴厘工笔画笔触细腻，生动逼真，写意达境，深受人们的喜爱。巴厘人在继承写实工笔画传统的同时，也发展了西方油画。巴厘年轻一代的画师中，学习西方油画的人越来越多。他们的作品在街头或海滩边展卖，常被外国游客购买带回国作为纪念品。位于巴厘首府登巴萨以北28公里的乌布村是巴厘绘画艺术的中心，这里集聚着本地以及来自外省和外国的绘画大师。他们在此写生作画，举办画展，给巴厘的绘画艺术增添了勃勃生机和活力。此地的博物馆内保存有许多历史文物和巨幅绘画。

① 梁敏和、孔远志：《印度尼西亚文化与社会》，北京：北京大学出版社，2002年版，第199页。
② 武文侠、陆春林：《印度尼西亚》，北京：世界知识出版社，2001年版，第207页。

菲律宾的绘画历史悠久。在吕宋岛山区、米沙鄢群岛和其他几个地方都发现了原始美术。西班牙人入侵前，菲律宾的绘画和雕刻可以分为两大类：宗教派和非宗教派。宗教派的作品主要受到印度文化与伊斯兰教的影响。而北吕宋的伊富高人及棉兰老的马拉瑙人的艺术，都是地道的非宗教派艺术佳作，如伊富高人擅长雕刻，他们把鱼、齿、人头等图案刻在木制的盆盘及木舟上，绘在衣服和裙子上，并在布匹和武器（盾牌）、工具柄上印上或刻上几何图案，制作甚是精细。

西班牙人到达后，给菲律宾带来了天主教的艺术，主要表现在教堂的装饰方面。在菲律宾可以发现许多教堂的雕刻都与墨西哥和美国加利福尼亚州的雕刻相似，这是因为菲律宾与墨西哥、美国的一些地方的雕刻都受到西班牙艺术的影响。17世纪以前，在菲律宾教堂装饰和圣像制作过程中，西班牙人雇佣的是当地的中国工匠，但慢慢地菲律宾人也能够胜任了。

在整个19世纪，西班牙的绘画和雕刻艺术都深刻影响了菲律宾人。当时的绘画主要是宗教题材。1821年菲律宾建立了美术学院，一批雕刻家在学院的培育下渐露锋芒。在19世纪下半叶，菲律宾画家与欧洲绘画大师们经常交往，在绘画的构图和技巧方面都表现得十分成熟，并注意表现宗教以外的各种题材，获得评论家的赞誉。当时有两位画家名扬海外，即以海洋风景画见长的菲利克斯·赖苏莱克逊·伊达尔戈（Felix Resureccion Hidalgo）和擅长壁画以及社会历史题材画的胡安·卢纳（Juan Luna），他们一生有大部分时间生活在国外，作品曾在1884年西班牙马德里举办的国家美术博览会上获奖。他们都采用浪漫派和印象派的手法作画，风格接近于西班牙画家。

20世纪初是菲律宾绘画艺术的全盛时期，菲律宾绘画一度形成了自己的风格。在美国统治之初曾有一批画家提倡一种把菲律宾风景和明亮甜美的情调结合起来的风俗画风格，其代表是F. 阿莫尔索罗、法维安·德拉·罗萨和J.皮内达的作品。阿莫尔索罗用印象主义的技巧描绘乡村景致，以其高超的技艺创作了很多对菲律宾的文化和自然加以浪漫化表现的图画。

第二次世界大战后，一个新现实主义画家群在菲律宾逐步崛起。他们的作品既保留有传统特色和旧派作风，同时又多方探索，深受美国表现主义和欧洲后期印象派的影响，画法较为抽象，内容多反映菲律宾群岛的美景、多姿多彩的民俗和生动丰富的劳动生活。换言之，他们试图在反映菲律宾现实的框架中再创现代主义的艺术。其中享有盛名的有：阿尼塔·马格莎莎（Anita Magsaysay）、黎牙实比（C. F. Legaspi）、海尔蔓多·R. 奥堪波（Hernando R. Ocampo）、费尔南多·奥坎多（Fernando Ogando）、卡洛斯·弗朗西斯科（C. Francisco）和维森特·马南萨拉（Vicente Manansala）等。费尔南多是抽象派著名画家，在菲律宾艺术中心艺术剧场的帷幕上，有他的一幅杰作《创世纪》。维森特·马南萨拉是一位精通多种绘画艺术的大师，他的画生动地描绘了菲律宾普通村民的各种劳动场面。为了纪念和表彰他在现代美术方面所取得的成就和做出的贡献，菲律宾政府在他逝世后授予他“民族画家”的称号。

综上所述，东南亚绘画艺术具有浓重的宗教色彩和浓厚的乡土气息，在绘画的线条、布局、颜色等方面简洁明快，注重传情达意，蕴含独特魅力。同时，以油画为代表的西方绘画艺术的传播也促进了东南亚绘画艺术的丰富和发展。

第五节　东南亚建筑

东南亚建筑艺术受外来文化影响颇深。最能体现东南亚建筑艺术特征的当属佛教、伊斯兰教和天主教等宗教建筑。有缅甸的曼德勒王宫和大金塔，有泰国以大王宫为代表的宫殿建筑和佛教建筑，有老挝的婆罗门教寺庙建筑群瓦普寺，有柬埔寨的吴哥寺和柏威夏寺，有越南的顺化宫殿建筑群，有印尼的婆罗浮屠佛塔、普兰班南陵庙、三宝庙、巴厘印度教寺庙和伊斯蒂格拉尔清真寺等宗教建筑，还有菲律宾的巴洛克式教堂群。

缅甸建筑艺术集中体现在城垣、宫殿和佛塔寺庙等。缅甸古代王宫建筑的代表是曼德勒王宫。它于1859年贡榜王朝第十代王敏东王在位时建成的。封建王朝覆灭后王宫暂时较好地保存了下来，但未能躲过第二次世界大战的炮火洗劫。1945年3月17日曼德勒王宫遭英国轰炸，仅剩下城垣和一片砖制底座废墟。唯有迁出王宫的金殿幸免于难，使后人得以一睹缅甸古代宫殿的风采。金殿除顶部用铁板铆接而成外，全部是柚木结构，殿身涂满金粉，熠熠闪光，因此而得名。该殿原为敏东王的一座寝宫，因敏东王驾崩殿内，其子锡袍王即位后将此殿按原样拆迁移建至宫外，全部捐给寺院，故取名金殿寺（金庙）。金殿寺堪称一座完整的木雕艺术品。大殿为两层阁楼三层重檐式大屋顶建筑，飞檐翘角，带有中国古建筑风格。整座宫殿由54只伏地的那牙神兽木雕像驮离地面，象征着殿堂的高贵。每只那牙神兽像下是一块石基，以隔开地面潮气。从实用价值上则起到干栏式结构的作用，融实用性、象征性、艺术性为一体，体现了设计者的独具匠心。五座砖砌阶梯从地面直达金殿，沿殿四周的木板外廊可行至殿门。殿的四壁装有雕花木窗，既采光通风又有装饰效果。门窗及外廊壁上的木雕均出自名匠之手，工艺精湛。大殿内多根木柱撑起屋顶，东西向15根，南北向10根，柱子上镶嵌着各色玻璃并镀金，门柱顶部两边装有花罩板。殿堂分东西两部分，即前殿和后殿，中间由雕花隔扇隔开。原先前殿是敏东王接见大臣们和议事的场所，后殿为寝宫。现在前殿为佛堂，正中是一尊金色大坐佛。殿中还有两尊木雕护世大神像，神像双手呈舞姿，双脚夹打拍小铃作击铃状，栩栩如生。整个宫殿运用雕镂、镶嵌、彩绘、贴金等多种艺术手法加以装饰，充分表现了缅甸人民在建筑技术和工艺方面的创造力，无疑也代表了那个历史时期建筑艺术的最高水平。当年这座金碧辉煌、豪华雄伟的建筑曾昭示着王室的高贵和佛教的显赫。今日虽大殿表面的金色已经褪尽，但高超精湛的雕刻和建筑艺术依存。人们仍不难想象金殿及整个曼德勒王家宫苑昔日的风采。从建筑风格上看，缅甸古代宫殿建筑虽带有鲜明的民族特色，但无论是殿顶的重阁飞檐、殿内的巨柱、隔扇，还是城墙四隅的角楼和御花园都明显受到了中国建筑文化的影响。

缅甸佛塔源自印度，早期的佛塔完全继承了印度佛塔的建筑风格。如室利差呾罗故地发现的波波基塔，由5级圆形塔座、高大的柱状塔身和圆锥形顶部的塔伞组成，整体形状古朴简洁，没有过多装饰。蒲甘时期随着佛教的兴盛，佛塔数量增多，佛塔的种类、形状也有了明显的变化。在原有印度风格的基础上逐渐融入了缅甸民族特色，佛塔的形状由单一走向多元，成为缅甸佛教建筑艺术发展的一个新阶段。佛塔的变化首先表现在塔的形状上：塔座由原来的圆形变为方形，级次增高，逐渐向高大发展，有的塔座一面或四面建有通向塔座顶的阶梯；其次是基座和塔身上的装饰日趋增多，日显华丽，彩釉、浮雕、绘画等传统工艺及尖顶阁式造型等都开始运用于佛塔建筑，塔尖上饰有王冠状塔伞。蒲甘朝之后，经过封建社会几百年的变迁，到贡榜朝时缅甸佛塔建筑呈现出新的特点，民族风格越来越鲜明。在形状上由蒲甘时期的多种多样逐渐趋于一致，基本上保留了蒲甘瑞喜宫、敏格拉佛塔的形状，即塔身呈覆钟形，底部为方形或曲菱形的高大塔座，顶部有王冠形塔伞；在装饰上广泛应用宫殿建筑的装饰艺术，塔身贴满金箔，金制塔伞上镶嵌有各种珍宝，装饰图案采用传统花样；在设计布局上由独塔向群塔发展，中心主佛塔周围由几座、几十座甚至几百座小塔环绕，浑然一体，交相辉映。有的佛塔寺庙门前还立有对狮，形态威严刚健，俨如佛寺的卫士。封建王朝覆灭至独立以后，缅甸佛塔建筑艺术又有了新的发展。原来王冠状塔伞改为普通伞状塔伞，寓意封建时代已经结束。建筑造型更趋协调，局部设计更趋精细，原来的10余个组成部分变成了40余个，其中自下而上主要有：塔基、塔座、钟状体、覆钵状体、倒吊花纹、凸棱体、倒垂莲花体、莲花体、蕉苞体、铁箍环、塔伞柱、塔伞、宝鸟歇、钻球等。各组成部分有机地组合在一起，使佛塔造型匀称美观，有整体感。在建筑技术和工艺方面广泛应用现代科技，如光学、电学、建筑学技术及新型建筑材料等，使古老的佛塔艺术焕发出新的气息。

从建筑形式上看，缅甸佛塔总的有两大类：一类是实心塔，镇塔宝物埋入塔内地宫中。仰光大金塔、蒲甘瑞喜宫塔等是这种类型的突出代表。另一类是有门可入的塔，即佛窟，亦称浮屠。塔内供奉宝物、立有佛像供人瞻仰参拜。蒲甘阿难陀寺、他冰瑜佛窟、仰光和平塔、大胜塔等是这种类型的代表。

建于仰光市丁固达拉岗上的大金塔，是集中体现缅甸佛教建筑艺术的佛塔之一，也是名震东南亚甚至全世界的著名古建筑。大金塔高107米，底部周长430米，周围有64座小塔簇拥。塔身表面所贴的纯金箔约有7吨重，塔伞上挂有金铃上千，银铃数百，风吹铃响，金声玉振。塔顶钻球上镶嵌有近百颗宝石和4000多颗钻石，最大的一颗钻石重76

克拉，价值连城。整座佛塔金碧辉煌，具有强烈的艺术感召力，是缅甸民族文化的象征。在大金塔南面约450米处的“护法岗”上有著名的摩诃威萨亚塔，即大胜塔。该塔建于20世纪80年代，是一座融古代建筑风格和现代建筑艺术为一体的佛窟建筑。塔基为八角形，共3层，每层的每个角上各有一小塔，共24座小塔错落有致。塔基上是佛窟，有8个拱门通入窟内。窟内有圆形通道，中间是香室，穹形顶棚上是星光灿烂的天穹大浮雕，周围墙壁上是枝叶繁茂的菩提树水泥雕塑，还有反映佛本生故事的壁画和著名佛塔的图像。堪称缅甸现代佛塔艺术的杰作。

泰国的传统建筑主要以宫殿建筑和佛教建筑为主。由于历史上深受印度、中国、缅甸以及柬埔寨等国建筑艺术的影响，泰国传统建筑体现出丰富多彩的多元文化特征。同时，泰国人又把外来的建筑风格与自己传统的民族特色相结合，在建筑中融入了本民族的审美观念，从而创造出具有不同时代特征和富有本民族特点的独特的建筑风格，成为东南亚建筑艺术的典型代表。

历史上泰国的宫殿建筑按照等级划分为皇宫、行宫、亲王宫(前宫)、王子宫(后宫)、王府等。自阿瑜陀耶王朝到曼谷王朝以来，各王朝都城都要建三座宫殿，即皇宫、亲王宫、王子宫。皇宫作为国王居住和办公的场所，集中体现了当时建筑的最高艺术成就，代表了泰国建筑艺术的最高水准。皇宫分为内、中、外三层，各层由围墙环绕，并建有炮台。皇宫内层为国王、王后及家属的住所；中层为国王办公和举行各种仪式的宫殿；外层为一些重要政府机构所在地。

泰国早期的宫殿多用木头建造，周围用泥墙护卫，后逐渐开始采用砖打地基，但直到阿瑜陀耶王朝纳莱王时期才完全用砖建造皇宫。建筑风格上多为分段遁落式多层屋顶，采用重檐多面式和细长的三角形尖顶，墙面装饰金碧辉煌、画栋雕梁。其中最具有代表性的建筑是曼谷的大皇宫。

大皇宫是泰国曼谷最重要、规模最大的宫殿建筑群，建于拉玛一世统治期间的1782年，为拉玛一世王至拉玛八世王的皇宫。大皇宫依湄南河而建，总面积约21.84万平方米，宫墙高约5米，总长1900米。大皇宫建筑群共28座，主要由玉佛寺、律实宫、却可里宫和玛哈蒙田宫四个宫殿建筑群构成，宫殿由东向西一字排开。建筑风格以传统的泰式为主，为佛塔式或大王冠形状古建筑，建筑的墙体多为白色，绿色瓷砖屋脊、金色或红色琉璃瓦屋顶，三重屋檐，檐角处是高高翘起的“羊角”或者“鹰嘴”，以及直指苍穹的塔尖。但是也存在一些欧式的建筑和中式的亭台建筑，体现了泰国民族兼容并蓄、自由包容的文化。

律实宫是大皇宫内最早的建筑，建于拉玛一世王时期。律实宫为典型的泰式建筑，有两座大门，门身与门顶塔形饰物都漆为金色。宫顶部分有 4 层，层层相叠。楼正中是一座高耸入云的 7 层尖塔，尖塔基部的四面分别饰有 4 个大力神，半蹲半立，双手高举。

其东北侧的阿方披摩亭，是曼谷最优美的泰式建筑，由此亭往东，从北到南并列排着3座相互连接的宫殿，殿顶呈三角形，分3层相叠，由黄绿琉璃瓦铺成，也是典型的泰式建筑。

却克里宫（又称节基殿）是大皇宫里规模最大的主殿。它是拉玛五世王在1876年开始建造的。“却克里”是手握神盘的黑天神的称呼，也有帝王的意思，是拉玛王朝亦即曼谷王朝的正称。却克里宫主要根据意大利文艺复兴时期的建筑风格设计，基本结构属于英国维多利亚时代的建筑艺术，由正殿和左右偏殿组成。白色的殿身雕塑着各种西式花纹图案，顶部却采用了纯泰国建筑的屋顶，是典型的泰国3座锥形尖塔风格。

泰国的佛教建筑以佛寺为主，包括佛堂、精舍、佛塔、钟楼等建筑，其中尤以佛塔最具代表性。泰国佛塔众多，造型千姿百态，体现了泰国各个历史时期的建筑特点。泰国的佛塔建筑风格多源于印度文化，并受到柬埔寨、缅甸等国的影响。从历史上看，泰国佛塔建筑艺术可以分为堕罗钵底时期、室利佛逝时期、真腊（吉蔑）时期、哈利奔猜时期、素可泰时期、阿瑜陀耶时期和曼谷王朝时期。各个时期所建的塔，就其艺术风格和建筑样式来说，既有传承关系，又有明显的个性，并凸显出时代和地方色彩。

泰国的佛塔从底部的基座到顶部的塔尖可以分为塔基、塔身、覆钵和塔刹四个部分。佛塔的基座为折角“亚”字形平面，塔身向上逐层细收。覆钵为圆形锥状，也有的覆钵下设折角“亚”字或圆形须弥座。在佛塔的周边耸立着小金刚塔，从造型上来说也跟佛塔结构相似，也分4个部分组成，只是塔刹部分多为金属制成，并以金色调为主。覆体上由火焰纹包围着，塔身的四周内开设壁龛，里面摆着佛像。底座一般为方形台面，塔身为覆莲和仰莲，荷包设在上面。佛塔绝大多数为砖砌实心，底座很少设地下室。

泰国现存的佛塔建筑多以吉蔑式塔和覆钵式塔为主。吉蔑式塔，又称巴朗，是真腊王国时代留下的建筑，原是吉蔑族所崇奉的婆罗门教庙宇，后泰人仿建为佛塔。这种塔为石头或砖砌实心塔，多为长柱立式形状，由塔基、主塔和塔尖构成。塔基厚实稳固，且方形居多，塔尖逐渐变细，犹如玉米的尖部，棱状的塔饰如玉米粒层层重叠，也有的建成菠萝瓣状，用彩陶或玻璃装饰。吉蔑式塔一般用于存放舍利子、佛陀骨灰等。如碧武里府、春武里府、彭世洛府、暖武里府的玛哈泰寺，在曼谷的皇宫里也可以看到吉蔑式塔。

覆钵式塔是源于印度塔的一种形式，堕罗钵底时期由孟人传入泰国。该塔同样也为实心结构，但是形状为尖锥形，塔基十分宽大，覆钵形塔身，塔顶尖而平滑，呈伞状，由一圈圈的圆环套成。

在泰国覆钵式塔有多种，一种为钟状塔，如堕罗钵底时期最具代表性的佛塔即佛统金塔，该塔于19世纪重建，呈褐黄色，塔高130米，整体为自上而下的倒钟形态，塔尖呈螺旋环状，塔的底座是两层巨大的圆形，直径57米，塔的下半部呈半圆形，在大佛塔下面还罩着3座小佛塔。另外还有如洛坤大金塔、曼谷玉佛寺、素可泰府的环象寺等。第二种为尖顶多棱状塔，一般有5个棱角以上，根据棱角的多少被称为12棱、16棱、20棱或者更多。曼谷卧佛寺内的所有佛塔基本上都是这种尖顶多棱状塔。

另外，还有一种非常流行的覆钵式塔样式，该样式上半部分为缩小版的钟状塔，而下半部分塔的主体部分则是规模较大的可以安放佛骨的龛室。如清莱巴萨寺的佛塔、清迈清曼寺的象驮塔等。此外，在泰国素可泰府及其周边地区还流行一种素可泰式的覆钵式塔，该塔塔基与吉蔑式塔类似，为四方形，塔顶为芭蕉花蕾形或呈含苞待放的莲花形。例如素可泰旧城中央的玛哈泰寺佛塔。

在老挝，具有古老艺术特色的建筑当属佛教建筑，主要包括佛寺和佛塔。佛教寺庙一般只有一层，但从外表看却并不矮小，庙顶陡然斜降下来，形成“人”字形的庙顶。庙顶不是一个单调的连续平面，而是多个层次错落有致地叠加在一起，非常有立体感，整体的形象也更有气势。处于佛寺建筑群中最中心的建筑叫“辛”，一般比其他佛寺高大雄伟，顶部盖烧制的土瓦（一般佛寺可能为节省用石棉瓦等），以突出它的地位。

老挝佛塔主要受到印度佛塔的影响，尖顶，塔身不为圆形，而是有棱有角。最著名的佛塔是万象市内的塔銮，史料记载是存放佛祖骶骨的地方，在老挝甚至在泰国东北地区的佬族民众心中都是最为神圣的，深受民众崇拜。该塔是砖石结构的佛教建筑群，占地8400多平方米，整个建筑呈四方形，分三层，意比佛说三界。第一层东西宽69米，南北宽68米，每边的正中央有一膜拜亭，东亭为重檐尖顶建筑，内供一小塔，传说是古塔模型。第二层呈正方形，边长48米，由120个雕形莲瓣围绕其为228个蝶叶，叶中间各有一尊佛像，各边中央有拱形小门，此层建有30座高3.6米的陪塔，代表30种波罗蜜多。在每个小塔内，还设置有一座小金塔，保存有金贝叶等。第三层边长30米，在半圆球泡型屠波式台座上耸立主塔，下部为复莲、仰莲状台座，上部为长方形莲苞状宝匣和相轮。地面到塔尖高45米，台座周围有24瓣大型莲花瓣围衬。塔体四周建有回廊，每边长91米，陈列一些古佛像和文物，每年佛历十二月中旬举行塔銮节盛会时供远道来膜拜的僧侣过夜歇息。

世界文化遗产瓦普寺为婆罗门教寺庙建筑群，位于占巴塞省的巴色市。该寺从山脚往山上建，整个建筑群有百米长，错落有致，层次感强。主要建筑包括最高层的一座主殿，半山腰上的六座神龛以及山脚的两座宫殿和一座神牛殿。整个建筑群全部用大块的石头砌成，在每座寺庙的显著位置如门口等还有细腻的人物、仙女、魔王以及各种花纹雕刻，是根据《罗摩衍那》的故事进行绘制的，体现了古代工匠的高超艺术水平。主体建筑平面呈长方形，宽8米，长约30米，分为屋前凸厅、无壁厅（诵咒厅）和偶像厅三个部分。该庙由于没有得到应有的修缮，现已破败不堪，从神庙往下走，可看到两座已倒塌的石宫，残缺的石人石兽躺在荒草丛中。有一段近300米的用石头砌成的通道还保存较好，是古时候用来举行宗教活动用的。通道东侧有一个长300米、宽200米的水塘，人们称之为“圣湖”，成为整个建筑群的点睛之笔。瓦普寺与柬埔寨吴哥窟的建筑风格是一致的，从残缺不全的遗址中仍然能感受到其理念独特的建筑特色。

柬埔寨的建筑风格可分为前吴哥时期的建筑风格和吴哥时期的建筑风格两种。

前吴哥时期的建筑风格（1~8世纪）由达山风格、松博风格、布雷克蒙风格和圣港风格等组成。达山风格（1~6世纪）：最初柬埔寨人是像印度人一样开凿山体修建寺庙的。松博风格（7世纪上半叶）：这一时期的寺庙规模较小，且相互分离，主要使用砖石和由石灰、糖制成的灰浆修筑。这种灰浆并不牢固，至今已几乎完全脱落。而门、窗、楣、支柱则由砂岩石制成，砂岩石有灰色与玫瑰红色，在砂岩石上还有精美的雕刻。布雷克蒙风格（7世纪下半叶）：这一时期的建筑风格与松博风格相似。圣港风格（8世纪）：寺庙的建筑风格与之前的风格类似，即将寺庙修建在平地上，同一时期的奥雍寺却与众不同，这座寺庙修建了几层，形似佛塔。

吴哥时期的建筑风格（9~13世纪）由荔枝山风格、圣牛风格、巴肯风格、盖岛风格、女王宫风格、库仑风格、巴恩风格、巴戎风格等组成。荔枝山风格（9世纪中期）：荔枝山风格与阇耶跋摩二世的长期统治密切相关，阇耶跋摩注重修建山寺，即似山形的寺庙，或将寺庙建在山顶上，以便举行由其创立的“天王仪式”，而当时的都城就建在荔枝山上。人们将荔枝山时期当作柬埔寨文艺复兴时期，因为这一时期人们尝试将前吴哥时期的艺术特点与占族、爪哇的艺术形态相互融合，创造一种新型的艺术风格，荔枝山风格对后期吴哥建筑的影响非常巨大。圣牛风格（9世纪70~90年代）：柬埔寨人仍旧使用石块修建寺庙，但是人们喜欢在一层台阶上修建很多的锥形高塔，来祭祀国王的祖先。如在巴宫寺的第四层台阶上，人们修建出12座砂岩石的小塔，堪称圣牛风格的代表。圣牛风格的显著特点是建筑的门梁上装饰的美化，门梁上通常有十分精美的浮雕。这一时期的艺术特点具有纯正的高棉风格，并在后世获得极大发展。巴肯风格（9世纪末~10世纪初）：这一时期的建筑与之前不同，人们开始使用砂岩石修建大型的寺庙，形似阶梯式金字塔，有很多层，人们特别喜欢在山顶修建寺庙（如巴肯寺）。虽然巴肯风格建筑的门梁装饰较少，但多重曲线的顶饰第一次出现，三角形、倒“U”字形的顶饰相继出现，都展现出高棉建筑的独特风格。盖岛风格（10世纪20~50年代）：与巴肯风格相近，盖岛风格中则注入了一些鲜活的形象，来表达现实的场景。人们还发现在盖岛建筑群中有一座寺庙修建了7层，高达35米。女王宫风格（10世纪下半叶）：女王宫由玫瑰红的砂岩和红土岩建成，人们认为其建筑风格错综复杂，模糊不清。除了精美绝伦的女性雕像之外，女王宫中的顶饰皆精雕细琢，巧夺天工，三角形、倒“U”字形、多重曲线的顶饰建筑综合运用于女王宫中。库仑风格（10世纪末~11世纪中叶）：起源于10世纪末，是吴哥时期建筑风格中非常重要的一种，其所具有的狭长走廊和走廊拱顶的建筑方式在之后的吴哥建筑中被广泛应用。当时人们不再使用砖石修建寺庙，而改用砂石。山寺和寺庙的回廊在这一时期得到了极大的发展，同时开始在四边修建角塔。巴恩[①]风格（11世纪下半叶）：其建筑装饰与前期相比进步很大，融入了不少之前的建筑风格。这一时期修筑的山寺越来越多，而通向山寺的台阶也越来越高。吴哥风格是这一时期高棉建筑发展的顶峰。人们使用砂岩石修建了整座吴哥寺，回廊上的浅浮雕精美绝伦，四边的角塔和中央的石塔高高矗立。在修建吴哥寺之前，人们曾经修建了米拉湖寺，它的设计与吴哥寺相似，然而是修建在平地上的。巴戎风格，这一时期由于大多数寺庙都是匆匆忙忙修建而成的，因此无论是雕刻，还是装饰，甚至修建使用的石头质量都不如前期的寺庙。巴戎风格的寺庙通常都修建在平地上，但巴戎寺除外。巴戎风格最大的创新是建造四面佛塔楼，同时还在通往寺庙两旁的道路上修筑了那伽蛇像。

柬埔寨寺庙的建筑材料主要是山石、砖块、灰浆、沙砾和砖红壤[②]。石质和红壤可以抵御各种恶劣天气，使寺庙保存完整。虽然木质材料也有使用，但仅作为修建天花板、顶梁柱和屋檐的辅助材料。

吴哥时期是柬埔寨古代文化发展史上最辉煌的时期，该时期建筑艺术也发展到了顶峰，吴哥寺与吴哥通无疑是吴哥时期建筑艺术的最杰出代表。1992年，吴哥古迹被列入世界文化遗产名录。吴哥寺又称小吴哥，由苏利耶跋摩二世（1113~1150年）主持修建。吴哥寺整体宏伟壮观，局部精巧细致，无论是建筑技巧，或是艺术成就都达到了极高的水平。吴哥寺是柬埔寨的灵魂和标志，作为国家象征它被镌刻在柬埔寨的国旗上。

吴哥寺坐东朝西，呈中心对称布局，包括护城河、外郭、内城和寺庙主体四大部分。最外围是宽阔的护城河，河面宽190米，东西长1500米，南北宽1350米。护城河的正西和正东都有一条宽阔的石板路通向外城的西大门和东门。沿着通向西大门的大道可达外城，外城墙东西长1025米，南北宽802米，高4.5米。围墙正面中段是230米长的柱廊，中间树立着三座塔门。城墙包围着82公顷面积的土地，里面是巨大的寺庙广场，广场的南北两侧有藏经阁和池塘。由西塔门通向寺庙山门的大路，长约350米，宽9.5米，高出地面1.5米，路面由砂岩石片铺砌，路两旁竖立着七尊那伽守护神。路的尽头是内城城门，进入城门后便是十字王台，王台连通着吴哥寺的主体建筑。

吴哥寺将以台基、回廊和角塔为特征的“吴哥风格”建筑特点发挥得淋漓尽致。寺庙的主殿全部修建在一座石砌的台基上，台基共三层，每一层四周都建有石砌回廊围绕。回廊上刻着浮雕，第一层回廊中的浮雕尤为精美。每层台基之间用陡峭的石阶连接，阶梯上以石屋顶覆盖。除回廊上饰以浮雕外，石塔、石门楼上面也都刻有大量美丽的图形装饰。可以毫不夸张地说，吴哥寺几乎每一块石头上都有浮雕，或镌刻着玲珑纤细的装

---

① 巴恩寺英文名The Baphuon Temple，也译作巴芳寺。

② 砖红壤含有铁质，土质分多层，具有红色、黑色、紫色等颜色。

饰，整个寺简直就是一件巨大的艺术杰作。[①]吴哥寺顶部矗立着按五点梅花式排列的五座宝塔，其中四座小型宝塔分布在第二层台基的四角，最高的宝塔位于最上一层的正中央，离地面65米高。这些宝塔象征着印度神话里的宇宙中心——须弥山。

吴哥寺全部建筑用巨大的砂岩石砌成，完全依靠石块表面形状的规整以及自身重量结合在一起，无灰浆或其他黏合剂。其整体布局规模宏大，比例匀称，细部装饰独具匠心，瑰丽精致，凝结了高棉人民的智慧和汗水，无愧为人类建筑文明史中的经典之作。

吴哥通也称为大吴哥或吴哥城。吴哥通自9世纪开始建造，建成后曾毁于战火，现今的吴哥通遗迹于阇耶跋摩七世在位时期（1181年~约1215年）重建。吴哥城的布局继承了古代高棉人的宗教信仰，延续了吴哥时期的建筑特点，城外是宽约百米的护城河，象征着宇宙的大海，城内的巴戎寺象征宇宙中心须弥山。吴哥通王城呈正方形，由坚固的城墙包围，城墙高约7米，厚3.8米，由巨大的石块砌成。王城共5座城门，东南西北各一座，能够通向城中央的巴戎寺；另一座城门名为“胜利门”位于东北部，能够直通城内的皇宫。这些城门高约20米，门上建有巨型四面佛像，佛像面含微笑，凝视四方。城门外各有一座横跨护城河的大桥，桥宽约15米，两旁立有石像，一边是面目慈祥的修罗像，一边是面目狰狞的阿修罗像，每边27尊，石像高2米半，跪坐于地，手中紧握着那伽蛇身，如《罗摩衍那》中“搅乱乳海”情节一般。吴哥城内建有宫殿、庙宇、宝塔、民居等建筑，鳞次栉比，庄严雄伟。现存的包括巴戎寺、空中宫殿、巴恩寺、圣牛寺、癞王台、战象台等建筑。吴哥通王城是一座雄伟壮丽、富庶繁盛的都城，在当时的世界上也是名列前茅的。[②]

位于柬埔寨柏威夏省柬泰边境的柏威夏寺也是吴哥时期典型的山庙建筑。柏威夏寺建于柬泰边境的扁担山脉南面625米高的悬崖之上，由吴哥王朝第四位君主耶苏跋摩一世于889年动工兴建，历时200多年，约在1152年苏利耶跋摩一世在位时正式完工。[③]整座寺庙共分四层，每层有山门和围墙，而各座殿堂则分布在由山脚至山顶的长达800米的中轴线上，由向上的阶梯和甬道连接，甬道两旁立有林伽雕像、狮子和那伽石像。目前，柏威夏寺的主体建筑虽然大部分已经损毁，但仍能够展现其古朴壮观、宏大庄严的特色。2008年7月10日，联合国教科文组织宣布将柏威夏寺列入世界文化遗产名录，其入选依据是：柏威夏神庙具有极佳的地势，建筑充分融合自然景观与宗教功能，寺内精致的石雕更是柬埔寨古代文明的瑰宝。

柬埔寨古代寺庙中有很多雕刻作品，雕刻的内容和题材丰富多彩，浮雕包括宗教故事、历史传说、各种图案等，大都出现在建筑物中用以装饰；雕像中的林伽像、神像、

① 陈显泗：《柬埔寨两千年史》，郑州：中州古籍出版社，1990年版，第417页。

② 陈显泗：《柬埔寨两千年史》，郑州：中州古籍出版社，1990年版，第424页。

③ *The Temple of Preah Vihear-Proposed for the inscription on the World Heritage List*（*UNESCO*）.（2008-07-20）[2009-04-15]. http: //www. pressocm. gov. kh/publishing/Preah_Vihear_English. pdf, p.2.

佛像主要用来供奉，那伽像和狮子像则是象征着守护者。雕刻的材质主要有石质、木质、金属等。柬埔寨古代雕刻作品包括浮雕和圆雕，而浮雕又可以分为浅浮雕和高浮雕。

浅浮雕（bas-relief）主要在寺庙的墙壁上创作，雕刻时不深入石体，图案和花纹浅浅地凸出底面，起位较低，形体压缩较大，有时直接用线条勾勒，平面感较强，通常从正面欣赏，代表作是吴哥寺第一层的浮雕回廊，回廊长800米，壁高2米，壁面布满浮雕，整层由石顶遮盖，因此石刻保存仍然十分完整。浮雕的题材既包括印度史诗《罗摩衍那》和《摩诃婆罗多》中的神话故事，有的则取材于当时战争和生活的场面。如东墙刻有“搅乱乳海”的故事，西墙是“神猴助战”，北墙是“毗湿奴大战天魔”，南墙刻画了国王率领高棉人民与占族入侵者激烈的作战场景。除此之外，还有耕作的农夫、捕鱼的渔夫、观看斗鸡的人们等平常生活。这些浮雕人物形象生动，姿态变化万千，展现了高棉工匠们娴熟的雕刻手法。

高浮雕（haut-relief）是与浅浮雕相对应的一种浮雕技法，雕刻时深入石体，起位较高、较厚，形体压缩程度较小，立体感强，通常在天花板、立柱或墙壁上雕刻，代表作是女王宫中的雕刻。女王宫的雕刻相比吴哥地区其他寺庙的浮雕而言，更加精致和细腻。寺中的仙女浮雕婀娜多姿、玲珑剔透、栩栩如生，每一尊仙女的面貌、神情、衣着、姿态完全不同，可谓鬼斧神工。而女王宫中的门梁、立柱以及墙壁上雕刻的空间构造和塑造特征更接近于圆雕，使浮雕的明暗对比更加强烈，视觉效果更加突出。

圆雕（ronde-bosse）即立体雕塑，其作品是三维立体的雕像，人们可以多方位、多角度欣赏雕像的各个侧面。柬埔寨的圆雕作品主要包括各时期的神像、佛像、国王塑像、其他雕像，以及巴戎寺的四面佛塔。巴戎寺的第三层有54座四面佛塔，共216面佛像，每面佛像都是一张笑脸，而且每张佛像的笑脸都不尽相同，有的笑容灿烂，有的略带伤感，有的安详静穆，有的深情凝望，被誉为“高棉的微笑”。

提到越南建筑，不得不提到风水。小到建房建屋，大到规划一座城池，越南人几乎都要看朝向和风水。历数越南历史上有名的城池：丁朝、前黎朝的华闾（今宁平）、李朝的大罗（今河内）、阮朝的富春（今顺化），无一不选五行之地而建。① 1010年，李公蕴下诏迁都大罗城时曾写道：“况高王故都大罗城，宅天地区域之中，得龙盘虎踞之势，正南北东西之位，便江山向背之宜，其地广而平坦，厥土高而爽垲。”顺化则位于国之中心，远则前有海，后有山，近则前有御屏山做前案，周围有香江环绕，香江两头有凸起的两岛，左为青龙，右为白虎，中间的河流为明堂，等等。

在建筑风格方面，前黎朝华闾城的建筑受到占婆文化和佛教文化的影响，其一柱寺与后来河内的独柱寺建筑相似。宫殿建筑包括百草殿、千岁殿、四华殿、蓬莱殿、极乐

① 风水学认为，地势有五行之分，即水形（蜿蜒如河流）、木形（长如树）、火形（尖如火苗）、金形（圆形）、土形（方形）。金形地是发武之地，木形地是发文之地，若五行齐全，则是发帝王之地。

殿等。这一时期可以看作越南建筑艺术的发端，尤其在技术与装饰方面有较大发展。

李陈时期，建筑样式趋于丰富，建筑规格也较之前更加宏伟，代表性建筑有城郭、宫殿、塔、寺等。大罗城（升龙）包括内城（即皇城，为王公贵族居住的宫殿）和外城（包围内城，有著名的36街）。塔寺建筑群则根据规模或建成“丁”字形、“工”字形或“三”字形。独柱寺、佛迹寺、光严寺、报天塔、章山塔、万福塔等代表了当时建筑艺术的最高水平，其建筑布局、线条也在某种程度体现了民族的审美取向。

后黎时期的宫廷建筑较此前没有大的改观，只在前朝基础上进行了集中修缮。但在信仰建筑尤其是村亭建筑方面则有很大发展。15世纪以后，越南社会逐渐步入了独尊儒教的时期，村亭作为儒家文化空间的象征受到朝廷和民间的重视。村亭规模一般从宽3间到7间不等，建筑方式则遵循了越南建筑的传统木架结构，柱、梁、椽、桁等各部分通过榫头衔接。结构一般分为前殿和后宫，根据建筑规格不同建成倒“丁”字形、“工”字形或“二”字形，屋檐两头则模仿船形做成曲度大的弯檐，给人以意欲腾飞的洒脱和与天地融合的和谐之感。值得一提的是，与中国“龙”的形象只能用于皇宫建筑不同，越南村亭的屋檐及室内装饰中到处都有龙的形象，这使得村亭建筑不失宫廷建筑的威仪。北宁古法村的榜亭堪称这一时期越南建筑的杰作。

阮朝，除了各地的亭、祠、寺等信仰建筑外，大部分建筑都集中在京都顺化，包括京城建筑和京城外建筑。京城坐落于香江河畔，面积500公顷，从外到内依次是外城（周长10千米）、皇城（周长2456米）和紫禁城（周长1229米）。皇城和紫禁城是顺化王朝的主体，皇城外有护城河，东西南北各有一座城门，其中午门为正门，象征权力。午门正面有三座大门，供皇帝和官吏出入，两侧各有一个副门，供士兵和牲畜出入，城门之上修屋檐九顶，使用极阳之数。皇城内的建筑主要有太和殿、太庙、赵庙、世庙、兴庙、奉先殿、延寿殿、长生殿等。太和殿是皇帝上朝、阅兵、庆生的地方，建筑华美、大气。紫禁城是阮朝皇室生活的地方，周围有城墙包围，正门大宫门供皇帝出入。紫禁城内的建筑也非常雄伟、讲究，体现了皇家风范。顺化皇城是越南保存至今的最大的古建筑群，其建筑风格基本模仿北京故宫，但规模要小得多，与故宫的金碧辉煌、气宇磅礴相比，顺化故宫轩昂中带着些许婉约和柔美。京城外建筑主要为信仰建筑，包括南郊坛（用于郊祭）、文庙、保国寺、天姆寺等，此外还有沿香江修建的阮朝8位皇帝的陵寝建筑，它们风格各异，如嘉隆陵的威仪、明命陵的气势、绍治陵的洒脱、嗣德陵的梦幻、启定陵的壮丽等等，每一处都是与其景观和谐相处的完美范例。顺化的古建筑群代表了越南建筑艺术的最高成就，同时它也是与中国文化交流的结果。

法国殖民时期，一方面由于法国人直接参与了越南建筑的修建，另一方面，很多越南建筑师受到法国的职业培训。因此，各大城市（河内、顺化、胡志明市、多叻）的建筑呈现出西方尤其是法国的建筑风格，代表性建筑如河内大剧院、统一饭店、九龙饭店、天主教堂等。

不难看出，越南建筑具有各种文化融合的特点，中国文化、印度文化和西方文化在这里交汇，不同建筑的风格共同造就了别具一格的越南建筑艺术。

印尼的建筑艺术受到印度文化、伊斯兰文化、中国文化和西方文化等多种文化的影响，这些文化的共同作用促成了印尼自身建筑艺术的发展。婆罗浮屠佛塔、普兰班南陵庙、三宝庙、巴厘印度教寺庙和伊斯蒂格拉尔清真寺等是印尼建筑艺术的典型代表。

婆罗浮屠佛塔（Candi Borobudur）是印尼现存最重要的佛教建筑，同时也是世界上最大的佛塔群。关于“婆罗浮屠”的含意，一种说法是“山丘上的佛寺”；另一种说法认为其全名是“菩弥萨巴拉菩达拉”，意思是“菩萨的10个阶段德业所聚的僧院”，而这10个阶段分别为地狱、饿鬼、畜生、阿修罗、人、天、声闻、缘觉、菩萨和佛。[①]

婆罗浮屠位于日惹市北40多公里处，坐落在风光秀丽的“中爪哇花园”克杜山谷里，东、南、北三面均有火山环绕。其工程浩大、气势宏伟，上面布满了佛龛和佛塔，并有上百座佛像和上千幅佛经雕刻，是佛教艺术的代表之作。据学者考证，该塔建于8世纪至9世纪的夏连特拉王朝，是当时的国王为收藏佛祖释迦牟尼的一小部分骨灰而修建的。当时曾动用10万奴隶，耗费10多年时间，用了200多万块石头精心垒砌而成。在经历了约150年的鼎盛时期后，逐渐香火寥落，后几经火山爆发、风雨侵蚀，以致在漫长的岁月里一直被埋没在荒野林莽之中。1814年，英国驻爪哇副总督莱佛士从民间传说中得知佛塔的存在，便指派荷兰人科尼斯去调查和挖掘，在清除了无数的碎石，砍伐并烧毁了覆盖在建筑上的全部树木之后，这座沉睡近千年的古塔终于重见天日。印尼独立后，政府更加重视抢救损毁严重的婆罗浮屠。1973年8月，在联合国教科文组织的资助和欧洲、美国及日本专家的协助下，印尼政府开始对古塔进行大规模修缮，最终花了10年时间耗费巨资将其全部修复。

与其他佛教建筑不同，婆罗浮屠是用附近出产的一块块火山岩和玄武岩覆盖在凸起的钵形土堆表面建造而成的，是座实心佛塔，没有门窗，也没有梁柱，外观就是它的真正全貌。整个建筑自下而上共计10层，从底层至塔顶最尖端处高42米（后因塔顶遭雷击而毁坏，高度降至31.5米）。最下层是边长约113米的方形基坛，四周的中间各有一条石阶通道，从基层直通塔顶。第二至第六层是方形高坛，面积逐层减小，各层主壁和栏杆之间共有4个宽约2米的回廊，各层共建有石壁佛龛432个，每个佛龛内安放着一尊如真人大小的盘坐佛像。第七层至第九层为圆形平台，是塔顶的脚座，共建有72座环绕着大塔而立的钟形镂空小塔，塔内亦各置一尊精美佛像。这些佛像按东南西北中五个方位分别摆出“指地”、“施与”、“禅定”、“无畏”、“轮转”等手势。第十层为塔顶，是一座直径为

① 李金兰：《印度尼西亚——千岛牵手》，南宁：广西民族出版社，2006年版，第89页。

9.9米的钟形大塔。

鉴于其独特的结构，婆罗浮屠具有世界上最复杂、最完整的宗教象征意义。很多人都尝试着对它的宗教意义做出解释。普遍被认可的是“三界说”。佛教认为，宇宙可以分为三界：欲界层次最低，代表人们还被各种欲望所烦扰，不能摆脱；色界次之，人们已经摆脱各种欲望但有名无形；无色界是最高阶段，人们到此已经无名无形，超脱了世间的一切桎梏。“三界说”学者认为婆罗浮屠的基坛代表欲界，在外层基坛的内部有一个“隐藏的基坛”，上面的浮雕表现了光怪陆离的尘世生活和恐怖的轮回报应场面。基坛上的五层方台代表色界，其回廊幽深狭窄，两侧刻满浮雕，描述着经典的佛教故事。上面的圆台和佛塔代表无色界，与基坛和方台不同的是，圆台和佛塔均没有任何装饰，象征着大彻大悟后自由的精神世界。①从欲界到无色界，从基坛走上塔顶，层层探索，步步升高，象征着由尘世走向极乐世界的艰难历程。

更让人叹为观止的是婆罗浮屠回廊石壁上各式各样的浮雕。这些浮雕全部连接起来长度有近3000米，其中有描述佛本生故事的浮雕1460幅，装饰浮雕1212幅，构成一部“石块上的史诗”。每层回廊浮雕的表现内容不同，多取材于佛典故事：有的再现了佛祖的生前事迹及佛史；有的是描述神话故事和宗教仪式；有的记述了当时人民的生活习俗和生活片断；有的则是各种动物、器皿和水果等。连台基最低部也有约160幅浮雕，多为经变画。所雕人物形态逼真、动态各异、情趣盎然，让人感觉到一种和谐、慈祥的氛围，佛陀、菩萨、天神、礼佛者都流露出平和的气息，形象生动地解释了人由尘世走向极乐世界的过程。在处理动物、植物题材上，雕刻家们运用了现实主义的手法，把各种动物描画得生动且富于生活气息，再现了印尼古代社会的物质和精神生活风貌。

恢弘的建筑和杰出的雕刻，使婆罗浮屠同中国的长城、埃及的金字塔以及柬埔寨的吴哥窟一起被世人誉为古代东方文明的四大奇观，同时亦跻身世界七大奇迹之列。1991年底，婆罗浮屠被列入联合国教科文组织的世界遗产名录。

普兰班南陵庙（Candi Prambanan）是印尼最大的印度教遗址。它位于日惹市东18公里处，南面是基多尔火山，北面有墨拉比活火山，由200多座大大小小的陵庙组成。关于它的建造时间和建造者，学术界没有定论，一般认为始建于9世纪左右，据说是为埋藏当时国王和王后的骨灰而修建的。关于它的建筑风格，很多人认为它基本上是模仿了印度教神话中描述的众神居住的马哈穆罗山，各种雕刻和装潢都是按照神仙境界的模样完成的。例如，装饰的图案取材于山川、莲花、奇异的动物和人物、仙女等，叶片和枝条弯曲缠绕于各种图案之间，营造出一个梦幻般的神仙世界。

与其他单一陵庙不同，普兰班南是复合式结构的陵庙群，整体布局和谐，规模宏大。

① 吴崇伯：《举足轻重的东南亚大国——认识印度尼西亚》，济南：山东大学出版社，2010年版，第158页。

整个陵庙群分为内、中、外三个部分，最为醒目的是三座高高耸立的石砌塔形陵庙，南边的为梵天庙，北边的为毗湿奴庙，中央的是最受古代印尼人崇拜的大自在天神湿婆庙。这三座大庙之前各有一个小庙相对应，里面供奉着三大神的坐骑：汉萨（天鹅）、迦楼罗（大鹏鸟）和南迪（大白牛）。这六个神庙加上位于大小神庙之间的两个小塔构成了普兰班南的核心层——内苑。内苑外面围绕着四层小庙堂，总计234个，构成中苑。在此之外，又有一层围墙，四面中间的凸出部分各开一门，通向内苑神庙，称为外苑。独特而完整的结构让普兰班南气势恢弘、蔚为壮观。但是，时至今日，人们已经看不到如此完整的普兰班南了。1000多年来，神庙损毁严重，尤其是16世纪的一次大地震，让大部分庙堂毁于一旦，外苑和中苑基本上成为瓦砾堆。1953年，印尼政府对普兰班南进行修复，主要重修了内苑的主体建筑。修缮后的三大神庙气势宏伟、富丽堂皇，尤以中央高达47米的天神湿婆庙最为壮观。

湿婆庙为方形，每一面都有凸出的门廊。门廊在结构上与主庙融为一体，延伸到金字塔形的尖塔上。从侧面看，主庙与门廊相互交错，给人一波三折的感觉。神庙有两层基座，基座四面各有一条台阶通向庙堂。庙堂上方有金字塔形建筑，共分为五层，高耸直入云霄。庙堂内供奉着天神湿婆，它端坐于庙堂的中央，高达4米。它的身后、左右各有一尊神像，是它的妻子杜尔佳、儿子加尼沙和圣师阿加提亚。据说这些雕像都是仿照当年马打兰王朝巴里栋国王及其王后、宠臣等人的原形雕刻的。让人惊讶的是，湿婆的妻子杜尔佳，即被印尼人称为“拉拉钟格朗”的雕像，居然没有鼻子。关于这一点，在中爪哇民间流传着一个美丽动人的传说：当年普兰班南平原上有位包高国王，其公主名叫“拉拉钟格朗”，长得美丽动人。有一年，一位名叫班栋的敌国王子率兵入侵，包高国王大败，班栋王子便提出要与拉拉钟格朗公主结婚。公主向班栋提出条件，如果他能在一夜之间建起1000座陵庙，她便与他结婚。班栋自以为神通广大，一定能如期完工，便满口答应。他当晚即施展法术召集众妖魔不停地工作，果真一座座陵庙如雨后春笋般地耸立起来。公主情急中又生一计，她趁天还没亮，吩咐宫女和村姑一齐舂米。妖魔们听到舂米声，以为天已亮，纷纷逃走。天亮时，班栋清点陵庙数目，发现只有999座，与公主提出的条件只差一座。班栋的美梦化作泡影，于是勃然大怒，口出恶言用咒语将公主变成一座石像。但由于公主始终不肯屈服，脸上露出轻蔑的微笑。班栋见了非常不悦，遂拔刀砍掉了石像的鼻子。这就是拉拉钟格朗美丽的雕像上没有鼻子的原因。[①]

湿婆庙旁边的毗湿奴庙和梵天庙的外观与湿婆庙完全相同，只不过规模稍小。庙堂内部分别供奉着毗湿奴和婆罗贺摩两位主神，墙壁上装饰着蔓藤花纹、螺旋花纹、器皿图案等。庙堂之外、基坛之上均设有曲折的回廊，廊壁装饰以精美的浮雕。浮雕故事多

① 武文侠、陆春林：《印度尼西亚》，北京：世界知识出版社，2001年版，第271~272页。

取材于印度史诗《罗摩衍那》，与充满祥和、慈爱的婆罗浮屠佛教雕刻不同，多以表现紧张激烈的战斗场面为内容，生动而富于戏剧性，人物形态丰富、俊美灵动，既有印度艺术的特点，更有爪哇人的性格与味道。

普兰班南陵庙群是印尼最宏伟壮丽的印度教寺庙，是世界建筑、雕刻和绘画艺术史上一颗璀璨的明珠。虽然经过千年的风雨，部分神庙已经变成断壁残垣，但经过印尼政府多次清理和修缮以及对周边自然环境的改善，它看起来依旧英姿勃勃，给人以雄浑庄重之感。1991年，联合国教科文组织将普兰班南陵庙群认定为世界文化遗产之列。

三宝垄是印尼第三大港口和第五大城市，是华侨华人在印尼最早的聚居地之一。之所以叫“三宝垄”，是为了纪念明朝永乐年间郑和的到来。郑和原名“马三保”，郑姓乃明朝皇帝后来所赐，在其入朝为官后，很多人都称其为“三保大人”，三宝垄便是取了“三保”的谐音。郑和出使西洋之时，与印尼人民开展和平贸易，进行友好交往。所以，印尼当地人对郑和船队非常尊重。后来，广大华侨华人以及当地人民为了纪念郑和，便在岛上建了许多三宝庙，其中，位于中爪哇三宝垄市的三宝庙最为出名。

三宝庙坐落在三宝垄市西南郊约10公里处，背枕望安山，面朝印度洋，像一颗璀璨的明珠，镶嵌在椰林交翠的碧野上。庙宇富有浓重的中国建筑风格，入口处耸立着巍峨的三层牌楼，楼檐金碧辉煌，呈扇形翘起，显得富丽堂皇。飞檐斗栱、画栋雕梁的高大庙门上盘着两条正在戏珠的蛟龙，极具中国建筑特色。大门两侧刻写着一副对联“滇人明史风来世，井水洞山留去思”，横批为“德绥威服”，表达着海外游子的思乡之情。[①]进入庙门，可以看到供有郑和雕像的大殿，由四根朱红色的高大圆柱支撑，殿顶像一把撑开的伞，顶上的红琉璃瓦在阳光下特别耀眼。殿四周朱栏环绕，形成一段别致的回廊。殿内设有祭坛、铜香炉，供朝观者上香之用。在主庙附近的一棵大榕树下，矗立着一座小庙，庙内有三个房间，左边房间展示着一个高约2米的铁铸巨锚，相传此锚为三保大人船队的遗物，朝观者把它视为圣物，争相向它朝拜进香。中间的房间内悬挂着中国圣人孔子的画像，右边房间则为纪念牺牲的百名中国水手而设。

三宝庙内最深处有一处山壁，中间有一小洞可入内，这就是大名鼎鼎的“三宝圣洞”。洞中光线阴暗，仅十多平方米大小，“三保大人”郑和的全身塑像便供奉于此。这里香烟缭绕，烛火长明，每逢阴历初一、十五，燃香许愿、祈求保佑的香客络绎不绝。洞中的香案下有一口方形古井，叫做“三宝井”，一股清泉终年潺潺流淌，水清见底，喝一口清凉舒坦，甘甜解渴。到三宝庙进香者多为华人或华裔，他们按照中国的传统习俗，每逢春节、元宵节以及三保太监首次抵达此地的日子，都要前来烧香。自三宝庙兴建以来，每当朝观期间，整个庙宇人山人海、比肩接踵、热闹非凡。实际上，来三宝庙朝拜

① 孔远志：《中国印度尼西亚文化交流》，北京：北京大学出版社，1999年版，第60页。

的不仅仅是华人，还有印尼土著人，不仅有佛教徒和道教徒，还有很多伊斯兰教徒，这反映了华人与当地土著人的融合相处。而且，郑和本身就是穆斯林，而现在的三宝庙是由清真寺改建而成的，至今还保持某些伊斯兰教的特点，例如，负责看管“签诗”柜台的是头戴宋谷帽的伊斯兰教徒。[①] 可以说，三宝庙现在已发展成体现多种宗教和文化色彩的庙宇了。

在印尼巴厘岛，到处可见林立的石雕神像和庙宇。有器宇轩昂、正气凛然的善神；也有锯齿獠牙、面目狰狞的恶神。这些神灵的造型独特，表现出强烈的性格特征，展现了巴厘人天马行空的想象力，也营造出强烈的神秘主义氛围。巴厘岛的庙宇分类众多，有作为历史文化古迹保存下来的知名庙宇，也有各宗族集团的宗庙和各家供奉祖先的祠堂，还有零星分布在十字路口、大树下、清泉边的诸多无名小庙，让人眼花缭乱。因此，巴厘岛又有“千寺之岛”的美称。

在巴厘岛众多的印度教神庙中，最为著名的当数拥有千年历史的百沙基神庙（Pura Besakih）。百沙基神庙是巴厘岛著名的“圣母庙”，在巴厘人心目中的地位很高，是全巴厘最大的寺庙，也是巴厘岛上最雄伟、最神圣的寺庙，终年香火不断。百沙基神庙建于8世纪，其名字源于早期神话中龙形象的神祇，位于被称为“世界的肚脐”——阿贡火山的山腰上，以专祀这座间歇喷发的火山之神。陵庙的层级石雕建筑与柬埔寨吴哥窟相似，庙宇屋顶的级数代表着重要程度，从1级到11级不等，层数愈多，重要性就愈高。寺庙的大门是典型的巴厘“善恶门”：两半对剖的、完全对称的三角形门，锐角朝天，短边着地，直插云霄，门上雕刻装饰着繁复的花纹图案，异常精美。进入神庙的阶梯从中间穿过，十分震撼。这种善恶门是巴厘岛的标志，不仅是百沙基，每座庙宇和村落都有这样的门。这两扇门分别代表善与恶，它们完全对等的形式表达了巴厘人的观念，认为善与恶皆客观存在，不因人的好恶而消长，因此对善恶应持同等重视的态度。

百沙基神庙内除供奉梵天、毗湿奴和湿婆三大神外，还建有22座供奉其他神灵的神坛，13座供奉祖先的神坛。它曾是强大的格基（Geigie）和里乌昆（Liungkung）王国的国寺，并作为历代王族的家庙，受到王室人员的祭拜，所以在当地有极高的威信，被称为巴厘的“中央寺庙”（Pura Pusah）。

除百沙基神庙外，还有一座让很多巴厘人趋之若鹜的神庙，那就是丹纳乐土的海神庙（Tanah Lot）。海神庙是巴厘岛最重要的印度教庙宇之一，同时也是巴厘岛景点的标志。该庙始建于16世纪，据说当时一位印度高僧途经此地，发现灵气汇聚，是难得的风水宝地，于是在此讲道并主持修建神庙。该庙坐落在海边一块巨大的岩石上，每逢潮涨之时，岩石被海水包围，整座寺庙与陆地隔绝，孤零零地矗立在海水中，只在落潮时才

① 孔远志：《中国印度尼西亚文化交流》，北京：北京大学出版社，1999年版，第68页。

与陆地相连。巨岩下方与对岸岩壁长期遭海水侵蚀，形成海蚀洞。据传，洞中曾出现过几条黑白分明的海蛇。当地人认为它们是海神的化身，可以保护庙宇和百姓，防止恶魔和其他的入侵者。这种观念源于当地的一个传说，此庙建成之时曾遭遇滔天巨浪，庙宇岌岌可危，寺内高僧解下身上的腰带抛入海中，腰带顿时化为两条海蛇，镇住风浪。此后，海蛇就成为海神庙的守护神。[①]每逢海祭，虔诚的村民在长老的率领下，面向大海，念经祷告，之后目送盛满了祭品的彩船渐行渐远。礼物被投入大海，也带去了人们对海神的敬意。

圣泉庙也是巴厘岛上著名的寺庙。它约建于11世纪，寺庙内有一眼历史超过千年的"圣泉"，所有庙宇环绕圣泉而建，因此得名。圣泉庙内庙宇众多，神像云集，建筑规模宏大、完整，在这里可以看到巴厘岛所有寺庙的特点。巴厘人深信圣泉庙内的圣泉水具有奇特的疗效，对圣泉顶礼膜拜，还经常在池中沐浴，以驱除厄运，涤净灵魂，祈求平安。在庙中有一处神龛下方还立有一个巨形石龟，象征大地。两侧各有一条石刻的巨龙紧卧其旁，传说巨龙负责稳住大地。巨龙上方有一块石槽，里面种有一小片草丛，据说根据其成长状况可以测知本地的气候和农作收成。

在伊斯兰教传入印尼之前，印尼的建筑、雕塑等艺术都已达到相当高的水平。伊斯兰教传入后，在印尼各地兴建的清真寺，尤其是苏门答腊一带的圆顶清真寺，反映了阿拉伯的建筑风格。爪哇淡目、三宝垄、梭罗、日惹和万丹等地的一些清真寺，寺顶呈宝塔形，似佛塔塔尖，这是爪哇佛塔建筑艺术与伊斯兰教和中国建筑艺术的结合。在印尼诸多的清真寺中，最大最宏伟的是伊斯蒂格拉尔清真寺（Masjid Istiqlal）。该寺是东南亚最大的清真寺之一，可同时容纳10万人在此举行会礼。它位于雅加达民族纪念碑广场东北边，占地面积93.5万平方米，建筑面积9.34万平方米，高66.6米，有内柱4400根。屋顶上有一个白色的巨大半圆形顶盖，十分醒目。印尼重大的伊斯兰教活动和仪式都在这里举行。

菲律宾的建筑风格多姿多彩，风格各异，主要分为三种类型：分布于各岛上的土著部落传统建筑、西班牙时期的欧式建筑以及美国殖民地时期的现代派建筑。

菲律宾各岛屿居民的主要房屋形式是干栏式，即建造在陆地、水旁或水上的高脚屋。高脚屋离地1~3米不等，房屋的墙多用藤条片编结，屋顶用树叶覆盖，地板用竹片制作，四周用竹篱笆围住，墙上留一个长方形的窗口。后来菲律宾的建筑师们以此为基础，将其改进为木与石混用的建筑，既保留了传统的木构架，又更为坚固实用。

西班牙人入侵菲律宾后，欧式建筑风格随之传入，欧式巴洛克风格教堂、修道院等宗教建筑和军营随处可见。在马尼拉市还遗留许多西班牙时期的古老建筑，如巴洛克式

① 刘新生：《赤道上的翡翠——印度尼西亚》，上海：上海锦绣文章出版社，2010年版，第129页。

的西格斯门教堂、多明尼克教堂及古城堡圣地亚哥城的废墟等。在菲律宾的其他地方如巴奥阿伊、圣玛利亚、班乃岛的米亚高等地也有许多巴洛克式教堂群，1993年，联合国教科文组织将菲律宾的巴洛克式教堂群作为文化遗产，列入世界遗产名录。

菲律宾的巴洛克式教堂是从16世纪开始出现的。这种建筑风格使用大量镀金图案，有装饰奢侈的墙面以及雕刻精美的柱子等。教堂建筑以西班牙教堂为样板，但设计师也充分考虑了当地多台风、多地震的气候和地质因素，教堂多设计成长方形，既无侧廊又无交叉廊。这种设计加上坚固的备用墙壁、天棚低矮的回廊，成为菲律宾基督教堂的典型特征。这种建筑同时还受到中国宗教建筑的影响，教堂正面结构讲究，教堂与钟塔分离，钟塔又起防御和避难作用。马尼拉市的圣奥古斯丁天主教堂建于1599年，始为竹木结构建筑，1606年开始改用石头建筑，也是菲律宾最古老的石造建筑之一。多次重修后，内部的墙垣、天花板和地板都用大石块砌成，教堂内装饰有大量雕刻和绘画，雕工细致逼真，壁画色彩绚丽。教堂内有博物馆，珍藏着教会的历史文物。通往教堂大殿的拱形走廊，一边是拱形的窗户，另一边墙上挂满宗教性油画，整座大殿庄严雄伟。

菲律宾建筑还受到东方建筑主要是伊斯兰和中国建筑的影响。伊斯兰风格的建筑从13世纪下半叶开始出现，它的影响体现在清真寺和陶苏格人的房子上。而建于16世纪的历史城市维甘（Vigan），则既反映出西班牙建筑风格的影响，同时也融入了中国许多的建筑特色。城市的房子依街而建，巷道长而狭窄，这在东亚和东南亚都是比较少见的。这些古建筑带来了重要的旅游资源。

1810年修建在圣玛利亚的努埃斯拉·塞尼约拉·德·拉·阿森西翁教堂也体现了菲律宾建筑的融合性特征。教堂的入口处有宏伟的石台阶，教堂正面两侧建有坚固的圆塔。装饰砖砌墙壁的花和叶为阿拉伯式图案，深受伊斯兰建筑的影响。离教堂不远的钟塔为八角形平面的四层建筑，具有中国佛塔的特征，清楚地表明了其所受到的中国建筑的影响。

美国人19世纪末进入菲律宾，也将钢筋混凝土的建造技术带了进来。菲律宾的大都市呈现出美式风貌，高楼大厦鳞次栉比地矗立在宽广笔直的大道上。最新式的房屋皆属于好莱坞式的大牧场和布洛瓦海岸巴洛克式的混合物。这种建筑物修有雅致的门廊和平台，镶以精制的金属饰品，并用岩石砌成的围墙围就，表面都有特殊纹路和用金银色细线织成的网格，以利于通风。建筑物周围铁栏上的雕刻装饰生动灿烂。今天，许多官邸和大型建筑物的设计皆体现了现代风格，如马尼拉大学及马卡蒂金融区的高楼大厦。现代商业和政府办公大楼已逐渐用窗帘、遮阳篷和玻璃门取代了原来的列柱和柱廊。最有代表性的宏大建筑集中在马尼拉，如马尼拉国会大厦、邮政局等公共建筑，不仅以罗马复兴的建筑式样表现了宏大的纪念性，同时也与马尼拉湾的海岸线及宽阔的城市广场完美结合，深为当地人喜爱。1911年由美国建筑师帕森斯（Wllliam Parsons）设计的马尼拉饭店，带有加利福尼亚南部西班牙教区建筑的风格，同时坡顶、挑檐以及特有的建筑材料又富有本民族传统建筑的特色，反映了建筑风格的融合性。此外，菲律宾文化中心、国际贸易展览中心、椰子宫等建筑也都非常具有现代特色。

综上所述，佛教、伊斯兰教、天主教等宗教建筑及各国皇家宫殿建筑，金碧辉煌，宏伟壮观，美妙绝伦，建筑技巧高超，是东南亚建筑艺术的精华所在，是世界建筑艺术的瑰宝。

第三章　东南亚宗教

宗教是东南亚地区历史最悠久、分布最广、影响最大的文化现象之一，它与东南亚各国社会、文化、日常生活等各个方面都有着密切联系。作为东南亚文化的核心，宗教参与了整个东南亚文化的形成并贯穿着东南亚文化发展的始终。东南亚地区的宗教主要有佛教、伊斯兰教、基督教以及印度教和儒教等。佛教盛行于缅甸、泰国、老挝和柬埔寨等国；伊斯兰教盛行于印度尼西亚和马来西亚等国；基督教盛行于菲律宾等国。

第一节　东南亚佛教

佛教是世界第三大宗教，创始于公元前6世纪的古印度，创始人为悉达多·乔达摩。在东南亚，佛教包括小乘佛教（亦称上座部佛教或南传佛教）和大乘佛教（北传佛教）。其中小乘佛教盛行于缅甸、泰国、老挝和柬埔寨等国；大乘佛教盛行于越南等国。佛教是大陆东南亚地区信仰人数最多、影响最大的宗教，在相关国家的社会文化生活中占有重要地位。

一、佛教在东南亚的传播

东南亚佛教的源头最早可追溯到公元前3世纪印度孔雀王朝阿育王派高僧到中南半岛一带（金地国）[①] 弘法，缅甸、泰国、老挝等国自此开始接受上座部佛教的浸染。上座部佛教于公元前3世纪由水路传入缅甸南部孟族地区。2世纪佛教传入越南。3~4世纪时，上座部佛教沿伊洛瓦底江北上，传入骠国。之后，大乘佛教和密宗也相继由水陆两路从印度传入中部地区。11世纪中期以前，大乘阿利僧教派还曾在蒲甘流行。泰国可以确定最迟在4~6世纪时已有佛教流传。6世纪前佛教已开始在老挝传播。5~6世纪，随着印度文化的传播，婆罗门教和大乘佛教相继传入柬埔寨。佛教正式进入印尼则在5世纪，佛教最早传入的地区是印尼的苏门答腊。

关于佛教传入缅甸，从现有材料来看，佛教最先传入下缅甸孟族地区。传入的时间最早可以推至佛祖在世时。据仰光大金塔一块刻于15世纪的碑铭记载：大约在公元前6世纪杜温那崩米地区（金地）的孟族商人答波陀、婆利迦兄弟俩，赶着500辆牛车去印度卖粮，路遇佛祖乔达摩在菩提树下坐禅。兄弟俩拜见佛祖，布施听道。后佛祖赐其8根

---

① 一般认为，金地疆域为包括今缅甸、泰国、柬埔寨和老挝在内的中南半岛各国。

头发。回到缅甸后，他们在丁固达拉岗上建立起一座佛塔，将佛发珍藏于塔中。这塔便是仰光大金塔。又据锡兰《大史》、《岛史》记载，公元前242年阿育王时期，佛教僧侣在华氏城举行佛教第三结集。随后，阿育王向9个地区派遣法师弘扬佛法。其中须那法师和郁多罗法师来到了杜温那崩米地区弘法。这个地区就是以今直通为中心的下缅甸孟族地区。据说两位长老弘法的当年便有6万众生获得真法。3500名男子、1500名女子剃度为僧尼。

相传，5世纪时孟族高僧佛鸣长老将其在锡兰大寺中整理的巴利文三藏经典及其注释带回直通，为孟人引进了纯正的上座部佛教。后来上座部佛教又流传到室利差呾罗、掸邦、若开等地。1906年考古学家曾对骠国故城室利差呾罗一带进行考古发掘，发现了大量的佛像和巴利文经典残片，证实了5~9世纪时缅甸中部曾十分盛行上座部佛教。佛教在骠国盛行的情况也见诸中国史书。《新唐书・骠国传》中就有骠人“喜佛法”、“民七岁祝发止寺，至二十，有不达其法，变为民”的记载。在上座部佛教盛行于骠国的同时，上缅甸地区也有大乘佛教传播的迹象。这一地区出土了青铜观音菩萨立像。7世纪起印度的密宗也开始传入缅甸。在卑谬的骠国故城，梵文“诸法从缘起”的密宗偈语碑文也有发现。11世纪以前，蒲甘一带还盛行一种大乘教派——阿利僧派。阿利僧穿蓝色僧服，留寸发，生活放荡。教师人数逾万，弟子6万以上。阿利教有两个派别：森林派和聚落派。它的产生和发展可能与婆罗门教的性力派有关。1044年阿奴律陀继承王位后取缔了该教派。

对于佛教何时传入泰国，目前并无十分确切的说法。据斯里兰卡《大史》记载，早在公元前3世纪，印度孔雀王朝的阿育王就曾派遣须那与郁多罗二位长老前往金地弘扬佛法。不过泰国著名历史学家丹隆亲王考证认为，当时金地的领域包含了当今泰国版图的大部分，特别是金地的中心或者都城，实际上就是今天泰国的佛统，而印度两位长老就是经由缅甸沿泰国的北碧入泰，到达泰国中部的佛统地区。[①] 这也是佛教传入泰国境内的最早的说法。3世纪以后，扶南国对外扩张至中南半岛中南部，也就包括今天泰国的中部和南部区域，扶南信奉婆罗门教，大乘佛教也很盛行，这就使得婆罗门教、大乘佛教在泰国地区流行。而从泰国东北部呵叻府、中部碧武里府、南部的陶公府出土的佛像来看，其年代最早也可追溯到4~6世纪。因此，可以确定最迟在4~6世纪时，泰国已有佛教流传，也就是说，佛教在泰国的传播至少已经有1500年的历史。

6世纪时，湄公河流域的孟族人势力扩张至湄南河流域，并且建立了堕罗钵底国，而其都城就是佛统。从佛统地区出土的佛像、佛塔等文物和历史遗迹可以看出，堕罗钵底国不仅沿袭了金地国的上座部佛教信仰，而且还不断地接受来自印度文化和宗教的影响。

---

① 净海：《南传佛教史》，北京：宗教文化出版社，2002年版，第194页。

在堕罗钵底国时期，上座部佛教从泰国南部地区传到北部地区。此后随着堕罗钵底国的衰亡，柬埔寨吴哥王朝日渐强大，其势力也进入了泰国的东北部，并使得婆罗门教和大乘佛教也随之影响泰国北部直至中部。

8世纪时，处于苏门答腊岛上的印尼室利佛逝王朝势力进入了泰国南部的北大年至素叻地区，室利佛逝信奉大乘佛教，并由此影响至泰国南部。10世纪至13世纪，柬埔寨自苏利耶跋摩一世以后，势力伸入了泰境各地，成立了多个统治城郡，其中尤以罗斛最为重要，在泰国历史上被称为“罗斛王朝”或“柬埔寨统治时期的罗斛国”。[①]罗斛王朝的大乘佛教，是从柬埔寨扶南时期传承下来的，当堕罗钵底国兴起时，信奉上座佛教，但到室利佛逝时，印度大乘佛教又传到柬埔寨中部和南部，并很快发展起来。

澜沧王国建立以前，老挝族人没有真正成为这一地区的主人，而是先后被泰族人和吉蔑人统治。人们讨论老挝佛教时，一般却只讨论澜沧王国建立后的佛教，这是不全面的。实际上，佛教早在澜沧王国建立之前就已长期在老挝这块土地上存在和发展了，至于具体时间却有不同观点，由于没有文字材料佐证，目前尚无定论。老挝国内的学者认为，大约2200年前，印度阿育王派高僧到金地国弘法，佛教即开始在老挝传播；我国学者一般确认6世纪前佛教已在老挝传播，但没有更早的史料证实佛教在老挝的存在。《旧唐书·真腊传》记载，包括今老挝中、下部的真腊“国尚佛道及天神，天神为大，佛道次之”[②]。7~8世纪，大乘佛教从中国云南传入上寮地区，但当时老挝社会婆罗门教和鬼神教仍占统治地位，佛教并不兴盛。由于老挝社会文化教育落后，人们对任何宗教的传播都普遍采取兼收并蓄的态度，对各宗教的教义没有加以严格甄别，不排斥任何说教。与其他国家相比，形成了独具老挝特色的佛教与婆罗门教，鬼神崇拜混杂以至融合发展的奇观。佛教在婆罗门教和鬼神崇拜的巨大影响面前相形见绌，没有形成对老挝社会具有重要影响的宗教，这也是当前学者们往往忽略了这一时期老挝佛教的原因。

柬埔寨佛教属于上座部佛教。1世纪，柬埔寨建立起强大的国家，称为“扶南”。据三国时期吴国出使扶南的朱应、康泰记载，扶南当时的疆域包括了湄公河及洞里萨河下游的全部地区，向西则控制了从印度洋来往马来半岛的商路。朱应和康泰抵达扶南时，扶南王范寻在位（240~287年）。375年，扶南王名为天竺旃檀，根据他的名字可以推断是当时的天竺人，之后的国王名为憍陈如，他也是天竺的婆罗门。憍陈如王朝在位统治的时间较长，与中国南朝的宋和齐经常互派使臣来往。6世纪初，扶南王憍陈如阇耶跋摩曾连续遣使送珊瑚佛像、天竺旃檀瑞像及婆罗树叶至梁。与此同时，扶南名僧僧伽婆罗（Samghavarman）、曼陀罗仙（Mandra）、须菩提（Subhuti）先后前往中国译经，这证明5世纪时佛教在扶南已经得到传播。僧伽婆罗是当时湄公河下游人，梵文名意译为“僧

① 净海：《南传佛教史》，北京：宗教文化出版社，2002年版，第199页。

② 刘昫等：《旧唐书》列传第一百四十七“南蛮西南蛮”，3G书城，http://www.3gsc.com. cn/bookcon/20223_209_0。

养”、“众铠”。他15岁出家，专门研习《阿毗昙》，受具后广习律藏。他听闻当时齐国提倡佛法，于是乘船至扬都，居住在正观寺，师事求那跋陀罗、精研方等。梁朝还特别设立了扶南馆作为翻译道场，专供扶南高僧译经之用。梁朝天监二年，曼陀罗仙自扶南国来到中国译经，之后于扬都寿光殿、华林园、正观寺、占云寺、扶南馆五处译经，一共译出《阿育王经》、《孔雀王陀罗尼经》、《文殊师利问经》、《度一切诸佛境界智严经》、《菩萨藏经》、《解脱道论》、《阿育王传》等11部32卷。其中《解脱道论》[①]、《阿育王传》属小乘体系；曼陀罗仙在梁都与僧伽婆罗译出的《宝云》、《文殊般若》、《法界体性》，须菩提与曼陀罗仙为陈主重译的《宝云经》等属大乘系统。据考古发现，6世纪高棉人的碑铭记述，律陀罗跋摩（514~539年）“王皈依佛法僧三宝，信仰笃深，离一起染污”[②]，这位国王曾派遣使节向梁朝敬献佛发和佛舍利。除此之外，西天竺优禅尼国（印度乌贾音）的真谛三藏，原在扶南弘法。546年，受梁朝的邀请，扶南王派遣真谛前往梁都传法。由此可见5~6世纪扶南佛教已有所发展，同时扶南也是沟通中国与印度、斯里兰卡佛教文化的重要桥梁。

真腊位于扶南北方，疆域包括今天的柬埔寨北部和老挝南部，在6世纪初逐渐崛起，6世纪中后期逐渐吞并了扶南，使之成为真腊的属国。真腊时期佛教已经流行，在现今柬埔寨的磅同省曾发现有护卫佛陀的碑文，暹粒省也有记述建造观世音菩萨像的碑刻，这些碑文的时间在6~7世纪。《旧唐书》中记载当时的真腊：“国尚佛道及天神，天神为大，佛道次之。”即描述了当时婆罗门教盛行、佛教居次的情景。唐玄奘把伊赏那补罗国（真腊首府，在今柬埔寨磅同市以北）作为当时知名的佛教国家记传。[③]真腊还邀请当时在中国的印度僧人那提三藏前往真腊传经，那提通晓大小乘，精通《四围陀》，可见当时真腊与中国佛教界的交流一直延续不断。阇耶跋摩二世在9世纪末回国统一了水、陆真腊，将首都迁往荔枝山附近，这为吴哥王朝奠定了基础。阇耶跋摩二世信奉婆罗门教，但是佛教已经在下层人民当中流传开来，与婆罗门教和其他原始宗教共存。

越南属于大乘佛教区。早在越南建立自主封建国家之前，佛教就已在今越南北方（当时为中国属地，称为“交趾”、“安南”等）广为传播。越南学者普遍认为，佛教于公元初年就已通过海路从印度传入越地，其主要依据是越南陈朝僧人所撰《禅苑集英》一书中的记载。也有以越南传说《一夜泽传》中褚童子出海学佛法的情节以及越语“Bụt”（佛）一词的语源为论据的。[④]中国学界一般认为佛教传入越南的可信时间为2世纪。如梁志明在对照中越史籍之后认为：“《禅苑集英》关于越南佛教起源的记载有不实之处”，但其关于“牟子2世纪末至交州研究佛教”的记载是可信的，它是佛教于2世纪东汉年间传入越南

① 斯里兰卡上座部佛教的代表性论著。

② 杜继文：《佛教史》，北京：中国社会科学出版社，1991年版，第117~118页。

③ 杜继文：《佛教史》，北京：中国社会科学出版社，1991年版，第353~354页。

④ Trần Ngọc Thêm. *Tìm về bản sắc văn hoá Việt Nam*. Nxb thành phố Hồ Chí Minh，năm 2001，tr. 451，453.

北部的第一个可靠资料。[①]我们知道，东汉末年战乱频繁，“独交州差安，北方异人咸来在焉”[②]。正是在避居交州的过程中，大批中原士民和僧侣给交趾地区带去了北传佛教。牟子就是其中最早且成就最显著的代表。牟子，又称牟博（生于165~170年间），东汉苍梧学者。他奉母避世交趾，潜心佛学，力图融儒释道三家观点于一炉，并于交州完成了其宣扬佛道的著作《牟子理惑论》，该书在当时影响极大。

3世纪，西亚僧人康僧会、支疆梁，印度僧人摩罗耆域、丘陀罗等先后从海路经扶南或从陆路经由缅甸、云南到达交州，奉译佛经，弘扬佛法，并在交州建有法云、法雨、法雷、法电四座寺院。中国高僧西行取经，也多取道交州。

如果说早期越南佛教曾受到南传佛教影响的话，那么自6世纪之后，越南佛教主要是北传佛教。由于越南北中部属中国郡县之地，其佛教受中国影响很大。而隋唐时期中国佛教的兴盛也带来了交州佛教的广泛发展。中国的禅宗、净土宗和密宗传入越南，其影响力远远超过了南传佛教。

580年，在中国承袭了中国禅宗衣钵的印度僧人毗尼多流支从广州到达交州，在法云寺（北宁顺城）创立了“灭喜禅宗派”，为越南禅宗之始。820年，唐代广州籍僧人无言通到达安南北宁扶董村建初寺，在那里传授禅学，并创立了越南第二支禅宗派“无言通禅派”。无言通禅派是越南佛教的主要宗派。

968年，丁部领建立“大瞿越”国，越南从此脱离了中国的郡县统治。在此后长达4个世纪的时间里，越南统治者笃信佛教，优容僧侣，佛教迎来了其鼎盛时期。建国之初，因缺乏治理国家的人才，越南丁、前黎朝各代帝王均重用佛教僧侣。971年，丁先皇定文武品秩时，对僧道品阶也做了规定，定“僧统”为佛教官职之首，下设“僧录”管理僧侣事务。当时被丁先皇封为僧统、僧录的分别是匡越大师和张麻尼。匡越大师（933~1011年）是无言通禅派的第四代，原名吴真流，住佛陀寺。“匡越”二字即丁先皇所赐，意即“辅助越国”。黎朝黎大行得帝业后，对匡越大师“尤加礼敬”，“凡朝廷军国之事，师皆与焉”[③]。

前黎朝辅佐朝政的除匡越大师外，还有另两位与匡越齐名的大师杜法顺（915~990年）和万行。杜法顺为毗尼多流支禅派第十代，博学多才。《禅苑集英》记载：“当黎朝创业之始，运筹定策，预有力焉”，“及天下太平，不受封赏。黎大行皇帝愈重之，常不名，呼为杜法顺，倚以文翰之任”。[④]万行为毗尼多流支禅派第十二代传人，精于禅法，曾为黎大行的顾问；李朝初年，万行因以符谶之言支持李公蕴夺得政权而被李太祖尊为国师。

---

① 梁志明：《略论越南佛教的源流、发展及其在李陈时期的历史作用》，载《东南亚历史文化与现代化》，香港：香港社会科学出版社有限公司，2003年版，第198~199页。

② 《牟子·序传》，转引自任继愈《中国佛教史》（第一卷），北京：中国社会科学出版社，1981年版，第194页。

③ ［越］《禅苑集英》，见《越南文学总集》第二集，河内：社会科学出版社，1997年版，第190~191页。

④ ［越］释德念（胡玄明）：《中国文学与越南李朝文学之研究》，台北：台北金刚出版社，1979年版，第100页。

在印尼，佛教于5世纪正式传入。印尼的佛教派系主要是大乘佛教，最早传入的地区是印尼的苏门答腊。

7世纪，在苏门答腊巨港兴起的室利佛逝佛教国，是印尼历史上第一个强大的帝国，既是东南亚国际贸易的中心，也是印尼佛教文化的中心。当时有许多高僧和学者在此讲学，研究佛法。当时在巨港还成立了学校，教授有关佛教、梵语和古爪哇语的课程，大乘佛教因此得到大力的宣扬，巨港因而成为东南亚各国研究佛教的中心。671年，中国唐代著名高僧义净在室利佛逝学习梵文和研究佛法长达14年之久。他撰写的《南海寄归内法传》和《大唐西域求法高僧传》成为研究佛教史的珍贵文献。

8世纪后期，室利佛逝王国出兵爪哇，在马达兰建立了夏连特拉王朝。夏连特拉王朝时期把大乘密宗奉为国教，这是马达兰地区佛教发展的黄金时期。这一时期佛教教义传播广泛，佛教文化繁荣，佛教的雕刻和建筑艺术达到了相当高的水平。850年，夏连特拉王国在中爪哇日惹附近建立了世界闻名的婆罗浮屠陵庙，这是迄今世界上最大的佛塔。之后又先后建造了巴文佛塔、门都特佛塔、卡拉山佛塔、湿雾佛塔等。佛教建筑的大批出现标志着印尼佛教进入了鼎盛时期。

马来西亚佛教的传入有两个源头：印度和中国。早在公元前后，佛教就已随着印度商人抵达马来半岛，但其影响的广度和深度都很有限。室利佛逝曾兴佛教，此时佛教教义混杂着印度教的种种戒规戒律，又与当地流行的民间信仰相结合，具有了本土化的特征。随着室利佛逝的衰落，佛教也随之没落。在当前流行于马来西亚的佛教主要为汉传佛教。

5世纪，东晋的法显曾在马来半岛停留并传教，为汉传佛教进入马来半岛开启了先河，唐代的义净也为佛教在马来半岛的传播做出了贡献。

二、佛教在东南亚的演进

1044年以前，缅甸境内存在许多独立小国。阿奴律陀登上王位后征服了各路诸侯，统一了缅甸。阿奴律陀整饬教派，发展农业，为蒲甘王朝的发展奠定了基础，也为佛教的兴盛创造了条件。由于在佛寺隐居多年，阿奴律陀深受佛文化的熏陶。继位后又受到来自直通的孟族高僧阿罗汉的影响，他立下了改革教派、弘扬佛教的志向。阿罗汉长老精通三藏，为弘法来到上缅甸地区。他经人引荐，见到了阿奴律陀国王。长老的学识及对佛理的领悟深得国王的敬重。1056年阿奴律陀王采纳阿罗汉的建议扫荡了阿利教势力，废除了大乘、密宗、婆罗门等教派。他定佛教为国教，尊阿罗汉长老为国师。由于阿罗汉初至蒲甘时未携带完备的三藏经典，便建议国王遣使直通，向孟王摩奴诃请赐三藏经典和佛舍利，但遭拒绝，引起了阿奴律陀的不快。于是阿奴律陀派兵进攻直通，围城3个月后攻陷直通城。击败孟王摩奴诃后，阿奴律陀令人将直通的三藏经典及注释用32头大象运回蒲甘，同时将500名高僧及30000名能工巧匠带到了蒲甘。征服直通是缅甸文化史上的重大事件，促进了蒲甘佛教、文化艺术和手工业的进一步发展。

征服直通后，阿奴律陀王又与锡兰通好，派遣僧团前往锡兰迎请完备的三藏经典。他还广建佛塔寺院，塑造佛像，改革佛教，使其盛行全国。江喜陀王继位后，仍大力推崇佛教。他去世后，其外孙阿隆悉都继位。阿隆悉都也一如其先辈，在各地广建寺塔，保持了佛教繁荣的局面。这时的蒲甘实际上已成为继锡兰、直通之后的又一佛教中心。

1173年那罗波帝悉都登位。缅甸与锡兰间的宗教往来仍十分频繁。国师般他求也西渡锡兰，在锡兰求法6年。此后，缅甸佛教开始较多地受到锡兰大寺派的影响。般他求的弟子，后来的国师乌多罗耆婆长老也于1180年率领众僧赴锡兰求法，受到大寺派接待。长老本人也被誉为“遍历锡兰第一法师”。乌多罗耆婆长老回国时，留下了孟族沙弥车波多。车波多在锡兰大寺受比丘戒，留学10年，1190年返缅。与他一同返缅的还有4位外国比丘：尸婆利、多摩陵陀、阿难陀、罗睺罗。他们在蒲甘创立了缅甸的大寺派。由于大寺派戒律严格，因而受到了国王的青睐。在那罗波帝悉都王的支持下，大寺派在缅甸获得了较快的发展。缅甸的佛教从此分成了两派：车波多的锡兰派（又称为后宗）和前国师阿罗汉所传的缅甸派（又称作前宗）。

乌多罗耆婆和车波多两位长老赴锡兰求法归来后，大大地促进了缅甸佛教的发展和佛经的研究。车波多长老学识渊博，论著丰富，深受那罗波帝悉都王的赏识，被封为国师。车波多的重要著作有《经义释》、《阿毗达摩简释》、《行者明灯》、《律兴起解释》、《戒本明解》、《戒坛庄严》、《发趣论注》、《法集论研究》等。其中以《阿毗达摩简释》和《行者明灯》最为著名，是研究上座部佛教论藏的重要参考经论。

可以说11~13世纪的蒲甘王朝是缅甸佛教发展的黄金时期。经过几代国王的热心护法，传教长老的竭力弘法，直通孟族地区的上座部佛教传统在全缅发扬光大。从锡兰引进的上座部大寺派传统也从侧面促进了蒲甘佛教的纯洁。蒲甘威名远扬四方，更使得佛教精要汇集于蒲甘。蒲甘的壁画、雕刻、建筑艺术在繁荣的佛教推动下有了长足的进步。蒲甘成为当时东南亚名副其实的佛教艺术中心。

上座部佛教经过蒲甘王朝的辉煌后继续蓬勃发展。佛教从孟缅地区向境内其他少数民族地区传播，取得了很好的成效。1287年元朝蒙古军队南下，推翻了蒲甘王朝。缅北的掸族乘机南下，把势力扩展到中部和南部地区。缅甸出现了群雄割据、互相征战的混乱局面。北方掸族王国邦牙聚集了许多阿奴律陀时代被驱逐的阿利教僧侣，上座部佛教十分微弱。后来上座部比丘小阿罗汉和天眼来邦牙弘法，得到国王的崇信和扶植，佛教才开始发展。1324年乌阇那继位后，建立77座佛寺以供养来自蒲甘的阿罗汉派和阿难陀派僧侣。两派得到发展，人数增至数千。1364年实皆王他拖弥婆耶战胜邦牙并迁都阿瓦。

由于国王信奉阿利教，上座部佛教又受到暂时的压制。1368年明吉斯伐修寄王登位，礼请其师大寺派高僧差摩遮罗长老担任国师，佛教才又得以快速发展。1429年锡兰高僧室利萨达摩楞伽罗和信哈罗摩诃萨弥带着5颗佛舍利来缅弘法，受到南方勃固国王的冷遇。阿瓦国王闻讯后派遣40艘船只亲迎其来阿瓦弘法。锡兰僧人与原有3派僧侣和合共住，探讨佛法，阿瓦佛教逐渐兴旺起来。1540年阿瓦国王思洪发感到佛教太盛，危及其统治，加上他认为各地佛塔与佛法无关，只是帝王藏宝之处，于是下令拆毁各地佛塔，遭到各方强烈反对。这更使思洪发感到佛教的威胁，决定剪除佛教。他设计在阿瓦附近的刀巴奴举行斋僧大会，邀请阿瓦、实皆、邦牙等地的3000名比丘赴会。正当僧侣们用斋之际，埋伏在四周的军队一齐出击，杀死了360位比丘，其余比丘则侥幸逃脱。随后，思洪发下令毁佛塔、烧经书，致使阿瓦佛教遭到重创，史称“思洪发灭佛运动”。

在南方的勃固，1453年女王信修浮继位。由于女王贤明，国泰民安，勃固佛教蒸蒸日上。信修浮女王在位8年后让贤给驸马达摩悉提。达摩悉提是位还俗和尚，在位20年。他统一了当时勃固的6个佛教派别，改革了勃固王朝的佛教。1475年他派僧团赴锡兰受戒。僧团归国后，他择地创设“结界”之地，下令各派比丘重新依照锡兰大寺派传统受戒。经过3年的整饬，有800位高僧，14265位青年比丘，601位沙弥受戒。在他的推动与参与下，以往300年来的派别对抗自此统一于大寺派的传统之下。

16世纪以后，缅甸历代君王都热心护法，佛教一直繁荣兴盛。特别是东吁王朝的莽应龙王，笃信佛教，护持佛法。他在位30年，广建寺塔，供养各方僧众。他自毁王冠，装饰佛塔，大量印发经书，鼓励研习。他严禁杀生，要求境内的掸族和穆斯林全部皈依佛教，把上座部佛教推广到缅北边境地区，使佛教盛极一时。

贡榜王朝时期，孟云王兼并若开后，将若开的佛像法宝运回缅甸本部。1802年他派遣5位比丘赴锡兰传法，建立了阿摩罗补罗教派，成为锡兰佛教三大派别之一，为缅锡（兰）佛教交流做出了重大贡献。1856年敏东王继位后的第3年，为了弘扬佛法，决定兴建新都曼德勒城。在兴建新都的同时，大批佛教寺塔、经楼、戒堂也拔地而起。由于无法实现其政治理想，敏东王转而全身心地弘扬佛法。1871年他召集2400名僧侣在曼德勒结集，对巴利文三藏经典加以校订。这次结集以律藏为重点，史称“第五结集”。僧侣们用5个月时间齐诵一遍三藏之后，又花5年时间将其刻于729块大理石上，以使经文长存，佛法永驻。

在部派争论方面，15世纪后期根据勃固国王达摩悉提的旨意而统一起来的僧团，由于对戒律理解的不同而孕育着分裂的迹象。僧团间的争论在18世纪达到了高潮。1700年东吁王朝娑尼王时期，求那比兰伽罗长老认为披袈裟袒右肩和用棕榈叶扇遮阳不违反戒律，因而受到排斥。僧团由此分裂成两派：偏袒派和被覆派。东吁王朝时被覆派势力较大，而到贡榜王朝时主张偏袒右肩的阿杜罗长老出任雍籍牙王的国师，偏袒派占了上风。到孟云王时期，由于国王认为偏袒派论据不足，命令其与被覆派统一。1784年两派结束部派之争，重归统一。

1885年英国通过3次英缅战争吞并了整个缅甸。缅甸从此沦为英属印度的一个省。在英国的殖民统治下，缅甸社会中的许多制度遭到了破坏。佛教方面，僧侣的宗教作用和社会地位大为降低。天主教、基督教大行其道，西方文化借助国家机器一时成为主导文化。佛教遭受了越来越多的压制和排挤。

在英国统治的地区，即1824年后的若开、丹那沙林，1852年后的勃固，1885年后的上缅甸，佛教先后失去了国教的地位。殖民当局表面上保持宗教中立，不愿对佛教有所干涉。但由于失去政府的支持，佛教僧侣没有了统一的中央组织，各寺院自成一体，佛教的影响和作用大为减弱。僧侣们也丧失了过去受国王和官员尊崇的地位。僧侣界被剥夺了僧侣犯小罪由僧侣内部惩罚的传统权利。随着注册寺庙学校迅速大幅度地减少，僧侣也快速地丧失了传统文化教育传播者的地位。传统寺庙教育在西式教育的冲击下奄奄一息。巴利语失去了传统的价值。佛寺作为佛教传承研习中心的功能也大大削弱。缅王时期一村一寺的景象不再，三四个村子共用一座寺庙的现象多了起来。佛教在殖民时期开始了全面衰退。

1887年首席专员查理斯·克鲁思威特拒绝了国师提出的承认僧侣享有传统特权的要求。1895年国师般若萨弥圆寂，殖民当局不肯任命新的国师，企图使影响国民最深的佛教群龙无首。缅甸人民与殖民者之间的矛盾日益加深。为了缓和矛盾，1901年英国首相库松访缅时委托缅甸僧伽团体自选僧王，由英国政府加封。1903年当温法师继为僧王，被英政府封为“教统”。教统的职责和地位与国师相当。1922年当局被迫同意将教统的宗教司法权扩大至下缅甸地区。殖民者还设立巴利文考试奖以笼络僧侣学者。1938年当温法师圆寂，教统一职又空缺了起来。殖民当局对佛教的麻木态度引起了全民信佛的缅甸人民强烈不满。为了振兴佛教，维护自身权益，僧侣们纷纷组织起来参与政治斗争。1891年的缅甸佛教协会，1898年的护法会，1904年的仰光佛教学会，1906年的佛教青年会，1918年、1920年的仰光和曼德勒僧伽团等组织的相继成立成为佛教与政治相结合的先声。1920年缅甸佛教团体总会的成立则标志着以佛教为旗帜的各种进步思想汇集成为一股抗英反帝的政治力量。广大的爱国僧侣普遍认识到振兴佛教、争取僧侣权益与反对殖民统治、维护民族尊严、争取民族独立是分不开的。为此，他们积极地参加争取独立的斗争。吴欧德玛法师和吴威沙拉法师就是其中最杰出的代表。高僧们的英雄事迹震动了佛教界和整个缅甸社会，极大地鼓舞了缅甸人民的抗英斗争。

1930年的农民反英大起义——塞雅山起义就是在这种情况下爆发的。起义中许多佛教僧侣成为塞雅山的追随者和各地起义军的领导者。寺庙成了起义军“咖咙会”会址和起义指挥中心。僧侣们还是1938年全国反帝大罢工的积极参与者和支持者。在反抗殖民统治、争取民族独立的斗争中有许多僧侣献出了自己的宝贵生命。

总的来说，殖民时期由于帝国主义者对佛教的文化排挤和打压政策始终没有改变，失去了政府扶持的佛教在西方宗教、西方文化和殖民政治的多重冲击下无可奈何地衰落了。

1948年1月4日，缅甸脱离英国的殖民统治成为一个完全独立的国家。在沦为殖民地的半个多世纪里，佛教是缅甸人民反抗外来侵略、争取民族独立的思想武器。独立后，佛教又成为全体国民的精神寄托和传统文化核心的标志。缅甸独立后的第一部宪法明白无误地写道："国家承认联邦绝大多数公民所信奉的佛教的特殊地位。"从而以法律的形式肯定了佛教的地位和作用。1950年缅甸政府设立了宗教部，负责制定了有关僧侣的法规、关于佛教大学和培养佛学指导者的条例法则。同年，联邦议会通过了《佛教组织法》、《巴利语大学与佛经讲授师法》和《巴利语教育委员会法》，把弘法活动法律化，为佛教的发展提供法律依据。1951年8月26日，在吴努总理的领导和推动下，全国性的佛教徒组织——佛教评议会在仰光正式成立。佛教评议会作为领导全体佛教徒的团体，其宗旨在于弘扬佛法、厉行教义，确立佛教稳固的基础，保持佛教的神圣地位。根据《佛教评议会条例》规定，该会由来自缅甸本部和山区少数民族地区的80位委员组成。其职责是向国内外传播佛教；设立国内传播中心，提供佛教研究的场所和设施；主办佛教经典考试；奖励对佛经的传播。佛教评议会设立执行委员会，以政府代表为核心，推进和落实各项具体工作。此外，政府还成立了佛法戒行部，以监督僧侣戒行，严格执行僧伽纪律，解决僧俗纠纷。在吴努及其政府的全力推动下，缅甸的社会改革、政治进步和佛教发展有机地结合到了一起。佛教从理论到实践上都进入了一个全新的阶段，全国出现了前所未有的兴教热潮。缅甸作为佛教国家也因此在世界佛教国家中享有崇高的威望。

1950年，缅甸政府用英国军舰迎请锡兰的佛牙，并在各大城市巡回展出。这是独立后的首次佛事活动，极大地调动了僧俗各界的护教热情，为佛教复兴高潮的到来奠定了基础。1954年5月佛诞日至1956年5月佛诞日，佛教评议会和宗教部联合组织了佛教第六结集。为了搞好这次结集，迎合佛教徒复兴佛教的愿望，吴努政府耗资200万美元大兴土木，在仰光市东北郊吉祥山修建了和平塔和大圣窟，并在和平塔、大圣窟附近新建了一所佛教大学、一座戒堂和一座图书馆。它们与塔窟一起构成了一座现代化的佛教城。这次结集主要是对巴利文三藏经典进行校订。有关方面选取了第五结集时编定的缅甸巴利语版圣典，参照锡兰版、泰国版、柬埔寨版及巴利圣典会罗马字版等版本，加以补充编纂。这次结集动员了锡兰、泰国、缅甸、尼泊尔等国的2500位高僧参加，历时两年。高僧们认真考订了全部三藏，在1956年佛祖涅槃2500年前夕完成。为了纪念佛灭2500周年和庆祝本次结集成功，缅甸政府和僧伽组织于1956年5月22日至27日在大圣窟举行了盛大的庆典。政府对罪犯减刑大赦，全国放假6天，并命令屠宰业休业4天。这次结集不仅加强了佛教徒的团结，加快了佛教向少数民族地区的进一步传播，而且对整合缅甸民族文化，提升缅甸的国际地位都有十分重要的意义。结集所产生的现代最权威的巴利文三藏经版本也体现了现代佛学研究的重大成就，为纯洁上座部佛教做出了不可磨灭的贡献。

结集结束后，有3个佛教团体马上向吴努总理和宗教部提出了“佛教国教化”议案。缅甸的佛教国教化问题由来已久。早在1947年5月制宪委员会起草宪法时就有人提出了佛教的国教化问题。由于考虑到信仰其他宗教的一些少数民族的立场，议案未获通过。同年5月23日缅甸反法西斯人民自由同盟召开全体会议，做出了国家对宗教问题保持中立的决定。但1947年的宪法还是承认了佛教的特殊地位。此后，佛教徒便以僧伽为中心，不断利用政府振兴佛教的政策向政府施加影响。

第六结集期间，佛教界向政府提出了在包括国立大学在内的各级国立学校中将佛教列为教学科目的问题。1954年9月政府权衡利弊后做出了让佛教徒，同时也让穆斯林和基督徒在国立学校接受各自宗教教育的决定。这个决定一出台，便立即遭到了佛教团体的强烈抨击。政府被迫让步，只把佛教列为教学科目，而非佛教宗教教育只能利用教室以外的其他场所进行。

佛教国教化议案再度提出后，吴努总理表示原则上同意。但他担心会产生教派冲突，未敢做出决断。僧侣们对此极为不满。1956年6月吴努暂时离职以处理佛教问题。此时自由同盟内部主张优先发展农林业的吴努派与主张工农并举及着重工业化的吴觉迎派各树一帜，把佛教国教化问题扯进了政见之争，导致1958年春两派的公开决裂和吴努总理的辞职。1960年吴努为首的廉洁派在大选中获胜。执政后廉洁派政府成立了“国教问题顾问委员会”，探讨国教化问题。该委员会以吴登貌为首，由18名高僧和17名在家僧组成。经过一年多的努力，国教问题顾问委员会于1961年8月17日向议会提出了宪法第三次修正案：联邦大多数公民信奉的宗教佛教为国教。8月26日该修正案获得通过。随后政府制定《国教推进条例》，详细地规定了佛教与社会生活的关系。这些举措引起了非佛教徒的强烈不满，导致国内政局动荡不安。以奈温为首的国防军感到国家有分裂的危险，遂于1962年3月2日发动军事政变，推翻了吴努政府，成立了革命委员会。革命委员会执政后，实行政教分离政策，拉开了佛教与政治的距离，使佛教走上了独立发展的道路。

在泰国，素可泰王朝建立之前，佛教在泰国的传播还是较为多样化的，既有上座部佛教，也有大乘佛教，同时还包含婆罗门教。佛教的各个教派在泰国境内争相传播与发展，这主要是由于当时泰族人并没有形成一个属于自己的独立统一的国家，历史上多次受到其他非泰族文明的统治，所受到的佛教的影响也就显得多样化。而佛教在泰国真正得到统一，或者说上座部佛教在泰国真正确立下来还是在素可泰王朝建立之后。

素可泰王朝建立之初，虽然国家在形式上得到了统一，但是各地仍然保留着各自的宗教信仰传统。例如吉蔑人统治的地区，多数人信仰大乘佛教，在泰北的昌莱、清迈、南邦等地，因先受缅甸蒲甘佛教的影响，信仰蒲甘传入的上座部佛教，而泰南六坤则信仰从斯里兰卡传入的上座部佛教①。

斯里兰卡上座部佛教是对泰国佛教影响最为深远的佛教派别，也是我们所了解的今天泰国佛教的直接来源。据史料记载，在素可泰王朝建立之前的11世纪初期，斯里兰卡上座部佛教就已经进入泰境。至12世纪中期，斯里兰卡佛教发展兴盛，使得缅甸、泰国的僧侣纷纷前往斯里兰卡重新受戒，学法取经。学成之后他们携带经文戒本，并邀请斯里兰卡高僧一同归国，传授戒律。

斯里兰卡上座部佛教在泰国真正发扬光大是在素可泰王朝建立之后，而这要归功于素可泰王朝一位伟大的君王——兰甘亨国王。兰甘亨国王是泰国历史上最为著名的君王之一，作为素可泰王朝的第三位君王，他拓疆扩土，维护国家稳定与统一。他不仅重视政治、军事的发展，而且还积极振兴文化教育，努力提倡佛教。特别是他为了摆脱柬埔寨的统治和影响，实现泰民族的社会和文化的独立，积极扶持和发展上座部佛教。为此，他积极与印度和斯里兰卡通好，输入印度文化和斯里兰卡上座部佛教。他曾派人专程到斯里兰卡请来上座部的高僧和斯里兰卡僧团至素可泰弘扬佛教，并派官员出使斯里兰卡，引进巴利文《三藏经》。他还大兴土木，修建寺院佛塔，供养僧侣。兰甘亨国王在位期间，斯里兰卡上座部佛教在泰国得到了广泛的传播，兰甘亨石碑叙述当时素可泰人民信仰佛教的情形说："……素可泰人，常布施，常持戒，常供养；素可泰王坤兰甘亨，及一切大臣、人民，不论男女，都信仰佛教。安居期间每人持戒；出安居后一月中，举行功德衣供养。"②

素可泰王朝另一位对斯里兰卡上座部佛教在泰国的传播具有极大贡献的君王是立泰王。立泰王是素可泰王朝第五代君王，也是位虔诚的佛教徒。他精通佛学，热心发扬佛教，在各地兴建佛寺和佛塔，铸造佛像。立泰王登位后，曾邀请斯里兰卡高僧至素可泰弘扬佛教，整理并改革佛教。尤为突出的是，立泰王曾受戒出家为僧，这是泰国历史上第一位在位的君王出家为僧。此举影响了后来的每代国王和泰国男子，现在他们在一生中至少一次短期出家，以接受佛教的教诲。

素可泰时期，由于信仰佛教而出家的人日渐增多，因此第一次建立了僧团管理制度。素可泰时期对僧团的管理分为左右僧团两部分，左僧团是从斯里兰卡传过来的上座部佛教，右僧团是原有的教派。从立泰王开始设有"僧爵"来掌管僧团的事务，"僧爵"最高位者即僧王，由国王任命。兰甘亨石碑曾有记载：素可泰"有僧王，有僧伽尊长，有大长老及上座"。丹隆亲王认为，其中所提及的"僧王可能是最高的僧职，僧伽尊长是低于僧王以下的职位；至于碑文中的大长老及上座……不是国王加封的僧爵"。③

---

① 净海：《南传佛教史》，北京：宗教文化出版社，2002年版，第205页。

② 净海：《南传佛教史》，北京：宗教文化出版社，2002年版，第206页。

③ 净海：《南传佛教史》，北京：宗教文化出版社，2002年版，第211页。

随着素可泰王朝的日益强大和疆土的不断扩张，以及伴随着室利佛逝和吉蔑人的衰弱并从泰国境内退出，斯里兰卡上座部佛教在素可泰王朝逐渐确立了国教的地位，使得大乘佛教在泰国境内很快衰亡下去。公元12~13世纪，缅甸、泰国、柬埔寨、老挝等国已完全信仰斯里兰卡系的上座部佛教，而大乘佛教渐趋隐没。

阿瑜陀耶王朝时期国家繁荣、上座部佛教兴盛，致使僧伽数量大增。1361年，乌通王进行佛教改革，派遣使节到斯里兰卡迎来斯里兰卡僧人，整顿僧伽组织。此后的历任君王都以扶持佛教为己任，大量兴建佛寺，修筑佛像，以及扩建原有的佛殿与佛塔。值得一提的是，16世纪之后，由于葡萄牙等殖民主义者的入侵，斯里兰卡佛教衰微，僧团戒法断传，使佛教趋于灭绝。所以1750年斯里兰卡遣使至泰国阿瑜陀耶城，礼请泰国僧团前往斯里兰卡传授戒法。泰王派了以著名法师悟巴利为首的24名高僧到斯里兰卡，为斯里兰卡上座部佛教传授比丘戒，复兴了斯里兰卡的僧伽系统。此派后来发展迅速，并被称为“暹罗宗”，发展至今已成为斯里兰卡僧人最多的一个宗派。

吞武里王朝是泰国历史上存在时间最短的一个王朝，只有15年的时间，但是佛教的发展却没有停滞。郑信王在位时曾大力扶持佛教，他“命令修复黎明寺，并加以扩充，作为宫内的王家佛寺，不住僧众。王又下谕，在大城陷落时，奔赴各处避难流落的僧人，回归到原来的佛寺，并给予各种协助。他聘请有德学的高僧来吞武里王都安住，册封僧爵及职务，推行弘法工作，淘汰不良的出家僧众，鼓励优秀的僧人。他协助搜集于战争中散失的三藏及各种典籍，如有缺失不全的，就向柬埔寨等国抄写补全”[①]。

综上所述，素可泰王朝时期来自斯里兰卡的上座部佛教在泰国确立了自己的优势地位，并在阿瑜陀耶王朝与吞武里王朝时期不断地得到巩固和发展。虽然期间战争不断，国家统一受到威胁，但是上座部佛教却被历代统治者所传承，并发展成为了泰国民众普遍信仰的宗教，从而促进了泰国社会文化的统一。

曼谷王朝是上座部佛教在泰国的大发展时期，历代国王都尊崇佛教，使佛教在泰国出现了十分繁荣的局面。拉玛一世继位后，大力发展佛教，利用佛教来维护国家的统治和社会的稳定。他下令修建和修复寺庙，以及收集古代的佛像收藏在新建或修复过的佛寺里供奉，或赐给一些佛寺供奉；他邀请并组织长老、比丘和居士整理三藏，编印其他藏经及注释，分送各地佛寺，供僧侣们研读；亲自主持修订了泰国的法典，使国家的法典符合三藏精神，把国家的政法和佛教教义及戒律结合成为有机的整体；促进保护及改革僧团，设立宗教事务部，把佛教僧团的活动置于中央政权的管辖之下。

拉玛二世在位期间，规定了佛教用语为巴利文，以及巴利文的九级考试制度。

拉玛三世下令各地修建多所佛寺和佛塔，搜集丰富的史诗壁画和古代佛教艺术，将

① 净海：《南传佛教史》，北京：宗教文化出版社，2002年版，第227页。

其重新刻画并嵌在佛殿、亭台的廊壁上；谕令高僧和学者，翻译三藏及特别论典为泰文，使佛法能发扬普及。他曾多次派僧侣往斯里兰卡，并供养斯里兰卡来泰国的僧侣。

拉玛四世为了改革佛教，提倡严格戒律，于1829年创立“法宗派”，并制订多种管理佛教僧团规约，劝令僧人严格遵守戒律，加强僧伽教育。至此，泰国的僧团分为大宗派和法宗派两大派别。

大宗派主要流行于广大民间的信徒中，其延续于泰国早期的上座部佛教，为泰国佛教历史最久的宗派。大宗派僧人众多，有深厚的群众基础，目前泰国全国90%的寺庙都属于大宗派，在普通百姓中有十分广泛的影响力，是泰国上座部佛教在民间传播发展的中坚力量。

法宗派提倡严格的佛律，崇奉巴利文《三藏经》和坚持斯里兰卡上座部佛教的传统，在戒律上较大宗派严而多，在管理上也较细，故自称“符合佛法的部派”，主要流行于以王室人员为首的贵族阶层信徒中，僧侣也以王室贵族为主。法宗派所属的寺院较少，但是多为国寺，而且法宗派掌握了上层僧伽的领导权，其成员又多是王室贵族，因此在国民中享有很高的威望。

拉玛五世领导编修《三藏经》，并刊印1000部赐赠多个国家。他创办大舍利寺学院和玛哈蒙固佛学院，出版《法眼》佛学月刊。1902年他颁布第一部《僧伽法令》，成立了“大僧长会”，以法律的形式将僧伽管理纳入法制的轨道。

拉玛八世时，于1941年颁布《僧伽法令》，对原有的《僧伽法令》做了修改和补充，按照管理国家的模式来管理僧人。《僧伽法令》规定僧伽组织仿效议会政府三权分立，僧王下设有僧伽议会、僧伽内阁、僧伽法院。僧王由总理提名、国王批准，但僧伽组织的其他重要职务要由教育部长批准，并且宗教事务仍在国家教育部宗教局的直接领导下进行。通过僧伽改革，国家控制了僧伽的活动，使之不能摆脱国王和政府的领导与管理。所有这些为战后的泰国佛教的发展奠定了基础。

拉玛九世普密蓬·阿杜德是目前在位时间最长的国王。他对佛教一直非常虔诚，除了大力扶持修建佛寺以外，而且还拥有属于皇家的佛寺数十所，供养了一大批佛教僧侣。每逢佛教节庆，国王全家必到佛寺礼佛，斋僧布施，祈求国运昌隆。1956年，拉玛九世还在母旺尼域寺出家为僧15天。

1946年拉玛九世将大舍利寺学院改为朱拉隆功佛教大学，1947年将玛哈蒙固佛学院改为玛哈蒙固佛教大学，完善了佛学教育制度与课程体系。

1957年，泰国隆重庆祝佛陀涅槃2500周年，在全国掀起了崇佛高潮。1958年，世界佛教徒联谊会第五届大会在泰国曼谷召开，共有18个国家的188名代表参加。从1950年到1958年，泰国政府用于宗教活动的资金增长了5.8倍，其中99%以上是用在佛教事业，佛教寺庙也由1950年的19074座增至到21385座，上升了12.1%。受教育男性成人佛教徒由374万人增至464万人，增长了24.1%。[①]

20世纪60年代，泰国沙立政府重新对僧伽制度进行了改革。1962年政府颁布了新《僧伽法令》。新法令实行的动机和目的是："旨在整顿僧伽，以便尽可能使其回归到佛陀在世的形态，并以一切方式尽可能支持这个古已有之的佛教，因为佛教文化已经深深地渗入国家稳定和民族性格之中了。"[②]新僧伽法取消了僧伽内阁，成立大长老会议，权力集中于僧王与大长老会议。国家宗教局长担任大长老会议秘书长，全面监督僧伽最高层的事务活动。各地僧伽组织设地区、府、县和区，但另任命地区监察、府督察等职务，负责监督僧侣活动。政府教育部有权辅助僧王的任命及对僧伽进行财政补贴。这个法令进一步密切了国家和僧侣界的政治联系，政府可以轻松地指导僧伽的政策和行动，僧伽议会、内阁、法庭的"三权分立"体系实际上受到削弱。

1964年和1965年僧伽相继推出了"传法使计划"和"弘法使计划"，以配合政府的农村发展计划，防止共产主义的活动，抵制非佛教徒的少数民族和穆斯林的反抗，维护国家的稳定。两项活动的基本内容有："选派忠诚于国家和佛教，自愿献身于传教事业的僧人，组成若干个小组到全国各地开展宣教工作，向村民们讲解佛教教理，劝人皈依，乐于布施，热爱正法，强调传统宗教的重要性。"[③]经过几年的传法和弘法活动，泰国的佛教有了新的发展，受教人数和佛教徒人数都有了较快的增长。

在老挝，1353年后，佛教在婆罗门教和鬼神崇拜的重重压力下脱颖而出，最终确立了在老挝社会的统治地位。这一时期的佛教传播开始有历史记载，也有文物古迹流传至今。这一年法昂王统一老挝，建立澜沧王国。由于法昂王早年是在吉蔑国（现柬埔寨）流亡的，受到过佛教思想的熏陶，又是在得到吉蔑国王的支持下才回到老挝取得政权的，同时其笃信佛教的妻子为吉蔑国公主，这都在很大程度上影响法昂王对佛教的态度，加之这一时期吉蔑国的佛教发展达到了一个相当高的程度，将佛教引入老挝是顺理成章的。在法昂王的请求下，吉蔑国王派遣2位长老，率领20位比丘、3位通达三藏学者前往老挝弘法。同时，派遣5000人为佛教的护持者留在老挝。法昂王营造了浓厚的佛教发展氛围，并以王权加以强力推动，正式颁布王令将佛教定为国教。佛教在法昂王后得到了长足的发展，山森泰王开始兴建佛寺，维孙纳腊王更是发动群众全面修建佛寺，特别是在促进佛教文化方面发挥了极大作用，一批与佛教有关的著作和译作大量涌现，如《昆博伦的故事》、《娘丹黛》、《陶亨陶江的故事》等。泼提沙腊王颁布法令，禁止信仰鬼神教，大兴佛寺，佛教的地位进一步得到加强和巩固。其间佛教文学得到了很大发展，出现了《玉佛的故事》、《帕拉邦佛的故事》、《镶金佛的故事》、《昆博伦的故事（二）》等著作。赛谢塔

① 黄夏年：《现代泰国佛教的活动及思潮》，载《东南亚纵横》1992年第4期，第47页。
② 黄夏年：《现代泰国佛教的活动及思潮》，载《东南亚纵横》1992年第4期，第47页。
③ 黄夏年：《现代泰国佛教的活动及思潮》，载《东南亚纵横》1992年第4期，第48页。

提腊王将万象设为首都，兴建的西沙吉寺、塔銮寺一直保存至今。苏里雅旺萨时期是澜沧王朝最辉煌的时期，老挝与外国的佛事联系增多，修建了很多佛教学校。1690年，苏里雅旺萨王朝结束，澜沧王国进入动荡时期，并于1778年沦为暹罗的属国。佛寺被毁，玉佛被掳掠，暹罗人还有针对性地清除老挝文化印记，甚至焚烧万象全城。老挝文化至此陷入没落。

1893年，老挝沦为法国殖民地。法国的管理体制、文化教育全面影响老挝。文物大量被掳至法国，老挝的文化又经历了一次浩劫。1954年，法国退出老挝，美国以反抗共产主义入侵为名将势力延伸到老挝。为有效控制和影响老挝，法国和美国都不约而同地采取了宗教入侵的策略，企图消灭佛教，向老挝输入基督教。这段历史时期内，老挝佛教受到了极大的压制和摧残，举步维艰。但佛教在老挝人心中的根基是牢固的，隐忍退让的佛教徒们并没有在外来宗教的强大压力面前屈服，他们自发组织起来，反抗西方殖民主义文化的侵蚀，抵制基督教的传播。在这种艰难的环境下，佛教在老挝王国政府时期（1945~1975年）还是被定为国教（王国宪法第七条），显示了佛教的生命力和战斗力。基督教在老挝虽然也有一定的发展，但始终无法超越佛教，甚至可以说一直处于萎靡不振的状态。佛教虽然无法从殖民当局获得支持，但由于长期积累起来的文化习俗和学校教育等资源仍然是老挝社会不可或缺的宝贵财富，有力地支撑着老挝社会的发展，使得佛教仍然能在逆境中艰难前行。

老挝人民民主共和国成立后，坚持无神论的老挝人民革命党并没有与佛教对立，而是综合考虑到老挝的社会和文化特点，对佛教进行了有效的继承和发展。佛教的节日完整地保存了下来，与佛教相关的风俗习惯已成为主导老挝民众传承社会文化、弘扬道德风尚的主要推动力量。政府对佛教的支持和鼓励也是有目共睹的，万象市的塔銮佛塔成为老挝国徽的重要组成部分，国家领导人每年都参加塔銮佛法盛会，每年拨款对塔銮进行修缮，并兴建塔銮周边的佛寺建筑群，全国各地的佛寺也如雨后春笋般地涌现出来。这一系列举措极大提高了佛教在老挝社会的地位，同时也使佛教在促进社会和谐稳定方面发挥了更为积极主动的作用。

由于老挝经济发展落后，对佛教的保护和推动还有很多不足，政府推行的“文化的民族性、进步性和群众性工作”力度不大，水平不高，佛教从国家政策和资金支持中得到的实惠不多。2010年1月，老挝第一所佛教大学在首都万象破土动工，预计耗资4500万美元（约合3亿人民币）。然而，所需资金竟全部由社会募捐所得，政府没有下拨经费。一些与佛教相关的文物古迹仍露天存放，没有得到有效地保护，这对佛教遗产保护是一个重大损失。

在柬埔寨，9世纪后半期，因陀罗一世在位，开始修建著名的吴哥通王城。其子那索跋摩继位后迁都吴哥，公开声明信仰佛教。当时吴哥王朝已经征服了中南半岛大部，佛教也传播到了整个中南半岛。苏利耶跋摩一世在11世纪初登基，宣称他是佛教的信奉者，考古中发现的同期碑铭证明，当时婆罗门教与佛教依然并存。

阇耶跋摩七世是柬埔寨最有威望的君主，他在位时将吴哥王朝推向全盛。阇耶跋摩七世笃信大乘佛教，将观世音视为高棉人的保护神，认为他能引导人们前往极乐净土。在动兵四处征战的同时，他还组织修建了很多雄伟的建筑物，其中包括为他的母亲修建的巴戎寺，这座寺庙建在吴哥通王城的中央。[①]寺中供奉的皇太后雕像，被称作佛陀之母。寺碑上不仅礼赞佛法僧三宝，还盛赞了阇耶跋摩七世的无所不能。1191年，阇耶跋摩七世为观世音修建了圣剑寺，寺中的菩萨像以他的父亲为原型。他还建造了自己的等身像，刻画了为病人治疗的医师和看护百姓的佛陀。据圣剑寺的铭文记述，造寺的目的在于“在遍流敌人鲜血的土地上”以“庄严菩萨”。[②]阇耶跋摩七世还在国内到处建造四面佛，这些四面的观音神像，双眼半开，目光低垂，嘴含平静而神秘的微笑，被人称作“高棉的微笑”。这个时期建造的普拉沙·普兰·克迪、塔荣、圣剑和巴戎等寺庙，都显示出吴哥佛教的独特建筑风格。阇耶跋摩七世还曾派遣王子率领使团前往斯里兰卡求法，这位王子是柬埔寨上座部佛教的第一位传人。

吴哥王朝的国王有些信奉佛教，有些则信奉湿婆或毗湿奴，但都允许多种宗教并存，因此形成了柬埔寨独有的婆罗门教与佛教相融合的特点。继阇耶跋摩七世统治时期兴起的大乘佛教热之后，王室的湿婆教曾在短期内复兴。至13世纪末，大乘佛教已在高棉人中广泛传播，从而开创了高棉文化的后吴哥时代。据1292年到达柬埔寨的元朝使臣周达观在《真腊风土记》中记载，当时的吴哥城依然摆放着佛头像，城中有20余座石塔环绕的金塔。寺院僧人“削发穿黄，偏袒右肩，其下则。系黄布裙，跣足”。14世纪至16世纪，高棉人与暹罗人多次交战，1594年，吴哥王朝首都洛韦被暹罗人攻破占领，从此上座部佛教开始在柬埔寨占据了统治地位，大乘佛教与婆罗门教渐渐失势，“兴建纪念碑的做法已经中止，梵文碑刻已被巴利文手稿取代；旧有的婆罗门教祭司阶层则被持钵游讨的僧侣取而代之”[③]。

16世纪末至19世纪中叶，柬埔寨由于与邻国暹罗和越南的连年征战，日渐衰弱，并沦为了两个强大邻国拉锯战下的牺牲品。而这一时期，也是当今柬埔寨的国教小乘佛教正式确立地位的重要历史时期。13世纪末期，暹罗从斯里兰卡引入南传佛教，并定为国教，小乘佛教正是随着暹罗对柬埔寨的不断入侵而传入了柬埔寨。其中大宗派在14世纪传入，得到了百姓的拥护，大多在农村地区活动，法宗派在1864年传入，得到王室和贵族的支持，在王族中信徒众多[④]。1813年柬埔寨沦为越南“保护”下的附属国，1835年更是

① ［新西兰］尼古拉斯·塔林主编：《剑桥东南亚史》，贺圣达等译，昆明：云南人民出版社，2003年版，第133页。

② 杜继文：《佛教史》，北京：中国社会科学出版社，1991年版，第395~398页。

③ ［新西兰］尼古拉斯·塔林主编：《剑桥东南亚史》，贺圣达等译，昆明：云南人民出版社，2003年版，第134页。

④ 净海：《南传佛教史》，北京：宗教文化出版社，2002年版，第287~289页。

将柬埔寨作为越南版图的一部分。越南的野蛮侵略和残酷统治激起了柬埔寨人民的反抗，其中爱国僧侣利用佛教信仰在1820年组织的农民军起义“僧计起义”最为著名[①]。

近、现代时期柬埔寨佛教的发展，除了在西哈努克统治时期获得了极大的发展和壮大之外，在其他时期基本上是被压制和摧残的，但佛教在柬埔寨已经扎根，特别是在逆境中展现出了顽强的生命力。

现代柬埔寨佛教僧侣由大宗派（亦称摩哈尼伽派）和法宗派（亦称塔玛育派）两大部派组成。大宗派属于传统的高棉佛教，历史悠久，主要在百姓中流传，全国24个省市均有分布，影响最大，总部设在首都金边的乌那隆寺（Wat Uunalom）。法宗派是1864年泰国曼谷王朝拉玛二世之子蒙骨王创立的宗派，传入柬埔寨后，主要在王室贵族和高级官员中流传，主要分布于柬埔寨国内的13个地区，人数虽比大宗派少，但得到了统治者的大力支持，地位非常重要，总部设在金边的宝东华德寺（Wat Botumradey）。两派对佛教义理的理解并无明显差别，只是在持戒和念诵等方面略有不同。柬埔寨佛教两派地位平等，互不干涉，各有本宗的僧职系统和属于自己的寺院。各派僧长由国王任命，下设省、县、村各级僧官，统领各部僧侣。僧侣内部设立了僧侣议会，大宗派由34人组成，法宗派由21人组成。国王每年召集两派僧王召开一次年会。僧侣们平常过着诵经修禅的宗教生活，每年举行一定的节日和法事活动。寺院住持有时也根据信徒的要求举行一些超度亡灵的活动，法事活动一般都由本派自行进行，另一派并不参与。

在法国殖民统治期间，佛教受到法国殖民者的打击，一度衰落，许多佛寺和佛教典籍遭到破坏。从19世纪末到20世纪前半期，柬埔寨人民在反抗法国殖民主义的民族解放斗争中，将佛教作为民族文化的象征和提高民族意识的手段，佛教逐渐复兴。柬埔寨国内涌现出一大批爱国僧侣，僧侣和佛教徒成为了反抗外来侵略者的重要力量。1909年，柬埔寨创建了第一所巴利语学校，1914年改为巴利语高级学校；到20世纪20年代，初级巴利语学校已有400余所。

柬埔寨国父西哈努克是一位虔诚的佛教徒。1947年6月，25岁的西哈努克国王出家入寺，师从高乌长老、僧王俊纳特·德斯·胡达及其他高僧学习佛法，因此被称为“和尚国王”。西哈努克出家期间，柬埔寨全国百姓表现出从来没有出现过的虔敬，国内有名的僧人都亲临寺庙陪伴国王，或请国王前去宣法，直到3个月的出家期结束为止。

1947年，尚未取得完全独立的柬埔寨政府颁布的宪法中规定：佛教是国教，国王的遴选由王位委员会选举产生，而这个委员会则由小乘佛教的大宗派和法宗派僧王、婆罗门教僧王、王室家庭会议主席、王国政府首相、国民议会主席和参议院主席等7人组成。国王的产生必须获得僧王的认可，这凸显了佛教在柬埔寨人民心目中的地位。1949年，

① 陈显泗：《柬埔寨两千年史》，郑州：中州古籍出版社，1990年版，第487页。

柬埔寨建立了高级佛学院教友联合会，次年王国政府规定所有寺院都要开办佛教学校，寺院学校一时达到2000多所。1951年柬埔寨全国有寺院2253座，1952年佛教各派联合成立柬埔寨佛教共和会，这是柬埔寨最高级的佛教徒组织，1953年全国僧侣达到3.7万人。

50年代初，柬埔寨一些佛教政治家提出了佛教社会主义的口号，强调佛教在立国中的重要作用，规定所有寺院都要兴建学校。1954年，柬埔寨创建西哈努克佛教大学，随后成立了金边佛教研究所。到60年代，柬埔寨首次出版了高棉文的巴利语三藏典籍和高棉文译文的部分上座部经论。据1970年统计，全国共有僧侣65000余人，佛寺约3400座，佛教徒约占总人口的90%。

1954年11月，柬埔寨获得完全独立。独立后的柬埔寨宪法遵循了1947年宪法的内容将佛教定为国教。国家元首西哈努克亲王描绘了佛教与国家政治生活的关系，他认为柬埔寨是由国家和佛教作为两个车轮驱动的马车，国家象征动力，佛教则是宗教道德，两个轮子同时运转，马车才能前行，柬埔寨要想在和平的道路上发展也同样适用这个道理。西哈努克的“二轮理论”形象地指明新国家的宗教道路，成为国家制定宗教政策和治国的根据，反映了佛教国家的传统和特点。从此，柬埔寨佛教进入了一个新的发展时期。1955年，为普及佛教知识和培养佛学初级人才，柬埔寨建立了以西哈努克父亲——当时的国王命名的苏拉玛里特佛教中学。1957年5月12日，柬埔寨隆重举行了佛陀涅槃2500周年纪念大典。大典举行了7天，全国上下精心准备，专门从斯里兰卡迎回佛舍利供百姓瞻仰，国王亲自主持开幕式并致开幕词，首相西哈努克亲王将佛舍利奉交僧王胡达，僧王捧着舍利金塔走出王宫，将其奉置在一架特制的游行彩车上，开始庄严的游行。在大典的七天内，千百名僧侣日夜诵经，从早到晚无数信徒在佛舍利前焚香膜拜。佛教在柬埔寨掀起新的崇拜高潮，僧侣人数激增，最多时达82000人，佛寺也上升到2860座。

1961年11月，世界佛教徒联谊会第六届大会在金边召开。这是第一次在柬埔寨召开国际佛教会议，柬埔寨佛教共和会负责主办。政府组织了筹备委员会，给予充分的支持与合作。西哈努克亲王主持了大会开幕式，他在发言中希望南北两传佛教信众消除隔阂，团结合作，将佛陀和平的德音带给不安的世界。会议期间金边到处悬挂六色佛教旗和柬埔寨国旗，人们穿着节日盛装，继1957年庆祝佛陀涅槃大典之后，柬埔寨佛教再度掀起热潮。此后柬埔寨的佛教一直平稳发展，编纂翻译了近40年的高棉文佛教三藏终于在1968年全部出齐。这部高棉三藏共110卷，其中律藏13卷，经藏63卷，论藏34卷。1969年4月1日国家为此举行隆重的庆典，主要领导人都出席了仪式。到1970年为止，柬埔寨有僧侣65063人，其中大宗派62678人，法宗派2385人；寺院3369所，其中大宗派3230所，法宗派139所。

西哈努克时期，佛教获得了极大的发展，同时也涌现出一些著名的僧人学者，其中包括尊那法师（Prah Chuon Nath，1833~1969年），他曾于1948年起担任大宗派僧长达20

年之久，对古代和现代语言有精深的研究，所编纂的高棉文字典最为著名。胡达法师（Prah Hout Tat），曾任西哈努克大学校长，1970年继任大宗派僧长，还担任了三藏编译委员会主席，为高棉文三藏编译工作立下了功勋。乔摩法师（Preah Khieu Chum）是一位丰产的作家，一生致力于佛教知识的普及工作，而且对现实社会存在的问题，根据佛教教义提出了可行的答案，主要著作有《治国知识必读》、《生命之问题，据佛陀和学者而言》、《涅槃的概念》、《戒律的概念》等11部。潘卡法师（Preah Pang Khan）是最著名的佛教史学者，擅长于佛教和印度教的研究，著有《柬埔寨佛教》、《高棉文化与文明》、《吠陀、婆罗门、印度教教义》和《高棉与印度文化和文明》等等。

1970年3月，朗诺—施里玛达集团在美国的操纵下发动军事政变，推翻了西哈努克政府，随后改名高棉共和国。1970年5月，西哈努克则在北京成立了柬埔寨王国民族团结政府。“为了达到利用佛教巩固政权的目的，朗诺政权对佛教人士采取拉拢和限制两种手段”[①]。1970年10月，朗诺给佛教两派僧长写信，向他们保证佛教仍是国教，不因柬埔寨改变国体而对佛教产生任何偏见。1972年1月，朗诺晋封两派僧长为僧王，并迫使这些佛教领导人参与反对西哈努克的活动，使新政府得到僧侣和全国众多佛教徒的承认。针对朗诺的政变，柬埔寨佛教界人士分化出立场鲜明的两个阵营。乡村僧侣坚决反对朗诺政权和美国势力，他们拒绝与朗诺政府合作，不断开展反抗游行活动，呼吁民众反对政府，甚至拿起武器加入到对美国军队和南越伪军的武装斗争中。这些僧侣和信徒遭到了朗诺政府残酷的武力镇压。另一部分僧侣主要居住在城市，他们大多接受过西方的高等教育，主张进行政治改革，支持共和制，希望通过支持新政府，能够在政治上获得更多的权利。

1975年4月，柬埔寨民族统一阵线解放金边。1976年1月，柬埔寨王国团结政府颁布新宪法，改国名为民主柬埔寨，同时取消了佛教的国教地位，执行排斥和打击各种宗教的政策。柬埔寨的佛教在此期间遭受到沉重的打击，僧侣遭到迫害，寺庙受到损毁，僧侣人数急剧下降，同时有大批僧侣流亡海外。1988年4月，柬埔寨国会修改了宪法，将佛教重新定为国教，并允许国家广播电视台播放佛教徒的诵经和祈祷活动，同时放松了对佛教活动的各种限制，使佛教活动逐渐获得恢复和发展。1993年5月，柬埔寨举行第一次全国大选，成立了新的联合政府，并改名为柬埔寨王国。王国政府不仅在宪法中再次确定了佛教的国教地位，还确认了柬埔寨国家的箴言——“国家、宗教、国王”，将佛教提升到极高的地位，不断推动和促进佛教事业的正常发展。

在越南，11世纪佛教开始进入兴盛时期。这一时期，以佛教为代表的神权与封建王朝所代表的政权更加紧密地结合起来。僧侣集团形成了强大的社会势力，经济上寺院拥

① 傅岩松、胡伟庆：《柬埔寨研究》，北京：军事谊文出版社，2004年版，第49页。

有大量寺田、食邑和田奴，僧侣持度牒享有免除赋税徭役的特权；组织上形成了上有国师、僧统、僧录，各府有教门公事的严密的僧团制度；政治上则具有参与朝政、左右政局及改朝换代之势。当时辅佐朝政的高级僧侣除万行和尚外，还有满觉禅师、圆通国师、明空法师、玄光禅师等。

李朝各代国王也大力推崇佛教，亲身传播禅宗佛学。《大越史记全书》记载：李朝开国皇帝李公蕴在“宗庙未见，社稷未立之时”，便“创立八寺，又重修诸路寺观，而度京师千余人为僧”。[①]李太宗在位时（1028~1054年）大力修建寺院，1049年因梦见观音佛坐莲花台而命造延佑寺，也就是如今著名的独柱寺。[②]李圣宗（1054~1072年）在攻获占城时发现了客居占城的中国禅师草堂，对其倍加赏识，赐其居于升龙开国寺，封其为国师。草堂禅师创立了越南禅宗第三派系——“草堂禅派”，主张“禅净一致”，把禅宗和净土宗结合起来。草堂禅派传五代十八祖，李圣宗、李英宗（1138~1175年）、李高宗（1176~1210年）分别是草堂禅派首传、第三代和第五代弟子。随着李朝的衰亡，草堂禅派也走向衰落。

陈朝建立后，各代帝王继续推崇佛教。陈太宗（1225~1258年）“凡遇机暇，聚会耆德，参禅问道。及诸大教等经，无不参究”[③]。他下诏“国中凡有驿亭，皆塑佛像事之”[④]。陈太宗著有《课虚录》和《禅宗指南歌》，前者是越南竹林禅派的基本著作之一。第三代国王陈仁宗（1279~1293年）更是笃志禅学，以致弃位出家，在海阳东潮县安子山花烟寺出家修行，并正式创立了竹林禅派，为越南竹林禅派的初祖。

竹林禅派是由越南人创立的第一支禅宗，被认为是真正越南化的佛教宗派，受到陈朝皇室的大力提倡，并成为以后若干世纪越南佛教的主要流派。[⑤]它继承无言通派，将儒、释、道学说综合到禅宗完整的经验中，借鉴了中国禅宗“见自性、无杂、无念”的思想，不尚礼仪，宣扬“佛在心，心即涅槃，即佛”，这实际上是中国禅宗的翻版。

15世纪黎朝建立后，越南的政治体制从之前的贵族君主制转向了官僚君主制，封建统治制度高度发展。以之相应，儒家思想取代了李陈时期崇佛和三教并尊的思想，在越南社会中占据了正统性和支配性地位，越南封建社会从此进入了崇儒重道、独尊儒学的时期，宫廷佛教开始走向衰落。1500年以后，朝廷下令只许庶民信佛。

佛教虽告别宫廷，但在越南乡村中仍保持其原有地位。乡亭成为村社的行政中心，但是寺庙仍是善男信女们寄托信仰和希望的地方。佛教的因果、报应论越来越深入人心。吃斋、受戒、诵经、放生、赈济、建庙、修塔、塑像、印经等仍是大众信徒必行之事，

---

① 吴士连等纂修：《大越史记全书》，卷二，陈荆和校合本，日本东京大学东洋文化研究所，昭和五十九年（1984）印行，第220页。
② 出处同上，第236页。
③ [越]陈太宗：《禅宗指南序》，《文学总集》第二集，河内：社会科学出版社，1997年版，第33页。
④ 吴士连等纂修：《大越史记全书》，卷五，陈荆和校合本，日本东京大学东洋文化研究所，昭和五十九年（1984）印行，第325页。
⑤ 梁志明：《略论越南佛教的源流、发展及其在李陈时期的历史作用》，载《东南亚历史文化与现代化》，香港：香港社会科学出版社有限公司，2003年版，第210~211页。

以为自身及家庭积下功德。此时，氏敬观音和南海观音作为佛在越南的本土化形象开始在大众信徒的精神生活中占据重要位置。

16世纪时，禅宗和净土宗融合为莲宗派。17世纪，以拙公和尚和元韶禅师为代表的中国禅师到越南北方和南方弘扬佛法。拙公和尚以河内、北宁为中心，广泛传播中国临济禅宗思想，并创立了竹林新派——拙公派。在中国侨僧的影响下，17~18世纪的越南"南方佛教带有浓厚的广东特色"，"越南中部寺院建筑则深受中国寺院建筑的影响，屋顶普遍以筒瓦覆盖"[①]。

南北纷争时期，郑王、阮主为了笼络人民，开始扶持佛教，传教活动逐步开始恢复。禅宗和净土宗进一步结合，并于17世纪起陆续形成了拙公派、水月派、莲宗派、元绍禅派、了观禅派、宝山奇香派等六个新教派。18世纪，越南国内阶级矛盾日益尖锐，政权腐败，灾荒连年，农民起义不断，国家危机重重。儒家思想已不足以成为百姓安身立命的思想基础，儒学虽然仍为官学，但其实际地位已经下降；民间和上层社会又刮起了崇佛、崇道之风。

在各位禅师的努力下，自1928年至1935年，各佛教教会，如南圻佛学研究会、安南佛学会、北圻佛教总会等先后在西贡、顺化和河内成立，佛教徒和国家知识分子共同致力于收集经书、讲经说法、修复寺院、出版各种越文译本的佛教经典和杂志等活动，拉开了越南佛教振兴运动的序幕。1935年，北圻佛教总会的僧尼数量达到2000人，有10000名佛教徒会员；1937年，中圻佛教协会会员也达3000人之多；1939年，越南佛教界掀起"佛教复兴运动"；1948年，统一越南佛教徒协会成立；1950年，中越、北越成立了联合性的新佛教协会；1951年，国家佛教会议在顺化召开，大会成立了越南佛教总会，以统一所有的佛教协会，重组佛教教会活动。但随着1954年日内瓦协议将越南一分为二，越南佛教的统一之路也因此受阻，南越佛教界也因总统吴庭艳信奉天主教而遭受歧视，南越佛教徒掀起了非暴力佛教反抗运动，在军警的镇压下，牺牲、自焚者众多。

1963年12月31日，统一越南佛教大会在舍利寺（由南越佛学会所建）开幕，大会决定以"统一越南佛教教会"的名义统一越南佛教，总部设在印光寺。统一越南佛教教会成立后，大力弘扬佛法，并对政府进行了长期的批判。1975年南越解放后，越南的佛教宗派和组织再次得到统一，次年，成立了全国统一的越南佛教联合会。1981年，越南佛教教会作为越南佛教界唯一的官方机构成立，分设两个办事处于河内馆使寺和胡志明市舍利寺，由三个宗派即北宗、南宗和乞士宗组成。

在印尼，佛教的广泛传播并没有影响到印度教的盛行，两教常常合流。例如公元832年爪哇岛甘达苏利的碑铭开头时就写道："敬奉湿婆，献身于大乘佛教。"两教似乎"合而

① 谭志词：《侨僧与中国文化在越南的传播及其启示》，载《八桂侨刊》2009年第4期，第62~63页。

为一”。这一特点也可从某些陵庙的建筑风格中看到。例如爪哇的婆罗浮屠、加高陵庙和苏门答腊的宋勃拉宛陵庙都各自兼有佛教和印度教的色彩。在印尼古代史上最兴盛的麻喏巴歇王国时期，印度教和佛教在印尼仍然流行并且互相融合，友好发展。这一时期提出的“Binneka Tunggal Ika(殊途同归)”成为了印尼独立后的治国思想。15世纪中叶，麻喏巴歇王国开始衰微。即使在这个时候，“爪哇居民中大多数人信奉佛教，皈依伊斯兰教的不多”。一直到16世纪20年代前后，以淡目为核心的爪哇北部伊斯兰教诸王国彻底摧毁麻喏巴歇王朝，才标志着爪哇的全面伊斯兰化。

1934年佛教重新在爪哇岛兴盛。从斯里兰卡来的Y. M. Bhikkhu Narada Thera在爪哇岛进行了一系列传教活动。他在雅加达、西爪哇和中爪哇等地散发佛教教义和传单。1958年5月3日印尼佛教联合会在三宝垄成立，1965年搬迁到雅加达。此外印尼还有一些佛教组织，如印尼弥勒佛教徒理事会、全印尼佛教徒联合会、印尼佛教理事会等。随着历史的发展，佛教逐渐演变成为以华人为主的宗教，一直延续至今。

印尼的佛教发展与华人的文化发展密不可分。宋、元以来，中国国内就有许多人同时信奉佛教、道教和儒教。在荷兰殖民统治下的1934年，郭德怀创建了印尼的三教会（佛教、道教、孔教），其宗旨在于统一、弘扬和实践三教。印尼独立后不久，不论是苏加诺政府还是苏哈托政府，都承认佛教是印尼的合法宗教之一。1952年印尼成立了三教联合会，苏哈托执政时期改名为印尼三教联合会（Gabung Tridharma Indonesia）。三教联合会是印尼佛教的全国性组织，也是世界佛教联谊会的会员。而印尼佛教最高的领导机构是印尼佛教徒联合会。

20世纪60年代末印尼苏哈托政府进行排华运动，规定不得使用中文、禁止中文教育，大乘佛教的传播受到影响，阅读中文佛经的人减少，但英文佛经仍然广为流通，英语成为佛教徒的主要语言。同时，苏哈托政府采取对华人同化的政策，孔教和道教被认为源于中国，不利于华人的同化，因而受到了种种限制，三教联合会主要是开展佛教活动。1967年，分散在印尼各地的佛教徒组织联合成立“印尼佛教徒联盟”，佛教界的活动开始走向统一。

随着20世纪80年代印尼政府放宽对华人的禁令，印尼的佛教有了更大的发展，印尼佛教界的活动逐渐得到政府的肯定。1983年，政府批准把佛教的涅槃日定为全国性的节日，苏哈托总统亲自关心的婆罗浮屠修复工程也于当年全部完成。1984年10月，印尼佛教各大宗派联合在苏门答腊创立“印尼佛教学校”，获得政府批准登记备案，这是印尼第一所佛教学校。在1986~1987年期间，印尼有2258座佛教庙宇，向佛教徒分发17500部佛经。[1] 1989年苏哈托总统明确指出：印尼官方承认的宗教是伊斯兰教、天主教、基督教、

① 孔远志：《印尼马来西亚文化探析》，香港：南岛出版社，2002年版，第38页。

印度教和佛教。印尼宗教部设有佛教事务处。

1998年苏哈托下台后，印尼进入了民主转型时期，历任总统都十分重视各种族文化的和谐发展，佛教也进入了一个稳步发展的新时期。2003年，春节正式成为印尼全国性的公众假日，新春庆祝活动也日渐丰富多彩，而佛教文化也成为印尼春节庆祝活动中的亮点之一。从2000年开始，瓦希德、梅加瓦蒂、苏西洛这几位领导人都分别出席过华人的春节庆祝大会。印尼佛教协会自2006年起开始与印尼文化和旅游部合作，并与泰国、越南、老挝、缅甸和柬埔寨等东盟国家签署了发展佛教传统文化的合作协议，开始在举世闻名的婆罗浮屠佛塔举办各种各样的佛教文化活动。2007年2月前总统瓦希德、雅加达副省长法戊兹·博沃、印度尼西亚宗教部佛教司司长布迪·瑟迪亚万等出席了在印尼著名的佛教寺院大丛山西禅寺举行的祈福法会和文艺团拜活动，欢庆中国传统新春佳节。印尼时任总统苏西洛出席了2008年7月25日在婆罗浮屠佛塔举行的“佛教征途文明之旅”大会开幕式，并发表讲话呼吁东盟国家努力发展传统文化，保持其历史特色，以吸引更多外国游客。

佛教、道教和儒教是华人传统宗教文化的主体。在印尼，三教中佛教的影响最大。印尼华人信奉的佛教，已不是原来意义上的佛教，有自身鲜明的特色。三教合流、华人习俗和地方神灵等因素，使广大华人佛教徒敬奉多元神祇。例如，自1650年前后到1975年，雅加达先后兴建了72座庙宇，其中神祇多达115位，鲜明地反映了印尼华人供奉多元神祇的特点。

虽然印尼居民中穆斯林占绝大多数，但伊斯兰教不是国教。现任印尼政府鼓励多种宗教和派别存在，重视多元文化的和谐共存。华人具有较强的经济实力，同时佛教是印尼当局承认的合法宗教之一。因而，以华人传统为鲜明特色的印尼佛教得以在印尼繁荣发展。

在马来西亚，16世纪，一批华人南下谋生，佛教也随之得以广泛传播。马六甲的首任甲必丹[①]郑芳扬于1673年创建青云亭，供奉观音，这是汉传佛教真正立足于马来半岛的重要标志。19世纪末20世纪初，中国东南沿海地区大批的底层华人涌入马来半岛，在陌生的异国他乡艰难谋生，内含汉文化因子的佛教文化成为这批华人的心灵寄托。在这段时期，大批华人皈依佛教，推动了佛教在马来半岛的复兴和传播，如在槟城聚集了大量的大乘佛教徒，并于1891年修建了马来亚最大的佛庙——极乐寺。20世纪初，极乐寺的本忠法师组织了“南洋佛教会”，重在佛教传播和教化的青年周日学校、佛学院、菩提学院、菩提小学、菩提中学等也相继成立。1959年，马来亚佛教总会在槟城成立，在其努力下，

① 甲必丹：音译自马来语kapitan，指在西方殖民马来半岛时期，在华人社区专门管理社区事务如收取租税的人。甲必丹是民众与殖民者的中间人，一般由有权势、有威望的人担任。甲必丹制度是殖民者对华人社区进行统治的手段之一，尽量保持原有的、传统的权力和管理结构，让华人统治华人，也是殖民者对半岛居民实施“分而治之”的开始。

佛教已经传播到了马来西亚的各个角落，建立了数十座庙宇。1970年马来亚大学成立了佛教青年总会，开始尝试用英语和马来语弘扬佛法，吸引了大批青年人的关注。

在8~13世纪间，建都在苏门答腊的佛教大帝国室利佛逝曾将其势力扩张到菲律宾群岛，佛教也随之传入。现今菲律宾土语中仍保留若干梵语，当地出土文物中有佛像、莲花等雕刻品，都可作为古代菲律宾确曾有过佛教的证明。可惜尚未生根，伊斯兰教就从西面传入。16世纪以后，西班牙和美国长期统治该地，又将基督教传入。佛教在这两大宗教的挤压下很快消亡。[①]

菲律宾现在的佛教与古代无关，而是近代以来由华侨从中国带去的，主要在华人圈中传播。20世纪30年代，当时在菲律宾生活的华侨组织了“旅菲中华佛学研究会”，后改名为“旅菲中华佛学会”和“旅菲中华佛教会”，一些热心之士筹建了圆通寺和信愿寺。1937年中国僧人性愿应菲佛学会之请，到信愿寺主持佛教活动，该寺香火渐隆，如今已发展成为菲律宾第一名刹。经过几十年的努力，菲律宾的佛教寺院逐渐增多。在众多的寺院中，有的仍然保持了大乘传统，有的则受到基督教的影响，例如崇福堂寺内就同时供奉了地藏菩萨和耶稣二圣。尽管菲律宾社会中华人人数不多，但是广大华人非常重视华文教育，积极普及佛教知识，先后创办了普贤佛教学校和能仁佛教学校，培养佛教人才，发行佛教刊物《慈航》季刊。菲律宾的华侨领袖都是一些热心的佛教徒，他们慷慨布施，扶持僧界，成立了各种佛教组织和团体。1952年，菲律宾的瑞今法师代表佛教界参加了东京第二届世佛联大会，嗣后在国内成立了世佛联菲律宾地区中心，瑞今法师任主席。菲律宾佛教界过去与中国台湾佛教界关系密切，台湾名僧白圣、星云等人都去过马尼拉等地传法访问，印顺曾担任能仁佛教学校的校长。近年来菲律宾佛教界与中国大陆佛教界增加了往来，瑞今法师和许多佛教徒都来大陆祭祖进香，表达海外华人对祖国的深情厚谊。佛教在菲律宾发展缓慢，迄今为止佛教徒只有数万人，是整个东南亚地区佛教势力最弱的国家。

三、佛教对东南亚社会、文化的影响

佛教是东南亚地区信仰人数最多的宗教。东南亚各国佛教徒占总人口的比例分别为：缅甸约为90%，泰国约为94%，老挝约为80%，柬埔寨约为95%，越南约为60%，马来西亚约为19.2%，印度尼西亚约为0.6%。佛教在缅甸、泰国、老挝、柬埔寨和越南等东南亚各国的社会和文化中占有重要地位。佛教的影响力渗透到了上述各国社会和文化的各个方面，对东南亚各国社会、政治、文化、伦理道德和日常习俗等产生了深刻的影响。

（一）佛教对东南亚各国社会、政治的影响

缅甸、柬埔寨和老挝等东南亚各国的文化是一种深受佛教影响的文化。佛教作为缅

① 马燕冰、黄莺编著：《列国志·菲律宾》，北京：社会科学文献出版社，2007年版，第46页。

甸、柬埔寨和老挝等东南亚各国的文化核心，千百年来它一直影响和参与了上述各国社会、政治的发展进程，规定了它们的发展方向。

在缅甸，佛教不仅是一种宗教，对缅甸人而言它更是一种生活方式。缅人笃信佛教，一生都离不开佛法僧三宝。他们相信佛的顿悟，相信现实世界变化无常，人生皆苦。“苦”是佛教对人世所作的价值判断。认为人的生、老、病、死、怨憎会、爱别离、求不得、五取蕴……凡苦种种均为自身的“惑”、“业”所致。佛教认为过去之因造成现在之果，现在之因将形成未来之果。只有真正理解三世因果的规律，正业净因，才能免受其支配，摆脱生死轮回状态达到涅槃的境界。佛教的因果业报观念在缅甸人思想上产生了强烈的共鸣。他们承认现世之苦是过去之因所致，因而能够容忍现状，逆来顺受，消极遁世。另一方面，为了求得来世不再受苦，他们又积极地寻求脱“苦”之道。他们渴求幸福，把希望寄托在精神解脱上，希望通过放弃对现实世界的一切物质追求来实现解脱、达到涅槃。在佛教世界观的影响下，缅人产生了思辨的人生哲学，形成了双重文化人格。他们一方面安于现状、消极保守，另一方面为了改变命运脱离苦海，又克己求善、乐于助人。缅人民族性格中的遁世思想固然消极，但他们为求得自我解脱而宽容大度、乐善好施的品德却又有利于社会的整合和道德规范的形成。客观上促进了整个缅人社会的健康发展。

缅甸人的价值观念来源于佛教。缅甸人认为人生是苦。为了根除现实之苦、根除众生之苦就必须自我修行以达到解脱。而解脱的最佳方法便是近善远恶。这里的所谓“善”、“恶”标准就来自佛教：于己于人皆利者为善，于己不利而于人利者乃大善；于己于人均不利者为恶，于己利而于人不利者乃大恶。这一善恶观影响到了缅人的价值取向。为了涅槃的需要，他们必须行善戒恶。行善戒恶的价值取向融入社会生活中后成为了缅人的道德规范和行为准则，因而使缅甸文化渗入了利他主义的成分。

小乘佛教独善其身的涅槃之道决定了缅甸文化的性质——功德本位。为了摆脱轮回之苦，缅甸人都以行善积德、戒恶积德的方式来求得来世的幸福。这也是解脱现世之苦的唯一方法。为了积德就必须先忍受一切苦，体现在文化上便是缅甸文化的忍从性。行善就要求自己处处为人所想、助人为乐。行善的目的在于积德，在于使自己解脱。戒恶为的是保住自己已积的功德。戒恶首先在于遵守佛教的五戒，即不杀生、不偷盗、不奸淫、不妄语、不饮酒。并由此推广到遵守八戒、十戒等一切止恶的律仪戒。戒恶是佛教徒自律的起码要求，是其立身于世的最基本原则，也是他最基本的行为规范。然而，在这个世界上仅靠戒恶是远远不够的。人们还要在戒恶的基础上行善，双管齐下方能有所成效。小乘佛教是一种自力宗教，强调个人的解脱，主张每个人独善其身。其戒恶行善的处世态度实际上达到了主观为自己客观为他人的社会效果。这种来自佛教内部的诱惑在不知不觉中引导着缅人规范自己的行为，使整个社会在有序的状态下运转，久而久之便培养起了缅人克己求善、正直诚实、温和礼让、乐于助人的社会品格。缅人的这种社会品格又成为缅甸文化区别于其他文化的特质因素。缅人的因果业报观念引导出了摆脱生死轮回达到涅槃境界的人生追求，而涅槃之道在于行善戒恶积德，由此便产生了缅甸文化的内核和基本精神——功德本位。

缅甸社会的正常运转和社会秩序的维护依赖佛教的规范作用。缅甸社会是一个以寻求个人解脱达到涅槃境界为最高追求目标和理想的社会。在这个社会中道德的作用是至关重要的。缅甸文化中道德观又表现为轮回观，它引导人们从善弃恶、持戒忍度。它给人们一种行为上的约束，使人们能依据佛教的善恶标准判断能做或说什么，不能做或说什么。这在客观上起到了维持社会秩序的作用。从这一意义出发缅甸社会可以说是一个礼俗社会。行善戒恶的行为标准同时也是一种伦理制度和社会习惯。社会秩序的维护凭借人们各自的社会角色所应遵守的道德义务来体现。而这种道德义务均来自佛教典律。如尊老爱幼，长部经典中说："夫为人子当以五事敬顺父母。云何为五？一者供养能使无乏；二者凡有所为先白父母；三者父母所为恭顺不逆；四者父母正令不敢违背；五者不断父母所为正业。""父母复以五事敬亲其子。云何为五？一者制子不听为善；二者指授示其善处；三者慈爱入骨彻髓；四者为子求善婚聚；五者随时供给所需。"诸如此类的道德义务在佛教典籍中有较多且详细的规定。来自佛教的道德义务规范维系着整个缅人社会，使人们在社会生活中能有章可循。

法律制度作为对伦理社会体系的补充是缅人的道德标准和佛规教理的高度统一。缅甸的法律在蒲甘初期以习惯法为主。习惯法主要是在风俗习惯、社会习惯和宗教戒律的基础上形成的。从迦娑婆王的敕令碑中可以得知蒲甘中后期业已有了民法和刑法的区分。早期的法典是僧侣们受王之命而制定的。缅甸传统刑法多表现为对违反佛规戒律和道德规范的各种行为的惩罚。缅甸传统社会有五敬：佛、法、僧、父母、师长。他们是特殊的社会阶层。对他们的恭顺是守德，冒犯便是犯罪，要受到法律和社会的处罚。基于佛祖慈悲为怀的仁爱思想，缅甸的传统法律精神是息事宁人，大事化小，小事化了，甚至对于杀人案件也只是简单地以经济处罚加劳役的形式来惩处。这种法律精神如今在一些边远的少数民族村社中仍可见到。

在缅甸社会的基本结构模式村社中佛教起着重要的作用。村社是原始农业文明的产物。在缅甸制度文化层面，村社一直是社会构成的基本模式。缅甸的传统村社作为社会的主体是血缘关系的地域性自然聚合。每个村社都是单独的经济与社会单元。村社的组合便构成了缅甸社会的整体。村社中佛教有着极大的权威性。佛教僧侣参与村社的管理，指导人们的生活。僧侣和佛寺还是社会的中心。我们知道，缅甸民族是一个信教民族，传统村社中几乎人人信佛，每个村寨至少有一座佛寺或佛塔。僧侣在村社的僧俗事务中作用重大，因而广受尊敬。一般说来，僧侣在村社中主要从事佛事活动，向村民们传播佛音，帮助人们学习和理解佛法，为世俗群众提供行为准则，给村民们以某种归属和安全感，帮助人们寻求解脱之道。但僧侣也参与世俗事务，凡村社中与家庭和公众有关的事情都须先与僧侣商量，看看佛经上是如何说的，是否有悖佛规等等。僧侣们还参与村社秩序的维护，调解村民间的纠纷，组织与村社有关的重大社会活动等。对村民们而言僧侣是村社的核心人物，其地位远在村社头人之上。

佛寺是缅甸传统社会的活动中心和教育中心。缅语中“寺庙”一词也作“学校”解。村民们从小就在佛寺中学习文化。每个缅甸男子一生中至少要出家一次，去佛寺研习佛教真谛，完善自己的人格。佛寺实际上也是缅甸文化的容蓄和传播中心。佛寺中所传的佛教思想对每个缅甸人的世界观形成影响甚大。作为活动中心，佛寺中举行的各种仪式一方面加强了村民们的宗教信仰，使他们体验到了自己的渺小和佛陀的伟大，坚定了追求涅槃的决心。另一方面，佛寺中的宗教氛围强化了人佛之间及信佛者之间的情感交融，加强了个人和所属群体、所属社会之间的联系。对整个缅人社会有着巨大的凝聚作用。这种凝聚作用在英人入侵缅甸、外来文化蚕食缅甸文化的关键时刻表现得尤为突出。至今佛教势力作为一支不可忽视的政治力量仍然活跃在缅甸社会之中。

在泰国，上座部佛教的教义是“出世”，但其宗教实践却是相当的“入世”。上座部佛教在泰国发展的历程，实际上就是与政治相互依赖、不断结合、不断世俗化的过程，可以说佛教在泰国社会中发挥着极为重要的政治功能。在泰国历史上，从素可泰王朝到阿瑜陀耶王朝、吞武里王朝一直到曼谷王朝，佛教与历代王朝及其统治者都保持极为密切的关系。一方面，佛教本身就要利用统治者的力量来发展自己，扩大影响；另一方面，统治阶层有意识地利用佛教的思想来加强自己统治的合法性，并利用僧侣对民众的影响力来维护自己的统治。于是佛教文化不断渗入泰国的政治文化当中，成为泰国政治文化一个重要的思想来源。

事实上，佛教与政治的结合自古就有之。在古代，泰国统治权力的核心就是国王，国王大力推崇佛教，并被神化为天神或佛，或是神在人间的代表，佛教赋予了国王神圣的地位，从而给王权的合法性提供了保证。1932年，泰国实行君主立宪制以后，保存了国家与佛教的传统象征关系，国王仍是民族和宗教的象征。同时泰国宪法规定，“国王是佛的信徒和最高维护者，国王处于至高无上和备受尊敬的地位，任何人不得对国王作任何指控；国王是泰国的最高统帅和国家元首”①。国家（民族）、国王、宗教三位一体，宗教是社会的精神支柱，国王是国家的代表，是国家的人格化身，同时国王也是泰国人精神上的领袖。从统治的角度看，国王管理着国家，而宗教则成了国王与国家中间的一个桥梁和纽带。虽然在当前泰国的民主体制中，国王并没有实权，但是对国王地位合法性的认同也是泰国历届政府所不能违背的。这也使得各派政治力量在进行权力角逐时，都力

① 李晨阳：《佛教在当代泰国政治中的作用》，载《东南亚》1996年第1期，第35页。

图谋求国王的支持，国王的行动则对政治事件的发展起着决定性的作用。

从政府的角度而言，虽然佛教并没有对民主体制下政府的合法性进行神化，但是仍然对政治的合法性提供了有力的支持。其中作为泰国社会道德核心的德行观念在泰国的政治文化中发挥着极为重要的作用，它为泰国政治和社会的合理性和合法性提供了一种解释。

这里面有两层含义。一方面，德行观为统治阶层的地位与权力的来源提供了支撑。依据佛教的学说，那些处高位者之所以能处高位，是由于其前世德行所获得的“业报”，任何人获得权力和财富都是德行使然，而且这种德行是前世修来的福分，是一种造化。因此，德行应当是对于一切向往权力和财富、向往非凡以及出众的人的一种普遍的道德要求，[①]也使得泰国人产生了对权威的认可和对等级的认同。按照德行的说法，一些政治领袖，例如銮披汶·颂堪元帅和炳·廷素拉暖上将就是泰国人认为的德行的代表。

另一方面其又隐含了另一种观念——“宿命论”。按照上述说法，一个人如果在社会上获得了极大的成果，是因为他有极大的德行，但是他们的德行是前世修来的，你就必须认同并接受这一点。而对于一些普通人来说，对于前世的德行与罪孽，现世人统统无能为力，对自己而言，只有认命，对别人而言，则只能是认同，但是这并不等同于让人们无所作为，他们仍必须继续去修炼，获得更多的德行，以求来世的造化。佛教宣扬“解脱之道”，即“正见、正思维、正语、正业、正命、正精进、正念、正定”，及四谛——“苦谛、集谛、灭谛、道谛”。也正是告诫人们必须通过自己的修行，灭绝一切烦恼和痛苦，使自己解脱于苦海，达到人生的最高境界——涅槃。也就是说，德行的获取在于个人的修行，即要行善积德。正是这种佛教观念的影响，使人们有了一种精神上的依归和安慰，人们把所有的磨难和不幸视为当然，只有今生的积极向善，将来才有获救的可能，因而佛教也就成为解救他们苦难的唯一希望。因此每个人都应当恭顺地对待有权位的人。也正是这种消极的观念，使人们形成了对王权的敬畏和对权威的顺从，形成惯于服从上级和不敢反抗特权的习惯。

在老挝，佛教一直主张与世无争，淡然世外，不谋求政治地位，更未出现过佛政合一的政治体制。但佛教在老挝的政治地位却可谓是无冕之王，其精神影响力是历任统治者都无法漠视的。实际上，从14世纪中叶起，封建统治者就非常重视佛教的无形统治力，往往要亲自出家，接受佛教教育，身体力行做一个拥护佛教的统治者，树立佛心治国、仁政爱民的形象。为加强对佛教的控制和利用，依照政治管理体制的级别序列，在僧侣中划分等级，在佛教界建立一套完整的行政管理机构，设立僧王、僧首相、僧大臣(分为管理、教育、建筑、宣传、财政诸部)，在地方上设置省、县、乡各级僧长和村寺住持。

① 任一雄:《东亚模式中的威权政治：泰国个案研究》，北京：北京大学出版社，2002年版，第21页。

同时，寺院在国家资助下规模越建越大，僧侣的生活虽仍然清贫，但在老挝这样贫穷的国家却也可衣食无忧，享受着高于平民的待遇，僧侣获得了众人敬仰的特殊地位。或许在佛教教义的深层内涵里是反对与政治结缘的，但统治者却不允许佛教逍遥世外。佛教自觉不自觉地被推向了精神统治力的顶峰，成为封建统治者巩固其政权基础的一把利器。

随着老挝国内形势和国际形势的发展变化，佛教也在寻求自身的长远发展，灵活地加以应变。老挝佛教界不乏有识之士，在积极弘扬佛法、积德扬善的同时，逐渐把眼光放到拯救国家危亡、捍卫民族荣誉上面来。特别是20世纪中叶，老挝面临内忧外患，佛教无法置身度外，同时也与其倡导的国家安定、民众安生的精神相吻合，佛教积极参与到为民族存亡而奔走的行列中来。在反抗法国殖民主义和美国干涉的漫长历史时期，佛教一方面要抵制基督教的侵袭，维护佛教的独立和尊严。另一方面，也积极支持进步政党和团体的武装反抗活动。在老挝爱国阵线的感召下，佛教人士利用佛教的强大影响，积极宣传维护民族独立和尊严的进步思想，甚至参与到爱国阵线中来，参与抗法抗美的领导组织工作，为老挝获得独立并最终成立人民民主共和国做出了杰出贡献。1975年11月，新政权建立后，在老挝建国阵线的指导下，中央、省、县、村四级领导机构中都有一定比例的佛教干部参与建国阵线的工作。特别是在农村基层，矛盾多、事务杂，许多事情由政府出面也不好解决，而由寺院住持出面协调则往往能很快平息事端。因此，政府也非常注意利用基层佛教力量，大力扶持佛教的发展，在寺院建设和人员培训方面给予大量经费支持。在老挝佛教联合会的领导下，全国佛教会议每五年召开一次，主要总结五年中的佛教工作情况，商议如何更好地为社会稳定和经济发展服务，制订下一步工作计划。

20世纪90年代初，老挝发生过几次为数不多的反对人民革命党领导的民主运动，主要以大学生为主，部分佛寺的和尚也被利用，引发社会动荡，对人民革命党的领导造成了极为不利的影响。通过这一系列事件，老挝人民革命党清醒地认识到：佛教是一股强大的力量，引导得好与否，将对政治产生巨大的推动或破坏作用。在老挝这样的特殊国情下，要把坚持无神论的社会主义与佛教和谐地融合起来，坚决避免对立和矛盾。宗教是上层建筑的一部分，它通过信仰传播，在人们的社会交往中产生巨大影响；宗教是一种文化现象，它创造了多门类的艺术，并对人类文化、艺术、音乐、美术等发展及人类文化、文明的传播做出重大贡献；宗教是历史遗留的产物，它具有守旧性，在一定经济社会条件下发生变化。特别是对于老挝这个佛教传承了几百年的国家而言，更不能一味抹杀，而应该因势利导，引导其健康有序地发展。老挝人民革命党领导下的老挝佛教虽然没有法律名义上的国教地位，但从其对政治的影响力来看，其他宗教无法望其项背，这种政治影响力虽然不如其他国家的伊斯兰教等直接控制政治生活，但其潜移默化的内在运动力是任何政治势力都无法轻视的。

在柬埔寨，佛教信仰和佛教文化深入人心，无论在官方还是民间都有着重要的地位。依照佛教传统，柬埔寨的男子不论地位高低，一生至少出家一次，一般为3个月，以此报答佛恩。削发为僧被视为人生的必修课，不仅为了报答父母的养育之恩，还为今后在社会立足提高了地位。每年5~6月的雨季前是出家的日子，届时出家者落发、穿僧装、告别亲友，由家人敲锣打鼓，送进寺院，拜谒住持，受戒为僧，3个月雨季结束后，方可还俗回家。在柬埔寨僧侣神圣不可侵犯，享有很高的社会地位，受到各个阶层的尊敬和膜拜，国王在僧侣面前也要自示谦卑，毕恭毕敬。僧侣没有纳税和服兵役的义务，如果违法，首先需要由宗教组织令其还俗，才能起诉并接受审判。柬埔寨的僧侣生活朴素，条件艰苦，依靠布施生活。“僧侣们必须严格遵守戒律，每天清晨起身沐浴后，两人一组外出化缘，接受布施后回寺诵经。僧侣们通常身披黄色袈裟，袒露左肩，穿黄色纱笼，撑黄伞，赤脚而行。”[①]僧侣用自身的品行教化了民众，使佛教的宽容、慈善、仁爱、乐善好施的教义深入人心。

从古至今，佛教对越南社会、政治的影响不可忽视。在古代，由于特殊的历史环境和社会发展状况，越南佛教在追求“出世”的同时，表现出了极其明显的“入世”特征，佛教与政治、国家结成了密切关系。封建时期，僧侣们积极参与朝政、外交和文化教育事业，对越南封建社会制度的建立和完善做出了巨大贡献。僧侣阶层的“入世”并非偶然：他们有着完备的寺院体系及庞大的僧侣队伍，且多为饱学之士，是统治阶级治理国家不可多得的人才；统治者试图把他们变成封建主义的卫道士，而这样一个展示才华的空间无疑对巩固他们政治经济地位、达到政治目的起到绝对的保障作用。李朝、陈朝更是实现了政权与佛教的“政教合一”，体现了佛教在治理国家中的积极作用以及各代帝王对儒、释互相补充、并行不悖的认同。同时也说明了佛教和世俗政权之间的互为利用：世俗政权以佛教为号召，赢得民众的支持；民众信奉佛教也需要得到统治阶层的保护。

近、现代，寺庙和僧侣成为抗法救国运动的基地和主要力量之一。如1898年武著（Võ Trứ）领导的抗法起义，得到了富安、平定两省广大佛教徒的支持，起义失败后，寺院被搜查，大批佛教徒被监禁。僧侣和佛教团体的身影还出现在越南民族解放运动中，1945年八月革命期间，他们通过《慧火报》提出了“拥护人民政权”、“反对一切侵略”、“越南完全独立”等口号并投身于民族解放事业。[②]吴庭艳、阮文绍在南方执政期间，南越佛教徒遭到歧视和迫害，他们中的释广德、释善美、妙光等人通过自焚的方式反抗南越政府的统治和宗教不平等政策。

当代，越南佛教协会奉行“团结、和谐、服务祖国、保卫和平”的理念，以“道法、民族和社会主义”为活动方向，积极从事爱国和慈善活动，在宣传越南共产党的方针路

① 李晨阳、瞿健文等编著：《列国志·柬埔寨》，北京：社会科学文献出版社，2005年版，第46页。

② Nguyễn Lang. *Việt Nam phật giáo sử luận*. tập III, Nxb văn học, năm 2000, tr. 900~902.

线、国家的法律政策和革新开放事业方面，在扶贫、维护社会安定、预防社会灾难、建设文化生活等方面发挥着重要作用。2007年12月，在河内举行了越南佛教协会第六次代表大会，大会制定了2007~2012年的行动纲领和主要活动，包括：按照团结友爱、维护道法、民族团结一致、拥护社会主义的原则，弘扬政法、传播佛教道德，为建设贤善、幸福、安乐的社会，消除各种消极腐败、抢窃暴力等不法行为而努力奋斗。大会还选举了新一届领导成员。

（二）佛教对东南亚各国语言、文学和教育的影响

佛教所使用的语言为巴利语和梵语。一般来说，上座部佛教多使用巴利语，大乘佛教多使用梵语。当佛教传入东南亚之后，巴利语和梵语也随之传入，以至于两种语言逐渐影响到东南亚地区各种语言的发展。

佛教的传播促进了缅文的创立，佛教词汇丰富了缅甸的语言。据文字学家们考证，缅人在建立蒲甘王朝之前没有自己的文字。进入缅甸境内后他们才开始接触到梵文、巴利文、骠文和孟文。孟文对他们影响最大，后来的缅文就是在孟文的基础上创立的。孟文属于南印度格兰特体的帕那瓦文字体系。公元前1世纪锡兰上座部高僧在玛得勒的灵光寺举行佛教第四结集时用的就是流行于帕那瓦的南印度文字。用这种文字系统所属的锡兰文拼写的巴利语佛教经典后来被佛音于403年带到了直通。在5~6世纪孟人在帕那瓦文字的基础上创制了孟文。1057 年阿奴律陀将30部三藏经典带回蒲甘后，缅人僧俗界掀起了学习孟文的热潮。皈依了小乘佛教的缅人在孟人高僧大德的指导下通过孟文来研习深奥的佛理。随着对巴利文佛经的熟悉和对孟文驾驭能力的增强，部分缅人僧侣学者开始探索改造孟文创立缅文的途径。经过一百来年的艰苦努力他们终于创造出了缅文，并使新创立的缅文取代了孟文成为缅人社会唯一的官方语言。纵观缅文创立的全过程便可以发现是佛经的载体刺激了缅人，使缅人僧侣产生了创立缅文的强烈欲望。通过借鉴和改造孟文，缅文终于问世了。

随着佛教在缅甸社会中的广泛传播，人们的宗教意识得到了加强。佛教在各文化层面上的影响也越来越大。作为文化要素的组成部分佛教在语言层次上也留下了其独特的印记。佛教蕴含了丰富的智慧，它对宇宙和人生的洞察、人性的反思以及概念的分析等都有十分独特而深刻的见解。缅甸人皈依佛教接触到这个全新的世界后就需要用语言来表达它们。由于词汇的空缺，缅语、孟语、掸语等主要民族的语言只好借用南传佛教语言巴利语来加以表述，从而造成缅甸各民族语言词汇体系中出现了大量来自佛教的巴利语借词。这些词遍及哲学、艺术、文化、体育、科学、教育、宗教等各个领域，成为缅甸语言宝库中不可分割的一部分。

纵观缅甸文学发展的脉络就可得知早期的缅甸文学是佛教文学。在缅甸由于佛本生故事为大众所熟知，千百年来一直是缅甸文学家们取之不尽用之不竭的素材宝库。据统计，仅用“标”这种四言叙事长诗形式创作的以“五百五十佛本生故事”为题材的诗歌就达百首之多。至于小说、戏剧中题材源于佛本生故事的就更多了。有学者认为大约有100个佛本生故事被吸收进了缅甸文学。文学家们将佛经故事拿来后反复演义，创作出了许多新的文学作品。佛本生故事还被搬上舞台，以直观形象的方式强化人们的宗教信仰。由于佛教题材占据了文学题材的主体，当代缅甸著名作家佐基在《“标”诗及其作者》一文中就曾一针见血地指出：古代作家过于重视佛本生故事，以至于不再进行创新而只是局限于修改佛本生故事了。佐基的评论从一个侧面说明了佛教主题作为传统艺术题材的泛滥。不仅文学如此，雕刻与绘画艺术也是如此。早期的雕刻艺术中佛像是唯一的题材，而绘画也是以佛经故事为蓝本的。随着时代的变迁，世俗题材虽在慢慢地进入传统文化艺术领域，但其所占份额仍不理想。

泰语是泰国的国语，全国85%以上的人口使用泰语。泰语文字趋近方形，受巴利语的影响甚大。今天的泰语词汇中还有约15%的古印度的巴利语和梵语外来词以及大量的词汇或词根。而且除了佛教语言的直接影响之外，佛教文化在语言上的影响体现还包括泰语中存在大量与佛教有关的谚语和俗语。泰国皇语中的很多词汇更是直接取自巴利语。

在文学方面，上座部佛教的影响主要表现在古典文学上。泰国一些重要的古典文学作品多为关于佛教的题材或是取材于佛教典故，从而充满了浓厚的宗教色彩，并使佛教文学与宫廷文学一起共同构成了泰国古典文学的主体。例如，素可泰时期最具代表性的佛教文学作品《三界经》，它由立泰王根据30部佛经编撰而成，描绘了众生所在的欲界、色界和无色界三界，劝说众生应弃恶从善，以免受“三界”轮回之苦。《三界经》涉及古代泰国人的宗教观、哲学观和科学观，对泰国文学和泰族文化的发展都有影响。阿瑜陀耶王朝时期的《大世赋》和《大世词》，主要内容是关于释迦牟尼涅槃以前最后一次轮回的故事。曼谷王朝时期的文学作品，大都是为国王歌功颂德、反映佛教哲理的。曼谷王朝时期的戏剧如坤剧、孔剧等都直接取材于佛教文学《本生经》和《拉玛坚》。另外还有一些文学作品虽然并不是直接与佛教有关，但是却反映了泰国人的佛教生活与佛教理念，如著名的长篇叙事诗《昆昌与昆平》。这些文学作品都在泰国的文学史上占有十分重要的地位。

在老挝，佛教初传之时，经文由巴利语和梵语书写，而老挝本身没有文字，人们必须学习巴利语和梵语。随着佛教的发展，老挝语大规模接受了这两种语言的形体和词汇。在现今的老挝语中，巴利语和梵语词汇是数量最多的外来语。掌握这两种外来语词汇量的多少是衡量一个人知识水平的重要标志。

而对文学来说，佛教的影响更为深入。老挝的文学基本可以分为佛教文学和世俗文学。14世纪中叶，佛教刚传入老挝时，佛教文学即随着佛经的传播而诞生。当时传诵最广的是《佛本生经故事》，收有550篇关于释迦牟尼佛祖修成正果前的转世情景的故事，曾经有人从中选出10篇，称为《十戒》，作为佛教布道讲经之用。此外，还有描写神灵圣贤的故事，其中最流行的是《吠陀神因陀罗》。名著《瓦三敦》讲述佛祖释迦牟尼的身世和成佛经过，其中的佛教故事每年都被僧侣引用以讲经布道。《娘丹黛》(译自《五卷书》)则以寓言的形式阐明人生为人处世的道理，教导人们抑恶扬善，积德避罪。佛教文学以因果报应、生死轮回为主题贯穿了整个老挝文学史，影响到作家的整体思维方式。这些文学作品以翻译为主，由作家自主创作的作品也明显带有借鉴的痕迹，佛教思想始终体现在作品的主题中。以《四棵占巴树》、《普迦辛》、《玛哈维》等为代表的散文体文学亦取材自佛教文学，直接反映佛教僧侣的精神生活。故事集《休沙瓦》由刻在贝叶上的十卷经文改编而成，其中以格言、警句的形式体现了佛教的精深教诲。《陶西吞》、《玛诃索德》、《信赛》等佛本生故事从形式到内容都对后世的老挝文学产生了极大的影响，其长篇叙事诗的创作方法成为澜沧王国鼎盛时期文学作品的主要创作形式。其精彩的内容和曲折的情节也被众多的文学作品所引用，成为后世作品取之不尽的再创作素材。世俗文学也不能摆脱佛教思想的影响,《爷爷教育孙子》、《因梯央的教导》等文学作品教导为人处世的道理，彰显善恶有报的主题，其中都蕴含着佛教思想的精髓。

在柬埔寨，国民教育曾长期由寺庙的僧侣承担，在现代教育未产生前，世俗教育由佛教来担任，寺庙是提供教育的正式场所。入寺的儿童不仅要学习佛教基础知识，还要学习高棉文和高棉传统文化。佛教寺院作为民族教育的基地，在国民初级教育中发挥着主导作用。

1933年，柬埔寨佛教界为了提高僧侣的宗教和文化知识，创办了第一所佛教中学。此后的40~50年代，是佛教教育的大发展时期。1950年，政府规定每座寺庙都要开办学校，学习结束后，可以升入佛教中学继续深造。“为进一步完善佛教中等教育，1955年，政府还规定，佛教中学除教授佛教基本教义、学习巴利文之外，还要教授民族语文、历史、地理，以及一些自然科学知识，如数学、农业及卫生常识等等”[①]。

柬埔寨独立前并无高等佛学院，培养高级佛教人才需要送到泰国留学。柬埔寨独立之后，佛教教育获得迅速发展。1955年国内建立以当时国王名字命名的“苏拉玛里特佛教中学”，用于普及培养佛教初级人才。1959年西哈努克佛教大学正式落成，该校为柬埔寨佛教高等学府，学僧来自僧界，考入此校学习3年者可获一般毕业文凭；再学4年者，经考试合格可获硕士学位；已获学士学者继续深造，通过答辩可获博士学位。至此，柬埔寨的僧人教育形成了多层次的立体教育体系。学僧在校既要学习传统佛教理论和语言知识，还要学习西方社会科学知识和实践禅修活动，以培养行解双优的佛教人才。1960年该校招收了约40名学士僧，以后逐年增长，1965年一般学僧为100人，学士僧21人，

① 赵锦元、戴佩丽:《东南亚佛教与文化》，北京：中央民族大学出版社，1999年版，第87页。

1970年分别为129人和47人，1972年达150人和54人。

据1963年统计，文化部管理的普通学校有1615所，学生75000人；而70年代初，属宗教部的巴利文学校则有590所，学僧有万人以上。无论是王室贵族还是庶民百姓，男孩子都要在寺庙中学习文化，通常在12岁披上黄袈裟，称为沙弥，到20岁左右若有志出家修行，便可受戒成为比丘。柬埔寨社会尊重和尚和受过寺庙教育的人。由于传统的佛教教育，在柬埔寨五戒、八关斋深入民心，当时的社会犯罪相对较少。1968年，柬埔寨国内编纂翻译了近40年的高棉文佛教三藏终于全部出齐。这部高棉三藏共110卷，其律藏13卷，经藏63卷，论藏34卷。1969年4月1日，政府为此举行隆重的庆典，国家领导人都出席了仪式。

如今，佛教在柬埔寨社会道德的教化上仍然发挥着重要的作用。每天早晨，柬埔寨主要电视媒体都要播出德高望重的僧侣讲经说法的节目，这些著名的僧人在宣讲佛法时会结合社会发展，将深奥的佛理经过深入浅出的阐释融入人们的现实生活当中，从而实现教化的作用。每天接受教诲的人当中既包括政府官员，也有普通民众，大多数则是各所学校的学生，在潜移默化中，人们接受了佛教的道德观念，进而形成了社会普遍的道德准则。

在越南，佛教对文化教育影响的历史源远流长。丁、前黎朝时期，越南民众文化水平普遍较低，而佛教大师则不仅精通佛学，还精通汉学，有的还谙晓天文、地理、医术等自然科学。于是越南独立初期，国家培养人才的重担就落到了僧侣身上，寺庙成为民众的学习之所。随着11世纪儒学教育体系的形成，越南僧侣的授学工作才开始减少。李、陈时期，不少佛学之士参加了科举考试。如圆通国师参加了会丰六年的三教试，中甲科；竹林第三代祖玄光参加会试，重魁首。禅师们参加科举考试，促进了释、儒两种文化的融合。

近现代，越南开始大力发展佛学教育。20世纪初，越南中部开始举办佛学堂以弘扬佛法。20世纪50~70年代，越南各地已经有了佛学院与佛教初、高中学校；由于社会诸因素，70~80年代佛教教育事业日趋衰落，不少佛学院被迫停办。1981年越南佛教教会成立，并在河内、顺化、胡志明市成立了三大佛学院，以发展高等佛学教育。佛学院专门培养佛学学士，因而所有僧尼都要先获得中等佛学证书与高中毕业证书才有资格入院学习；同时僧尼可同时报考佛学院及国民教育系统的大学。越南中部的高等佛学院主要研究汉语、藏语、巴利语与梵语的经、律、论三藏，同时还开设外学课程与巴利语、梵语、汉语、英语等外语课程。佛学院的教育方针主要在“戒、定、慧”三学，教育目的是发掘学生智慧，扩大知识面，以为僧侣自修或入世弘扬佛法、服务社会打下基础。越南佛学教育与越南国民教育体系并行，对于提高国民素质、推动越南社会、文化事业起到了很好的促进作用。

从越南文学历史的发展轨迹看，佛教僧侣们的“入世”是越南古典文学产生的动因之一。越南成文文学的发轫期主要是汉文学。而汉文学的产生与僧侣积极参与文学创作是密不可分的。如匡越大师为宋朝使节李觉归国饯行而写的《王郎归》是越南现存最早的词，杜法顺为前黎朝皇帝黎大行咨询国政而作的五绝诗《国祚》是越南现存最早的汉诗，后都以“文以载道”和“贴近现实”的诗风引导了当时汉诗的创作方向。13、14世纪，佛教对以汉诗为主的汉文学的思想内容、语言艺术等产生了很大影响。佛教的“时空观”、“轮回说”和“因果报应”观等在作品中有明显的体现。它们与儒家的“劝善惩恶”等思想结合起来，成为越南古典文学叙事模式的基础。佛教禅宗修炼所追求的“超然无外”、“妙湛明觉”等境界则开拓了越南汉诗表达的意境。

随着印度佛教文化的传入，梵语也进入了印尼语的词汇当中。梵语的使用大大丰富了印尼语的词库，据统计，印尼语的梵语借词有600多个。印尼国徽上的横幅所写的“Binneka Tungga Ika”，即为梵文所写，体现了印尼人的治国基本精神。在一些企业名和建筑名称上也使用了大量的梵语。

（三）佛教对东南亚各国建筑、雕刻和绘画等的影响

佛教文化促进和推动了东南亚各国建筑、雕刻、绘画艺术的建立、发展与繁荣。

在缅甸，建筑、雕刻、绘画等艺术形式可以说是发端于佛教。早在蒲甘时期宗教建筑就是当时建筑的主体。佛塔作为佛的象征在缅甸有着广泛的影响。缅甸境内现存最早的建筑当属毗湿奴骠人时期（4世纪）的佛塔。早期的建筑艺术得益于佛教主要表现在：一是佛塔建筑艺术给缅人的建筑带来了用料的革新。初期的缅甸建筑主要为竹木结构，用料为木、竹子、白毛草等。佛教的传入，佛塔建筑中沙石用料、砖石结构的应用扩大了缅甸人建筑用料的范围。二是佛塔造型的多样性开拓了缅甸人建筑设计的思路。在蒲甘时期佛塔造型越来越多，塔座越来越高，制作越来越精细。佛塔建筑的进步推动了缅甸整个建筑艺术的繁荣，并由此引导出了缅甸传统的尖顶阁式建筑风格的产生。

缅甸的雕刻艺术直接发源于佛像雕刻。佛教最先传入直通孟人地区。对佛像的膜拜就是对佛的虔诚。早期的佛像可能来自印度。孟人纷纷皈依佛教后对佛像的需求剧增，使得人们就地取材雕刻佛像成为可能，由此便出现了孟人雕刻工匠。佛像雕刻工匠的出现开始了缅甸雕刻艺术的历程。1057年缅王阿奴律陀攻占直通，将大批的能工巧匠掠到蒲甘，使蒲甘成为缅甸佛教及雕刻、绘画艺术的中心。早期的雕刻深受印度的影响，题材以佛像为主。到了阿瓦时期佛像雕刻逐渐具有了缅甸风格，题材上也有了对世俗生活的描绘。另外由于建筑的发达，装饰佛塔塔座、寺庙屋顶和飞檐等的花纹雕刻在蒲甘也发展很快。阿瓦时期这些装饰性雕刻图案也开始大量地走向民居，推动了雕刻艺术的进一步发展。

与此同时，绘画艺术在佛教的促进下也进一步繁荣。缅甸的绘画作品根据载体的不同可分为贝叶画、壁画、折纸画等。其中贝叶画较为古老。蒲甘以前贝叶画十分流行，题材以佛本生故事为主。1056年阿奴律陀定佛教为国教后大兴土木，建造了许多佛塔寺庙，为装饰艺术提供了发展的舞台。当时佛塔塔座多以浮雕、釉陶画装饰，而佛窟内壁和寺庙顶棚则以绘画来装饰。蒲甘时期绘画写实性强，着重形象的逼真和轮廓的清晰。当时主要流行壁画，题材大多与佛教有关。由于蒲甘时期建筑用料的先进和颜料的增多，蒲甘壁画开辟了绘画艺术中彩绘用料的先河。在壁画平面写实的基础上，贡榜时期又有了新的绘画技法：45度角鸟瞰式远近层次揭示法。新的绘画技法和多种颜料的使用大大提高了绘画水平。绘画也由壁上作画发展到纸上作画，题材上也有了新的突破。

在泰国，音乐、舞蹈、建筑和绘画艺术都体现了浓厚的佛教特色，许多形式与题材都是直接取材于佛经中的故事和传说等。

泰国传统音乐深受佛教文化的影响。音乐曲调、调式都与佛教盛典仪式有关。用以演奏泰国传统音乐的主要乐器笛、鼓、排铃、钗、木琴等都是佛教祭祀活动中使用的乐器[①]。

泰国的古典舞蹈深受佛教文化和印度舞蹈的影响，特别是很多都与印度史诗有关。泰国古典舞剧分为"孔"剧和"洛坤"剧。"孔"剧是泰国舞蹈艺术的精华，专门表演根据印度史诗《罗摩衍那》改编的《拉玛坚》的故事，其舞蹈动作与姿势明显受到佛教的影响。

在绘画方面，泰国的传统画深受佛教艺术的影响。人们绘画的题材多为佛祖释迦牟尼的生平事迹以及许多与佛教有关的神话故事，如《本生经》故事等。绘画的形式以壁画为主，地点一般都在寺庙和王宫里。而在泰国其他各场所的装饰壁画或风俗画也大多模仿佛寺壁画的手法。

在建筑方面，泰国的佛寺明显受到印度佛教艺术风格的影响，并影响到民间的建筑风格。如泰国的一些重要大型建筑，在用料上多用木雕、瓷器、彩色玻璃等镶嵌装饰，造型多为大型多层屋顶，采用重檐多面式和细长的三角形尖顶，充满了明显的佛教色彩。

在柬埔寨，佛教对绘画、雕刻和建筑艺术等产生了深刻影响。举世闻名的吴哥寺即是佛教和婆罗门教的共同产物；吴哥通当中的巴戎寺则是由四十多尊四面佛像堆砌而成的，四面佛的微笑更被誉为"东方的蒙娜丽莎"；象征着柬埔寨首都金边市发源地的塔仔山也是佛教与建筑融合的结晶。

在印尼，佛教建筑颇为有名，主要集中在爪哇。除闻名世界的婆罗浮屠佛塔外，还有卡拉珊陵庙、萨里陵庙和东爪哇的加高陵庙、宋勃拉宛陵庙等。苏门答腊的著名佛教遗址是位于该岛北部的巴东拉瓦斯陵庙群，建于11~14世纪期间。

雅加达最大的佛寺金德院在1650年前后兴建，庙内供奉有观音、地藏王、天后、城隍神、土地神、十八罗汉和关帝等神像，反映了印尼华人信奉多元神祇的特点。每逢农

---

① 朱振明：《当代泰国》，成都：四川人民出版社，1992年版，第251页。

历初一、十五，前来烧香拜佛的华人络绎不绝。

印尼中爪哇三宝垄的三宝庙是纪念三保太监郑和的庙宇，其飞檐斗拱、双龙戏珠的建筑形式，类似佛教的寺庙。三宝庙突出体现了印尼三教合一的特点：佛教表现在寺庙的外观形式；道教表现在古锭遗迹的神秘气氛；孔教表现在对孔子的肖像尊崇，以及对百名水手的纪念，代表着孔教提倡祖先崇拜的教旨。

（四）佛教对东南亚各国伦理道德的影响

伦理是人与人之间相处的各种行为准则和道德准则，体现了人类的人格理想和社会理想。佛教对东南亚各国伦理道德体系的形成发挥了重要作用。

缅甸是一个以佛文化为主的东方国家，佛教伦理思想是维系传统社会的主要力量，在缅甸文化中起着至关重要的作用。对于传统缅甸社会而言，伦理既是最重要的社会手段，又是重要的社会目的，它是对缅甸社会生活秩序和个体生命秩序的深层设计。

缅甸的伦理思想起源于佛教。位于中南半岛西部的缅甸从来就不是一个孤立的地理—文化单元。从整体上看它属于所谓澳亚文明圈（Austroasiatic）。佛教在缅甸的传播一般可以看作是澳亚诸文化集团内先进的宗教文化体系向拥有自身文化传统的其他民族的扩散。据锡兰《大史》记载，生活在缅甸境内的孟族是缅甸最早接触到佛教的民族。他们在公元前3世纪就熟悉了佛教。在孟族的影响下，缅甸的主要民族如骠族、缅族、掸族等先后皈依在佛的名下，佛教也逐渐成为所有缅甸人的文化传统和生活方式。浓厚的佛教氛围使缅甸人形成了强烈的宗教观念。他们越来越关注人伦关系，关心来世，提倡因果业报。

因果业报作为佛教文化的基础，早在吠陀时期就已经存在了。印度早期经典《五十奥义书》中就写道：所读者，业也；所颂者，业也。人唯以善业而善，以恶业而恶。《摩奴法论》也说：由思想、言语和身体产生的行为，其果报有善有恶。一般认为佛教的因果业报思想源于婆罗门教。"十二因缘"说就是佛教的因果业报说。佛教《缘起经》云：佛言云何缘起，初谓依此有故彼有，此生故彼生，所谓无明缘行，行缘识，识缘名色，名色缘六处，六处缘触，触缘受，受缘爱，爱缘取，取缘有，有缘生，生缘老死，走愁叹苦忧恼，是名为纯大苦蕴集。"十二因缘"说将人生现象分为彼此相关的12个环节（老死、生、有、取、爱、受、触、六处、名色、识、行、无明），构成了生命无休止的因果业报循环，即"三世二重因果"。佛教认为过去之因（无明、行）造成现在之果（识、名色、六处、触、受），现在之因（爱、取、有）将形成未来之果（生、老死）。只有真正理解三世因果的规律，正业净因，才能免受其支配，摆脱生死轮回达到涅槃状态。

因果业报成为佛教的中心概念后，以此为核心构筑了佛教的宇宙观。它安排了不同层次的存在，解释了"四生"（从卵中生、从胎中生、从湿气生、从业力化生）、"六道"（或曰六趣：地狱、饿鬼、畜生、人、天、阿修道）的差别，及其相互之间依据道德积累才能实现的转换流动。作为宇宙观体系，佛教设置了此世、彼世两个世界。在佛教的学说里，包含了丰富的道德观、冥想法、功德思想，亦即区分和评估善恶行为的准则。由于佛教有表现人生哲学的一面，对于人生存在，它提出了自己的价值判断，因而透露出浓厚的伦理色彩。当代缅甸的伦理道德观念正是基于小乘佛教的“业”和“功德”观念而形成的。所谓业是指一切有情之属的以往行为遗留下来的具有潜在势能的影响。它规定了行为者在未来会获得的果报。业是一个无所不包的行为过程。宇宙、人世、社会、族群、家庭、个人都产生对未来有所影响的业行，一举一动都构成业行，而寿夭、贫富、战祸、瘟疫均为业行的结果。作为佛教伦理的前提，“业”的学说成为缅甸人价值观念的基础。我们知道，小乘佛教是一种谋求自力解脱的宗教，它不承认有外在的主宰超越一切。强调业报，强调自己对自己的行为负责并承担后果。同时，业也分为向善与向恶两端。善业又称为功德，是佛教伦理的基础与归宿。在缅甸，人们都希望今世积德行善，禁欲修行以摆脱生死轮回之苦，达到灵魂的彻底解脱。所以缅甸人在人际交往过程中，以近善为目标，产生了区分善恶的行为准则。这种准则首先来自佛教，即：对己对人利者善，对己不利而对人利者大善；对己对人不利者恶，对己利而对人不利者大恶。缅甸伦理道德中，许多不能违背的做人原则均源于此。佛教以业报为中心，以功德或善业为目标统一了社会全体成员的价值取向，沟通了宗教与人们日常生活的联系，规范了人与人之间的行为和应尽的义务，使人们对彼岸世界的追求具体化了。佛教的哲学观与伦理思想融为一体，形成了缅甸极具佛教特色的伦理哲学。它对处理人与人之间的关系、促进社会团结、保持社会安定起了重要的作用，为缅甸伦理道德的形成和发展奠定了基础。

佛教是缅甸传统伦理的理想与实现途径。由于小乘佛教是一种自力解脱的宗教，所以受佛教影响的缅甸传统社会的伦理亦即为一种从自我出发的自我中心主义伦理。其中心点就是一个道德完善的自我，然后推己及人，实现社群道德和社会道德的秩序井然之目的。因此，要实现社会伦理理想就要首先实现个人人格伦理理想。这主要表现在每个社会成员要根据自己不同的社会角色严格按照特定的伦理规范行事。按照缅甸的说法，缅甸社会主要存在以下几种人伦关系：僧俗关系、父子关系、师生关系、君臣关系、夫妻关系、兄弟关系、朋友关系。佛教规定了这7种关系必须遵守的道德规范。这些规范不容许变动，其精神贯穿整个缅甸社会。它还是一种集团划分的依据，并以此来维持缅甸社会的尊卑秩序。每个缅甸人在推行人伦关系时，首先要处理好的就是僧俗关系、父子关系、师生关系，余次再推行到君臣、夫妻、兄弟、朋友关系。这些关系是佛教浸染下村社意识的产物，是佛教伦理族群化和社会化的结果。归结起来便是“五敬”关系：神段的佛、法、僧，人段的父母、尊师。缅甸的伦理秩序以自我个体为中心散开，围绕自己越近与自己的亲缘关系便越密切。以此进行排列可以得出缅甸社会的伦理关系的核心：在和谐基础上的敬于神、亲于人的行为准则。它以家庭内部人伦关系为出发点，推及社会及人神，以等级和尊卑为先导，推衍出整个社会的伦理模式。这就难怪《旧唐书·骠国传》中形容当时的缅甸骠族社会是“君臣父子长幼有序”了。

从伦理义务上看，作为佛教徒的缅甸人为了来世的幸福，在社会交往中基本上能够做到屈己伸人、克己敬人。在整个人伦关系中，人们一方面要自我克制，另一方面也会受到外界的克制，而其中自我克制更为重要。这样一来，个人的道德修养就成为了首要任务。“修身”、“积德”成为人们的神圣义务和最高人格理想。如前所述，缅甸社会以业和功德为首要追求。个人道德修养是向内心的追求，它主张自我修养，提倡对内心道德境界真实无妄的信念与追求。佛教规定的能生功德的“十善业”中营事（仕事，veyyavacca）就提倡社会成员要有角色意识，恪尽职守，各尽本分。敬重（apacayana）则要求无论对何人或无论处于何境地都应敬重他人，减损骄傲与自负，认为谦虚是最好的美德，自负是最坏之不幸。提出在所有人际关系中都应该深怀敬重他人之心：孩子应敬重长辈，尤其是对父母族亲要恭谨有礼；年幼者敬年长者；臣民应敬君主；在家人应敬出家人，礼拜布施僧侣；沙弥应服从比丘；一切人应敬重佛陀，以他为至尊。得施（pattidana）要求民众避免以自我为中心的占有态度，认为即使是一个人所获的善业功德，也应视为一切有情之属共同领有。得施善业思想在缅甸社会中具体化为转荐福业的仪式，如分福。

由于严格履行伦理准则，虔诚与精进不已大大地改善了人们所不能避免的恶业。但是人们仍需与他人分享已获功德。缅甸文化中获取功德的最佳途径便是布施。十善业中的持戒（sila）也直接而明确地规定了僧俗民众的日常行为准则和处事规则。由持戒而衍生的各种规范成为缅甸人的立身之本。千百年来，缅甸社会基本上依照了佛教《长部经典》之三十一的《尸迦罗越六方礼经》来处理各种人伦关系。在《尸迦罗越六方礼经》中，佛陀告诉尸迦罗越，身为弟子应当尊敬父母、阿阇梨（老师）、妻儿、朋友、仆役、沙门婆罗门，即六向礼拜。六向礼拜代表了六种人伦关系：父母为东方，师尊为南方，妻子为西方，朋友为北方，仆役为下方，沙门婆罗门为上方。佛教认为，为了维护这六个方面的关系，有必要遵守毗奈耶律（戒律）。只有这样才能把握今生来世，以后求升天界。毗奈耶律成为了缅甸人的行为规范，它包括以下内容：儿子应想到父母的养育之恩，应供养父母，维护家业，尽力安排好家庭生活，布施僧侣，为父母祈福；弟子应以老师为礼敬对象，见到师尊应起立，应参见师尊聆听教诲；服侍妻子，给妻子以保护，支持妻子应有的装扮；对朋友应说真话，应互相帮助，信守诺言；对仆役应恰当安排他们劳动，供给他们以衣食之具，生病时要照顾他们，要给他们余暇和娱乐时间；对待沙门要慷慨、虔敬，言行举止应该仁慈。反之，除沙门婆罗门外，其他五种人也有自己的义务和责任：父母应督促儿子，不使其误入歧途，给他娶妻，并将家业及时传给他；为人师尊者应尽心传授技艺给弟子，并教导其与好人为伍；妻子应服从丈夫，小心管理他的家业，要慷慨好客，值得丈夫信任；仆佣在主人面前应恭谨，要忠于职守，要先于主人起床，晚于主人休息，不讲主人的坏话；朋友之间要劝阻放荡行为，保护朋友的财产，不在患难时背弃朋友，要抚爱朋友的儿子。沙门婆罗门有资格接受慷慨布施，有义务教人行善，祝福他们所获善业，告诉他们未曾听闻的善法，给他们显示通往天界的道路。

佛教对社会所有成员所作的行为要求都是基于这样一个出发点的，即希望达成一个和谐的社会、和谐的集体。由于佛教的社会整合功能，小乘佛教通过经典和僧伽直接或间接地影响到了缅甸社会，规范了社会成员的伦常行为，指导了他们的价值取向。

佛教是缅甸社会伦理道德的补充手段。伦理道德主要靠社会习惯来维系。社会习惯以一种无形的力量规范人们的行为甚至思想和感情。若需维系社会秩序单靠道德的力量显然不够，这就牵涉到对伦理道德进行补充的问题。于是就出现了依靠法律从外部、依靠教育从内部来规范人们思想行为的举措。

以礼制为基础的法律制度是对缅甸社会伦理的消极补充。缅甸自从接受佛教以来，就一直把实现佛教教义作为自己道德的最高追求，形成了一整套的伦理制度，对个人（包括家庭成员）行为有严格的限定。它注重人们的身份秩序：家庭里的尊卑长幼、社会中的上下贵贱。这种秩序在很多情况下没有明确规定，是由人们凭着各自不同的身份所遵守的道德义务体现出来的。它渗透于日常生活的各个方面，如在生活起居、服饰、车马等生活方式中，在婚丧祭祀的礼仪中，都能够体现出人伦秩序。人们都以佛法的规范来安身立命，无需国家以社会法律的形式来束缚其社会活动。在这样一种状况下，其法律当然会十分简单。缅甸传统社会里，法律主要是指习惯法，包括民法和刑法。这些法律主要在于解决纠纷，对逾越礼制、违反伦理的行为给予惩罚。原来这些惩罚多是在村社内部进行的，后来这种权力被国家利用后成了国法。即使这样，缅甸的法律范畴也没有超越礼制，若碰到人伦关系就必须服从礼俗的制约。法律的基本原则是法律面前人人平等，不存在人们身份的差别。但这个基本原则在缅甸古代法律中是行不通的。缅甸古代法律以礼入法，其目的是要通过一种强制手段来告诫全体成员各安其所，各善其身。为了达到这一目的，缅甸传统社会主要通过德与礼的教化和刑与罚的惩戒来实现。后者是前者的辅助手段。

德与礼的教化是对缅甸社会伦理的积极补充。教育的功能在于向人们传授适应、改造自然与社会的知识和技能。在一个庞大的社会中，若要维持社会的秩序与稳定，使每一个成员都能始终不渝地按照习惯思想行事，单靠自然的力量和法律的强制显然不够，于是规范人心的最好形式——教育就显得至关重要了。因而，在缅甸传统社会中师尊与佛、法、僧、父母并列，位于高层次的“五敬”之中。传统上，缅甸的教育主要依赖于寺庙的伦理道德教育，是一种泛宗教教育。这种教育以佛教伦理为中心，传授佛学思想和道德规范，将社会的各个方面都打上了佛教伦理的烙印。

历史上，缅甸教育经历了一个从宗教到世俗的过程。早期的教育主要是宗教礼仪教育和生活技能教育。家庭教育和寺庙教育是两种主要的教育形式。其中，家庭教育是缅甸传统教育的重要一环，属于自然教育状态。教育的方式也只限于日常生活中的言传身教、潜移默化。它的内容包括生活技能与生活准则以及亲朋之间的伦理关系。寺庙教育是一种系统的、以灌输佛教道德观为基本出发点的宗教教育，是缅甸传统社会千百年来唯一的社会教育形式，教育的目的在于学经、弘法、知真谛。家庭教育和寺庙教育相结合，构成了缅甸传统社会完整的教育体系。在这个体系中，培养人们自身的人伦规范成为教育的主线。由于缅甸传统社会在伦理上主张利他主义，这种利他主义原本上就是从亲缘中产生的。它的实行必然也离不开亲缘关系。缅甸社会对传统文化的继承还体现在以地缘—亲缘关系组成的村社模式上。这种模式使人们从石器时代起就比照族亲社会处理人伦关系了。他们将亲朋关系中的利他主义成分推而广之，养成了传统伦理的基本精神。所以，我们可以说在缅甸传统社会中，社会伦理就是一种放大了的亲缘伦理。在实行社会伦理的过程中，对人自身的要求也有了明显的提高，需要社会的人具备很高的个人修养。就这样，缅甸的教育在佛教的影响下，形成了研习佛理，向内心寻“道”以求早日解脱的传统。社会成员通过内心的修养，在人心上下工夫。由于在亲缘关系之外，人们也难免要陷于利害关系之中，即在人伦关系中常常要判断利与弊，然后再决定取舍。这便会使得“利他主义”伦理无法推行。因此，佛教认为如果加强内心修养，教育人们将注意力从外部的利害关系中收回，返回内心世界，就可以消除对利与害的权衡，得以实现利他的价值取向。因此，在僧侣的作用下，缅甸社会的教育强调个人自身的修养，强调启发、诱导和自我修炼。这种教育的结果就是人们会自觉遵守戒律，为来世的幸福而依行佛教所规定的伦理关系，最终达到自我解脱、进入涅槃的状态。

佛教对泰国社会伦理道德的影响很大。泰国民众信奉佛教，接受佛教的教化，世界观和人生观都受到佛教的影响。宗教观念成为泰国社会观念的主导因素，佛教思想也是维系泰国社会关系和维护泰国社会秩序的重要力量。虽然泰国人民信奉佛教有着不同的形式，例如有的人是虔诚的佛教徒，严格按照佛教的戒律行事；有的只是认同并接受了佛教的理念；甚至有的只是间接地受到泰国作为一个佛教社会的影响。但是不可否认的是，作为一个佛教社会，泰国整个社会观念已经被佛教所塑造，并渗透到泰国的社会文化和人们的生活方式当中。其中对泰国人影响最深的是“生死轮回”和“因果报应”观，这种观念已成为泰国人世界观的一个重要组成部分。

“因果报应”或者称之为“业报”，其核心就是“业”，这是佛教用以说明世界一切关系的理论，是佛教的中心概念。“生死轮回”的结果完全取决于“因果报应”当中的“业因”，个人今世受的苦是由于前世造的孽，后世能否得到解脱，在“生死轮回”中得到“善报”，取决于他今世的“业”是“善业”还是“恶业”。所以，泰国人同样相信“善有善报，恶有恶报”之说。

在泰国的社会观念中，善业的体现就是德行。德行是泰国社会一个重要的基本思想，也是泰国社会道德规范中的核心思想。德行是泰国社会中人们应遵循的伦理道德标准和所追求的目标或者归宿，是整个社会价值体系的最高理想、最高追求和最高价值。在泰国，无论是个人、家庭甚至整个国家的观念与行为，德行观念都在影响人们的道德养成与行为方式，并使德行成为衡量道德规范善与恶的标准。泰国人相信，为了摆脱生死轮回之苦，求得“善报”，达到灵魂升华涅槃的最高境界，拥有德行是唯一的出路。于是以德行的观念为目标，整个社会的价值取向得到了统一，并以此规范了人与人之间的行为和应尽的义务，协调了人与人之间的关系，从而能够促进社会团结，保持社会稳定。

上座部佛教宣扬“业”的目的是为了让人们行善和广积功德。虽然说一个人的命运取决于他前世的“业”，但是人们又可以通过他今世的修行掌握他们自身的命运。因为一个人今生的所作所为决定了他的“业”，只要你肯向善、肯求知于佛陀，那么你就会得救。所以德行既然作为泰国社会道德追求的首要目标，那么人们为了摆脱现世之苦，求得来世之福，行善就成为了积累德行的一个主要行为，并成为人们行为方式的一个基本准则。人们相信今生的行善积德，能为将来进入涅世界打下基础。行善能够“积善成德”，而德行的积累能够让自己得到“善业”，“善业”的结果就是得到“善报”，从而“行善—德行—善报”成为泰国人社会行为模式的一种合理的解释。

如果说德行体现的是一种思想观念的话，行善却更多体现在行为方式上。在泰国，行善体现在两个方面：一方面，行善体现于人们的自我修行，以使自己解脱。因为上座部佛教强调的是个人的解脱，主张每个人独善其身，完善自我，它要求泰国每一个人都要按照佛教规定的伦理规范行事，遵守社会道德规范，遵守社会尊卑秩序，而且在对自我的修养上做到对世事要忍让，强调自我克制，其体现在泰国人的精神性格上就是“宽容”与“忍让”。在泰国，每名男性都要到寺院去出家为僧一段时间，这也是泰国人行善积德、加强自我修身的一种方式。另一方面，还要求对他人与社会行善。这其实是自我修身的一种扩展，因为这实际上是一种主观为自己，客观为他人的行为。在泰国行善已经成为了人们日常生活的一个重要组成部分。例如经常性地参加佛事活动、为僧侣化缘、去寺庙上香、布施等等，所以在泰国社会生活中一切施舍，一切为他人、为社会做的好事善事都是行善积德，从而使得整个泰国社会乐善好施蔚然成风。

在老挝，佛教是约束社会伦理道德行为的基本规范。佛教各方面的道德规范已有几百年的积淀，已深入人心，成为人们行为处事的自觉行动。老挝人一生中必须出家一次，时间长短不限，但出家时间越长被认为受到的道德锤炼越牢靠，显然会更获得大家的信任和尊敬。佛教的道德准则主要可以概括为：与人为善、诚信待人、与世无争等，进一步归结起来，还可以高度凝练为一个“善”字。这些道德规范在人们出家前即受教育，在重大节日讲经时，在平时父母教导儿女时，都会不断加强道德教育，甚至在出现各类不道德和不法行为时，众人也会引经据典，利用佛教的道德规范加以制止。佛教“善有善报，恶有恶报”的教义是道德标准得到有效执行的根本驱动力，“善恶有报”的思想观念已深入人心，其约束力并不亚于法律，成为维护社会稳定的一种无形力量。

（五）佛教对东南亚各国传统习俗的影响

佛教是缅甸、泰国、老挝和柬埔寨等国文化的核心元素，它深刻地影响各国传统习俗的形成和演化。

在缅甸，佛教仪式点缀了缅甸人的一生，在人生所有的重要时刻总是有佛教仪式相陪伴。这被认为是从人生的一种状态过渡到另一种状态所必需的。举行了这种仪式人们就可以获得心理上的平衡，产生精神上的力量，使生命力更加旺盛。缅甸人一生中所举行的仪式不外乎向僧侣布施以获功德，请僧侣念经做法事以消灾祸，礼拜佛陀以求解脱。缅甸人从出生开始就受佛教的影响。婴儿命名礼上要念经拜佛，洗礼消灾，以保孩子健康成长。到十二三岁时男童要出家为僧，女童要施穿耳礼。剃度仪式和穿耳礼是人生中最重要的事情。男童出家的时间可长可短，但最少也需7日，然后方可还俗。男童剃度、女童穿耳之后方被认为已长大成人。同时送子入寺和为女穿耳也是父母积功德的表现。缅甸人结婚时要避开僧侣的安居期。婚礼上要念《吉祥经》，要礼拜三宝，布施僧侣。生病时要请和尚来家念《消灾经》，要向僧侣布施。家人去世时要请僧侣来家用斋，请僧侣送葬和超度亡灵。一个人经历了这些仪式后他才会在佛的保佑下茁壮成长，他的功德在死后才会被承认，他也才会有可能转世升天。

在个人日常生活方面敬佛、布施和持戒是重要的生活内容。传统缅甸家庭早晨起来要做的第一件事是给佛龛献上鲜花，为佛像供清水，然后再拜佛念经。早饭前要先把做好的饭菜盛出一些来布施给上门化缘的僧侣，之后自己才能享用。路上遇到佛塔、榕树和僧侣时要合掌施礼。晚上就寝前要诵读经文，要在佛像前冥想思过。睡觉必须头朝东方，因为释迦牟尼是在东边成佛的。每月要去佛寺或佛塔持戒、拜佛。持戒前一日和持戒日不能洗头，怕会淹死头发中的虱子而犯杀生戒。传统的缅人家庭睡觉不用床铺，家里没有椅子。因为佛教戒睡高床坐高座。总的看来，遵守戒规、礼佛积德是缅甸人日常生活中最重要的事情，也是主要的生活内容和传统习惯。

在泰国，佛教已经深深渗入了人们的日常生活当中，人们生活的点点滴滴无不打上了佛教的烙印。在泰国，无论是不是佛教徒，见面都以僧侣间的合十礼致意、致敬；男子上至国王，下至平民一生中仍必须出家一次；一般家庭通常设有佛龛，身上常常佩戴佛像项链；路经佛寺，必定恭敬礼拜；每日晨间，人们会准备食物，供养托钵僧侣，每逢佛寺举办活动，人们便带着各种粮食前往布施，同时听闻佛法。而且无论是国家庆典、军队阅兵、新法令颁布、国王加冕、官员晋升，还是个人的婚丧喜庆、商店开张等都要邀请僧侣光临，主持佛教仪式。

佛教对泰国人生活的影响贯穿于一个人的生命周期。婴儿出生一个月后，父母要为其举办满月礼，由僧人给其进行剃胎发仪式，以祝福婴儿的成长；男孩13岁、女孩11岁时，父母要为孩子举行成年礼，并请僧侣诵经为孩子祈福；当男孩出家为僧之时，要举行剃度仪式，之后要聆听佛教的教诲，遵守佛教的戒律，进行正常的僧人起居生活；结婚之时，要由僧人诵经并主持“吉祥纱圈”仪式，新人要向僧人供食与献礼；老人60岁、72岁或84岁举行寿礼时，要由僧人诵念《护咒经》和《吉祥经》，以祈求好运、长寿；直至人死后，浴尸、梳发、穿衣、裹尸、祭棺等仪式无不体现了佛教的韵味。

泰国的传统节日中，也有许多的佛教节日。在泰国每月有4个佛日，即佛教的“四斋日”，各在泰历的初八、月望、二十三、月末。全年共48个佛日，其中以万佛节、浴佛节、守夏节为最重要的佛教节日。这些佛教节日也是国家法定的假日，在这些节日时，全国放假并举行隆重的仪式进行庆祝，人们纷纷到寺院施斋、巡烛、听经，以表示对佛的虔诚。而且泰国的一些传统的民俗节日虽然不是佛教的节日，但是仍然被赋予佛教文化的内涵，如宋干节、水灯节等节日活动都加进了佛教的内容和仪式，如拜佛、斋僧、布施和祈福等等。

在老挝，每个月都有节日，而每个节日都与佛教有不解之缘。“十二风十四俗”是老挝文化中最典型的风俗习惯，对老百姓行为举止等方面的要求非常详细。其中的“十二风”即指每月的一个节日：一月守斋节，二月聚场节，三月烤糕节(该月还举行万佛节盛会，聆听佛教的教诲)，四月听经节(讲述佛祖的身世经历，解说长达15卷的《本生经》)，五月宋干节(与婆罗门教有关)，六月高升节(佛祖的生日、悟道日和涅槃日，也举行祭祀鬼神的活动)，七月驱邪节，八月入夏节(为期三个月，此间和尚不得出行，只在寺院中学习经书)，九月祭鬼节(人们把糕点、瓜果等供奉在原野或埋藏于地下，有的也斋僧)，十月祭祖节，十一月出夏节，十二月布施节。这些节日中有的与佛教直接相关，有的与婆罗门教、鬼神崇拜相关，但人们在过节时却往往不加区分，不在乎其中的性质差别，往往都遵照佛教的程序庆祝和操办。如高升节其实是发射火箭升天以求雨的节日，原本是婆罗门教的仪式，但现在的老挝往往由和尚主持仪式，已融合成为佛教文化的一部分。

“十四俗”分为两个部分，即王家贵族遵从的习俗和老百姓遵从的习俗。现今老挝已不存在王室，“十四俗”成了全国人民共同遵从的习俗，而与佛教的关系更为直接和密切。主要内容有：一俗为稻米成熟后，先给有德者食用；二俗为不欺骗，不吵架，也是受佛教不妄语等教义的影响；三俗为不在庭院里再起墙，不在住宅四角再起楼；四俗为先洗脚再进屋；五俗为斋日时，祭祀门神和灶神；六俗为就寝前先洗脚；七俗为斋日时，妻子要给丈夫献鲜花；八俗为晦日和望日时，要请和尚到家中做法事；九俗为和尚化缘到来时，不可让和尚等候，不可碰和尚的钵，不可打伞，不可穿鞋；十俗为和尚封斋时，要给和尚敬献食品和鲜花；十一俗为见到和尚走来，要先坐下，行合十礼再说话；十二俗为不可脚踏和尚的影子；十三俗为不可将剩饭给和尚和丈夫食用；十四俗为不可在斋日、入夏节、出夏节、宋干节和生日发生性行为。可以看出，这十四条俗规中，大部分是明显与佛教有关的，也有些可能受到婆罗门教的影响，如第七俗和第十三俗中可以看出丈夫与妻子的地位不平等，第五俗则还有鬼神教的痕迹。

老挝是一个教育文化事业一直比较落后的国家，国家办学特别是大学在20世纪中叶才起步。在很长的历史时期里，人们只有在佛寺里才能进行学习和研究，佛寺是实际意义上的学校和研究机构。佛经中有许多关于文学、哲学、医学、农业、气象、教育等方面的专章，这就使得佛寺承担了社会教育责任，佛教成为老挝教育和文化的传承者。

佛教贯穿了柬埔寨人生命的始终，民众日常的婚丧嫁娶都有一定的佛教法事。如出生时的剃胎发仪式、进入社会的剃度仪式、婚礼、葬礼等都要邀请僧侣参加并主持。柬埔寨各种传统节日也都具有浓郁的佛教色彩，在全国休假日中，新年、斋僧节、加顶节、亡人节、送水节、转法轮节、维莎迦节都源自佛教或与佛教密切相关。

在越南，佛教与传统民间信仰紧密结合在一起。比如越南的回法寺实际上是供奉云、雨、雷、电等自然神的寺庙体系；并且越南寺庙普遍的建筑风格是“前佛后神”，寺庙同时也是供奉神灵、圣人、土地城隍和民族英雄的场所。在越南人的观念中，佛祖无异于传统民间信仰中的神灵，其职能是救苦救难于人间，赐一方福祉于百姓，风调雨顺于农业，救度超脱于亡灵等。

综上所述，佛教经过1000多年的传播和演进，已与缅甸、泰国、老挝和柬埔寨等国的本土文化融为一体，成为上述各国传统文化中最核心的部分，深刻影响各国历史、社会、政治、文化等的发展。

第二节　东南亚伊斯兰教

伊斯兰教是海洋东南亚地区最大的宗教。印度尼西亚和马来西亚是信奉伊斯兰教人数最多的两个国家。印度尼西亚88%左右的居民信奉伊斯兰教，是世界上穆斯林人口最多的国家；马来西亚60.4%的人口信仰伊斯兰教。除此之外，东南亚其他国家也有一定数量的人信奉伊斯兰教，其中，缅甸约4%，泰国约4.6%，柬埔寨约3.3%。

一、伊斯兰教在东南亚的传播

伊斯兰教传入东南亚的时间一直是国内外学术争论的焦点之一。有的认为早在七八世纪时伊斯兰教已传入印尼，有的认为10世纪时已有穆斯林在印尼的沿海地区生活，可惜都缺乏史料证明。目前得到多数学者认可的观点是：伊斯兰教最晚在13世纪初就传入东南亚了。来自印度和阿拉伯的穆斯林商人由海路来到苏门答腊北部经商，在当地与土著通婚并定居下来，苏门答腊成为东南亚伊斯兰教最早的传播地，随后又传至马六甲和爪哇等地。最早记载伊斯兰教在东南亚海岛地区传播的是《马可·波罗游记》。1292年马可·波罗父子从中国回国，路经苏门答腊，他们所到的第一个港口是“法里勒（八儿剌）”，看到那里的穆斯林商人很多，以致当地居民改信伊斯兰教。因此，可以说到13世纪末，伊斯兰教已广泛传播于苏门答腊北部沿海地区，甚至在一些地方已经牢固地建立起统治。传入东南亚的伊斯兰教主要属逊尼派，而其中又以沙斐仪学派为主，并以苏菲主义作为传播手段。

伊斯兰教能在东南亚传播，这与当时的国际形势和海岛地区局势的变化有关。1095~1291年，西欧封建主发动了十字军东侵，客观上使东西方贸易急剧扩大，刺激了他们对东方奢侈品尤其是对香料的需求。盛产香料的东南亚海岛地区此时深深卷入了当时国际贸易的网络中，成为东方商品的重要来源。控制印度洋海上交通的印度、阿拉伯和波斯穆斯林商人为了追逐香料，不再像先前那样航行到中国，而是渗透到群岛各个港口，在那里建立贸易据点，结交当地统治者，劝说其皈依伊斯兰教，并与当地人贸易、通婚，传播伊斯兰教。与此同时，因十字军占领了地中海东岸的叙利亚、巴勒斯坦等地，为避开战祸，亚非之间亚历山大城—亚丁—印度西部古吉拉特港口—印尼的贸易航线日趋活跃，印度古吉拉特地区的穆斯林商人无论从海路前往中国经商或是直接到东南亚做生意，都要先到印尼的外贸中心——苏门答腊北端的八儿剌和巴赛等地，伊斯兰教也首先由古吉拉特人传入这里。这一时期，统治群岛大部分地区的佛教王国室利佛逝已经衰落，失去对马六甲海峡的控制，使伊斯兰教得以在东南亚立足，扩张和建立政权。

从伊斯兰教传入苏门答腊至东南亚其他主要岛屿，伊斯兰教化的完成经历了几个世纪，其顺序大致由西到东。开始时，伊斯兰教无法进入信奉印度宗教的统治阶层的世袭领地，只能在沿海地带的商业区活动。苏门答腊成了伊斯兰教商人的落脚点，他们边经商边传教，用伊斯兰教影响地方领主，同时借助地方领主的势力从事商业活动。15世纪以后，爪哇岛出现了穆斯林，他们与当地的领主联合，形成强大的伊斯兰教集团，控制岛际贸易，对信奉印度教的麻喏巴歇王朝构成很大的威胁，加之麻喏巴歇王朝内部争权夺利，国内长期陷入混乱状态，致使这一王朝日渐衰亡。这时以淡目为中心的商港领主和新兴的商业地主阶级接受伊斯兰教并利用伊斯兰教作为精神武器迅速扩大自己的势力，终于在1518年建立爪哇岛的第一个伊斯兰王朝——淡目王国。16世纪末，以淡目王国为核心的爪哇北部的伊斯兰教诸国彻底消灭了麻喏巴歇王朝，伊斯兰教在爪哇逐渐成为占统治地位的宗教，几世纪以来印度宗教文化影响占统治地位的历史从此结束。到17世纪时，印尼基本完成了伊斯兰教化。

伊斯兰教传入东南亚不像传入西亚广大地区那样依靠圣战，而是主要通过以下方式传播的：（1）由穆斯林商人扮演传教士角色，他们利用自己的地位与威望，影响来自群岛各地的商人，使他们对伊斯兰教产生兴趣，甚至改宗伊斯兰教，并把新宗教带回其故乡；（2）许多穆斯林商人与当地居民通婚，建立新的穆斯林家庭，生男育女，产生了信奉和传播伊斯兰教的当地人，方便了伊斯兰教的传播；（3）通过印度、波斯和阿拉伯的伊斯兰教传教士与学者在群岛的各种活动，扩大和提高伊斯兰教的影响与地位；（4）借助王室贵族和地方统治者的扶植，首先在地方上层，再自上而下地传播到各地；（5）依靠先改宗的穆斯林君主向邻近的非穆斯林地区发动战争，迫使他们皈依伊斯兰教。有必要指出的是，伊斯兰教能进入东南亚并落地生根，还与其地缘位置有很大关系。伊斯兰教在东南亚的传播主要集中在印尼群岛和马来半岛地区，而中南半岛上除了极少数沿海地区之外，鲜有主动接受伊斯兰教的地区。其主要原因正在于中南半岛地区远离当时东西方贸易的主要通道，而海岛地区则因扼守这一海上贸易通道而大享其利。因此，伊斯兰教最初传入的都是沿海港口城市，直到16世纪初，伊斯兰教地位巩固的地区仍是那些在国际贸易中最重要的地区——苏门答腊沿海、马来半岛南部、爪哇北岸等。另一方面，由于这些地区与中国东南沿海、印度、西亚、北非有多方面的贸易和交往，伊斯兰教的来源也是多方面的和复杂的，一般认为印度西部的古吉拉特起了重要的作用。13世纪时伊斯兰教在古吉拉特占有重要地位，当地建立了穆斯林政权，而古吉拉特过去一直与东南亚地区保持密切的商业联系，古吉拉特的穆斯林商人一方面继续在东南亚海岛地区经商，另一方面努力传播伊斯兰教。所以，古吉拉特是东南亚伊斯兰教的重要传入地之一，穆斯林商人是伊斯兰教的传播者，其后苏菲派传教士才接踵而至。

从另一个角度来说，东南亚人为什么接受伊斯兰教呢？这也有多方面的原因。从政治上看，伊斯兰教充当了反抗麻喏巴歇帝国的思想旗帜。13~16世纪，群岛地区的政治形势发生了变化，随着沿海港口商业的发达，从中获利的地方统治者的力量不断加强，他们与信奉印度教的麻喏巴歇王朝的矛盾日益尖锐。为了摆脱麻喏巴歇中央政府的控制，他们非常需要有一种新的强有力的思想武器来与之抗衡。政教合一的伊斯兰教正好适应他们的这一需要。从经济上看，沿海地区统治者的利益与海上贸易密切相关，如果皈依伊斯兰教，就可以吸引大批穆斯林商人到他们的港口从事贸易，从而获取更多的商业利益。除了政治和经济方面的外在因素，还存在起决定作用的内在原因，那就是伊斯兰教本身的因素：

首先，伊斯兰教的基本教义对东南亚本地社会具有广泛的包容性和吸引力。（1）伊斯兰教教义总的出发点和归宿是为了获得理想的、永恒的幸福而归顺安拉。它既讲来世，也讲今生。既论述人间的弊端、世道的不公，探讨摆脱不幸、烦恼与苦难的途径和方法，同时又肯定现实的人生和世界，鼓励人们追求今世的幸福与来世的永恒，或在今世通过自己的行为选择未来的道路和归宿。这种既注重今生也注重来世的教义显然比当地原先流行的只注重来世的佛教和印度教的教义更为实际，因而更为容易被广泛接受。（2）伊斯兰教反对偶像崇拜，简化等级关系的教义使当地人乐于接受。在伊斯兰教传入之前，东南亚各地信仰的宗教繁多，大多带有多神教的性质，居民不仅崇拜多种偶像，兴建大量的寺院、陵墓，还要缴纳繁多的宗教税，负担极为苛重。而伊斯兰教则提出了一种教条式的一神教信仰，这种一神教信仰能克服生活中许多混乱的现象。它主张信仰真主安拉，赏罚分明，纳税以课功为主，居民负担较轻，并宣扬每个穆斯林都可以从真主那里得到一份可以自由使用和买卖的耕地，教义还宣布要限制高利贷和赈济贫民，更为受压迫、受剥削的人民所欢迎。(3)伊斯兰教宣传真主面前人人平等，反对等级制度，提倡以兄弟情谊对待教胞，强调社会的公正、平等和正义。这种平等的思想和做法比起实行森严的等级制的印度教更有包容性和吸引力，能够把不同阶层、不同职业的人都团结到一种共同的信仰之下。

其次，伊斯兰教的沙斐仪学派尊重居民习惯，容易被当地人接受。伊斯兰教的沙斐仪学派认为当某种习惯在长时期内为所有的人所认可和承认时，这种习惯法也就成了“逊奈”(圣训)。①这种习惯法也被认为是穆斯林生活和行为的准则。传入东南亚的伊斯兰教主要是沙斐仪教派，他们在传播过程中也容忍和尊重当地人的习惯法，包括祭祀祖先和印度教神，所以，对改宗伊斯兰教的条件，要求不太严格，“任何人只要愿意按照穆斯林的习惯穿戴，戒吃猪肉、戒酒和憎恨异教徒，便可成为穆斯林；如果他能执行和完成一些重要的宗教义务，便可被承认为虔诚的穆斯林”。②正因为如此，伊斯兰教得以迅速传播。

再次，伊斯兰教的苏菲主义(Sufism)充当传播手段，迎合了当地人的神秘主义传统观念。苏菲派是伊斯兰教的神秘主义派别，在7世纪末已经出现，以苦行、禁欲为修行方法，它既以《古兰经》的某些经文为依据，又深受波斯神秘论的影响，而波斯神秘论又曾经受印度神秘论和哲学思想的影响。12~13世纪以后，苏菲神秘主义与正统主义相结合，在伊斯兰教中居于统治地位，一直到18世纪瓦哈比运动为止。而这一时期正是伊斯兰教在东南亚地区传播和发展的时期，所以苏菲神秘主义对东南亚伊斯兰教影响最大。对于早已深受印度教和佛教文化熏陶的东南亚海岛地区来说，包含印度神秘论和哲学思想的苏菲派伊斯兰教并不陌生，苏菲派主张的通向安拉的阶梯：悔悟、禁欲、克制、畏惧、守贫、服从等与当地神秘主义的悔悟、畏惧、崇拜神灵等有相通之处，因此容易为当地人所接受，并能够快速传播。

伊斯兰教在东南亚海岛地区之所以能取代印度教成为占统治地位的宗教，而这一地区的民族之所以乐意接受伊斯兰教信仰，仅仅靠军事的或强力的手段是无法实现的。它只有使伊斯兰教的意识形态与所传播地区和民族的生活习俗、文化传统有机地融合

---

① 梁志明：《古代东南亚历史与文化研究》，北京：昆仑出版社，2007年版，第370页。

② Deliar Noer. *The Modernist Muslim Movement in Indonesia*, *1900~1904*. Kuala Lumpur, 1978, p.20.

起来，才能得以生根、发展。这种融合并非两者单纯的拼凑，而是相互碰撞、适应的一个过程。在这一过程中，伊斯兰教不仅接受、采纳、融合了与伊斯兰教发展相适应的东南亚本土传统文化，那些被接受、被接纳、被融合的传统文化也随着时间的推移，成为伊斯兰教不可分割的部分，久而久之被穆斯林视为伊斯兰教的固有传统而予以遵循、沿袭。这种在相同信仰下又有所差异并呈现其地区、民族个性的伊斯兰教，就是地方化和民族化的东南亚伊斯兰教。

根据考古推断，伊斯兰教最早于14世纪抵达马来半岛。在丁加奴[①]河以上20里处发现了一根石柱，上面刻有以阿拉伯字体书写的最古老的马来文，内容与公布穆斯林国法的总督有关，并称其为罗阇·曼达利卡和悉利·帕杜卡·涂汗，年份为1326年或者1386年。[②]一直到公元15世纪，找不到伊斯兰教在马来半岛大面积传播的痕迹。15世纪初期，马六甲王国的建立为伊斯兰教在马来半岛的传播和发展奠定了基础。据说马六甲王朝的创建者拜里米苏拉（Parameswara）娶了巴赛[③]的一位公主。在妻子或者岳父的敦促下，拜里米苏拉最终在其72岁时皈依伊斯兰教，并采用了颇具伊斯兰特色的称号满加特·亚历山大·沙（Megat Iskandar Shah）。马欢随郑和于1413年出使马来半岛，对其所见的马六甲国王有类似这样的描述："国王（拜里米苏拉）细白番布缠头，身穿细花青布长衣，脚穿皮鞋，出入乘轿。"[④]其穿戴已颇具伊斯兰风情。事实证明，马六甲国王皈依伊斯兰教是非常明智的选择，为这个新生的王国在建国之初构建良好的政治、经济以及外交关系创造了条件。穆斯林对安拉的忠诚被延伸至社会政治领域，进一步确保了国王统治的合法性。而马六甲与巴赛的共同信仰与姻缘关系使得在巴赛、阿鲁（Aru）[⑤]及马六甲之间形成的三足鼎立的局面趋于瓦解，无形之中与巴赛形成了某种防御联盟，加固了自身的竞争力。马六甲王国对伊斯兰教的崇信也为其赢得了来自西亚和印度的穆斯林商人，切实的经济利益让底层的民众也自觉地批起了头巾，戴起了宋谷帽（songkok），"皆从回回教门，持斋受戒诵经"。"信奉伊斯兰教使这个新王国进入了一个商业的共济会，来自开罗、麦加和亚丁的摩尔人[⑥]以及土耳其人和土库曼人都在它的顾客之列"[⑦]。马六甲的第二代国王起初采用的是古巴邻旁（Palembang）的称号——斯里·摩诃罗阇（Sri Maharaja），但据《马来纪年》（*Sulalatus Maharaja*）的记载，他在一次梦中学会了背诵穆斯林经典，于是就皈依了伊斯兰教，尊号为穆罕默德·沙（Mohammad Shah）。马六甲在其第四任国王穆扎法·沙（Muzaffar Shah）统治时期开始真正向外扩张，伊斯兰教随着马六甲王朝对半岛其

① 丁加奴，现在的登嘉楼（Terengganu），位于马来半岛的东海岸。
② ［英］理查德·温斯泰德：《马来亚史》，姚梓良译，北京：商务印书馆，1974年版，第60~61页。
③ 巴赛，苏门答腊北部的穆斯林港口王国Pasai，存在于公元13~15世纪。
④ ［英］理查德·温斯泰德：《马来亚史》，姚梓良译，北京：商务印书馆，1974年版，第80页。
⑤ 阿鲁，公元12~13世纪，存在于苏门答腊的南部，即今德里（Deli）一带。
⑥ 摩尔人，即阿拉伯人。
⑦ ［英］理查德·温斯泰德：《马来亚史》，姚梓良译，北京：商务印书馆，1974年版，第111页。

他地区的征服而迅速传播。穆扎法·沙在其去世前不久首次使用“苏丹（Sultan）”称号，并编定了内含穆斯林法律的法典，在其统治区域内使用伊斯兰教法，创建了清真寺、宗教学堂以及苏菲派道堂。此后的苏丹曼速尔·沙（Sultan Mansur Shah）和苏丹阿老丁·沙（Sultan Alauddin Riayat Shah）以及苏丹·马哈默德·沙（Sultan Mahmud Shah）都非常重视伊斯兰的传播及在政治统治中的作用。

伊斯兰教苏菲派的神秘主义思想迅速与当地原始的万物有灵并混杂着印度文化的宗教信仰相结合，深深触动了马来人的心弦，这场运动以自上而下与自下而上相结合的方式，以摧枯拉朽般的力量，随着马六甲王国的崛起和扩张，在短短一个世纪的时间内几乎征服了整个马来半岛。伊斯兰教很快在马来半岛和马来人心中占得一席之地，与马来人的本土文化相融合，成为传统马来文化中的一个重要组成部分。“马来半岛的马来人日渐不把伊斯兰教信仰看作是由外部输入的，而是看作他们自己文化的一个组成部分”[①]。

菲律宾的伊斯兰教化开始于13~14世纪。从世界史的角度来看，这是中世纪伊斯兰教在东南亚迅猛传播和扩张的一个组成部分，并且是最后一站。伊斯兰教最先从苏禄群岛传入菲律宾，其中和乐岛（Jolo）上的陶苏民族是最早的菲律宾穆斯林。据《苏禄世系表》（*Sulu Genealogy*）和当地的传说可知，有一位叫图安·马赛卡（Tuan Masha' ika）的外来穆斯林商人与当地部落首领的女儿结婚，从此在当地繁衍下来，其后代在生活中也沿袭伊斯兰教的风俗习惯。14世纪后半期，伊斯兰传教士开始在苏禄活动，其中最有名的是《苏禄世系表》提到的一位具有非凡神力的传教士马赫敦（Karim ul-Makhdum），他在苏禄群岛的布万萨（Bwansa）定居以后，建立了菲律宾第一座清真寺，吸引许多人来听他讲经。1390年，苏门答腊米南加保苏丹国的王子巴京达（Raja Baguinda）带领朝臣和战士来到布万萨，当地首领得知他是穆斯林后就停止抵抗，改为热情接待，并尊奉他为新首领。1450年，阿拉伯人谢里夫·哈希姆（Sharif ul-Hashim）从印尼的巨港来到苏禄，他不仅为沿海的居民讲授《古兰经》，而且还成功地使山上的居民皈依了伊斯兰教。他后来娶了巴京达的女儿帕拉米苏里（Paramisuli），在巴京达去世后继承王位，建立了苏禄苏丹国。苏禄苏丹国是菲律宾群岛最早建立的伊斯兰国家。

伊斯兰教传入棉兰老岛相对较晚，但过程与苏禄相似，也是从移民点的建立和传教活动开始，直至确立伊斯兰苏丹国家制度为止的。据马京达瑙族的传说，15世纪中期时，一位叫谢里夫·奥里亚（Sharif Awliya）的传教士来到马京达瑙（今哥打巴托市）传教，并与当地首领的女儿结婚。稍后，又有一位叫谢里夫·马拉贾（Sharif Maraja）传教士从马来半岛的柔佛来到马京达瑙附近的普兰吉河（Pulangi）流域活动。到15世纪末期时，普兰吉河流域已有一些穆斯林的定居点。1511年，葡萄牙人占领马六甲这个东南亚当时最强大的伊

① ［新西兰］尼古拉斯·塔林主编：《剑桥东南亚史》，贺圣达等译，昆明：云南人民出版社，2003年版。

斯兰国家，许多穆斯林被迫从马来半岛向加里曼丹岛、菲律宾群岛迁移。其中一位叫谢里夫·穆罕默德·卡奔素旺（Sharif Muhammad Kabungsuwan）的穆斯林首领于1515年从柔佛率领大批随从在马拉邦（Malabang）海岸登陆。他通过武力征服以及与当地的统治家族联姻等方式，推动了伊斯兰教的传播，并最终在西部地区建立了马京达瑙苏丹国。之后，伊斯兰教又从这里向棉兰老岛的达沃湾地区、拉瑙湖地区和布基农地区扩展。

16世纪初，伊斯兰教势力逐步从棉兰老传到了菲律宾中部的民都洛岛及周边地区，并且继续向北传到了吕宋，这些地区出现了一批信奉伊斯兰教的巴朗盖和大督，比如苏莱曼统治下的马尼拉巴朗盖。如果不是16世纪中期西班牙殖民者对菲律宾的征服，肃清了马尼拉周围的伊斯兰教影响，中止了伊斯兰教的北扩进程，并迫使其偏处南部一隅，那么，菲律宾今天很可能像印度尼西亚、马来西亚和文莱一样成为穆斯林占主导的国家。

棉兰老地区既是菲律宾群岛中北部通向盛产香料的马鲁古群岛的必经之路，又是和中国进行贸易的货物集散地，且与西班牙人存在宗教差异，所以西班牙人很早就想侵占这个地方。当他们在菲律宾北部土地上立足已稳，便发动了对南部摩洛人的战争，而摩洛人为了保护伊斯兰宗教信仰和民族独立，也展开了不屈不挠的抵抗。这场战争从16世纪后半期开始，直到19世纪后半期西班牙殖民统治行将结束之际，两个苏丹国才勉强屈服，史称"摩洛战争"。300多年的摩洛战争，使摩洛人得到了锻炼，培养了他们的尚武精神；同时也由于摩洛人的劫掠以及北部信仰基督教的菲律宾人参与对南部的讨伐，加深了南北人民的怨恨，助长了南部的分离主义情绪。

在泰国，伊斯兰教是除佛教之外的第二大宗教。从历史上看，在素可泰时期来泰国做生意或定居的印度穆斯林就已经和泰国人之间有交往。除此以外，在一些信仰伊斯兰教的国家如印度尼西亚、菲律宾、伊朗等国还挖掘出了大量泰国素可泰时期的文物，表明素可泰时期泰国与伊斯兰国家之间的交往已经较为密切，也表明至少在那时伊斯兰教已经在泰国或多或少得到传播。

伊斯兰教传入泰国比较确切的时间是阿瑜陀耶王朝时期。特别是在纳莱王时期，由于与伊斯兰国家的交往日益频繁，而且波斯国王曾派遣使节来到泰国劝说纳莱王改信奉伊斯兰教，于是大量的穆斯林于阿瑜陀耶王朝时期开始在泰国定居，甚至在泰国政府部门任要职。随着这部分穆斯林例如波斯人、马来人等在泰国落户扎根，他们也逐渐地转变成了泰国人，成为了最初泰国穆斯林的主要组成部分。再加上泰国本土民众受之影响信奉伊斯兰教，使得伊斯兰教在泰国其中主要是泰国南部得以立足并获得较为稳定的发展。但是由于历代统治者都以扶持佛教为主，使得佛教的势力过于强大，因此伊斯兰教在泰国的规模并不是很大。19世纪中叶，曼谷王朝拉玛四世国王改变了过去排斥异教的做法，提倡宗教自由，允许伊斯兰教在曼谷建立清真寺，泰国的伊斯兰教由此得到政府的保护。

二、伊斯兰教在东南亚的演进

在印度尼西亚，20世纪20年代后期开始，苏加诺领导的世俗民族主义力量逐渐成长，伊斯兰教现代主义与世俗民族主义的冲突也从此展开。1926年苏加诺在《印度尼西亚青年火炬》杂志上发表了题为《民族主义、伊斯兰教与马克思主义》的文章，被认为是对世俗民族主义思想的最初阐述。从那时起至第二次世界大战前，现代主义者与世俗民族主义者的冲突和争论从未停息。两者的分歧主要在于民族独立运动的指导思想及未来国家的政体问题上。关于民族独立运动的指导思想，世俗民族主义坚持以民族主义作为指导思想，而现代主义者则坚持以伊斯兰教为思想基础。关于未来独立国家的政体，现代主义者提出，印尼近90%的居民是穆斯林，所以未来印尼政府应该以伊斯兰教为国家的指导原则，而世俗民族主义者则认为伊斯兰教法不适用于20世纪的印尼，应实行政教分离。

这一分歧和争论一直持续到印尼独立之前。1945年3月1日，日本占领当局匆忙宣布在近期给印尼以“独立”，并组成了一个由印尼人参加的“印尼独立筹备调查委员会”（Panitia Penyelidik Persiapan Kemerdekaan）。委员会召开正式会议之前，讨论最为激烈的是有关以何种意识形态作为独立后印尼的国家指导思想问题。委员会中有两种意见难以统一，以虔诚的穆斯林领袖为代表的一派主张以伊斯兰教作为印尼建国的思想基础；而以民族主义者为代表的一派（包括其他非穆斯林派别）要求建立一个世俗的、具有宪章民主的国家。

1945年6月1日，苏加诺在“印尼独立筹备调查委员会”第一次会议上发表了著名的“建国五项原则（潘查希拉）”的演说，提出了未来印度尼西亚共和国的指导思想，即在印度尼西亚的民族主义（印尼的统一）、人道主义、协商和代表制下的民主、实现社会的正义与繁荣、信仰神道的基础上建立独立的印度尼西亚。1945年6月22日“雅加达宪章”（*Piagam Jakarta*）以序言形式载入宪法草案，其主要内容是确定印尼人民的独立权利，确立印尼国家指导思想是“潘查希拉”——建国五项原则，但五项原则的顺序做了调整，其中“信仰神道”被提到第一位，同时还规定未来的印度尼西亚共和国将“有义务对穆斯林实行伊斯兰教法”。后一句内容较含糊，未明确说明国家是否强迫所有穆斯林要遵守伊斯兰教法规。因而在“独立筹备调查委员会”第二次会议上，一些伊斯兰教人士反对这一含义不清的条款，经过一番舌战，最后增加了总统必须是一名穆斯林的内容作为妥协。

1945年8月17日，印尼宣布独立，在独立后召开的第一次会议上，哈达提出了宪法草案修改方案，取消了原草案中的“有义务对穆斯林实行伊斯兰教法”，仅保留“信仰至高无上的神道”。哈达提出的宪法草案修改方案获得一致通过，这一经过修改后的宪法，就是沿用至今的“1945年宪法”。

显然，这样的结果成为那些要求在印尼实施伊斯兰教法的穆斯林势力心中的一块症结。随着紧张局势的缓和，他们团结在马斯友美党周围，以政党的形式出现，在议会中与世俗民族党势力展开斗争，争取实现自己的政治目的。马斯友美党的一些领导人支持和参加了反对共和国政权的“伊斯兰教国运动”，组织了“印度尼西亚伊斯兰军”，企图分裂统一的共和国政府，给人民群众造成了生命财产的巨大损失。由于伊斯兰联盟（Sarekat Islam，成立于1912年）和伊斯兰教士联合会（NU，成立于1926年）相继于1947年和1952年从马斯友美党分离，使该党势力几近崩溃，只有一小部分极端分子选择了武装斗争的道路。60年代初期，“伊斯兰教国运动”的斗争先后被中央军镇压或以协商方式予以解决。马斯友美党被指控参与地方武装叛乱，于1960年被政府取缔。

在有领导的民主时期，苏加诺发表了一个后来被称为“政治宣言——乌斯德克”的讲话，将“潘查希拉”精神解释为“纳沙贡”（Nasakom），即民族主义、宗教（主要是指伊斯兰教）和共产主义三大政治力量的团结和联合。但实际上苏加诺的目的之一是防止伊斯兰势力的膨胀以维持国家的世俗政权。在1945年建国时，三者就进行过公开的较量，苏加诺用潘查希拉的政治理念才勉强调和了矛盾，把他们装到了一起。正统伊斯兰势力本来就对此不满，而苏加诺后来又扶植印尼共产党，更加剧了他们对苏加诺政权的憎恨，因为印尼共产党在农村的土改政策和在城市的反资本主义倾向威胁和损害了这部分穆斯林上层的利益。“9·30”事件以后，在军队镇压印尼共产党和推翻苏加诺领导的时候，他们成为反共和反苏加诺的主要社会力量，为苏哈托的上台立下了汗马功劳。他们认为，苏加诺和左派势力垮台之后，他们能得到更多参与政治的回报，正统的伊斯兰教就可以处于印尼政治和社会的中心地位。

苏哈托取得政权之后，并没有使正统的伊斯兰势力如愿以偿。他有意无意地沿用了苏加诺的抑制政策。苏哈托政府对伊斯兰教的政策可概括为：（1）强调政教分离，对伊斯兰教政党既利用又限制；（2）争取广大穆斯林的支持，扶植伊斯兰教的教育、研究和正常的传教活动；（3）坚决镇压伊斯兰教极端分子的叛乱和骚动。

正统的穆斯林势力在帮助苏哈托推翻苏加诺和左派的运动中是有功劳的，因此苏哈托上台后恢复这派伊斯兰势力的政治代表之一马斯友美党应是顺理成章的事。但苏哈托有自己的考虑。和较温和的正统伊斯兰组织伊斯兰教士联合会不同，前马斯友美党的大多数成员是外岛人。他们同爪哇人的军人集团之间存在固有的成见，而且军人集团对该党曾参与地方叛乱记忆犹新，担心将来对其政权造成威胁。此外，军人集团中还存在以王牌军西里万吉师为代表的“现代派”军人势力，他们主张务实的现代化路线，反对建立伊斯兰国家。所有这些因素决定了苏哈托拒绝部分伊斯兰现代派领导人恢复马斯友美党合法地位的要求，在前马斯友美党要员被排除进入领导层的条件下，准许成立“印度尼西亚穆斯林党”。

1973年大选之后，苏哈托政府以“发展”、“稳定”和“现代化”为名，开始进行“简化政党运动”，把所有未参加专业集团的穆斯林政党和组织合并成一个政党，即“建设团结党”（Partai Persatuan Pembangunan），同时把3个世俗党和2个基督教党合并为印度尼西亚民主党（Partai Demokrasi Indonesia）。建设团结党是个松散的政党聚合体，各成员党仍维持自己的组织系统，有相对的独立性。它有自己的中央机构，但作用极其微弱，缺乏具体明确的行动纲领，没有公认的领袖。由于宗教派系斗争和对中央权力的争夺，该党处于四分五裂的状态，力量受到很大削弱。

为了进一步控制各在野党（尤其是建设团结党）的行动，统一思想认识，苏哈托政府准备制定一项法案，以法律的形式规定“潘查希拉”为印尼国家唯一的指导思想。1978年人民协商会议通过了1978年人协第二号法令“领会和实践潘查希拉指南”，并制订了一项在全国进行“潘查希拉”思想教育的计划。在1982年8月的一次演说中，苏哈托总统号召印尼所有的政党和社会及宗教组织以“潘查希拉”作为自己的指导思想和行为准则。随后，政府开始在全国大规模地推行“全面灌输潘查希拉思想”计划，希望通过这个计划使印尼所有政党和社会团体都能贯彻和坚持“潘查希拉”思想，以解决意识形态方面的分歧和冲突。

政府向全国所有政党和社会团体推行潘查希拉，从意识形态上淡化伊斯兰因素的举措，招致不少穆斯林学者的反对。但在政府的严厉措施下，建设团结党最终接受了把“潘查希拉”作为党的唯一指导原则。不过，对建设团结党造成更严重打击的是内部的分裂。1984年8月，建设团结党召开了第一届党代表大会。印尼穆斯林党把伊斯兰教士联合会排斥出主要领导地位，从而激化了两党间早已存在的权力之争。1984年12月伊斯兰教士联合会宣布退出建设团结党，不久后加入了政府的专业集团。从此，印尼的伊斯兰势力对政府的威胁大大减弱了。

当然，印尼拥有众多穆斯林人口的事实使任何一届统治者不能不重视伊斯兰教的发展。政府扶持正常的伊斯兰教研究和传教活动，以争取广大伊斯兰教徒的支持。政府在采取严格控制和严厉镇压手段的同时，也对穆斯林进行了安抚，如兴建清真寺、大量印刷《古兰经》和伊斯兰教读本、支持伊斯兰教活动、加强对伊斯兰教的研究、开展国际伊斯兰教活动等等，使印尼的伊斯兰教得到很大发展。

20世纪90年代初，苏哈托和军队的关系有所疏远，军队的独立倾向有所抬头。为了抑制军人势力及其影响，苏哈托一改过去压制穆斯林势力的政策，采取了几项亲近穆斯林的行动，如建立了伊斯兰法庭和伊斯兰银行；公开支持成立了“印尼穆斯林知识分子联合会”（ICMI），在经济、文化和教育方面帮助贫困穆斯林；苏哈托本人亲自带领全家到麦加朝觐。这些举措颇得穆斯林好感，顿时在穆斯林中掀起了一股拥护苏哈托的浪潮。1992年2月，有3000多万会员的穆斯林协会呼吁苏哈托在1993年总统选举时连任总统。伊斯兰教士联合会还举行了15万人的集会支持苏哈托连任。此外，37个组织（大多数是穆斯林组织）举行了希望苏哈托连任总统的“政治祈祷”，共有3000人参加。1993年苏哈托顺利地获得连任。

1997年东南亚爆发金融危机，不仅重创了印尼经济，而且经济危机转化为社会危机和政治危机，并最终引发了一场民主化浪潮。在这一浪潮的冲击下，统治印尼长达32年之久的苏哈托被迫辞职。

继任总统哈比比在日益强大的改革大潮压力下采取了一系列改革措施，其中包括解除党禁，修改政党法，实行政党自由。[①]在这种政治气候下，新政党如雨后春笋般地涌现，数量多达140多个。后经政党法审查，48个政党有资格参加1999年大选，其中伊斯兰教政党就有15个。如此众多的政党出现，在印尼历史上是绝无仅有的。这种从威权政体向多党竞争的过渡，是印尼民主转型过程中的一个重要成果，而伊斯兰教政党的重新崛起是其中一个重要现象，伊斯兰教势力开始成为印尼政治中的一个关键因素，而穆斯林群体则成为主要的选民库。

1999年6月的印尼国会选举反映了2亿多印尼人的主流民意。在最后的总统选举中，伊斯兰教士联合会主席、民族觉醒党领袖瓦希德当选为印尼第四任总统，由各股伊斯兰力量组成的“伊斯兰中轴集团”在瓦希德上台中起到核心作用，而一些伊斯兰领导人也参政进入国家决策最高层。无疑，这表明长期被排除在印尼政治权力之外的伊斯兰势力重新登上了印尼政治舞台，并成为一支重要的政治力量。

2004年大选被认为是印尼向政治民主化过渡的一次重要选举，因为这次大选不再由人民协商会议选举，而是选民直选。经过审核，共有24个政党有资格参加选举，其中有5个是伊斯兰教政党。2004年的大选还出现了一个独特的现象：几位总统候选人的竞选伙伴都是穆斯林组织的领导人或具有伊斯兰教政党色彩。这表明在当时的印尼，任何一个政党及其领导人若要在政坛上有所作为，就必须顾及伊斯兰教势力，把他们视为争取的对象。最终的选举结果是苏西洛胜出，成为印尼新一任总统，伊斯兰教士联合会的领袖尤素福·卡拉成为副总统。

在2009年大选中情况发生了一些变化。国会选举中有9个政党获得的选票超过“国会门槛”（得票率超过2.5%），得以进入国会，其中获票最多的是民主党（20.8%）、专业集团党（14.45%）和印尼民主斗争党（14.03%），而入选的伊斯兰教政党福利公正党和建设团结党分别获得7.88%和5.32%的选票。[②]这比起1999年和2004年国会大选中伊斯兰教政党所取得的成绩，明显衰退了许多。更重要的是，在2009年总统大选过程中，没有任何一位正副总统候选人的背景是宗教政党或团体的，完全不同于2004年总统大选“民族主义

① 温北炎、郑一省：《后苏哈托时代的印度尼西亚》，北京：世界知识出版社，2006年版，第64页。

② Rizal Sukma. *Pemilihan Umum Indonesia*[EB/OL].(2009-5-25)[2009-11-10]. http://www.norwegia.or.id/policy/Tulisan+bulan+ini/Sukma.htm.

领袖+伊斯兰领袖”的完美搭配。然而，值得注意的是，根据正副总统直选法规定，政党或政党联盟须在国会选举中得票25%或在新国会占20%议席，才有资格推举正副总统候选人。2009年国会选举中得票率为20.8%的民主党在新国会拥有26%议席，成为唯一无需与其他政党联合、有资格自行推出正副总统的政党。但苏西洛为了建立强固政府，争取伊斯兰教势力的更多支持，仍然选择了与有资格进入国会的主要伊斯兰教政党达成结盟协议。

印尼进入民主转型时期后，出现众多伊斯兰教政党，这与印尼国情并不相悖。印尼穆斯林占全国人口的88%左右，而伊斯兰教政党强调反腐败、反贫穷的一些口号吸引了大部分底层穆斯林群众，从而获得较多的支持者。尽管2009年的总统大选中没有一位候选人具有伊斯兰教政党或团体背景，同时伊斯兰教政党在国会选举中的得票率有所下降，但不容忽视的是，他们在大选后的国会和内阁席位中仍占有较大比重。在2009年10月21日印尼总统苏西洛公布的新一届印尼团结内阁部长的名单中，能看到各伊斯兰教政党的代表。伊斯兰教政党的影响在当今的印尼政治生活中是举足轻重和不容忽视的。

菲律宾20世纪初沦为美国的殖民地。美国殖民政府对穆斯林的政策是进行“安抚”和“融合”。针对南部地广人稀的特点，殖民政府积极鼓励大量中北部贫苦无地的农民去南部拓荒定居，形成一波波的移民潮。1946年菲律宾独立后，移民政策不仅延续下来，还在菲律宾政府的推动下加速发展。大批北部基督教徒移民涌入南部，结果改变了原有的人口结构，也造成了对摩洛人土地的劫夺。1903年美国殖民统治刚开始时，棉兰老地区穆斯林人口占该地区总人口的76%，到1980年，仅占总人口的23%。①他们散居在偏远山区和海岛，生活在贫困和隔绝中，至今已成为脱离菲律宾主流社会的弱势族群。

历史上，菲律宾南部的伊斯兰文明曾经达到很高的阶段。在政治方面，整套的伊斯兰政治、宗教、法律制度被介绍进来，并和当地原有的大督制度相结合，形成极具地方特色的苏丹制度。文化上，《古兰经》、圣训、教法书以及一些阿拉伯文学作品，都被翻译成苏禄和马京达瑙当地的语言，并广泛传播。各个穆斯林民族已接受并使用阿拉伯字母记录自己的语言。伊斯兰教的风俗习惯在各地得到普遍执行，如禁食猪肉，为成年男子施行割礼，允许一夫多妻，采用伊斯兰教纪年等。菲律宾穆斯林奉行较为开明的沙斐仪派教法，伊斯兰文化和土著文化得到有机的融合，摩洛妇女也比其他许多伊斯兰社会的妇女自由得多。20世纪60年代，世界伊斯兰复兴运动蓬勃兴起，许多国外传教士到菲律宾南部讲习，更多的当地穆斯林到伊斯兰圣地去朝拜和求学，菲南穆斯林要求平等的政治经济权利和融入国际伊斯兰社会的呼声日益强烈。

在柬埔寨，伊斯兰教是第二大宗教。据柬埔寨宗教事务部统计，截至2009年，柬

① 史阳：《全球视野中的菲律宾伊斯兰化历史进程》，载《东南亚研究》2006年第2期。

埔寨共有穆斯林约46万，清真寺254所，礼拜堂338所，学校177所，信仰伊斯兰教的绝大多数是占族人（也称作伊斯兰高棉人）和马来人。占族人主要从古代与柬埔寨接壤的占婆迁徙而来，马来人则是15世纪随着马来帝国的强盛和马六甲商人活动的扩大而迁入柬埔寨的。占族人原本信仰婆罗门教，后来由于与马来半岛迁入的马来人混居，逐渐改信伊斯兰教。柬埔寨的穆斯林属于逊尼派，通常性情温和，与柬埔寨其他各族人民相处融洽。

柬埔寨伊斯兰教在19世纪末得到统一。20世纪50年代柬埔寨独立后，伊斯兰教由一个五人委员会管理，每一个穆斯林的社团由一名哈基姆（Hakem）领导，负责管理社团和清真寺，一名伊玛目（Imam）主持祈祷仪式，一名比拉尔（Bilal）负责召集日常的祈祷者。位于金边附近的克罗昌格瓦（Chrouy Changvar）清真寺有几位资深的穆斯林居住，被占族人视为精神中心。每年都有一些占人前往马来西亚学习《古兰经》，还有的则前往麦加朝觐。70年代初，柬埔寨有清真寺约150座，但红色高棉上台后，许多清真寺被毁，大批穆斯林信徒遇害。80年代之后，韩桑林政府恢复了宗教信仰自由，伊斯兰教在一定程度上获得复苏。进入90年代，一些国家的穆斯林组织在金边和一些省份建立了穆斯林非政府机构，这些机构注入大批资金，推动了柬埔寨伊斯兰教发展，一定程度上改善了穆斯林的生活。

柬埔寨的穆斯林主要分布在磅湛省和沿海一带，其余的散居于全国各地。占族穆斯林分为传统和正统两个分支。传统穆斯林保留了很多古代穆斯林的传统和习俗，例如将安拉视为全能的神，同时信奉其他非伊斯兰教的神灵，相信巫术和超自然的力量。他们比较保守，穿着纯白色的衣服，不留头发和胡须。正统穆斯林由于与马来人较为接近，并开展通婚而较为遵守教规。他们采用马来人的习俗和家庭组织方式，很多人还会说马来语。占族穆斯林通常聚居在穆斯林村庄中，建有清真寺，与外界来往不多，保持本民族的宗教特色。他们信仰笃诚，视前往麦加朝觐为一生的追求。柬埔寨的穆斯林遵守着伊斯兰教的基本功课，生丧嫁娶等生活习俗也都按照伊斯兰教的风俗习惯。为了保持自己的宗教信仰和民族认同，他们一般坚持自己的民族语言和宗教习俗，很少与外族通婚，大多从事渔业、养牛和纺织。

柬埔寨王国政府实施的宗教信仰自由政策使伊斯兰教得到正常发展，近年来柬埔寨与东南亚及中东伊斯兰国家的交往加强，也为柬埔寨的穆斯林创造出更好的生存环境，使穆斯林能够传承自身的文化，并与其他各民族和睦相处。

在泰国，目前伊斯兰教人数仅次于佛教。据泰国内政部统计办公室统计的数据（2010年），泰国信仰伊斯兰教的人有340多万人，是宗教少数派中人数最多的一个宗教，主要是马来血统的泰人和外国穆斯林后裔，聚居在泰国与马来西亚接壤的南部边境各府中。泰国的穆斯林99%都是逊尼派，什叶派仅占1%。

泰国的伊斯兰组织有24个，1954年成立的“泰国穆斯林全国委员会”为全国最高组织，下设各府委员会，其他的组织还有“改革维新协会”、“圣道辅士会”、“善功之家清真寺联会”、“曼谷伊斯兰中心”等。

三、伊斯兰教对东南亚社会、文化的影响

伊斯兰教不仅是一种信仰，也是一种完整的体系制度，支配着信徒的价值观念和生活方式。无论是历史上还是现实社会中，伊斯兰教在印度尼西亚、马来西亚等国的社会、文化中都具有举足轻重的地位与作用。

（一）伊斯兰教对印度尼西亚、马来西亚现代政治的影响

在印度尼西亚，伊斯兰教信仰成为该国政治的主要精神支柱。尽管印尼官方承认的宗教有伊斯兰教、基督教、天主教、佛教、印度教等，但作为印尼绝大多数民众信仰的宗教，伊斯兰教的地位和作用是不言而喻的。就印尼建国五原则中的“至高无上的神道”而言，其含义也是模糊的，是政治妥协的产物。而伊斯兰教用语在宪法、总统誓词、正式公文中的广泛运用，足以说明伊斯兰教在印尼国家政治生活中所起的重要作用。印尼宪法第三章第九条规定：印尼总统在国会宣誓就职时，必须左手轻按《古兰经》，举右手宣誓。誓词是：“我以真主的名义起誓（Demi Allah saya bersumpah），我将最完善最公正地履行印度尼西亚共和国总统的职责……”这时的《古兰经》无疑就是最崇高最神圣的见证，而誓词里的“Allah”也不再是含义模糊的“神”，而是伊斯兰教唯一的至高无上的“安拉”。此外，印尼公务员和军人在宣誓时同样高喊“我以真主的名义起誓……”。印尼的各种正式公文，无论是国情咨文，还是政策白皮书都充满了伊斯兰教的色彩，“Assalamu’alaikum Warahmatullahi Wabarakatuh”已经成为印尼正式公文的固定用语。这句话完全取自《古兰经》，意思是“愿真主的仁慈和祝福赐予我们安宁”。毋庸置疑，伊斯兰教信仰已经成为印尼上至总统下至底层公务员尽职尽责、无私奉献的工作动力，是印尼政治上的精神支柱。①

尽管伊斯兰教并不是印尼的国教，但拥有众多穆斯林人口的事实使任何一届印尼统治者不能不重视伊斯兰教的发展，在实际生活中对伊斯兰教事务采取积极支持的态度。每逢伊斯兰教重大节日、清真寺和伊斯兰学堂奠基或竣工，政府都要举行盛大的庆祝活动，政府官员要亲自出席并发表讲话；政府还耗巨资兴建清真寺，新建或修缮伊斯兰教学校，大量印刷《古兰经》和伊斯兰教读本，重视伊斯兰教教育；加强对伊斯兰教的研究，出版数千种介绍、研究伊斯兰教的书籍，其中包括伊斯兰教法、印尼伊斯兰教史等；印尼政府还积极开展国际伊斯兰教活动，经常举办与伊斯兰教有关的大型学术研讨会，并积极推动国际间伊斯兰教的交流与合作；为方便大批印尼穆斯林赴麦加朝觐，印尼政府

① 陈扬：《试论当代印尼政治中的伊斯兰教因素》，载《东方语言文化论丛》第23卷，第456页。

还成立专门机构进行协调，在雅加达、泗水、棉兰和望加锡等机场用专机运送朝觐者。

在马来西亚，伊斯兰教和伊斯兰教文化构成了传统马来文化的核心要素，也是构建现代马来西亚国家文化的重要支撑点。①随着马来西亚现代化的深入，政治的逐步民主化、经济的飞速发展以及西方文化对传统马来文化的冲击，不仅引起了社会结构的急剧变化，也在人们的思想领域引发了一场观念的攻守战。作为传统马来文化核心因素的伊斯兰教适时自我调整，不仅适应了马来西亚现代化步伐，同时也从政治、经济、教育及文化领域对马来西亚的现代化进程产生了重要影响。

伊斯兰教对马来西亚现代政治的影响经历了一个从弱到强、逐步加深的过程。马来西亚独立之初，英国人的撤离造成了马来半岛上的权力真空状态，各族领导人为其种族的政治诉求而明争暗斗，民族主义超越了所有因素而成为此时政治发展的主导，族群之间的斗争与妥协为政治斗争定下了基调。1950年4月27日巫统②注册成为维护马来人利益的政治党派，但并非伊斯兰教组织。这段时期伊斯兰教与马来亚政治发展唯一重要的体现便是伊斯兰教被立为官方宗教。1958年，马来亚第一任总理拉赫曼（Rahman）在立法议会上就明确表示，"这个国家不是像人们所认为的那样是伊斯兰教国家，我们能做的仅仅是立伊斯兰教为官方宗教"③。尽管伊斯兰教为马来亚官方宗教，但其对国家的政治生活并没有实际影响，仅仅起着象征性的作用。马来西亚1957年宪法明确规定各州最高统治者必须是宗教领袖，有权处理宗教事务，但并未规定总理、部长等掌握实权的职位必须由穆斯林来担任。再者，此时掌握国家政权的联盟核心政党巫统，其领导人大多受英文教育，西方民主思想对他们的影响深厚，他们的政治理想是建立民主的世俗国家而不是政教合一的国家。这些都决定了伊斯兰教在这段时期对政治影响的局限性。

1969年"5·13"事件④是马来西亚种族矛盾在政治领域的一次大爆发，是在马来西亚政治发展中具有重大历史意义的阶段性事件，标志着该国新一轮政治整合以及由政治整合带动的社会整合全面开始，也为伊斯兰教在种族主义的大背景下真正进入马来西亚的政治角斗场打开了大门。"5·13"事件之后，马来人与非马来人尤其是与华人之间的关系突然变得紧张起来。全国从政府到民间，马来种族极端主义重新抬头。伊斯兰教成为马来政治领导人团结族人、凝聚力量的重要纽带。

---

① 马来西亚全国文化大会（National Cultural Congress）于1971年8月16~20日在马来亚大学（University of Malaya）举行。会议指出，马来西亚文化将以"土著居民"的文化（包括伊斯兰教）为基础。这次会议的结果成功促使政府确立了国家文化的三大原则：（1）国家文化应以土著文化为核心；（2）其他文化中恰当的部分可被纳入国家文化的一部分；（3）伊斯兰教是塑造国家文化的一个重要部分。

② 巫统，即马来民族统一机构（Unites Malays National Orgnization），简称UMNO。

③ Hussin Mutalib. *Islam and Ethnicity in Malay Politics*. Singapore：Oxford University Press，1990，p.35.

④ 1969年，联盟党在当年的全国大选中遭遇了其自独立以来的最大挫折，在104个国会议席中仅夺得64席，失去了三分之二多数的地位。反对党民主行动党和伊斯兰教党夺得25席，其中民行党凭借13席的最佳成绩成为国内最大的反对党。民行党的支持者为庆祝胜利在首都吉隆坡游行。因选举成绩不佳而担心自身优势地位受到威胁的马来人，内心的愤恨开始无法压抑，迅速组织起来进行了示威游行，震惊全国的"5·13"事件由此拉开帷幕。

“5·13”事件让马来领导人认识到了马来人之间相互团结的重要性，更让巫统明白在种族主义依然笼盖马来西亚政治的状态下，马来人之间的分裂，马来人选票的分流将会葬送马来人的政治主导权。1969年伊斯兰教党作为反对党在大选中的优秀战绩让巫统看到了伊斯兰教对马来人的号召力，伊斯兰教对马来民族仍然具有无比巨大的旗帜意义。因此，为强化马来人之间的相互支持和认同，巫统一改过去与伊斯兰教若即若离的关系，加强了对伊斯兰教的宣传，也更加明确了其维护和支持伊斯兰教的态度。1974年联盟政党的改组、国民阵线的形成以及伊斯兰教党加入执政联盟[①]为伊斯兰教影响马来西亚现代政治提供了官方途径。1977年伊斯兰教党突然退出国民阵线，则再次强化了伊斯兰教对马来西亚政治的影响。从此，伊斯兰教对马来西亚政治的影响便主要体现在马来西亚执政党巫统与反对党伊斯兰教党的相互斗争之中。两党为争夺马来人的支持而纷纷指责对方不以“正确”的伊斯兰教为基础，伊斯兰教党与巫统就伊斯兰合法性的争斗烽烟四起，这也密切了伊斯兰教与马来西亚政治之间的关系，极大地推动了伊斯兰教政治化的趋势。两个政党纷纷就伊斯兰教课题做出种种行动。伊斯兰教党在其新领导人法兹诺（Fadhil Noor）和艾哈迈德（Ahmad）加入该党之后，迅速成立伊斯兰教党长老会，强化伊斯兰教对该党的指导作用。而巫统也全面宣传支持和维护伊斯兰教的姿态，提出温和伊斯兰主义路线，以与伊斯兰教激进极端路线相抗衡。执政党和反对党都大打伊斯兰教牌。

1971年，马来西亚举行全国文化大会，会议明确指出马来西亚文化将以马来文化为基础，而伊斯兰教是马来传统文化中的重要因子。政府确定了国家文化的三大原则，这从根本上、政策上为伊斯兰教和伊斯兰教文化在马来西亚文化中的地位奠定了基础，也为伊斯兰教对社会和全国性政策产生影响做了铺垫。同年，马政府建立了马来西亚伊斯兰研究中心，举办了国际《古兰经》背诵比赛，1974年建立了由总理署直接管理的伊斯兰教传播基金会（Islamic Missionary Foundation），1978年全国法特瓦委员会（National Fatwa Council of Malaysia）成立。1972年马总理拉扎克表示，伊斯兰教指导政府在国内和国际事务方面的行动。

20世纪中后期风靡世界的伊斯兰教复兴运动于80年代在马来西亚达到高潮，此时，现代化进程引起的种种社会弊端如权钱交易、贫富分化、社会风气败坏、社会道德堕落等现象开始显现。伊斯兰教复兴运动以及政党对伊斯兰教的热情使得马来穆斯林开始从一个全新的角度重新审视伊斯兰教，探索伊斯兰教对现代化的引导意义。他们相信，伊斯兰教所倡导的社会公平、公正、宽容等道德要求将是解决现代化过程中所有不和谐的

① 巫统领导人很早就提出了组建国民阵线的概念。1974年，囊括了反对党伊斯兰教党在内的14个政党正式组成国民阵线。国民阵线的构建不仅扩大了执政联盟的政治基础，削弱了联盟党中华人政党和印度人政党的力量，无形中强化了马来人政党巫统的领导地位，马华公会和印度人国大党遂由合作者沦为巫统在国民阵线中的政治配角，马来西亚政坛一党独大的局面开始形成。

关键所在。马来穆斯林的生活和价值观念重新回归伊斯兰，是否遵循伊斯兰教戒规和圣训成为马来民众评判政府的重要标准，是否符合伊斯兰教的合法性遂成为巫统和伊斯兰教党相互指责的矛头所在。两党纷纷表明自己的伊斯兰立场，积极推行伊斯兰政策，出台各种伊斯兰法规，伊斯兰教党和巫统的争斗迅速白热化。1984年，马来西亚政府宣布"政府管理机器伊斯兰化"，这意味着将伊斯兰教价值观引入政府管理中，要求具备一定的伊斯兰教知识也成为马来穆斯林申请政府职位的必要条件之一。2001年，马哈蒂尔在震惊世界的"9·11"事件过后不久的9月29日正式提出"马来西亚已经是伊斯兰教国（Islamic State）"。马哈蒂尔没有明确界定"伊斯兰教国"的定义，但表示现在的马来西亚就是伊斯兰教国，符合伊斯兰教精神。他表示穆斯林在马来西亚能以伊斯兰教的方式自由生活，人们享有公平公正的权利，因此马来西亚已是伊斯兰教国。[①]"文明伊斯兰"[②]是巴达维2004年主要的竞选口号。

2008年，伊斯兰教党福利国概念的提出标志着伊斯兰教与马来西亚政治的关系逐渐趋于平和。伊斯兰教党对其福利国的解释更多地强调了"建立廉洁的政府"，在倡导伊斯兰生活方式的前提下为各族人民创造自由的生活空间和思想空间，关注的焦点已经由单纯的伊斯兰教逐渐转向民主、民生和自由。纵观马来西亚2008年大选以来的政坛特色，宗教色彩有所淡化。巫统和伊斯兰教党都不再以伊斯兰教或者伊斯兰教国作为其主打宣传对象，而更关注民主以及现代社会发展之下的经济和政治问题。但是伊斯兰教仍然是马来西亚除种族之外左右政治发展的核心因素，伊斯兰教党也从未放弃其伊斯兰教国的政治理想。在以发展为主流的现代社会，种族、宗教和文化的多元性特征将继续存在。在可预见的未来，妥协政治将是其政治发展的总体方向。伊斯兰教将以更加平和的方式与政治结合，左右马来西亚政治在马来人与马来人之间以及马来人与非马来人之间寻找平衡。

（二）伊斯兰教对印度尼西亚、马来西亚语言、文学、教育的影响

印尼语是在马来语的基础上发展起来的，两者血脉相连。伊斯兰教对印尼语言、文学的影响主要体现在对中期马来语和马来古典文学的影响上。

随着伊斯兰教于13世纪传入印尼群岛地区，马来语开始吸收大量的阿拉伯语借词，甚至一度改用阿拉伯字母拼写，形成了"爪威文（Tulisan Jawi）"，也就是阿拉伯化的马来文，是马来文字产生的最初形式。18世纪初英国人莱佛士建立海峡殖民地之后组织创建了"卢米文（Tulisan Rumi）"，也就是拉丁化的马来文，后来发展成为今天印尼、马来西亚通用的文字。如今印尼语和马来语中还存在大量用拉丁字母拼写的阿拉伯语

① 《总理：没必要继续辩论，大马确是回教国》，载《南洋商报》，2002年6月20日。

② 文明伊斯兰即"Islam Hadhari"，也可译成现代伊斯兰、进步伊斯兰等。马来西亚总理署伊斯兰发展局将其定义为"一种立足于伊斯兰文明的观点，全面发展人类、社会和国家的方法"。

借词。

伊斯兰教传入印尼群岛之前，印度梵文文学的影响占据统治地位。后来伊斯兰文化的影响逐步扩大，到15世纪与16世纪之交成为主流文化，在文学上也是如此，但印尼文学的影响仍然广泛存在。伊斯兰文学的最初传入是与传教活动分不开的，伊斯兰教传教士和商人把有关伊斯兰教的先知故事如《穆罕默德传》、《阿密尔·哈姆扎传》等介绍过来，这些故事充满引人入胜的神话传奇色彩，能寓宗教宣传于娱乐之中，所以深受欢迎。随后，穆罕默德先知伙伴们的故事和伊斯兰教英雄们的故事也在社会上流行起来。这些伊斯兰文学作品的传入对扩大伊斯兰教的影响和巩固伊斯兰教的地位无疑起了促进作用，同时也催生了马来古典文学的问世。

马来古典文学是由宫廷文学和民间文学组成的，二者都出现于伊斯兰文化文学的影响时期。马来宫廷文学的主要内容集中在两方面：一是有关王朝的兴衰史，尽量把王族的世谱与伊斯兰教的先知英雄挂上钩，把皈依伊斯兰教的过程加以神圣化；二是有关宗教的经典和教规教法的论述，把伊斯兰教思想贯彻到朝野的各个领域。在宫廷文学之外，随着商业的发展，以民族传奇故事为内容的说唱文学在市民阶层中间也日益流行，成为马来古典文学的另一个重要组成部分。这时出现两种新的文学体裁，一种是散文体裁，叫“希卡雅特（Hikayat）”，另一种是诗歌体裁，叫“沙依尔（Syair）”。[①]这两种体裁都直接受阿拉伯、波斯文学的影响，成为马来古典文学固定不变的基本形式。需要指出的是，在伊斯兰文学成为古代马来文学的主流以后，印度文学的影响仍然广泛存在。特别是在爪哇，印度文学由于其根深蒂固，影响更为深远。

宗教教育和世俗教育和谐并存是马来西亚现代教育体制的特点之一。宗教教育作为传承传统马来文化的重要方式，自独立以来就一直在马来西亚的教育体系中占有非常重要的位置，要求所有的马来学生从小学开始就接受伊斯兰教育，学习伊斯兰教圣典，接受并逐步确立符合伊斯兰教的世界观和价值观。就读于高等学府的马来穆斯林还会继续接受有关伊斯兰教发展史、教法教规、伊斯兰教文化等方面的教育。马来西亚教育部规定，只要一个学校的穆斯林学生超过15名，就必须配备一名伊斯兰教师，要求国内所有学校给马来学生安排伊斯兰教课程。1961年的政府教育条例规定，所有穆斯林学生每周必须完成两个小时的伊斯兰课程学习。随着伊斯兰复兴运动的兴起，政府逐步加强了全国的伊斯兰教育，将伊斯兰教全面引入教育体系，规定每名穆斯林学生必须修读伊斯兰教历史和伊斯兰教文明。1976年，马来亚大学正式为所有在校的学生开设伊斯兰教课程。1981年马哈蒂尔上台之后更是要求所有大学开设伊斯兰文明必修课。此外，政府还于1983年修建了国际伊斯兰大学，成为马来西亚培养伊斯兰学

---

① 梁立基：《印度尼西亚文学史》（上下册），北京：昆仑出版社，2003年版，第396页。

者、传播伊斯兰教的殿堂。

同时，伊斯兰宗教教育也适时地吸纳了现代教育理念。建于1955年的马来西亚第一所伊斯兰高等教育学校——穆斯林学院在政府的推动下于1966年正式引入艺术和自然科学课程。马来亚大学的伊斯兰系和法律系在现代教育理念的指导下能为学生提供高水平的课程选择。国际伊斯兰大学在建立之初也并未自我定位为完全的宗教学院。时任首相的马哈蒂尔认为，在现代的马来西亚，宗教并非与世俗的知识形成固定的二元对立关系。将宗教知识与现代科学、艺术教育相结合，将现代教育理念引入马来西亚的伊斯兰教教育，同时充分发挥宗教教育在传播伊斯兰理念，构建穆斯林世界观、道德观和价值观等方面的指导作用，将是马来西亚现代教育所要探索的方向。

（三）伊斯兰教对印度尼西亚、马来西亚习俗的影响

宗教不仅对人们的思想观念产生影响，还通过人们的思想影响他们的生活。在各种宗教中，伊斯兰教对人们日常生活的影响是比较突出的。印尼部分民族改信伊斯兰教后，有些过去的风俗习惯在一定程度上伊斯兰化，同时又新增加了一些伊斯兰教的风俗习惯，比如割礼、忌食豕犬肉等。

割礼是伊斯兰教习俗，是男孩进入成人期的重要标志。伊斯兰教认为，教徒进入穆罕默德之门要施行割礼，为“神赐尔为人”之意。印度尼西亚、马来西亚民族信仰伊斯兰教以后承袭了这种习俗。割礼一般选在吉祥的月份和日子进行，而且往往是数名同龄儿童一起受礼。割礼的前一天，将要受礼的儿童须穿哈吉服（白长袍、长裤子），头裹缠头巾，乘马车在村里或街上周游一圈。当晚，行割礼之家通常要设宴祭祀，祈求真主保佑。

伊斯兰教认为，豕和犬是畜类中最污浊的，为禁忌之物，因此穆斯林忌食豕犬肉。

印度尼西亚、马来西亚民族信仰伊斯兰教以后，在礼仪上也伊斯兰化。在乡间，穆斯林之间相遇要屈身俯首。一个穆斯林到另一个穆斯林家拜访，进门时要鞠躬，然后盘膝而坐。上层社会的穆斯林之间一般行握手礼。握手之前先将两手微微互擦，表示去掉不洁之物，握手之后用右手略按胸前表示愉快。此外，年轻的穆斯林遇见年长的穆斯林不仅要鞠躬，还要吻对方的右手，以示尊敬。穆斯林妇女外出时以纱蒙面，但随着社会开化程度的提高，现在很多印尼穆斯林妇女已不再蒙面。

（四）伊斯兰教对印度尼西亚、马来西亚现代经济的影响

伊斯兰教是主张入世的宗教，其经典《古兰经》、圣训和伊斯兰教法除了对宗教教义进行详细的阐述之外，也蕴含着丰富的经济思想，涉及人们生产生活的方方面面，以至于有人将圣书《古兰经》描述为一本“商业手册”。[①]伊斯兰教在印度尼西亚、马来西亚的

① ［苏联］马·叶列米耶夫：《伊斯兰教是多结构社会的意识形态》，载《世界宗教资料》1984年第4期。

主要传播方式是依靠长期以来穆斯林商人在贸易过程中带来的宗教影响，而与其他宗教不太重视经济和现世福利相比，伊斯兰教更重视经济，主张两世并重，经济思想①在伊斯兰教教义体系中占有相当大的比重，因此，与其他同一时期的宗教和文化相比，伊斯兰教对印度尼西亚、马来西亚的经济发展具有推动作用，这是毋庸置疑的。

当历史进入近代，印尼沦为殖民地，被纳入资本主义发展轨道，西方现代经济理念和运作方式与伊斯兰经济思想格格不入；随着民族国家的独立，印尼政府的首要任务是发展现代经济、提高人民的生活水平，从印尼历届政府制定的经济政策来看，呈现非伊斯兰特点：伊斯兰教既不是印尼政府制定经济政策的出发点，伊斯兰原则也不是经济政策的指导方针。这与印尼伊斯兰教弱政治化地位有很大关系。②在印尼独立后半个世纪的时间里伊斯兰教对印尼国家政治、经济、外交等领域的影响都受到很大的压制。后苏哈托时代，随着伊斯兰教的政治影响力上升，政府在制定"平等与发展"的经济政策时才会提到伊斯兰经济的"公正"原则。

印尼最早的伊斯兰银行在1992年正式营业，从建立伊始就面临着社会公正和经济效益的两难处境。一方面银行要遵守伊斯兰经济原则，用支持穆斯林中小企业的方式促进社会公正和平等，但另一方面为了生存，要有经济效益，就必须承认市场规律，确保利润，但这与穆斯林希望公平分配国家财富的愿望相抵触。目前印尼伊斯兰银行还只是一种零星的点缀，未来发展趋势也不容乐观。因为印尼政府在制定经济政策时一直将能带来国富民强的工业化和经济现代化放在首位，采纳现代经济体制和运作模式，如果过分强调严格遵守所有伊斯兰经济原则，势必与现代经济体系格格不入。所以，印尼伊斯兰教在经济领域的影响更多的是体现在适应上，其经济原则被重新解释，以适应现代化。

作为马来西亚主体人口马来人集体的宗教信仰，伊斯兰教影响着这个国家的经济发展。随着伊斯兰复兴运动的兴起以及伊斯兰经济理论在现代化进程中不断的自我调试，马来西亚的领导人以及民众都自觉不自觉地将伊斯兰教理念运用到现代经济、金融的发展当中。

20世纪70年代，随着伊斯兰教对马来西亚政治、经济影响的加深，政府引导民众重新探索新时期伊斯兰教与经济发展的关系，提出了"新马来人"的概念。马来西亚前总理马哈蒂尔从环境和前伊斯兰社会的价值观念来解释马来人被世人所描述的贫穷、保守、落后等"传统"特质。马政府智囊团对伊斯兰教经典中所蕴含的经济思想进行了再挖掘，强调伊斯兰教并不反对财富积累，而且鼓励勤奋工作和符合规范的商业活动。政府为马来穆斯林解开了将其深深禁锢的思想和道德枷锁，同时在政策上为马来穆斯林跨足商界

① 伊斯兰经济思想主要包括：鼓励勤奋工作，鼓励参与现世物质活动，禁止以不正当手段取得财富；重视商业，充分肯定商业经济的作用；主张公平、公正地分配社会财富；提倡有节制地消费，禁止挥霍和浪费。

② 范若兰等：《伊斯兰教与东南亚现代化进程》，北京：中国社会科学出版社，2009年版，第313页。

提供了种种优待。培养富有竞争精神、勇于进取、有良好宗教道德的马来企业家成为马来西亚政府各种经济政策的重要目标。马来人在巫统的庇护之下，更加容易得到政府的各项合同。此外，政府还特意在贷款、融资以及基础设施方面专为马来人大开绿灯。独立之初，马来亚从事农业的人口占总人口的56.4%，而在“新经济政策”实施完成的1990年已经下降至28.3%。一批马来新生代企业家在政府的鼓励和扶持之下茁壮成长，越来越多的马来人脱离土地和农业的束缚，步入城镇。得益于政府在教育领域为马来人提供的固打制优势，大部分马来企业家往往具有高等教育背景和专业技术，在政府借以“安拉重商”的名义鼓吹之下，他们都能勤奋工作，积极探索，也能够抓住各种机遇全力发展。大部分马来企业家认为只有将伊斯兰教教义确实贯彻到经商理念和行为之中才算是一名合格的真正的穆斯林商人，无愧于真主安拉。他们坚信，安拉并不喜欢贫穷，通过合理正当的手段积累财富是安拉允许和鼓励的，也是报答安拉赐予万物的最好方式。他们富于道德之心，依规律处理任何事情，以合作之心态对待对手，鄙视不顾一切、伤人利己的手段。此外，一位优秀的马来穆斯林商人同时也是一位慈善家。他们乐于助人，回报社会。他们认为，安拉和政府给予自己智慧和机会，将财富紧握手中，最终的目的是通过自己之手去扶助更多需要帮助的人。随着马来西亚经济向前发展，马来穆斯林商人的队伍正不断壮大，在社会中扮演着越来越重要的角色，以“道德”、“合理”、“善心”、“勤勉”为核心因素的“马来穆斯林企业文化”正悄然成形。

20世纪80年代，随着伊斯兰复兴运动在马来西亚的兴起和发展，伊斯兰理念开始向金融领域渗透，具有浓厚道德烙印的伊斯兰经济思想被全面引入现代经济体系。至此，马来西亚已经建立起了相对比较完整的伊斯兰金融体系，与传统的金融体系并行不悖，成为让马来穆斯林备感骄傲的“双系统”金融体系的典范。相比传统金融体系，以体现“公平”、“平等”为核心价值观的伊斯兰教法为伊斯兰金融体系冠以“道德”、“人道”光辉的同时，在沙里阿法规定下的种种禁忌也可能会成为其大展拳脚的枷锁。如何让伊斯兰金融系统与现代经济相融合，是马来西亚伊斯兰金融未来发展必须解决的难题。

（五）伊斯兰教对印度尼西亚民族团结的影响

一直以来，印尼复杂的地理条件和社会发展的不平衡，给各民族间的联系和团结造成很大的障碍。在印度尼西亚共和国独立以前，印尼各民族从来没有自己统一的政治实体。麻喏巴歇王朝是印尼历史上最大的封建王朝，其势力范围几乎包括了今天印尼的全境和马来半岛。但事实上，它的政治势力主要限于爪哇直属领地。在广大的苏门答腊岛或加里曼丹岛，民众的真正统治者是地方首领和属国国王。沿海地区的地方首领或属国国王追求商业利益，只是向麻喏巴歇王朝纳贡时才显示其附属地位。伊斯兰教传入印尼以前，在民众之间能够起到纽带作用的，是为大多数人共同信仰的印度教。伊斯兰教传入印尼以后，取代印度教而进一步发挥这一作用，成为印尼各民族团结的纽带。这在19

世纪印尼人民反抗荷兰殖民主义者的斗争中得到了充分体现。

荷兰殖民者入侵印尼始于17世纪初叶。1602年荷兰人组织“东印度联合公司”(简称“东印度公司”)充当其资产阶级在印尼进行殖民统治和剥削的工具。从17世纪末叶开始，印尼人民就发动了多次武装起义，反抗殖民压迫。19世纪爆发了三次规模巨大、意义深远的武装起义，即1825年至1830年蒂博尼哥罗领导的爪哇起义、1822年至1837年伊玛目·彭佐尔等领导的巴特里战争，以及1873年至1904年的亚齐战争。这些反抗荷兰殖民侵略、掠夺和奴役的斗争，或者其领导人就是伊斯兰教领袖、教士，或者主要群众是伊斯兰教徒，或者以发动伊斯兰“圣战”对付“异教徒”荷兰人为号召，甚至提出了“不自由，宁为圣战死”的口号[①]。这些起义均在伊斯兰教的旗帜下进行，充分说明伊斯兰教已深入印尼民众的心中，宗教情感已成为他们民族感情的一部分。

19世纪末20世纪初，起源于中东的伊斯兰教现代主义思想传到印尼。运动的发起者都是从麦加回来的朝圣者或伊斯兰教学者，他们通过办学、办报传播现代主义思想，以伊斯兰教为纽带把印尼群岛各地人民组织起来，为民族独立运动提供了组织基础。这是印尼历史上第一次出现的现象，促进了伊斯兰教社会的发展以及印尼整体社会的发展。

历史和实践证明，在印尼这样一个有着数万岛屿、数百族群的国家，作为印尼民族最主要的宗教信仰，伊斯兰教发挥了各部族之间的联系作用，成为印尼反帝斗争中统一民族感情的重要杠杆，也是印尼现代社会建设中团结全民意识的重要纽带。

(六)伊斯兰教对马来西亚法律体系的影响

伊斯兰教事务归属于各州苏丹管理，而伊斯兰教法的管辖范围也仅仅局限于婚姻、子女、继承等家庭事务以及与不履行伊斯兰教义务相关的罪行方面。但随着伊斯兰复兴运动的兴起以及伊斯兰教对马来西亚政治的影响，越来越多的马来穆斯林试图通过对伊斯兰教法的忠信来表达自身更加纯正的“伊斯兰”特性。马来西亚的法律体系也对此做出了反应，将伊斯兰教法中的因子融入现代法律体系，扩大伊斯兰教法的使用范围，并提升马来西亚伊斯兰教法庭的地位。如20世纪90年代，马来西亚各州包括联邦直辖区对《伊斯兰家庭条例》做了修改，放宽了对一夫多妻的限制。此外，伊斯兰教法庭权力和地位的提高不仅意味着国家对伊斯兰法庭权力的控制，同时也意味世俗法庭某些权力的出让。如1988年，联邦宪法重新规定：伊斯兰法庭的决定将不能为其他法庭所推翻，伊斯兰法庭将与州宗教事务局分离而独立门户，将不再受其控制。

综上所述，伊斯兰教作为印尼、马来西亚的主要宗教，在国家建设过程的地位不容忽视。随着印尼、马来西亚现代化的深入，社会结构急剧变革。伊斯兰教适时自我调整，

① 梁敏和、孔远志：《印度尼西亚文化与社会》，北京：北京大学出版社，2002年版，第152页。

成功适应了印尼、马来西亚现代化的步伐，并对国家政治、经济、教育及法律等各领域发挥着重要影响，成为现代化进程中的积极推动因素。

第三节 东南亚基督教

在东南亚，信奉基督教、天主教的国家主要是菲律宾等国。菲律宾居民中大多信奉基督教，占全国总人口90%以上，而其中又以罗马天主教派人数最多，占全国人口的84%，故有“亚洲天主教国家”之称；信奉新教的约占9%。[①] 其他国家如越南、马来西亚等国家也有部分人口信奉基督教、天主教。

一、基督教在东南亚的传播

16世纪，随着西班牙远征军侵略菲律宾，从此正式开启了天主教在菲律宾的传播之旅；天主教和基督教大约于16世纪初传入印尼；16世纪，随着葡萄牙人对马六甲的占领，基督教在马来半岛不断传播；16世纪越南后黎时期，随着欧洲殖民主义势力向海外扩张，天主教开始在越南传播；基督教于16世纪阿瑜陀耶王朝拉玛提波迪二世时期传入泰国；19世纪末，法国殖民者侵入老挝时，即把基督教传入老挝。

菲律宾的基督教化是西方殖民主义征服的副产品。许多殖民史家把西班牙对菲律宾群岛的占领比喻为“良心”与“剑”的征服，并把这种征服主要归功于“十字架”的胜利。

奥古斯丁会是最早到达菲律宾的传教团。1565年，黎牙实比占领宿务后，为奖赏奥古斯丁传教士跟随他远征的功劳，立即划出一块地给奥古斯丁会建立教堂和修道院。宿务因地处米沙鄢群岛的中部，并且靠近棉兰老岛，地理位置非常重要，所以，奥古斯丁会把它作为主要的传教基地。随着西班牙对马尼拉的占领，奥古斯丁会的势力又迅速扩展到以马尼拉为中心的吕宋岛地区，1575年，该会的大教堂在马尼拉兴建。从1564年至1898年的300多年的时间里，共有2368名奥古斯丁会传教士到菲律宾传教，建立了385个传教区，共管辖200万教民。

紧跟奥古斯丁会来到菲律宾的是方济各会。该会的第一批15名传教士于1577年到达马尼拉。方济各会为推动传教，针对当时传教士奇缺、菲律宾人居住分散的情况最早提出了“移民并村”的计划，即动员菲律宾人集中居住到较大的村庄和市镇里，居住在山上的部族也迁移到沿海低地居住，并积极倡导修建道路和桥梁，以利于派遣传教士传教。教会在这些村镇里修建了教堂、小广场和长方格式街道，并给居民赠送衬衫、盐、针、梳子等物品，免费提供住宅，还举办圣餐和集体弥撒。“移民并村”政策对天主教在菲律

① 马燕冰、黄莺编著：《列国志·菲律宾》，北京：社会科学文献出版社，2007年版，第42页。对于菲律宾信奉基督教的人口比例在不同学者的论著有不同的表述，大体集中在85%～95%之间。

宾的迅速传播起了积极作用。16~17世纪，方济各会的势力主要在吕宋岛西南部的甘马遴地区与岷都洛岛扩张，较晚才涉足米沙鄢群岛和棉兰老地区。到1898年为止，他们共建立了233个教区。

除上述两大修会外，耶稣会和多明我会也是菲律宾群岛传教的主力。耶稣会于1581年来到马尼拉，起初只有3名传教士。1596年，又有14名耶稣会传教士来到马尼拉，并建立了永久传教团。1661年，在菲律宾群岛的该会传教士已有101人。时至1768年耶稣会被驱逐时，共有158名耶稣会传教士来到马尼拉，建立了93个教区。耶稣会除了在马尼拉有少数教堂外，其势力范围主要在米沙鄢群岛和棉兰老地区。

多明我会于1581年到达马尼拉，当时只有2名传教士，其中一位便是大名鼎鼎的主教萨拉查（Domingo de Salazar）。随后，又有39名传教士于1585年、1587年到达马尼拉，并在马尼拉建立了菲律宾圣玫瑰省。至1898年，估计共有1755名多明我会传教士来到菲律宾，建立了90个教区。多明我会主要负责班加西兰与卡加延地区以及华人的传教事务。此外，沉思教派也是一支重要的传教力量，第一批沉思派传教士于1606年来到菲律宾，在整个17世纪里，曾有270名该会传教士在菲律宾传教。而到1898年，至少有1623名该会传教士在菲律宾工作，他们共建立235个教区和小的传教点。

最初，传教士的活动遭到了菲律宾人民的漠视和抵抗，一些冒昧进入群岛腹地的传教士更遭受到严厉的惩罚。1601年，就有一名奥古斯丁会神父在南方传教，因拒绝当地居民要他离开的要求而被杀死，前来报复的殖民军队被3000多名当地人伏击，损失惨重。后来天主教会采取了一系列措施，使得他们的传教活动得以在菲律宾顺利展开。这些措施主要包括：

第一，注意学习和使用当地语言，以便广泛接触当地居民，宣传天主教教义。1582年，马尼拉宗教会议经过讨论，正式把学习菲律宾方言与翻译天主教教义确立为一项政策。1593年，在方济各会传教士普拉森西亚（Juan de Plasencia）、特拉维拉（Miguel de Talavera）以及奥利弗（Juan de Oliver）三位语言天才的努力下，第一本他加禄语和西班牙语对照的《天主教教义》问世。1610年，多明我会传教士圣·何塞写出菲律宾历史上第一部他加禄语语法书——《他加禄的艺术和规则》。此后，其他教派的传教士也陆续编出伊洛科语法（1627年）、班乃—比萨扬语语法（1637年）、邦板牙语法（1729年）、宿务—比萨扬语语法（1711年）等多种菲律宾方言的语法书，为加速传播天主教提供了必要的工具。利用方言传授宗教教义，当地居民容易理解，觉得亲切，减少了心理距离，有一通晓当地语言的神父在一个月内曾为400人施行洗礼，轻而易举地使众人皈依天主教。①

第二，举办慈善事业，以获得当地人民的好感。传教士每到一地，便利用政府发给

① Nicholas P. Cushner, S. J. *Spain in the Philippines*. Quezon City, 1971, p.89.

的经费创办慈善机构，设立基金会，主持修道路、建桥梁、筑堤坝、兴办医院等事宜。1578年，方济各会传教士胡安·克莱曼在马尼拉建立了第一所教会医院。接着，马尼拉又陆续出现了圣加布里尔医院（1588年）、王家医院（1612年）等。各省也设立了医院，如洛斯巴诺斯的圣水医院（1602年）、甲米地的圣何塞医院（1641年）等，这些医院在为当地人民解除疾病痛苦的同时，宣传天主教教义，更加行之有效。

第三，争取“巴朗盖”首领阶层的支持，以部落首领信教带动其属下居民信教。“巴朗盖”一词，源于马来语，原意是帆船。这里是指以血缘为基础的原始村社，其首领称“大督”，它是当时菲律宾最基本的社会和经济单位。多明我会的萨拉查（Domingo de Salazar）主教多次向殖民当局建言：在传播福音能得到方便的前提下，应该保留当地首领的合法权利。一些“大督”前来投诉殖民官吏的压迫，他也表示同情和支持。例如1582年汤多有两个“大督”找到萨拉查主教，要求转达他们对省级官员的不满。萨拉查主教在给国王的奏呈中强烈抨击了那些官吏对地方首领“枷系示众”、“迫害致死”[①]的做法，请求国王敦促他们改变态度和做法。大督们有感于主教为他们说话，愿意改宗天主教。多明我会的方法取得一定的成功，其他修会纷纷仿效。耶稣会还鼓励大督们组织各种各样的活动，现身说法，利用他们在群众中的威信吸引更多的人入教。地方首领归服教会，使天主教得以迅速、广泛地传播。

在16、17世纪，菲律宾教区按规模分为三类，即初级教区、普通教区与重点教区，各教区受制于大主教和主教的管辖。从教区结构上讲，每个教区都包括教堂、修道院、墓区等功能场所。教区居民终其一生与上帝结缘：出生后在教堂受洗；婚配时在教堂接受神父的赐福；一生中经过教堂里的无数次的祈祷和忏悔；死后安葬在教区的墓地里。每个教区根据其规模大小，安排数量不等的传教士与其他神职人员。这些传教士不仅负责管理教区的宗教事务，而且兼管教区的政治、司法、文化、教育与经济权力，定期从政府领取薪金。教区的建立，无论对促进天主教的传播，还是对维护西班牙的殖民统治都具有重要意义。

在天主教向各地传播的过程中，圣礼制度逐渐建立起来。天主教的圣礼制度，是天主教宗教体系的重要组成部分。依靠圣礼制度，教会对信徒的神权专制得以建立。天主教的圣礼总共有七种，即洗礼（baptism）、圣餐礼（eucharist）、坚振礼（confirmation）、告解礼（penance）、婚配礼（marriage）、终敷礼（extreme unction）、受神职礼（ordination）。16世纪末期，菲律宾群岛的人口大约有60万。在1594年前后，有28.6万人接受了天主教洗礼，而到了1622年，共有50万人接受了洗礼。前西班牙时代，菲律宾广大地区流行的是一夫多妻制。天主教传入以后，以一夫一妻和禁止离婚为核心的天主教婚姻制度逐渐

① 转引自金应熙：《菲律宾史》，开封：河南大学出版社，1990年版，第142页。

开始在菲律宾土著社会推广，人们放弃了传统婚俗，习惯到教堂举行婚礼，接受神父的祝福，与自己的伴侣誓言厮守终身。在西班牙殖民初期的菲律宾，天主教的告解礼也被普遍接受。教徒们每年至少向神父忏悔一次，为自己精神和行为上的罪向上帝请求宽恕。只不过由于传教士奇缺和语言障碍，告解礼并没有严格按照规定执行，通常只是听一些弥撒，背几段《玫瑰经》或去拜访一个病人就算代替了忏悔。神父为了方便教徒的忏悔，一般也是问几个简单的问题，教徒按照标准答案进行回答。总的来说，圣礼制度中最重要的洗礼、婚配礼与告解礼的广泛实行可以说是菲律宾天主教社会初步形成的一个明显标志。

天主教会还创立从小学到大学的教育体系。西班牙殖民之前，菲律宾没有正规教育体系，教育以家庭教育方式为主。天主教会着手建立各级各类教会学校。在初等教育方面，各教区设有教会小学，对儿童进行潜移默化的天主教教育，并让小孩带动其父母改宗。第一所教区小学早在1565年就在宿务岛创立。在初等教育之上，开设男子学校。第一所男子学校是由耶稣会传教士于1589年在马尼拉创立的，原名马尼拉学院，后改名为圣·伊格纳西奥学院，1681年被教皇批准为一所正规大学。此外，耶稣会传教士又在宿务创建了圣·伊尔·德芳学院（1595年），在马尼拉创建了圣·何塞学院（1601年）。多明我会传教士也在马尼拉建立圣母念珠学院（1611年），后改名圣托马斯学院。1619年，圣托马斯学院升格为大学。1630年，多明我会又在马尼拉建立圣胡安·德·累特朗学院。西班牙传教士还注重妇女教育，开设与修道院相关联的女子学校，仅在马尼拉就建有圣母波坦相纳学院（1589年）、圣母伊萨贝尔学院（1596年）、耶稣会修女院（1694年）等。到1728年，在圣母伊萨贝尔学院受过教育的女子已超过13000人。而妇女的改宗，又直接影响到下一代的宗教信仰。教会学校建立的主要目的并不是为了开启民智，而是为了传播天主教信仰和管理殖民地。各教区的教会学校不但扩大了教徒队伍，还培养了众多菲律宾人传教士。利用当地人宣传“福音”，更能赢得当地居民的信任与接受。

西班牙天主教会在菲律宾经历了两个多世纪的发展后，从18世纪开始走向腐朽与衰败。他们与西班牙殖民当局沆瀣一气，残酷压榨和剥削老百姓。到1898年，奥古斯丁会、多明我会、沉思教派等占有土地42万英亩，有佃农6万多户。这些土地不仅是最肥沃的，而且多数是在人口稠密的省份。如在甲米地一地，教团就占去了30%的耕地。天主教会还对人民课以很重的租税。他们巧立名目，租税种类繁多，如什一税、教会税、住户税和战争税等，甚至每种一棵芒果树也要缴10里尔。教会在收货币地租的时候，是按任意规定的大米价格来折算的。如果租户不履行规定，就收回他们租佃的土地。[①]

各种教团作为大地主却拒绝与人民共享财富，甚至不允许被他们视为劣等人的菲律

① 张锡镇:《天主教会的统治和压迫与菲律宾民族主义运动的兴起》，载《国际政治研究》1982年第3期。

宾传教士涉足教区事务，引起了人民的强烈不满。在菲律宾各地兴起了“教区菲化”的运动。为维护西班牙教会的专制统治，1872年西班牙殖民当局残酷杀害了这个运动的主要代表佩莱斯神父（Fr. Pedro Pelaez）、布尔戈斯神父（Fr. Jose Apolonio Burgos）与戈麦斯神父（Fr. MarianoGomez），这就是著名的“甲米地三烈士”。他们的牺牲点燃了菲律宾人民反抗西班牙天主教会专制统治的怒火。在随后爆发的菲律宾革命中，菲律宾人冲击天主教会，许多西班牙传教士被杀死，更多人自动逃离或被驱逐出菲律宾。神学院被关闭，教堂、修道院被占用，几乎所有的主教辖区都没有主教，天主教会陷入瘫痪状态。这种混乱、无序的状况一直持续到1902年，罗马教皇利奥十三世任命奎迪（Jean Baptise Guidi）担任马尼拉大主教，菲律宾天主教会才开始恢复正常。此后，菲律宾传教士逐渐成为天主教会的主体，罗马天主教本土化的过程得以完成。

在反对西班牙天主教会的斗争中，1902年，菲律宾天主教徒还创立了一个新的天主教教派——“菲律宾独立教”（也称“阿格里佩教”），创办者是格利高里·阿格里佩神父（Fr. Gregorio Aglipay）。菲律宾独立教高举“菲律宾主义”的旗帜，否认罗马教皇的权威与罗马教会的教阶制度，除保留菲律宾人民业已熟悉的天主教术语、一神教观念与某些天主教教义外，它在仪式上基本继承了在菲律宾广泛流行的民间天主教的仪式，并且将教会与菲律宾的历史文化紧密地结合在一起，创建了具有民族特色的神学思想。如将古代菲律宾人信奉的自然之神巴塔拉（Bathala）尊奉为菲律宾民族的唯一至高神，并将民族主义升华为宗教，尊奉菲律宾民族英雄黎萨尔与甲米地三烈士为独立教会的圣徒。1922年阿格里佩神父甚至宣称：“黎萨尔对于菲律宾而言，不仅仅是圣徒，他是菲律宾人民在殖民时代就一直盼望出现的真正的救世主——弥赛亚（Messiah）。”[①] 菲律宾独立教会在成立初期就得到许多人的拥护。1903年估计有150万~200万人加入了独立教会，占当时菲律宾人口的1/4，在当时的社会中产生了很大的影响。

在印尼，天主教和基督教大约于16世纪初开始传入。印尼独立后，政府实行宗教自由政策，天主教和基督教获得较大的发展，教徒不断增加。据印尼中央统计局2005年的统计，印尼基督教徒和天主教徒共占全国人口的8.86%。其中基督教徒约为1236万，占全国人口的5.79%，主要分布于米纳哈沙、安汶、南马鲁古、万鸦老和巴布亚等地区；天主教徒为656万左右，占全国人口的3.07%，主要分布于佛洛勒斯、帝汶、马鲁古和中爪哇等地区。

16世纪葡萄牙和西班牙人把天主教传入印尼东部。1534年，印尼的北马鲁古岛有了第一位天主教的传播者，他是葡萄牙商人肯索罗弗劳索（Gensolo Veloso）。那时葡萄牙的航海家刚刚发现这个富饶的“香料群岛”，大批的商人来到这里，他们在经商的同时也开

① 施雪琴：《菲律宾天主教研究》，厦门：厦门大学出版社，2007年版，第199页。

始把天主教的教义传播出去。传教士弗兰西库斯(Santo Fransiskus Xaverius)的活动使天主教在这一地区的传播有了很快的发展。1546年到1547年期间他在安汶岛、萨帕鲁阿岛和特尔那特岛给当地数千名土著居民进行了洗礼，使这些人成为最早信奉天主教的印尼土著居民。到1605年，安汶岛已有4所教堂，教徒15000名。

在弗洛雷斯岛和帝汶岛，天主教最早的传教活动开始于1555年。由于那时荷兰殖民者还没有注意到这些偏僻的小岛，因而那里天主教的发展异常迅速。1799年，荷属东印度公司垮台解散。1808年，荷印政府总督丹德而斯(Jendral Daendels)取代了公司的领导，开始实行宗教自由的政策。当时天主教的传播已陷入困境，宗教自由政策的执行让天主教在印尼的发展起死回生。但是当时这一地区只有五位祭司，却要负责9000名居住得非常分散的信徒的宗教活动。

在马来西亚，1511年，葡萄牙人占领马六甲，开始有传教士专职在其管辖范围内传教。但由于殖民者过于专注对马来半岛经济利益的掠夺，而在宗教信仰方面并未采取强制措施，基督教在马来半岛的传播在广度和深度上都十分有限。1786年，英国殖民者占领槟城，之后不久来自泰国的天主教神父就在槟城创建了一所神学院。19世纪中叶，受英国文化的影响，在马来半岛上出现了一批以讲英语为主体的基督教社群。建立教会学校是基督教在马来西亚主要的传播方式和途径。

在越南，16世纪，随着欧洲殖民主义势力的扩张，天主教开始在当地传播。天主教传播的初期阶段(16~17世纪)，宗教和贸易是主要目的。当时越南正处于北莫、南黎的“南北朝”对峙以及“郑阮纷争”的长期割据时期，为了争取国外势力，发展本国经济，增强各自的军事实力，越南各封建集团十分欢迎西方传教士的活动。1615年，法国在越南成立“法国耶稣会”。1624年，在越南传教多年的法国传教士亚历山大·德·罗德(Alexandre de Rhodes)返回欧洲向罗马教皇争取法国在远东地区传教的权利。1658年，教皇封两位法国传教士为越南南北方主教，1664年，法国国外传教会成立。法国逐渐垄断了天主教在越南的传教权。传教士活动从宗教、贸易领域转向政治领域。

18世纪末，阮主和西山王朝之间的内战给国外传教会的扩张以及法国殖民主义者的入侵创造了机会。越南南部教廷代表、法国传教士百多禄积极为阮福映集结武装力量，助其扑灭西山农民起义。这进一步扩大了法国在越南的宗教和政治影响。宗教方面，至1802年，越南北方教民人数已达30万，南方有教民6万，共由6个主教统管；政治方面，在法国传教士支持下称帝建元的阮福映，即位后即使用一些法国人作为朝廷顾问，帮助法国殖民势力迈出了其侵占印支半岛的第一步。

尽管受恩于法国传教士，但是在封建制度危机下依靠外国侵略势力而起家的阮朝，也十分担心基督教的发展将会给民族的传统道德习俗以及国内的政治稳定带来负面影响。为此，阮朝实行了闭关锁国和维持现状的外交和宗教政策，规定修缮教堂需经呈批，并禁止修建新教堂。1847年，绍治皇帝在一封治罪谕旨中称天主教为邪教，嗣德年间实施了更加严格的禁教政策，如在教民脸上刺字等。但上述举措不仅未能阻碍法国殖民者的步伐，还为他们进一步制造武装侵略提供了借口。

在泰国，基督教于阿瑜陀耶王朝拉玛提波迪二世时期传入。1511年，葡萄牙派遣使节来到阿瑜陀耶城王朝，目的是发展双边关系和发展贸易，这也是泰国人第一次接触到基督教，并且也是泰国基督教信众出现的一个开端。有历史记载的基督教传教士来到泰国是天主教托钵修会之一的多明我会的两名传教士，时间大约是玛哈扎格拉帕国王后期，此后开始有基督教其他教派的传教士陆续来到泰国，基督教开始在泰国得到慢慢传播，直到纳莱王时期，基督教在泰国才真正稳定下来。

阿瑜陀耶王朝纳莱王时期，基督教的传教活动范围只限于王室成员，使得基督教在泰国上层有一定势力。但17世纪中叶后阿瑜陀耶王朝王室对基督教采取限制政策，使基督教的传教活动进展缓慢。1767年缅甸军队攻占阿瑜陀耶城，基督教遭到重大打击，传教活动几乎停止。直到曼谷王朝拉玛四世即位后，基督教活动才有所恢复。①

曼谷王朝拉玛三世王时期，英国的新教传教士来到泰国，虽然之前已经有部分的新教徒来泰国，但是当时他们主要的目的只是发展外交关系和促进商贸发展，并未进行传教，因此新教在泰国传播只是近170年来的事情，而且传教进展缓慢。

在老挝，最早可追溯到19世纪末，法国殖民主义者侵入老挝时，即把基督教传入老挝。基督教认为自身才是最优秀的，其他宗教都是落后、愚昧的，甚至是对人的压迫。它认为佛教等不能救赎人们的罪过，认为老挝人对佛教、鬼神教、婆罗门教等的信仰只会全盘接受，不加甄别，具有盲目性。基督教认为，只有基督教才救赎众生，只有上帝才是真实和唯一的救世主，人们所崇拜的一切神灵都是虚假的。针对佛教在老挝的影响力，基督教在传播自己的教义时，并没有完全保持中立和客观的态度，而是具有一定的攻击性。如基督教认为佛教不知人的罪孽从何而来，罪孽将会造成何种后果，又该如何摆脱罪过。认为罪孽乃人自作孽，不服从上帝即为罪孽，作孽的代价是死亡，而只有上帝能原谅人的罪孽，只有上帝才能指明摆脱罪孽的途径，拒绝上帝的人最终都要落入地狱。这就把基督教与佛教等宗教对立起来，激化了社会矛盾，遭到了老挝社会特别是佛教界的强烈反对和抵制。同时，从基督教强调凡人必须信奉上帝的角度来看，也不如佛教宽容。佛教从不要求人们必须信奉其任何教义，更不提如不信奉佛教将会付出什么代价，不给人施加任何压力，给人一种轻松的宗教氛围。

二、基督教在东南亚的演进

在菲律宾，1898年，美国和西班牙爆发战争，随后美国取代了西班牙成为菲律宾新

① 田禾、周方冶编著:《列国志·泰国》，北京：社会科学出版社，2005年版，第55页。

的宗主国。1901年，美国武力镇压了菲律宾革命，建立了以总督为首的三权分立的"美式"殖民体系。这种政权结构与西属殖民地时期那种近似政教合一的模式截然不同。为了建立和巩固这套美式殖民地制度，必须设法消除西班牙统治时期天主教会获取的种种政治和经济特权。为此，美国殖民当局采取了一系列软硬兼施的政策，其中最重要的是利用基督新教排挤天主教势力。

这个时期的新教教会，多数是从美国来的，也有部分是从英法等国来的。循道会是第一个进入菲律宾传教的新教教会。美菲战争爆发后，该会负责印度与东南亚地区传教工作的牧师瑟波来到马尼拉。该会最初主要在马尼拉以北的卡加延到维干以南的南伊罗哥地区，后来扩展到南部的米沙鄢与棉兰老等地。循道会在菲律宾的势力发展很快，至1916年，循道会在菲律宾共有50名传教士，声称有4.5万名信徒，1925年信徒达到6.5万名，成为菲律宾最大的新教教会。美国长老会也是基督新教在菲律宾的主要修会之一。该会的传教士罗杰尔斯夫妇于1899年4月最早来到菲律宾，在菲律宾传播福音近40年。1899~1916年，该会共有65名美国传教士在菲律宾工作，1925年声称信徒达到1.57万人，使长老会成为新教在菲律宾的第二大修会。基督教长老会在菲律宾南部城市杜马哥提（Dumaguete）创办了思莱曼学院（Silliman College），该大学至今仍然在菲律宾教育界享有盛誉。公理会主要在菲律宾南部棉兰老岛传教。该会的第一位传教士罗伯特·布莱克（Robert F. Black）于1902年在达沃建立教团，1915年公理会的影响已扩展到棉兰老岛的北部地区，经过艰苦的工作，到1929年，该会的信徒达到3963人。另一位公理会传教士劳巴奇（Frank C. Laubach）于1929年开始在棉兰老岛的穆斯林社区中传播福音，他通过推行一套简单有效的"识字方法"，使很多当地民众对他产生好感并改变了自己信仰。基督友爱会于1901年来到菲律宾，主要在菲律宾北部的高山省传教，那里被誉为"菲律宾福音传播最好、组织最好的地区"。[①]该教会尤其重视在菲律宾精英人士中传播福音，甚至菲律宾自治政府的几位部长都是该派的信徒。此外，美国圣公会、浸礼会、基督传教会、基督会、基督复临安息日会等也纷纷派出传教士到菲律宾传播福音。

新教教会采取了与西班牙天主教教会截然不同的传教策略，即推行"自治"、"自养"与"自传"的"三自"传教政策，并且倡导建立本色教会。美国长老会牧师罗杰尔斯在1899年到达菲律宾时，就坚持宣传这样的理念："外国传教士在菲律宾所扮演的不应该是管理者的角色，而应该是协助者与顾问的角色。"[②]1903年，另一位美国长老会的牧师、普世基督教大联合运动和世界传教运动的先驱亚瑟·朱德森·布朗（Arthur Judson Brown）在考察了中国与菲律宾的基督教会后指出："亚洲的福音传播与教会的建立必须建立在自养、自治与自传的基础上，我们应该给予亚洲教会合理的自由，允许教会适应特殊的环

① 施雪琴：《普世福音与新殖民主义》，载《南洋问题研究》2007年第1期。

② Richard L. Deats. *Nationalism and Christianity in the Philippines*. Dallas：Southern Methodist University Press，1967，p.94.

境。”[①]循道会主教奥德哈默（Oldham）也敦促“应让菲律宾人在教会扮演更重要的角色”，“他们才是教会的领导者，[②]而我们只应充当协助者”，他甚至倡导在召开教会会议时可以使用菲律宾语。教会的本色化推动了基督新教在菲律宾的传播与发展，1918年的统计显示菲律宾新教教徒达到124575人，1939年增加至378361人。1940年在美国华盛顿召开的海外传教会议上，菲律宾传教委员会提交的一份报告中宣称新教在菲律宾各地大约有2000所教堂，5000所主日学校，有120000人参加主日学校的学习。管理这些主日学校的有500名牧师，600名传教士，670名教会女执事，教会所属的财产达到100万美元。[③]客观地说，新教教会在菲律宾的“三自”传教策略与教会本色化方针、20世纪初期美国在菲律宾实行的以“民族自决”为核心的新殖民政策有着完全相同的本质，即通过文化与价值观念的改变与培养，将菲律宾“基督教化”与“美国化”，实现使菲律宾成为自己永久的附属国的最终战略目标。

但是，作为一种宗教信仰，新教在菲律宾并没有获得压倒性的胜利，绝大多数菲律宾人仍然忠于西班牙人给他们留下的遗产——天主教。“在以前的三个多世纪中，这种宗教在他们的灵魂中是根深蒂固的。美国佬怎么劝说和引诱也不能使他们和它断绝的。”[④]

在印尼，1847年，荷兰殖民当局与印尼天主教教会达成协议，为天主教的广泛传播奠定了基础。1889年，天主教情况开始好转，全印尼有大约50名祭司。但是直到1891年，天主教在日惹地区的传播活动仍然是被禁止的。1896年，范·李斯神父（F. Van Lith）来到穆迪兰，开始了在这里的传教活动。但那时他的努力收效甚微。到1904年，加里巴望（Kalibawang）地区的四位村长突然主动找到李斯神父的家里，希望得到天主教的教义。于是，在1904年12月15日，在塞马贡的一处泉水旁，168个爪哇人接受了洗礼，他们成为接受洗礼的第一批爪哇人，泉水所在的地方也成为爪哇天主教徒朝觐的圣地。

在穆迪兰，李斯神父分别于1900年和1904年建立了两所学校。学校里的学生几乎都信奉了天主教，后来他们中的大多数成为使徒，在印尼的各个地区传经布道。1918年两所学校统一为天主教圣徒基金会。印尼历史上的第一位祭司和第一位主教都是前穆迪兰天主教学校的毕业生。20世纪初，印尼的天主教组织发展迅速，载入印尼史册的民族英雄中也不乏天主教的信徒。

苏哈托执政以后，要求每个印尼公民都要在居民身份证上的“宗教信仰”一栏里填上五种合法宗教中的一种，许多人特别是华人都纷纷表示自己有宗教信仰以避免被看作是无神论者的共产党。这中间有很多人信奉了天主教和基督教。在整个苏哈托执政的新秩序时期，天主教和基督教的发展都很快。近年来，由于全球文化交流的增加，西方文化

---

① Richard L. Deats. *Nationalism and Christianity in the Philippines*. Dallas：Southern Methodist University Press，1967，p.94.

② Kenton J. Clymer. *The Methodist Response to Philippine Nationalism，1899-1916*. Church History，Vol. 47，No. 4. Dec.，1978.

③ 施雪琴：《普世福音与新殖民主义》，载《南洋问题研究》2007年第1期。

④ 格雷戈里·F. 赛义德：《菲律宾共和国：历史、政府与文明》，北京：商务印书馆，1979年版，第480页。

对印尼的影响也越来越大，城市中的知识分子、华人信奉天主教和基督教的越来越多。

在马来西亚，1900年，福建闽清县的华人基督徒黄乃裳就婆罗洲诗巫的开发事宜与当时砂拉越的统治者布洛克（Charles Brooke）签订合约，并在此后两三年内组织了大批华人移民诗巫，在这些移民当中有很多基督徒。马来西亚的基督教信仰流派主要包括圣公会、浸礼派、卫理公会、长老会以及罗马天主教等。目前，在马来西亚大概有9.1%[①]的人口信仰基督教，大部分为东马的华人。

在越南，1862年，阮朝与法国签订了《壬戌条约》，条约规定越南割让东南部三省，并取消禁教政策。这一事件引发了中部的"平西杀邪"（平西敌，杀邪教）运动。但获得了传教权的法国传教士与殖民者亦步亦趋，天主教势力进一步扩大，在越南建立了广泛的社会基础。但直至1933年，梵蒂冈教廷才赋予越南教会以自管权，并第一次封越南人为主教。

1954年，越南赢得了奠边府大捷，法军撤出越南，越南暂时分裂为南越和北越。在殖民者散布的"主已南下"的谣言影响以及南方吴庭艳政权的大力支持下，北方约65万天主教徒逃亡南方，使南方成为越南天主教的活动中心。

1976年，越南南北统一后，政府采取了一系列强制措施，下令外国传教士限期离境，加强对各地教会组织的管理，严格教堂法规和传教活动等。1976年，河内总教主陈如奎接受了红衣主教头衔。1980年，越南天主教教主理事会成立，确立了"在越南民族中传播福音，为越南同胞谋幸福"的布道方针，争取天主教为爱国主义和社会主义建设服务。1983年，河内召开越南天主教徒国民大会，成立了天主教团结委员会。革新开放时期，天主教在改善越南同西方国家的关系过程中表现十分活跃。天主教徒提出"在民族怀抱中福音地生活"的口号，努力建设"敬主爱国"的传统，积极融入越南社会。

如今，天主教成为越南第二大宗教，拥有教徒500多万人。但相比于天主教在亚洲和世界其他国家的影响而言，其在越南的影响仍然有限。究其原因，我们认为：首先，天主教在越南的传播和发展史就是一部法国入侵越南的殖民史。被胡志明称为"教会主义"的天主教使越南历史上第一次出现了"教民"和"良民"的对立。天主教知识分子李政忠分析道："教会肩上有一笔沉重的遗产：成立之初含糊暧昧的性格，一个世纪公开与侵略者的妥协，一个故意或无意的愚民政策。这使得教会的在场对于越南人而言如鲠在喉。"[②]其次，与其他外来宗教（如佛教、道教）不同，天主教带有强硬的西方文化传统，在相当长的时期内无法与越南文化相融合。从形式到内容，从仪式到信仰，从拉丁经文到崇拜对象，从教堂建筑风格到宇宙观，天主教都与越南已有的宗教形式相对立。其中最为突出的矛盾是，天主教相信上帝是唯一的真神，而越南人则以祖先崇拜

① 根据马来西亚2000年人口普查数据。

② Trần Ngọc Thêm. *Tìm về bản sắc văn hoá Việt Nam*. Nxb thành phố Hồ Chí Minh, năm 2001, tr. 531.

为不可动摇的信仰。

当然，为了融入越南社会，天主教也不得不进行本土化。受越南重女性传统的影响，圣母玛利亚的形象多次出现在越南天主教中，越南天主教徒甚至还创造了自己的圣母——罗旺圣母（Duc me La Vang）；在教堂建筑、装饰风格方面有的也根据民族传统风格加以改造，这类被越化的教堂风格被越南民间称为“南教堂”。

在泰国，基督徒有近50万人，其中绝大部分是天主教派信徒，其余的属于新教。天主教徒主要是曼谷及其他城市中的少数泰人，以及东北和东南部的越裔泰人；新教徒主要是曼谷、清迈、宋卡、也拉、佛统等地的少数泰人，以及华裔、克伦等少数民族。1965年后，全国分为两大教区：曼谷大主教区和沙功那空大主教区。基督教机构包括“泰国基督教总会”、“泰国基督教联合会”、“青年基督教学生会”等，由于基督教在泰国处于边缘状态，社会影响不大。

老挝国内信仰基督教的并不多，具体人数并没有官方统计，主要是在西方受过教育的知识分子中间和部分少数民族地区传播，如黑傣族。基督教初传老挝时，也很难在信仰佛教的老龙族人地区打开局面，只好在少数民族地区另辟蹊径，主要通过救济生活物资、建学校、建医院、免费提供社会服务等树立基督教的仁爱形象。当前，随着老挝社会开放性的日益提高，定居国外的老挝人逐渐回国，他们的思想和信仰也在很大程度上影响国内的亲属，再加上这些影响是得到所在国政府支持和推动的，从而使得基督教的影响有所扩大。但总体而言，基督教的规模还远不能与佛教相提并论。

三、基督教对东南亚社会、文化的影响

与佛教相比，基督教在东南亚社会、文化中的影响范围要小得多。菲律宾等国影响特征较为明显。

菲律宾现有基督教徒8000多万，其中天主教徒依然占绝对多数。经过改革和“教区菲化”的运动，天主教重新赢得群众的信赖。天主教会在全国共有90个教区，有2位大主教、120位主教、4300多名神父、7000多名修女，现在的大主教和主教等基本上都是菲律宾人。地方教会通过马尼拉的大主教同梵蒂冈取得联系。全国性的组织有天主教主教会议、大修道院院长联合会。前者是菲律宾教会的最高权力机构。新教在菲律宾也有很大影响，现在的主要派别有基督教合一教会、基督复临安息日会、循道会、浸礼会等。新教也拥有全国统一性的组织，如1963年成立的全国基督教联合会，1966年成立的福音教会联合会等。

如今的基督教与菲律宾人的生活密不可分。人一出生就要进行圣洗，结婚要在教堂举行仪式，死后要在基督教的公共墓地举行葬礼。教堂里整天人满为患，在几乎所有的公众场所，都写着与宗教有关的字句或挂着耶稣肖像。人们每天都要祷告，圣周期间，

首都马尼拉与北吕宋岛的不少信徒为了表示虔诚，不惜伤害自己的身体。他们或者自愿重演耶稣被钉在十字架上的场面，或者自我鞭笞直到背部血迹斑斑，或者扛着沉重的木制十字架，绕着村庄步行，以体验当年耶稣为世人承担的苦难。家庭和地方的重要节日多与教会的圣日一致。涉及家庭的民事法规的许多条款多来自教会法典。政府、军队、医院、商业大楼等重要部门的建筑上，都插有基督教旗帜，定期举行宗教仪式，重要的政治场合和国际会议也要由神职人员进行说教布道。街头传教布道的集会随处可见，听众云集。电台电视台也要定期播放布道节目。

基督教对菲律宾人的日常生活方式、价值观、理想、信仰、风俗习惯、语言、文学、音乐等，都产生了普遍而深远的影响。传教士们经常以“善人得享永福，恶人要受永苦”等教义来感化和教育民众。民众持守基督信念和教义，奉行爱上帝、爱他人，信奉公正、和平、仁慈、饶恕、和解等福音价值。菲律宾传教士和平民的教堂生活促进了传统菲律宾价值观的成熟以及东西方文化的整合。

在政治领域中，菲律宾政府实行“宗教信仰自由”、“政教分离”和鼓励宗教发展的政策。教会则对政府持“积极合作”和“善意批评”态度，形成了政教相互依存的关系。当今社会，菲律宾的天主教对菲律宾的政治仍旧保持深刻的影响，其原因是：

第一，天主教传入菲律宾至今已400多年，天主教会在菲律宾社会中拥有深厚的民众基础，宗教戒律和宗教仪规已内化到民众的内心深处，宗教精神已经成为他们人格的重要组成部分。通过定期召集教徒举行节日庆典或不定期为教徒举行生老病死、婚丧嫁娶和洗礼等宗教仪式，民众之间的情感很容易沟通，“甚至可以忘却一时的恩怨得失，把不同民族、不同地区、不同阶层、不同职业、不同职位、不同政治态度、不同文化水平、不同性别和年龄的人相当紧密地‘黏合’在一起”，[①]从而形成一股巨大的社会力量。

第二，菲律宾社会是典型的多元化社会，各种社会力量都具有一定的影响力，然而这些力量都无法在社会中形成绝对的权威。相比于其他的社会集团，天主教的权威性更容易得到全社会的认可，信仰的力量在一定程度上把各个利益集团的价值观综合为一个共同遵守的规范，在一定程度上化解各个不同政治集团之间的分歧，或者支持一个政治集团击败另一个政治集团。

第三，世俗信任发生危机时，民众倾向于认同教会的态度，世俗力量的薄弱自然就体现出宗教影响力的强大。由于菲律宾政府在社会中的影响力有限，而菲律宾的天主教宗教不仅是一种社会意识形态，而且是一种特殊的社会组织和社会政治力量，天主教徒以信仰为基础的组织性甚至比政府的组织性更严密，更深入。在政府无法控制社会秩序的情况下，教会的影响力就会急剧地提升，成为政治生活中举足轻重的力量。当政局发展到关键

① 转引自吴杰伟：《菲律宾天主教对政治的介入》，载《东南亚研究》2005年第6期。

时刻，有大量社会民众参与政治活动的时候，天主教会的影响则可能是决定性的。

譬如1986年，当以阿基诺夫人为首的反对党和执政的马科斯政府的斗争进入白热化的时候，拉莫斯将军在克雷姆军营发动了兵变，支持阿基诺夫人。当时的大主教辛・海绵（Jaime Cardinal Sin）公开站出来指责马科斯的欺诈行为，对于兵变中转而支持阿基诺的部队表示了欢迎，呼吁国民都来支持兵变部队。马科斯派遣军队前去镇压兵变部队时，辛主教号召数以千计的信徒前往通向兵变营地的公路上祈祷，民众手拉着手形成人墙，阻挡政府军的前进，使政府军的装甲车和军车陷入人群包围之中。辛主教还通过“真理”电台不断呼吁政府军不要向手无寸铁的教徒开枪，鼓励反对马科斯政权的群众和兵变部队为最后的胜利继续战斗。“辛主教、菲律宾天主教主教会以及教会的真理电台在号召人民保护兵变部队和促成阿基诺上台中发挥了重要的作用……他们的缺席将使推翻马科斯成为毫无可能的幻想。”①最后，败局已定的马科斯仓皇逃离菲律宾，结束了其长达21年的统治。

天主教会还在世俗生活的各个领域开展活动，如建立信贷协会和工会，参与各种开发项目、从事职业技术教育等。这种活动形式从第二次世界大战后就已开始，而自60年代中期以来发展得特别迅速。这类机构中最有代表性的是社会行动主教委员会（成立于1966年）和全国天主教农民代表大会（1967年以来就已存在）。它们在各个教区广泛设立分支机构网和集中管理机构网。这两个组织认真培训传教士和世俗人员，使他们积极参与各种社会和经济发展项目。但这些天主教组织开展活动的目的往往并不是为了菲律宾社会整体的发展，而只是满足局部的或地方性的需要。而且，教会许多上层人物同传统的寡头政治势力有密切的财政联系和共同利益。②

在印尼政治生活中，天主教和基督教曾先后成立过自己的政党。印尼天主教党成立于1945年12月，原名为印尼共和国天主教党（Partai Katolik Republik lndonesia），其前身为印尼天主教政治联合会，当时由7个党派和团体合并而成，1949年12月改名为天主教党。50年代，天主教党有15000名党员。在1955年第一次普选期间天主教党在议会中获6席。“全国基督教党”（Partai Kristen Nasional）于1945年11月在雅加达成立。1946年11月，该党在梭罗举行第一次全国代表大会，改名为“印尼基督教党”（Partai Kristen Indonesia）。当时在苏门答腊成立的印尼基督教党也于1947年4月宣布与爪哇的印尼基督教党合并，成立统一的印尼基督教党。1952年，该党拥有320000名党员。在1955年的普选期间获得议会中8个席位。印尼天主教党和基督教党都拥护“潘查希拉”（建国五项原则）为印尼立国之本，两党也都是历届政府承认的合法政党。

1965年“9・30”运动后，虽然天主教徒和基督教徒不断增加，但天主教党和基督教

① Jose Maria Sison. *The Philippine Revolution: The Leader's View*. Taylor & Francis New York lnc., 1989, p.121.

② Л. Л. 泰凡：《菲律宾居民的宗教信仰》，载《东南亚研究》1985年第3期。

党的政治作用逐渐被削弱。在苏哈托政府“简化政党运动”的过程中，1973年1月，基督教党、天主教党与以前的印尼民族党、印尼独立维护者协会及平民党合并为印尼民主党。在合并前的1971年普选中，基督教党和天主教党在议会中分别获得1.5%和0.7%的席位。合并后，两党原有的独立性日趋减小。在1973年召开的人民政治协商会议中，印尼民主党只有42席，而建设团结党（由若干伊斯兰教政党合并而成）有126席，相当于执政党的“专业集团”则有392席。苏哈托政府还采取了一系列措施，限制建设团结党和印尼民主党的活动。1979年政府“关于学生运动正常化”的637号决定，旨在割断各政党与学生团体（如印尼天主教大学生运动、印尼基督教大学生运动）的联系。[①]1983年，人民政治协商会议通过了一项关于承认建国五项原则为全国各种社会政治势力唯一政治准则的决议。于是，各种社会政治势力必须保证以建国五项原则来安排自己的活动。根据上述决议修改的选举法，禁止以宗教原则进行竞选运动。凡此种种，再加上印尼民主党内部的争权夺利，印尼基督教和天主教的政治势力明显减弱。

苏哈托政府为了巩固自身的统治，一方面限制、削弱天主教、基督教的政治势力，另一方面允许天主教、基督教教会正常的传教，并要求各宗教教徒平等、和睦相处，警惕伊斯兰教极端分子的破坏活动。1989年10月宗教部长穆纳维尔在欢迎罗马教皇约翰·保罗二世访问印尼的大会上指出：“不错，我们这个国家中大多数居民是信奉伊斯兰教的，但是在我们心目中，多数人信奉的宗教和少数人信奉的宗教是平等的。”他还说：“（世界）历史表明，不同的宗教会引起紧张，甚至战争。然而，印尼的多种宗教从未成为冲突的根源。”[②]

身为伊斯兰教徒的苏哈托总统也重视天主教和基督教的影响作用。1970年12月和1989年10月罗马教皇先后两次访问印尼，都受到苏哈托的会见。1976年7月，苏哈托总统还亲自光临沙拉迪加的全印尼基督教大会，他强调印尼各宗教徒之间的和睦相处对于国家建设的重大意义。他说：“传教工作不能妨碍社会的安宁。”“要防止因吸收新教徒和建立教堂而引起社会动荡。”鉴于印尼天主教和基督教教会得到国外的大量资助，而引起其他宗教组织的不满，苏哈托总统提出，希望国外的资助能交给政府，以便以最妥善的方式用于与印尼有关的宗教事业。

尽管目前天主教和基督教在印尼政治舞台上的影响仍较小，但由于得到西方教会的支持，且具有传教方式多样化、教徒文化层次高等特点，两教在印尼社会生活中的影响不容忽视，尤其是在天主教徒和基督教徒集中的地区。

在越南，天主教作为西方文化的代表，在越西文化交流过程中对越南建筑、文学艺术、语言文字、报刊、教育以及生活方式等领域都产生了重要影响。文字是天主教对越

---

① 梁敏和、孔远志：《印度尼西亚文化与社会》，北京：北京大学出版社，2002年版，第78页。

② 梁敏和、孔远志：《印度尼西亚文化与社会》，北京：北京大学出版社，2002年版，第79页。

南文化最大的贡献。为了使传教活动更有效率，传教士将越语拉丁化，并添加若干符号，创造出国语字；同时，大量借词进入越语，极大丰富了越语词汇，越语语法也在一定程度上受到印欧语系的影响。在生活方式上，天主教徒的家庭观、婚姻观、集体观成为对越南传统文化的有益补充。

综上所述，与历史悠久的佛教等宗教相比，基督教、天主教在东南亚地区的传播历史较短。基督教、天主教的传播是伴随着东南亚地区西方殖民化进程而进行的。作为西方文化的代表之一，基督教、天主教对菲律宾等国的社会、文化产生了深刻影响。

第四节　东南亚其他宗教

在东南亚地区，除信仰人数较多的佛教、伊斯兰教和基督教外，还有婆罗门教在泰国、老挝和柬埔寨等国的各自不同的历史时期流行，印度教在印度尼西亚和马来西亚等国部分地区流行，儒教在越南盛行。

一、婆罗门教、印度教在东南亚的传播及其对社会、文化的影响

婆罗门教是世界上最为古老的宗教之一，印度教是在婆罗门教基础上演变形成的。婆罗门教是最早传入东南亚的宗教。大约在公元前2世纪，北印度婆罗门将婆罗门教传入扶南。婆罗门教传入东南亚时，一大批婆罗门教徒首先迁徙到高棉。传说一名叫“柬埔寨”的婆罗门教徒在高棉北部建立了一个王国，今柬埔寨的名字由此而得来。当时高棉王国的势力最大，婆罗门教也借其影响扩大到老挝和泰国等国，在佛教传入之前影响了这些国家相当长的时间。而在佛教传入老挝后，婆罗门教逐渐退出历史舞台。

在柬埔寨，公元前2世纪，随着印度移民的迁入，柬埔寨当地民间信仰受到了这些移民的影响，婆罗门教与佛教开始传入柬埔寨。婆罗门教在柬埔寨传播和发展的特点主要包括：（1）由国王倡导，作为官方宗教自上而下传播。在扶南和真腊时期，柬埔寨的大多数国王都信奉婆罗门教，他们宣扬神权与王权的统一，并依靠婆罗门教的法则来统治国家，有些国王本身即是婆罗门教徒。（2）信奉多神崇拜，各种教派并存。婆罗门教信奉三大主神，即梵天、毗湿奴和湿婆。古代柬埔寨国王根据个人喜好所信仰的婆罗门教派不尽相同，崇拜林伽的息瓦教派、崇拜毗湿奴和湿婆合体的诃里诃罗教、崇拜湿婆的湿婆教在不同时期交替占据统治地位。（3）经久不衰，传入柬埔寨至今约2000年，对柬埔寨的政治制度和社会文化的发展产生了深远的影响。

扶南时期柬埔寨经历了混氏工朝、范氏王朝和跋摩王朝。中国诸多史籍都记载了扶南女王柳叶与混填结合的传说，这可以作为印度文化最早传入柬埔寨的证据。《晋书》97卷第67列传《四夷篇》记载称：“其王本是女子，字叶柳。时有外国人混溃者，先事神，

梦神赐之弓，又教载舶入海。混溃旦诣神祠，得弓，遂随贾人泛海至扶南外邑。叶柳率众御之，混溃举弓，叶柳惧，遂降之。于是混溃纳以为妻，而据其国。”《南齐书》58卷第39列传《东南夷篇》也记载道：“扶南国，在日南之南大海西蛮湾中，广袤三千余里，有大江水西流入海。其先有女人为王，名柳叶。又有激国人混填，梦神赐弓一张，教乘舶入海。混填晨起于神庙树下得弓，即乘舶向扶南。柳叶见舶，率众欲御之。混填举弓遥射，贯船一面通中人。柳叶怖，遂降。混填娶以为妻。恶其裸露形体，乃叠布贯其首。遂治其国，子孙相传。”叶柳与柳叶指的是同一个人，柳叶是女王，可见扶南国仍处于母系氏族社会，混填和混溃也是相同人名的不同音译，根据史书推断混填来自古印度或是印度化国家，混填不仅以武力征服了柳叶，还将印度的文化输入扶南，包括风俗习惯、政治制度、语言文字以及宗教信仰，从而开创了混氏王朝。因此混填与柳叶的结合可以视作印度文化与扶南本土文化的融合。在跋摩王朝期间，柬埔寨经历了第二次印度化时期。跋摩王朝的开国国君旃檀就是印度贵族，而旃檀的继任者憍陈如也是一位来自印度的婆罗门，在其统治时期已将婆罗门教立为国教。

真腊时期的国王基本承袭了扶南国王的宗教政策，大都允许多种宗教并存。在王室和贵族当中流行婆罗门教，百姓中流行佛教和原始信仰。婆罗门教虽然是国家的官方宗教，但是每一位国王所信仰的教派各不相同。真腊开国之君拔婆跋摩和他的弟弟质多斯那都信仰息瓦教派，崇拜林伽，当时的碑铭多次记载了他们在山上修建和供奉息瓦林伽的经历。拔婆跋摩逝世之后，弟弟质多斯那继承了王位，质多斯那一生中大部分时光都在征战中度过，他建了许多梵文石碑，每当战争胜利、占领了一个新的地区，他都要刻石记功，记录他在扩张领土过程中修建林伽的情况。他建立林伽并把它献给“山君”（Girisa，梵文，音译为“耆利沙”，意为“山之君主”）。[①]质多斯那之子伊奢那跋摩一世即位后，最终征服了扶南，建立起统一的真腊帝国。“在其统治期间，诃里诃罗教（亦称毗湿奴教派，所崇拜的偶像是毗湿奴与湿婆的合体，中国史书称为‘天神’）逐渐占据主导地位，许多碑铭与这种宗教的活动和传播流行有关”[②]。伊奢那跋摩一世的继任者拔婆跋摩二世是湿婆教的忠实信徒。而之后的阇耶跋摩一世对诃里诃罗教更加虔诚，他的大力倡导使这种宗教在柬埔寨更加盛行。

阇耶跋摩二世是吴哥王朝的第一位国王。7世纪末爪哇夏连特拉王朝征服真腊后，阇耶跋摩作为王子被俘虏到爪哇，后作为夏连特拉王朝的封臣回柬埔寨即位。801~802年，阇耶跋摩二世宣布真腊独立，摆脱了爪哇的统治，统一了水真腊和陆真腊，并自封转轮圣王（Cakravartin，意即宇宙之王）。阇耶跋摩二世信奉湿婆，将湿婆教（亦称天王教）尊为国教。他起用婆罗门教僧侣按照婆罗门教的法则制定出一套宫廷仪式，在王宫供奉湿

① 陈显泗：《柬埔寨两千年史》，郑州：中州古籍出版社，1990年版，第181~182页。
② 陈显泗：《柬埔寨两千年史》，郑州：中州古籍出版社，1990年版，第192页。

婆的象征林伽，并大力推崇“神王合一”的信仰，宣传自己是湿婆的化身，将对婆罗门教主神的信仰与帝王崇拜紧密结合，以巩固自身的统治。“阇耶跋摩二世还任用婆罗门祭祀，在都城荔枝山上修建神庙，举行仪式供奉林伽，而崇拜林伽就是崇拜国王。此时婆罗门教获得了进一步发展”①。吴哥王朝鼎盛时期，苏利耶跋摩二世南征北战打下了广阔的疆域。这位国王信奉毗湿奴，并将毗湿奴雕像取代了庙宇中原有的湿婆雕像。“吴哥古迹所有大型建筑物中最著名的吴哥寺即由他建造，用作他个人的殡葬庙堂”②。婆罗门教此时进入了全盛时期。苏利耶跋摩二世逝世后，吴哥帝国曾一度衰落，直到阇耶跋摩七世（1181~1215年）领导国民抵御了外族的入侵，复兴并将吴哥王朝推向新的高度。他在位期间大力倡导大乘佛教，使用菩萨雕像替代了林伽和湿婆雕像，这是对婆罗门教沉重的打击。虽然之后的阇耶跋摩八世再次恢复了湿婆教的国教地位，但仅仅是短暂的恢复。

由于婆罗门教各种教派都由国王提倡和宣扬，强迫百姓接受，而且喜好修建庞大的庙宇，举行繁琐的祭祀仪式，信奉婆罗门教的国王、婆罗门和贵族高高在上，穷奢极欲，脱离了下层人民，婆罗门教毫无群众基础。1594年，吴哥王朝的首都洛韦被暹罗人攻破，随着信奉婆罗门教的王室和贵族集团逐渐衰落，湿婆神像被改造成佛陀，巴利文手稿代替了梵文碑刻，婆罗门祭祀被僧侣取而代之，小乘佛教开始在柬埔寨大规模传播，婆罗门与大乘佛教逐步失势。

在柬埔寨2000多年的历史中，婆罗门教曾长期占据主导地位，它对古代柬埔寨的政治体制和社会制度影响深远。如今，柬埔寨王室的重大庆典和祭祀活动，例如国王登基、王子剃度、王室婚葬、御耕节、政府官员任职向国王宣誓效忠等仪式都由婆罗门教祭司主持。“国王被尊为婆罗门教教主，婆罗门教祭司则被封为国师。象征王权的王冠、宝剑、掌扇、罗伞、金鞋也都由婆罗门负责保管”③。柬埔寨王宫以高棉风格的宫殿为主，金顶白墙，金黄色象征着佛教，而纯白色则象征了婆罗门教。不仅如此，婆罗门教对柬埔寨民俗习惯、语言文学和艺术建筑等方面也具有重大的影响，许多寺庙仍然存留着婆罗门教的痕迹，而婆罗门教的一些宗教法事和祭奠仍旧在民间流传。柬埔寨民间的婚礼和葬礼至今仍保留婆罗门教的传统仪式；作为婆罗门教的语言梵文曾在古代柬埔寨宫廷和贵族中使用，如今梵语词汇仍在现代柬埔寨语中广泛使用；改编自印度《罗摩衍那》的高棉文长篇叙事诗《罗摩传》即是吴哥时期文学的代表作，在柬埔寨古代文学史上也占有重要地位；柬埔寨境内各种婆罗门教风格的寺庙体现了古代柬埔寨人民的高超建筑工艺，吴哥古迹群则是婆罗门教建筑的精华；婆罗门教将湿婆尊为舞蹈之神，跳舞本身就是一种宗教活动，柬埔寨著名的仙女舞也来源于印度的宫廷舞蹈。因此，婆罗门教作为一种宗教

① 贺圣达：《东南亚文化发展史》，昆明：云南人民出版社，1996年版，第115页。

② ［新西兰］尼古拉斯·塔林主编：《剑桥东南亚史》，昆明：云南人民出版社，2003年版，第132页。

③ 李晨阳、瞿健文等编著：《列国志·柬埔寨》，北京：社会科学文献出版社，2005年版，第48页。

信仰仍然在柬埔寨社会和文化的发展中发挥着重要作用。

在泰国，婆罗门教有着非常悠久的传播史，虽然其后来发展成为了印度教，但是由于泰国人自古就已经开始接触并熟悉了婆罗门教，因此，婆罗门教已经深深渗入了泰国的文化当中。

婆罗门教传入泰国早于佛教。泰国拉玛四世王时期修建佛统府的佛塔时，出土了一只青铜浇铸的“迦楼罗”鸟，系婆罗门教信奉的大自在天王毗湿奴的坐骑，说明最迟于公元前2世纪佛教传入东南亚之时婆罗门教就已经传入了泰国境内。婆罗门教教徒带来了高于泰国本土各古老民族文明的印度文明，传授了各方面的文化知识。

素可泰王朝后，虽然上座部佛教已经在泰国确立了国教的地位，但是仍有一些有名望的重臣和文学家是婆罗门教教徒，而且素可泰国王把婆罗门教与佛教相结合，融入到统治、礼俗、文化当中，以巩固政治统治。阿瑜陀耶王朝时期佛教受到国王推崇而十分流行，但宫廷仪式仍大多保留婆罗门教仪式，国王更是在法律制度建设上吸收婆罗门教文化，而且民间的一些生活习俗也仍有婆罗门教仪式流传。①

如今，泰国的婆罗门教徒人数非常少，主要集中在泰国南部，但该教的影响很深广，如婆罗门教的宇宙观、万物起源的四大元素（火、土、水、气）说、三大主神、占星术、文学著作《罗摩衍那》等。至于宫廷中的一些王事仪式则保留了婆罗门教的仪式，如浴佛更衣仪式、春耕礼、国王登基仪式中的一些仪式。甚至民间流行的一些仪式也保留了婆罗门教的仪式，如招魂仪式、剃度礼、成年礼、新居入伙中的一些仪式，总是婆罗门祭司做主持，和尚诵经，仍体现了浓厚的婆罗门教和佛教文化相结合的氛围。②

在老挝，婆罗门教的教义与佛教有某些相近之处，也教导人们今生要多行善举，来世获得好报。婆罗门教的修行中有自我折磨的苦行，如咬舌头、绝食、窒息等，认为自我折磨的程度越高，越能获得梵天的同情，期望自己能被带到梵天身边。现在的万象市街头不时仍能看到有人在烈日下一步一跪拜，有婆罗门教的遗风，但普通市民把这种行为看作是精神不正常的表现，可见人们对婆罗门教的认识已非常模糊了。婆罗门教的很多习俗实际上仍然在现今的老挝社会存在，只是人们习惯性地误解为佛教的内容。如老挝的高升节，人们认为发射火箭升天能求雨，这带有婆罗门教的内容。同时，人们相信高升节是佛祖的生日、悟道日和涅槃日。这一天会由高僧主持仪式。老挝社会最流行的在婚礼上、灾病时、建房时等举行的拴线仪式、招魂仪式、祈愿仪式原本都是婆罗门教的仪式，但现今常由佛寺僧侣主持，俨然已成了佛教的专属仪式。受婆罗门教的影响，老挝佛教徒笃信良辰吉日，这也不是佛教的原有内容。此外，老挝佛教与婆罗门教还有很多共同点，如相信生死轮回；相信如果人的一生都始终完美，没有恶行，将可以脱离

① 戚盛中:《泰国》，北京：世界知识出版社，1996年版，第186页。
② 戚盛中:《泰国》，北京：世界知识出版社，1996年版，第186页。

生死轮回的束缚，达到涅槃境界；相信善有善报、恶有恶报的因果报应。

婆罗门教与佛教也有诸多不同之处。第一，婆罗门教相信多神，认为万物有灵，万物皆可成神，而佛教不相信有神，不相信任何超自然力量的存在，但老挝人包括佛教徒对神秘的大自然往往有恐惧和崇拜心理，这是受到婆罗门教影响的，当然也有鬼神崇拜的因素。第二，婆罗门教遵守等级森严的种姓制度，人的社会地位差别非常悬殊。佛教则宣扬众生平等，人与人之间没有等级差别。现今的老挝社会找不到种姓制度的痕迹，说明佛教对这一制度的剔除是彻底的。总体而言，老挝婆罗门教的无形文化已被佛教吸收或湮没，但有形的文化遗迹还有一处留存，那就是老挝的两处世界文化遗产之一——南部的占巴塞省瓦普石庙，庙中有个祭台状的大石头，上面凿有两个恐怖的人形凹槽，据说是婆罗门教用幼儿幼女祭祀天神的地方。婆罗门教有以牲畜或人祭祀天神的传统，而佛教反对杀生，更不会杀人，这也是两者根本的不同。婆罗门教中比较野蛮的教义没有被佛教吸收，也没有以文化习俗的形式传承下来。

早在公元初，印度南部科罗曼德耳海岸的一些国家国力强盛，海上贸易发达，在与印尼的商业交往中，把印度文化的精髓——宗教带到印尼。后来，一些印尼王侯把婆罗门教的僧侣请到印尼，专司宗教传播。还有一些印度的婆罗门教徒在印尼定居下来，与印尼人通婚，于是婆罗门教逐渐在印尼传播开来。4世纪时婆罗门教传入印尼的爪哇、苏门答腊和加里曼丹等岛屿。据史料记载，5世纪时，印尼加里曼丹东部王国古戴，以及西爪哇古国多罗磨都信奉婆罗门教。

印度教是对婆罗门教的革新，是从多神教向一神教发展过程中产生的，后又分为毗湿奴教和湿婆教等若干教派。在印尼，7世纪以后湿婆教派盛行一时。印尼的湿婆教有一个显著的特点，那就是夹杂了大乘佛教和毗湿奴教派的一些因素。例如，在832年帕塔潘的甘达苏利的碑铭上一开始就有“敬奉湿婆，献身于大乘佛教”的字句。这一特点还能从某些陵庙的建筑风格中发现，世界上最大的佛塔——婆罗浮屠佛塔以及加高陵庙、宋勃拉宛陵庙都兼有佛教和印度教的色彩。

在爪哇岛的佛教王国夏连特拉统治时期，来自印度和爪哇的移民陆续抵达巴厘岛，初步将印度教的影响带到巴厘。在巴厘岛发现最早的碑铭（882~914年）中，有的用梵语字母拼写巴厘语，还有的直接使用梵语记录当时的情况。[①] 这表明以梵语为代表的印度教文化在巴厘岛有文字记载的历史之前就在当地生根了。夏连特拉王朝衰落后，巴厘国王达尔马·乌达亚纳和东爪哇辛多克王国的公主生的儿子爱尔朗卡成为东爪哇的国王，进一步加强了巴厘与爪哇的联系。爱尔朗卡的弟弟阿纳克·翁苏首次将巴厘岛与爪哇统一，此后又经历了新柯沙里王朝的统一。1343年，爪哇印度教王国麻喏巴歇再次统一巴厘。

① Kementerian Penerangan. *Republik Indonesia*: *Propinsi Sunda Ketjil.* Jakarta: Kementerian Penerangan, 1953, hlm. 27.

至此，印度教已经在巴厘岛传播了数百年，奠定了巴厘岛浓厚的印度教传统。

16世纪前后，正当以印度教为特色的麻喏巴歇王朝的封建文化进一步发展的时候，早在7~8世纪就已经在沿海地区开始传播的伊斯兰教终止了印度教在印尼（特别是爪哇岛）的繁荣和发展，印尼进入了前所未有的伊斯兰化过程。此时，西方殖民者开始入侵东南亚，巴厘岛这块印度教的净土为越来越多的人所熟知。但是由于巴厘人对印度教的执著，为避免刺激当地人的宗教感情，殖民当局认为基督教、天主教不宜传入①。另一方面，殖民者为了阻挡印尼早期民族运动的蔓延，也千方百计让巴厘岛远离外界（主要是爪哇岛）的影响，"让巴厘社会在风俗和宗教有关的一切方面，保留独特的原貌"②。

印尼独立后，特别是苏哈托政权的日益巩固，巴厘岛作为国内外旅游者的主要目的地，在旅游业的地位越显重要。而最能吸引大量游客的还是巴厘岛独特的自然风景与印度教习俗的完美统一。因此，印尼政府也十分重视印度教在巴厘岛的传承和发展，1982年正式把印度教列入官方认可的五大宗教之一。

印尼巴厘岛的社会生活建筑在巴厘印度教之上，巴厘岛社会运转也都是以巴厘印度教为中心，巴厘岛的最大魅力就在于它独一无二的宗教文化表现。巴厘人认为，神灵不是远离自己的偶像，神在巴厘人的生活中无时不在，无处不有。这种宗教思想形成了传统习俗的根基，且深深烙在语言文学、艺术活动和日常生活之中。

在传统习俗方面，印度教广泛而深入地浸入到巴厘人社会生活的各个方面，所以巴厘人的传统习俗带有浓厚的印度教色彩。巴厘人生活的各个方面无一不与印度教有着千丝万缕的联系，从出生、成年、结婚到死亡，要进行各种宗教礼仪。当巴厘人的婴儿呱呱坠地时，他的宗教生活便开始了，种类繁多的出生仪式、代表成人的挫牙仪式、隆重的婚礼、严格的印度教火葬。印度教的宗教仪式点缀了巴厘人的一生。

在语言文学方面，梵语是大乘佛教和婆罗门教经典所用的语言，是印度教文化的外化。梵语对巴厘岛的影响巨大。巴厘语中有相当数量的梵语词汇和深受梵语影响的古爪哇语词汇。特别是近些年来，在印尼又出现梵语复现的现象，梵语词缀和词汇不断丰富巴厘岛上的语言，使词义表达更加完善确切。

巴厘人的文学创作也深受印度教影响，许多写在贝叶上的文学著作就是用古爪哇语或梵语写成的。巴厘岛的作品内容多取材于印度史诗《摩诃婆罗多》和《罗摩衍那》，其中的英雄人物成了人们的楷模，英雄们的行为方式成为人们的处世准则，因此印度教文化极大地影响了巴厘人的价值观。

在艺术方面，巴厘人的艺术仍保留最初的功能——为宗教服务。巴厘社会是艺术的

---

① 王守业、梁敏和、刘新生编著：《列国志·印度尼西亚》，北京：社会科学文献出版社，2006年版，第40页。

② Kementerian Penerangan. *Republik Indonesia*: *Propinsi Sunda Ketjil*. Jakarta: Kementerian Penerangan, 1953, hlm. 31.

海洋，舞蹈、雕刻、皮影戏是巴厘人宗教生活的重要组成部分。印度教对巴厘人当今的文化艺术、建筑风格都有很大的影响。特别值得一提的是巴厘岛的印度教神庙。巴厘岛素有“庙宇之岛”的美称。神庙建筑是巴厘岛建筑艺术的主要形式，其建筑风格与印度教有密切关系。神庙内梁柱和屋顶雕刻的符号和各种形象都具有浓厚的宗教色彩。印度教有众多祭祀仪式，而且祭祀要在专门的场所举行，为此，巴厘人修建了众多的印度教神庙，庙内有许多祭神用的庙堂，也有各式各样的神龛。巴厘印度教的神庙多种多样，功能各异。

在历法方面，巴厘岛的历法主要有两种：巴厘印度历和巴厘爪哇历，这两种历法都与印度教有密切的联系[①]。巴厘印度历和印度流行的萨迦历（Saka）基本相同，以月亮盈缺一次为一月，全年12个月，共355天（也有354或356天）。巴厘印度教的新年就是巴厘印度历的十月一日，也叫静居日。另一种是巴厘爪哇历。这种历法深受爪哇麻喏巴歇王朝的影响，全年分为30周，每周7天，共210天。许多大大小小的印度教节日是按照巴厘爪哇历来计算的，最重要的有加隆安节和库宁安节。

另外，印度教对巴厘人的影响在巴厘人的住、食、乐、医、礼等方面均有所体现。巴厘人住房极讲究方位，因为他们相信“上下位”的方位观。上位即“向东”或“朝山”是神圣的方位，下位则是“向西”或“朝海”的方位。在饮食习惯上，巴厘人不食牛肉，全家人同时吃饭但不能聚在一起，饭前要沐浴洁身。在巴厘最热门的娱乐是斗鸡。斗鸡不仅是为了赌博，更是为了祭神。巴厘人认为，患病是因为“神灵附体”，只有到神庙上供，求助于巫医，为患者举行宗教仪式才能使人康复。由于受印度教种姓制度的影响，巴厘社会存在不同的等级。不同等级的人在礼节和谈吐上有严格的区别，高低贵贱一目了然。

在马来西亚，早在公元前后，印度文化就随着印度商人远航至马来半岛，并以印度教为主要载体直接影响了马来半岛的本土文化，在伊斯兰教到来之前流行于马来半岛的宫廷和民间。公元初期，马来半岛北部的王国狼牙修就是在印度文化的影响下建立的。

15世纪，伊斯兰教在马来半岛占据主导地位，印度教逐渐没落，但印度文化的某些因子已经与伊斯兰教相融合而成为传统马来文化的重要组成部分，而伊斯兰教把已经为马来人所内化的印度文化的表达方式改变了，正如理查德·温斯泰德所说的，来自德干的传奇故事仍然把梵天作为至高无上之神，但是大部分含有安拉的启示。[②]19世纪末20世纪初，大批印度人从印度南部移民到马来半岛，随之而来的宗教信仰——印度教再次登陆马来半岛。第二次世界大战后，在马来西亚的印度人中兴起了一场印度教复兴运动，并催生了一系列的印度教组织和机构。

---

① Koentjaraningrat. *Manusia dan Kebudayaan di Indonesi.* Jakarta：Penerbit Djambatan，1983，hlm. 293~294.

② ［英］理查德·温斯泰德：《马来亚史》，北京：商务印书馆，1974年版，第92页。

在马来西亚，大约有89%的印度人信仰印度教。马来西亚的印度教信仰具有明显的地域性特征。马来西亚的印度人主要来自印度南部，信仰湿婆教。而小部分从印度北部移民至此的印度人以及来自斯里兰卡的印度教徒则忠诚于他们的保护神毗湿奴。信仰不同派别的印度教徒会在不同的寺庙里供奉他们的神灵。

总体来说，印度教在马来西亚被同化的程度很小，各流派之间仍然有很大的共同点，基本的教义相似。印度教是其民族团结的重要纽带。

二、儒教在东南亚的传播及其对社会、文化的影响

作为中国传统文化的儒学，在传播到越南等东南亚各国后被称为儒教，又称孔教。儒教以中国的孔子为先师，以"十三经"为宗教经典，以古代官僚机构为宗教组织，以孔庙为宗教场所，以祭天、祭祖为宗教仪式，倡导修齐治平、忠恕、仁爱、孝悌、和谐、诚信。儒教信仰主要以越南为主，其次儒教在马来西亚等国的华人中流行。

儒教是在越南作为中国郡县的时期传入越南的。秦始皇统一中原后，在今越南北中部设置象郡，大批中原人向南移民，"与越杂处"，拉开了儒学传入今越南地区的序幕。公元前207年，南海郡尉赵佗乘秦末之乱，兼并桂林、象郡，建立了以番禺为中心的南越国，将原象郡改为交趾、九真二郡。身为中原人的赵佗，在南越国大力推广中原先进的生产技术和文化。越南古史学家黎嵩也指出：赵佗"武功慑乎蚕丛，文教振乎象郡，以诗书而化训国俗，以仁义而固结人心，教民耕种，国富兵强"①。这说明公元前2世纪，中国儒学已经开始传入交趾地区。

公元前111年，汉武帝平南越，在今越南北中部建交趾、九真、日南三郡，从此交趾地区直属中国中央王朝管辖。其时汉朝已"罢黜百家，独尊儒术"，以儒学为中心的汉文化，在马援、锡光、任延、士燮等汉朝官吏的推行下，随着中原与交趾地区交流的增加和汉字的输入而进一步传播。其中，汉朝官吏对于儒教南传功不可没。《安南志略》记载："赵佗王南越，稍以诗礼化其民。西汉末，锡光治交趾，任延治九真，建立学校，遵仁依义。"②《后汉书》说："光武中兴，锡光为交趾，任延守九真。于是教其耕稼，制为冠履；初设媒聘，始和姻娶；建立学校，导之礼义。"③ 对于士燮，越南史学家吴士连评价道："我国通诗书，习礼乐，为文献之邦，自士王始，其功德岂特施于当时，而有以远及于后代，岂不盛矣哉！"④

越南建立独立封建国家后推崇佛教，佛教僧侣受到朝廷重用，儒教的地位受到抑制。11世纪后，出于巩固中央集权的需要，儒教的地位日益提高。越南封建统治者采取一系

① 吴士连等纂修：《大越史记全书·卷首》，陈荆和校本，日本东京大学东洋文化研究社，昭和五十九年印行。

② ［越］黎崱著，武尚清点校：《安南志略·卷十四》。

③ 吴士连等纂修：《大越史记全书·卷首》，陈荆和校本，日本东京大学东洋文化研究社，昭和五十九年印行。

④ 《大越史记全书·外纪》卷三，士纪。

列举措推行儒教，推行“儒释道并尊”的政策，主要表现在：(1)建文庙、国子监，塑孔子及周公像以祭祀；[①](2)诏天下儒士诣国子院，讲“四书”、“六经”，并在各州、县建立学校，实行科举制；[②](3)儒士开始在朝廷中任要职，如被公认为“越儒第一人”的朱文安就曾于陈明宗至陈裕宗时期任国子监司业、祭酒，儒士阶层日渐崛起。这些都表明，李陈时期儒教已显现出其蓬勃发展的趋势，尤其是到了陈朝后期，儒教的优势地位已逐渐显露。

胡朝实行了限佛尊儒的政策，胡季犛是越南历史上第一个完全按照儒家思想治国的封建君主。他征召僧人当兵，勒令不合格的僧人还俗；同时扩大儒学教育，重新制定科举规范。他以自己的观点解释儒家经典，体现了其试图批判地吸收和发展儒教的倾向。他还将儒家经典译成喃字，对儒教的民族化和传播做出了贡献。

15世纪的越南社会经历了巨大转变。一方面，明朝对越南的直接统治和同化政策使得越南社会深受中国儒家文明的浸润；另一方面，恢复独立、重建和平之后的越南，亟须建立一个统一的、中央集权式的封建专制国家。受这两方面的影响，后黎朝初期越南封建的政治、思想发生了深刻变化，政治体制从之前的贵族君主制转向了官僚君主制，封建统治制度高度发展。以之相应，儒家思想取代了李陈时期崇佛和三教并尊的思想，在越南社会中占据了正统性和支配性地位，越南封建社会从此进入了崇儒重道、独尊儒学的时期。为了建立集中、高效、统一的中央集权制度，维持稳定、太平的社会秩序，黎初的各代皇帝借鉴了中国封建统治者的治国经验，以儒家学说作为本国立国治民的指导思想和制定各种典章制度的理论依据，宋明理学——将封建社会的伦理纲常提高到哲学本体论来认识的儒学思想体系——受到黎朝统治者的欢迎，并被提升为国家正统的意识形态，儒教被尊为国教。

黎初儒教兴盛表现为：第一，大力发展儒学教育和考试制度，形成了官学—私学并重的封建教育体系和规范完善的科举制度，以此培养、选拔人才，培养官吏。官学有国家直接管理的国子监，以及地方政府(府、县)管理的学校；乡、村则私学普及，由儒生办学并教授。在科举方面，明确规定了考试的目的、方法、内容和要求。1434年，黎太宗定取士科，[③]1462年，黎圣宗定保结乡试例，即应试者需身体力行践行儒家的伦理道德：

---

① 越南史书《大越史记全书》记载：庚戌神武二年(1070年)秋八月，修文庙，塑孔子、周公及四配像，画七十二贤像，四时享祀，皇太子临学焉。癸丑三年(1253年)夏六月，立国学院，塑孔子、周公、亚圣，画七十二贤像奉事。

② 《大越史记全书》记载：乙卯四年(1075年)春二月，诏选明经博学及试儒学三场，黎文盛中选，进侍帝学。丙辰五年(1076年)选文职官员识字者入国子监。秋八月，立讲武堂。九月，诏天下儒士诣国子院，讲四书六经。丁丑十年(1397年)五月，诏曰：古者国有学、党有序，遂有庠，所以明教化、敦风俗也。朕意甚慕焉。今国都之制已备，而州、县尚缺，其何以广化民之道哉？应令山南、京北、海东诸路府各置一学官，赐官田有差，大府州十五亩，中府州十二亩，小府州十亩，以供本学之用。……路官督学官教训生徒，使成才艺，每岁季则选秀者供于朝，朕将亲试而择之焉。

③ 诏曰：“得人之效，取士为先，取士之方，科目为首。我国家自经兵燹，英才秋叶，俊士晨星。太祖立国之初，首兴学校，祠孔子以太牢，其崇重至矣。而草昧云始，科目未置。朕纂承先志，思得贤才之士，以副侧席之求。令定为试场科目，期以绍平五年，各道乡试，六年会试都省堂。自此以后，三年一大比，率以为常，中选者并赐进士出身。所有试场科目，具列于后：第一场，经义一道，四书各一道，并限三百字以上；第二场，制、诏、表；第三场，诗赋；第四场，策一道，一千字以上。试吏员、考暗写，一等补国子监，二等补生徒及文属。”参见《大越史记全书·本纪实录》，卷二，黎纪，太宗。

"听本管官及本社社长保结其人实有德行者，方许上述应试。其不孝、不睦、不义、乱伦及教唆之类，虽有学问词章，不许入试。"[①]为了提高儒士阶层的名望和地位，黎圣宗于1442年命制文题名竖碑，1472年定进士资格例，规定：第一甲第一名正六品八资、第二名从六品七资、第三名正七品六资，并赐进士及第。第二甲从七品五资，赐进士出身。第三甲正八品四资，赐同进士出身，入翰林院加一级，除监察御史、知县，以本品除。[②]据统计，黎圣宗在位38年，开科12次，取士511人，两项超过了李朝、陈朝开科取士数目的总和。[③]

第二，经济、政治、文化等皆以儒教为中心。经济上，大力发扬儒教重农传统，如黎圣宗于1437年率群臣亲耕籍田，黎嘉宗令亲民之官，劝课农桑。政治上，以"三纲五常"等儒教伦理规范社会等级秩序，黎圣宗参照隋唐律例颁布《洪德法典》，制定《二十四训条》，黎玄宗颁布教化四十七条，通过对君臣、父子、兄弟、夫妻、朋友、师徒、乡党、男女等各方面关系的规定以厚风俗，进而达到治国平天下的目的。文化上，经学、史学繁荣，黎朝大量输入、翻刻儒教经典如"四书"、"五经"等；出现了不少贯彻儒家思想的越南史书如《舆地志》以及吴士连撰修的《大越史记全书》等；儒士还大量参与文学创作及儒学研究，著书立说者众多，出现了大批名儒如阮秉谦、潘孚先、吴士连、黎贵惇等。

第三，孔子作为儒学祖师被推到了极高的位置，祀孔礼仪更加完备和隆重。黎朝开国之初黎太宗便以太牢之礼祭祀孔子，遂成故事；黎圣宗时期则大修文庙，建文庙大成殿、东西庑及更服殿、书板库、祭器库、明伦东西堂等；黎显宗时，文庙改用衮冕之服，以示崇重，越南自此开始以王者服尊孔子。除京都外，地方也普遍建有文庙。

由此可见，后黎朝初期，儒教的发展在越南已达到极盛。此后，黎朝后期、西山王朝以及阮朝各代统治者均以儒家思想立国，继续崇儒重道，独尊儒学。特别是到了依靠法国殖民势力起家的阮朝，建立后为了恢复官僚集权制，巩固王朝的统治和国家大一统局面，统治者对儒教的推崇较后黎朝有过之而无不及。主要表现在：(1)儒学教育渗透到府、县一级，府级学校设教授、县级设训导、省或道设督学。(2)除京都外，各省立文庙，各府、县(乃至乡)立祭孔祠和祭孔坛。祭孔之风盛行，祭孔仪式甚为隆重，尤其是朝野上下狂热拜孔。《大南实录》记载："嘉隆七年七月，文庙成。丙戌，安先师神位。命礼部奉神像，择庙中净地藏之。四配、十哲、先贤、先儒，次列牌位，祀于左右及东西两庑。制祀器，定乐章，文物焕然一新矣"，"明命三年二月丁酉，文庙春祭，帝亲诣行礼。"[④](3)各村社成立了由儒士组成的咨文会，负责劝学、科举、卫道以及祭祀圣贤之

---

① 《大越史记全书·本纪实录》，卷二，黎纪，圣宗(上)。
② 《大越史记全书·本纪实录》，卷二，黎纪，圣宗(上)。
③ 梁志明:《论越南儒教的源流、特征和影响》，载《北京大学学报(哲学社会科学版)》1995年第1期。
④ 张登桂等纂修:《大南实录正编(第一纪)·世祖实录》卷三十六、《大南实录正编(第二纪)·圣祖实录》卷十三，越南汉喃研究院藏，书号AE. 09/27。

事。这样，儒家思想不仅随着阮朝疆域的扩张而遍布越南全境，而且进一步渗透到越南民间村社，成为越南民间文化的重要内容。

儒教作为越南封建社会的思想支柱，是伴随着封建制度的发展而发展的，随着法国殖民主义的入侵和阮朝的灭亡，它也不可避免地走向衰落。1918年，越南废除汉字教学和科举制度，汉语被国语和法语取代，儒教也日渐式微。但是儒家的思想体系并未消亡，它已经成为越南文化传统的重要组成部分，并通过各种形式，存在并影响越南人的现世生活。

如今，越南仍然供奉孔子，位于河内的文庙就是越南尊孔崇儒的象征。每年高考前，前来祭拜孔子的考生和考生家长络绎不绝。此外，越南北、中、南部各地如谅山、顺化、胡志明市等都建有文庙，很多民间祠庙如关帝庙、海神娘娘庙等也供奉孔子。另外，很多地方还建有专门供奉越南历代大儒的祠庙，如阮秉谦祠等。

作为一种信仰和哲学思想，儒教对越南社会和文化产生了巨大而深远的影响，成为越南传统文化的渊源和重要组成部分。诚如越南著名学者潘玉所言："越南文化，不管是文学、政治、风俗、礼仪、艺术、信仰，没有哪一点是不带儒教印记的；也没有哪一个越南人，不管其怎样反对儒教，都不可能不受到儒教的影响。"[①]可见儒教在越南影响之深之广。

首先，在政治方面，儒教作为一种治国学说，适应了越南封建时期国家组织和管理的需要。因此在独立建国后，越南封建统治者有意识地选择了儒教。尤其是后黎朝和阮朝，皆效仿中国建立了以儒家思想为指导的政治制度和法律体系。这种封建政治体制有助于增强一个以村社为基础的农业国家的凝聚力，对于越南封建社会的发展与稳定起到了重要作用。[②]

其次，儒教构成了越南传统文化的重要部分。儒家所倡导的关于社会、家庭和自身的伦理道德本位，以及以天下、国家为己任的经世之志，对越南民族理想人格、思维方式、价值倾向和社会心理的塑造，对民族意识和爱国意识的弘扬产生了不可低估的影响。不仅如此，儒教还深刻影响了越南民间文化，其中包括越南人最重要的信仰——祖先崇拜。儒家思想将原始形式的祖先崇拜系统化、礼仪化和体制化，为越南祖先崇拜的保存和延续提供了深刻的思想、道德、哲学及法理基础，并使祖先崇拜受到了历代封建王朝的保护。越南学者邓严万认为，正是儒家思想给当地祖先崇拜的观念以哲理、组织、仪式以及深刻的信念。越南人的城隍信仰以及供奉城隍的村亭的产生也与儒家思想在越南社会主导地位的确立息息相关。

再次，儒教推动了越南教育以及文学、史学、哲学等学科的发展。儒教历来重视教育，

① Phan Ngọc. *Bản sắc văn hóa Việt Nam*. Nxb Văn hóa Thông tin, năm 2004, tr. 207~213.

② 梁志明：《论越南儒教的源流、特征和影响》，载《北京大学学报（哲学社会科学版）》1995年第1期。

越南很早就形成了从中央到地方的教育体系以及科举取士制度，培养了大批人才和以儒生为主体的知识分子队伍，儒士在民间特别受到尊敬，尊重知识、尊师重道的传统一直保存至今。儒教的载体汉字使得越南大量以汉字撰写的历史、哲学和文学著作无不带上儒学的印记；而儒教的崇经重史传统则为越南成为“文献之邦”做出了重要贡献，这在东南亚其他国家也是鲜有的。

在马来西亚，信奉儒教的主要是华人。儒教主张入世，且为中华文化的核心和基础，这使得儒教成为远离家乡的华人在异地安身立命的指导原则和精神寄托。在马来西亚，孔子已经被神化了，儒学也被引申为教义。建立私塾、书院和华人学校是传播儒教的主要手段，目前，华人学校已经遍布马来西亚各地。尽管现在马来西亚信奉儒教的人数并不多，但以儒学为核心的中华文化得到了比较完好的保留和传承。

综上所述，东南亚地区除佛教、伊斯兰教和基督教等主流宗教盛行外，还有古老的婆罗门教在泰国、老挝和柬埔寨等国的不同时期流行，印度教在印度尼西亚和马来西亚等国的部分地区流行。特别值得一提的是儒教在越南的传播和发展，这是越南文化发展史浓墨重彩的篇章。作为一种信仰和哲学思想，儒教对越南社会、文化、伦理道德以及文学艺术等方面均产生了巨大而深远的影响。

第四章　东南亚民间信仰

民间信仰与人类社会一样，经历了一个由低级向高级、由简单到复杂的发展过程。在原始氏族社会阶段，各个氏族都有许多神灵信仰和崇拜。这些神灵信仰经过了由物到灵再到神的发展过程，最后趋于组织化、系统化，从而达到一定程度上的完善。

东南亚民间信仰是一些以原始神灵崇拜为主体的民间信仰文化，如自然神信仰、鬼神信仰、祖先崇拜以及作为其表现形式的各种巫术、占卜、祭祀、征兆、禁忌等等。这些民间信仰不同于宗教那样有着固定的教义、教规和组织，而更多体现的是一种原始的、自发性的特点。

第一节　东南亚自然神信仰

自然神信仰就是把自然界的某一事物或某种现象崇拜为神的信仰。它是远古时期人们对复杂的自然界缺乏认识而产生的一种崇拜现象。原始社会阶段，生产力发展水平低下，农业生产停留在刀耕火种阶段，人们对影响生产、生活的各种自然力量无法解释，无能为力，从而产生了对自然界的敬畏感。人们畏惧自然，对自然现象加以神化，产生了万物有灵和灵魂不灭观念。

在缅甸，人们认为人世间的万事万物无不受神灵的支配。缅语称神灵为“nat”。缅甸人认为神灵有善恶之分，善神能保佑人们幸福安康，恶神只会给人带来灾难。

20世纪70年代末，考古学家在掸邦西部发现了原始人居住的洞穴——帕达林洞。洞中出土了大量的石器，发现了多幅洞壁岩画。画中有龙蛇、野象、野牛、鹿、鱼、太阳等图案。这些图案不但再现了旧石器时代原始人生产生活的场景，也反映了人们崇拜自然的一面。进入阶级社会后，缅甸境内的居民加强了对自然物的崇拜，逐渐产生了一系列的自然神，如太阳神、月亮神、宇宙神、土地神、风神、雨神、水神、火神、树神等等。在对骠人城邦毗湿奴城、室利差呾罗城、汉林城的多次考古挖掘中，发掘出了大批带有日月、星辰、龙蛇、水纹、鱼等图案的器皿和银币，从一个侧面揭示了缅甸古代民族的原始信仰。

如今，缅甸纯粹的神灵信仰者大约有100万人。信众中克钦族、那加族、钦族等边远山区少数民族占了绝大部分。他们主要信奉自然神。虽然自然神的信仰在各个民族中或多或少地存在过，但在主体信仰单一宗教如佛教、基督教的民族中相对要少许多，而在信仰非系统性宗教的民族中则要多些。由神灵信仰而导致的祭祀活动在各地、各民族间也不尽相同。农业祭祀和社神祭祀各地均有。祭神活动形式上分为家中祭祀、野外祭祀，单独祭祀、集体祭祀等等。

由自然神信仰而衍生出的灵魂信仰在缅甸社会中也十分盛行。全缅各地都有神汉、巫婆。他们宣称能呼神唤鬼，使神息怒，保人健康。人们每每向其献上供礼后，神棍们就跳神舞、唱神歌，尽可能地虚张声势。各地的敬神仪式一般都有请神、供神、求神、神灵附体、驱魔及送神的程序。在缅北、缅西北地区，神汉巫婆们还要搭牌楼、彩棚，用糯米、鸡、鱼、香蕉、椰子等敬奉神灵。伊洛瓦底江流域的居民还在船上敬神，以求河神保佑。

在泰国，人们由于生存需要而产生的对自然环境和自然界力量的依赖，造就了丰富的自然神信仰文化。在泰国人的传统观念中，自然界中的一切都由神灵掌管，神都是自然的化身，如日月星辰、山、水、土、火、树木、水稻等兼有神灵，它们掌控自然的一切和人类的祸福。但是神灵的表现形式或者说神灵的形象千差万别，有的自然物本身可能就是神，如一棵参天古树、一座高山；有的被人们赋予动物或人类的形象，如水神、土地神；还有的也许只有灵魂的存在，如泰国人相信水稻是有灵魂的。在这些神灵中，由于水和土地对泰国人的生产、生活具有巨大价值，于是在泰国的民间信仰中对水和土地神灵的信仰就显得尤为普遍。

水对人类生存和生活的重要性是不言而喻的，对泰国人来说水在泰国人生活中的作用则显得尤为明显和突出。泰国地处热带，雨水充沛，国内河流众多，水系发达，人们傍水而居，择河而行。水关系着泰国人的生生息息，可以说泰国人对水的依赖性超过任何其他东西。但水并不总是能尽如人意，水多成涝、水少成旱等灾害现象时有发生。由于人类无力抵抗，所以泰国人相信水中特别是水的主要载体——河流中一定有神灵的存在，并且是这些神灵在支配着水和人类的一切。

起初，泰国人认为水中的神灵只是一种超越人类的神奇的力量，但是随着时间的推移，水神的形象也越发具体与丰富，既有动物形象，也有人的形象，例如水怪、河妖、河神等等。例如泰国人普遍相信蛇神是水中的神灵，蛇神不同于普通的蛇，它比普通的蛇要大得多，且“十分强壮，能够毁坏房屋，不吃人，但是当人们看到蛇神的时候往往会受惊吓而死，因为人们的灵魂害怕蛇神，所以当看到蛇神的时候，人们的80个魂魄将会离开身体，永不复返，哪怕你让巫师来招魂，巫师也不能够驱赶蛇神和招回全部的魂魄”①。与古代中国人相信水中有龙王相似，泰国人受印度文化的影响也塑造出了一种半神半蛇，有一个头或多个头，类似于蛇神但比蛇神还要大得多的水神形象——那伽，在

① ประคอง นิมมานเหมินท์. *สายน้ำกับความเชื่อและวรรณกรรมไทย-ไท.* วารสารไทยศึกษา. ปีที่ ๑ ฉบับที่ ๑ กุมภาพันธ์-กรกฎาคม ๒๕๔๘ กรุงเทพฯ : สถาบันไทยศึกษาจุฬาลงกรณ์มหาวิทยาลัย. หน้า ๒๖.

梵语里被翻译过来就是“龙”的意思。泰国人相信那伽不仅主宰着河流，而且还掌控着降水。

所以，对水神的崇拜使得泰国人把生活的希望寄托于水神的恩赐上，举行各种祭拜神灵的仪式来祈求水神的保佑。直到今天，泰国人仍然保留一些跟拜祭水神有关的仪式，例如在泰国北部当河流干涸的时候，民众就要举行仪式拜祭河神以祈求河水源源不断；新年第一天、农田引水灌溉之前、下河抓鱼之前等都要举行或繁或简的仪式以祈求水神消灾赐福、保佑平安。另外还有春耕节、谷魂节、田魂节等，也是为了祈求水神保佑风调雨顺、庄稼丰收。无论是水神，还是河神，都体现了泰国人对水的敬仰。

除了水以外，土地也是泰国人民赖以生存的自然之物。土地生长草木五谷，养育了人类；土地包容万物，使得人类得以安居乐业。泰国古代对土地的崇拜跟对水的崇拜一样具有同等重要的地位。

地神崇拜来自泰国人民生产生活与土地的密切关系。为了土地上的作物能够获得丰收，为了住在土地之上的家人能够平安幸福，人们往往寄希望于土地上的神灵保佑。对于地神的由来，在泰国民间有一个古老的传说。据说从前有位叫“陶素拉”的国王，他统治着帕里城。他命令他的九个儿子去守护各地，如寓所、城门、堡垒、牲畜圈、粮仓、新房、田野、山林、菜园、江河、湖泊等。上述各处的守护神就是泰国人自古以来信仰的土地神。①

现在，地神信仰习俗在泰国随处可见，最为明显的就体现在泰国房屋前面的土地神龛上。在泰国无论是乡村茅屋还是都市的大厦，无论是家庭住宅还是酒店餐馆、政府大楼等，其周围或庭院之内都立有土地神龛，甚至在田野、山脚、路边等地方也会时常看到土地神龛的存在。

土地神龛形状如泰国的佛殿建筑，材料有木制的，也可以用水泥制成，多立于一根高约1.5米的柱子上，也有大如亭阁，建立在地上的。土地神龛虽小但装饰得金碧辉煌，外围放置有大象偶或是小人偶等，平常以鲜花供奉，稍微大一点的神龛前面还放有供台、法器和供品。最初泰人信仰的土地神是一只称为“嘟蚧”的类似壁虎的爬虫。泰国气候湿热，蚊虫滋生，故以蚊虫为食的嘟蚧随处可见，家家户户的门窗墙壁上皆可以见到这种爬行动物。泰人视其为神，恭敬有加，不敢伤害。但是现在泰国人对土地神龛内供奉的土地神并不统一，有的人把泰国的四面佛供于其内，有的人供奉自己信仰的神，有的人把泰国拉玛五世王供于其内，甚至有的人根本什么都没有放进去。但无论供奉的是什么，人们都相信，立土地神龛，供奉土地神能够阻止鬼怪进宅，给家庭带来平安。于是，房屋的主人每天出门和回家时，都要双手合十向土地神拜敬一下，其他人经过土地神龛时

① 戚盛中:《泰国》，北京：世界知识出版社，1996年版，第156页。

也都会拜敬一下，以求土地神保佑一切平安、顺利。如果有亲戚朋友在谁家借宿，也要先拜他家的土地神，否则睡觉不安稳。

对土地神的信仰使得泰国人盖新房的时候都要立神龛。立神龛要请星相家或专职人员来主持专门的仪式，时间、地点、程序、物品都十分讲究。特别是在神龛的选址上，要求神龛一般立在围墙边，不能立在住宅的阴影处，神龛的影子也不允许遮掩住宅；神像不能面向住宅大门，神龛门的方向一般选择东面、东北或东南面。

与房屋建筑前的土地神龛相似，曼谷的国柱和泰国其他各府立的城柱以及在此基础之上建造的国柱寺(城柱寺)，甚至在村寨入口处或中心处立的村寨柱，也都是泰国人对土地神崇拜的体现。以国柱为例，“国柱用乔木属的阿勃勒树主干做成，柱顶中间掏空以安放国都星占图(命运图)。安置国柱的庙宇是屋顶覆盖琉璃瓦的木结构庙。立国柱的目的是恭请土地保护神附驻于国柱上，保佑该地百姓免遭灾害、凶神恶煞的侵害”[①]。立柱后，表示已获神的保佑，全国居民才能平安地生活。曼谷玉佛寺附近的国柱寺于1782年曼谷王朝在曼谷建都时建造而成，现在这里终年香烟缭绕，膜拜、祈祷的人络绎不绝。每逢重大节日，国王还亲临祭祀。

在老挝，自然神种类繁多，几乎所有自然物都被赋予神的形象，在日常生活中最为人们所熟悉的主要是与水、土地等有关的自然神灵。

与水有关的神有雨神和河神。雨神的形象比较抽象，人们只是相信有一个操纵降雨的神存在，但没有如雕像、图画之类可瞻仰、供奉的形象。在民间传说里，人间生灵在与雨神的斗争中取得了最后的胜利，因而雨神成了不必为人们所敬畏的少数神之一。传说古时候，雨神因嫉恨蟾蜍王的声望而大发淫威，多年不给人间降雨，造成生灵涂炭。在蟾蜍王的领导下，经过多次激烈的战斗，动物最终战胜了雨神。雨神不得不同意每年按时节要求降雨，但动物们在需要雨水时要向天空发射火箭告知雨神。虽然这个故事没有人类，但发射火箭求雨的仪式由人类继承了下来，这就是老挝高升节的由来。虽然雨神的地位并不崇高，甚至沦为人类可命令的神，但人类需要雨毕竟仍有求于雨神，高升节火箭求雨仪式仍是一种对自然神崇拜的表现。

河神的代表形象是那迦，是一种亦蛇亦龙的神，一般被认为是老挝人心目中的龙的形象。这个形象比较鲜明，深入人心，在老挝大大小小的寺庙中都有那迦的形象，寺庙屋檐、楼梯两侧一般都有那迦的雕像，墙壁上也能见到那迦的画像。人们相信崇拜那迦能带来风调雨顺、五谷丰登。20世纪60年代，美军在老挝湄公河流域抓到了一条长达10余米的怪物，并公布了十几名士兵抱着该怪物的照片。老挝人认为那就是他们的龙——那迦，这一事件非但没有损伤老挝人对那迦无所不能的崇敬感，而且更加相信保佑他们

① 吴圣杨:《地神信仰与泰国的国王崇拜》，载《东南亚研究》2006年第1期，第85页。

平安的龙就生活在他们这块土地上。每年八月份的一天（据称每年仅有一天）晚上在老挝中部湄公河一段会从水底释放出奇特的光，如从水底射出的火箭，让人叹为观止。老挝人认为是水中的那迦在活动，这就给那迦平添了一层神秘色彩，强化了老挝人对那迦的膜拜之情。

土地保护神没有鲜明的形象，该神是人转世后受佛祖指派而成的神，因而在老挝人意识里可能不太神秘，人们在供奉土地神时只需在房前屋后、田间地头或村寨路口摆放食物、鲜花等，祈求土地神保佑免受天灾虫祸。

在柬埔寨，“山崇拜”是古代柬埔寨人崇拜自然的主要形式。扶南是柬埔寨历史上的早期国家，国名“扶南”（Funan）一词即源自柬埔寨语“山”之意（古吉蔑语Bnam，今高棉语Phnom）。柬埔寨人非常崇拜高山，山（山顶或山脚）都是古代柬埔寨人拜神的地方。所有拜祭鬼神的建筑都建在高山上，表示神圣崇高。这种传统使很多国王都为自己加上“山岭之王”或“山帝”的尊号。“扶南时期，在都城内，哪怕是用土堆，也要建成一座山，建筑神祠，供人膜拜”①。国名反映了柬埔寨人的原始信仰，即对山神的崇拜。反过来，这种对山崇拜的观念，又强烈地影响到后来扶南人的意识。“这种情况在许多方面都明显地表现出来。比如为了使山之王与上天息息相通，他们总要把自己的宫殿建在最高处的山上”②。

柬埔寨首都金边的来历也反映出柬埔寨人的“山崇拜”文化。相传在柬埔寨四面河畔住着一位名叫“奔”的大娘，一天下起了大雨，河水暴涨，河水退掉之后，奔大娘来到岸边发现了一条基枝树树干。奔大娘找人将基枝树打捞起来，在树干里发现了四尊佛像和一尊神像。奔大娘号召乡亲们挑土在她家的西边堆起了一座小山，在山上修建了寺庙，将四尊佛像毕恭毕敬地供奉在庙中；又在东边的山脚下摆上了神龛将神像置于其中。人们对神佛的虔诚祈祷总能够如愿，极为灵验，因此历经600多年香火不断。供奉佛像的寺庙“奔大娘山庙”现在称作“塔仔山”。塔仔山是柬埔寨人民拜神的圣地，也是著名的旅游景点。而金边即是“奔婆婆山”的缩写。古代柬埔寨人还相信自然界存在各种精灵，认为遭受自然灾害或者有人患病就是对精灵亵渎的报应。

在越南人的多神信仰体系中，自然神占有相当的比重。首先是天神，越南人供奉的天神有时间神、天母神和日月星辰等。民间传统观念认为，每年都有一位时间神下凡看管尘世的生活，这些神共有12位，对应12地支，名为“当年行遣”③。他们每年轮流下界，负责执行玉皇大帝的命令，并向玉皇大帝汇报人间发生的事情，主宰一年中人间（家庭、村社、国家）的祸福。每位当年行遣神都各有一位判官协助他们的工作，负责记录世人

① 陈显泗：《柬埔寨两千年史》，郑州：中州古籍出版社，1990年版，第25页。
② 陈显泗：《柬埔寨两千年史》，郑州：中州古籍出版社，1990年版，第41页。
③ 按12地支即子、丑、寅、卯、辰、巳、午、未、申、酉、戌、亥的顺序对应的当年行遣神分别是周王、赵王、魏王、郑王、楚王、吴王、秦王、宋王、齐王、鲁王、越王和刘王行遣。

的功过。这些天神交接的时间与灶神上天和下凡的时间重合，即每年阴历腊月二十三和三十。因东南亚“重阴性”的文化特点，除时间神外，许多家庭常在院子的一角设露天供桌，祭祀天母神，即九重母神或九天玄女。越南人还认为，星辰会对人的命数产生影响，因而在特定的场合人们也祭祀不同的星辰，一般于年初或每月在寺庙或家中举行祭星（解星）仪式，祭祀的对象包括太阳星、太阴星、木德星、土秀星、太白星等等，通过“祭星”来化解星辰在新年里对自己的不利影响。

其次是地神。与天母神相对的是地母神。天母、地母与水母共同构成了母道教的“三府”。除地母神外，越南人还供奉土公神，它虽然是一个三位一体的人神体系，[①]其任务是看管家宅，定家庭的祸福，驱鬼避邪，并向玉皇客观呈诉人世间所发生的事（其功能相当于“灶神”），但在越南人观念中它仍是土地神的一种——地有土公，河有河伯。在许多地方，人们还在家中专门供奉土地神，它是一位有着老者形象的神灵：圆圆的肚子，面目和蔼，笑口常开。在越南南方，人们将土地神的供桌置于地上，或将其等同于财神，或与财神供在一起。

再次是云、雨、雷、电等自然现象。这些自然现象对于农耕而言具有重要意义，因而也同天、地一样被拟人化为女神加以崇拜。佛教传入越南后，这些女神穿上了佛教的外衣，被塑造成“四法”，即云法、雨法、雷法、电法，自李朝时期就得到了上、下层文化的尊崇。

最后是动植物。越南人有“一鸟、二蛇、三鱼、四象”的说法。越南民族起源传说《鸿庞氏传》中的“鸿庞”即“大鸟”，体现了农耕文明对鸟的崇拜。此外，越南人还崇拜五虎神，在越南家庭中常贴有五虎神（或白虎神）的民间画，即根据阴阳五行的颜色和方位绘出的五只虎：中间为黄色虎，四周分别为白虎、黑虎、赤虎和青虎。民间认为虎是神圣的生灵，它是万物之王，是力量的象征，能够驱赶妖魔鬼怪，保护人类的躯体和灵魂。越南沿海地区的居民还供奉鲸鱼、海龟等为海神。在植物崇拜方面，越南人认为大树、古树能成精，信奉稻神、树精（神）——“榕树神，木棉鬼”（越南俗语），体现了其朴素的万物有灵的思想。

在印尼，人们相信精灵喜欢驻身于石头、花木、岔路口、坟墓以及动物体内，比如古老的榕树中就有精灵，在树下许愿会得到它们的帮助。托拉查族在收获稻谷时，不敢大声说话，害怕吓走了稻谷的精灵，造成歉收。在他们看来，人的精灵便是灵魂，当人熟睡时灵魂会外出漫游，人的死亡即是灵魂的永恒离走。正所谓“人所归为鬼”，巴达克族民谣唱出了他们观念中人死后的情景：“灵魂变精灵／头发变叶梗／肉体变泥土／骨骼变砾石／鲜血变流水／呼吸变风吹。”[②]

---

① 范郎为“土公”，掌管一切厨房之事；重高为“土地”，掌管一切家庭之事；氏儿是“土祇”，掌管集市和菜园之事。

② ［荷］费什尔：《印尼文化人类学引论》（印尼文本），阿纳斯·马克罗夫译，雅加达：建设出版社，1957年版，第154页。

人死了，据说灵魂犹存，它会转移到别处。印尼布鲁族人认为，如果在坟地上撞着一只萤火虫，那萤火虫就是死者灵魂的寄托之处。爪哇族、达雅克族和望加锡的一些民族认为，家蛇身上有死者的灵魂。尼亚斯族则认为，死去的不育的妇女，她的灵魂总是转移到老鼠的身上。在印尼的一些部族中，人们把尸首埋葬后，还在坟墓旁造一个小屋，供死者的灵魂安居。印尼人还相信人的灵魂能附在人的名字、用过的东西或他的头发、指甲等上面[①]。

应该指出的是，精灵崇拜的具体内容和形式纷繁复杂，有的精灵形象在不同部族中的含义相去甚远。这一点应当主要归因于印尼的特殊地理条件，众多的岛屿、茂密的山林、星罗棋布的湖泽在相当程度上阻碍了部族之间的交融，使得今天印尼的部族达300多个，而且在信仰上各具特色。尽管如此，印尼先民的精灵崇拜仍有许多共同之处，例如精灵“被认为存在于神与人之间的超自然体，地位低于神而高于人，一般都不会死，且神通广大；有善良的也有邪恶的，善者可助益人类，恶者则会危害人类”[②]。也有人把精灵看作“鬼怪”。虽然神的地位高于精灵，然而印尼人对精灵的敬畏心理却都并不逊于对神的崇拜。显然这是人们认为精灵比神更接近人类日常生活的缘故。这种精灵崇拜的思想存在于信奉不同宗教的印尼人生活中，影响他们的宗教生活。

印尼的图腾崇拜也源于人们对大自然的崇拜。某些氏族认为，一定种类的动物或自然物同本氏族有亲属或其他特殊关系，这样的信仰叫做图腾崇拜。被一个氏族称作图腾之物，即成为该氏族的标志，被认为可起到保护和庇佑的作用。

印尼苏门答腊的巴达克族，屋前挂两个牛角，或装饰画有狮子的图案，据说可以谋福避灾。而托拉查人则传说，他们是天上公鸡神的后代，现在，每户托拉查人房屋的墙壁上都画有一只公鸡。[③]米南加保族的住宅，屋脊两端翘起，象征一对牛角。而且这个民族名称中的“米南”是“胜利”的意思，“加保”则是“水牛”之意。“米南加保”就是表示“水牛获胜”。也有学者认为，米南加保（Minangkabau）是槟榔加保（Pinang Kabau）的讹传，可解释为水牛部族的槟榔氏族，其天地创造的传说也同大牯牛有关。他们认为地球就像一个圆盘，放在一头大牯牛的角上。大牯牛站在一个卵上，卵又在一条鱼背上，鱼则在无垠的大海中慢慢游动。在海底下有着黑暗的空间，有时飞虫进入牛耳里，牛便摇头而成为地震。这一传说看来同他们的部落生产有关系，牛的饲养在当时已较为普及，并成为部落的图腾。

印尼民族学者调查了南部巴达克人的图腾，指出虎和豹是巴比亚特（Babiyat）氏族的图腾，狗是东普尔（Tompul）氏族的图腾，猿和山羊是锡勒加（Siregar）氏族的图腾，鸽

---

① 王守业、梁敏和、刘新生编著：《列国志·印度尼西亚》，北京：社会科学文献出版社，2006年版，第25页。
② 梁敏和、孔远志：《印度尼西亚文化与社会》，北京：北京大学出版社，2002年版，第55页。
③ 吴瑞明：《印度尼西亚语语言文化研究》，北京：军事谊文出版社，2001年版，第32页。

是哈拉哈普（Harahap）氏族的图腾，猫是锡博斯博斯（Sipospos）氏族的图腾。像这样的图腾制，当时在印尼很普遍。[①]在动物图腾神话中，以崇拜狗的神话最多，这主要与原始人狩猎活动有关。

在马来西亚，人们相信万物有灵，他们认为宇宙间万物都是有神灵（semangat）的，如洞穴、山川、草木、巨石、动物，这些神灵都能够轻易支配人的命运，有的凶恶，有的善良，他们或带来灾祸，生灵涂炭，或带来丰硕的收成，让人们幸福生活。人们通过种种仪式比如供奉、祭祀、念咒等来向神灵表达敬意，祈求邪恶远离人群，祈祷善良的神灵保佑生活安宁、五谷丰登、牲畜兴旺。有人将神灵称为鬼（mambang）、灵魂（roh）、守护神（datuk）、幽灵（penuggu）等，也有人认为这些神灵的存在是已逝的先人灵魂附着在某些物体之上的表现，他们相信，亲人死后灵魂是不会离开的，他们会附着在现世的某个物体或者动物身上，保护着子孙后代不受侵扰。在马来半岛以及北婆罗洲的一些地方流行祖先崇拜，这是万物有灵信仰的一种发展和延伸。目前，在西马的达雅克人仍然信仰万物有灵。这种原始的信仰文化渗透到了他们生活的方方面面，在他们的生产生活中一切不可解释的现象都可以在信仰当中找到答案。

在菲律宾，人们对神祀的崇拜多限于可直观和感觉到的自然实体如日月星辰、山川河流、动物植物等，它们与人们的日常生产生活息息相关。对于靠农业为生的古代菲律宾人来说，天象崇拜在其自然崇拜中占有突出地位。如比萨扬人把天象的变化与农业的收成紧密地联系在一起，他们认为月亮由缺渐盈预示丰收与部族的繁衍；他加禄人的天象崇拜对象包括启明星、昴星、北斗七星以及月亮，他们认为这些天体能够给自己带来丰收和财富。此外，捕鱼与狩猎在古代菲律宾人的生活中也占有重要地位，所以山川河流、江海湖泊也是他们的崇拜对象，他们常常向居住在其中的众神祭献。在菲律宾人的动物崇拜中，最突出的是鳄鱼崇拜。菲律宾气候炎热，河流湖泊众多，非常适合鳄鱼生活，但是鳄鱼性情凶猛，常伤害人畜，菲律宾人对之充满敬畏。在植物崇拜中，菲律宾人崇拜一种叫“巴拉塔”（balete）的树，他们认为此树上栖息着神秘的精灵，这种精灵具有邪恶的力量，能使人窒息而死。

综上所述，自然神信仰是民间信仰文化发展的最早阶段，是东南亚各民族普遍存在的一种民间信仰形式。同时，由于对自然界各种事物认知观念的不同，各民族自然神信仰的对象和内涵也显示出极大的差异性。

① 王任叔：《印度尼西亚古代史》，北京：中国社会科学出版社，1987年版，第162页。

第二节 东南亚神灵信仰

从远古到现代，东南亚各民族都一直保留万物有灵信仰，当地居民相信神灵，把神灵与各种自然物质和农作物结合起来，认为自然界的一切都有神灵的存在。

在缅甸，神灵信仰包括本土神信仰、婆罗门教诸神信仰。

本土神是相对于外来的婆罗门教神而言的，它是本民族产生的神。本土神不同于自然神，自然神是神化自然事物或现象而形成的。缅甸的本土神有一个发展和逐步完善的过程。现在的本土神一般指37神，它来自对死者灵魂的崇拜。这些神大多是缅甸13~17世纪存在过的历史人物。他们有不同的装束、称谓、典故。每尊神都附带着一种习俗，常在一定的时间和地点被朝拜。

传统神榜从蒲甘时代起就被明确为37神。这主要是因为37在佛教徒心目中为最大至尊之数。在缅甸人的传统文化中3、5、7、9、37是非常吉祥的数字。宗教上3 涉及佛、法、僧“三宝”；5与佛教五戒有关；7关乎七位圣人的品德；9预示佛祖的九项恩德；37联系三十七提善分法。这些对于佛教徒来说都是十分重要的。习惯上人们念咒、念偈陀也要三本、七本、九本地念，以取3、7、9之数。此外，在文学、艺术、军事、文化等领域37也是一个吉祥之数。所以神榜中把神定为37尊也就十分自然了。

缅甸本土神的形成经过长久历史的演变。4世纪以前，人们信奉的主要是自然神和婆罗门教神。骠人立国后婆罗门神对缅甸影响巨大。4世纪梯利干王时代，缅甸开始产生第一组本土神朵德榜神组。这组神共有7位，以摩诃吉利神为首，包括南玛多枝神、瑞纳伯神、东玛基神、东漂辛神、东班拉神和信尼米神。他们是缅甸最早形成的本土神，被供奉于卜巴神山。朵德榜是太公国和室利差呾罗时代的著名君主。这组神的产生与他直接相关，但朵德榜王本人没有成神。据传，太公国时代太公国王杀了铁匠貌丁德，霸占了其妹玛索米。貌丁德死后变成摩诃吉利神。玛索米在其兄火化时跳下高台随兄而去，成为南玛多枝神，亦称金面神。朵德榜王在世时，有一妃子，被打入冷宫后仅作为一织布女被供养。该妃怨恨而死，成神，名东班拉神。东班拉有女，名信尼米，因思念母亲，抑郁成疾，死后成神。东玛基神和东漂辛神是貌丁德与龙女瑞纳伯之子。貌丁德死后，朵德榜王令兄弟两人相互打斗，双双死于非命，成为神灵。貌丁德之妻瑞纳伯因思夫念子，忧郁而死，成为神明。朵德榜神组是骠人神灵信仰上升时期产生的一组本土神。此神组的出现表明骠人时代缅甸神灵信仰日趋完备。婆罗门教神开始与本土神共处也说明本土意识的抬头与民族自信心的增强。本土神的出现为缅甸人的神灵信仰增添了新的内容。

蒲甘王朝建立后，缅甸人敬神之风日盛。国王在蒲甘城附近的卜巴山上建有神庙，每年缅历九月敬神月时，上自国王下至百姓都要上山祭神。蒲甘百姓每家每户都立有神柱，平日供奉不断。阿奴律陀王确立小乘佛教的国教地位也丝毫没有降低民众的神灵信仰热情。这一时期是本土神产生最多的时期，共产生了14位本土神，也是民众由婆罗门神灵信仰转向本土神信仰的转折期。这一时期产生的14位神灵分别属于阿奴律陀神组和阿隆悉都神组。其中阿奴律陀神组有9位神灵：瑞彬瑙神、瑞彬尼神、执白伞神、信敏贡女王神、执白伞母后神、曼德礼波道神、良钦神、貌信神、信瓜神。阿隆悉都神组有5位神灵：敏悉都神、觉妥神、瑞德班神、瑞萨卡神、昂刷阿比神。这14位神明中瑞彬瑙、瑞彬尼二神最为著名。据传，此二神为兄弟俩，具有印度血统，力大无比。阿奴律陀王当政时，曾前往大理国恭请佛牙。当时兄弟俩作为侍从随王前往。在迎请佛牙返国途中，因不从王命而被处死在刀彬村，后成为神明。阿奴律陀王在刀彬村兄弟俩被杀处建立了神庙。每年缅历五月上缅甸的传统节会——刀彬神会就是为祭祀这兄弟俩而举行的。

由于蒲甘时期神灵信仰泛滥，影响到了佛教的发展，所以阿奴律陀王下令在蒲甘城建立神庙，将所有神灵归置其中，供人祭拜。同时，禁止在其他任何地方建庙塑神，以限制神灵信仰的发展。此外，他还下令清除各地的神龛，将神像用铁丝穿绑，砌于瑞喜宫佛塔围墙上。围墙内侧神像称为内37神，外侧神像称为外37神。虽然当时内37神已经够数，但外37神却只有22位，且内37神中还混有一些婆罗门教神灵。作为本土神灵的37神直到东吁王朝时才最后发展成型。据信，阿奴律陀王将神像砌于围墙上的目的是为了降低神的地位，提高佛的威望，以促进佛教的进一步发展。

邦牙王朝时期缅甸只产生了一位本土神，即貌波多神。貌波多是一位商人，被老虎咬死后成神。阿瓦王朝时，本土神再次大发展，产生了6位神灵，史称阿瓦敏贡神组。他们是敏达亚神、昂彬勒辛漂信神、额悉信神、信贡神、瑞努耶陀神、西宫娘娘神。阿瓦王朝时，神灵信仰发展到了鼎盛阶段，人们的求神心理得到了进一步的巩固与加强，各种祭祀连绵不断，神庙、神龛数超过了历史任何时期。

东吁王朝时缅甸又产生了8位本土神，称为莽瑞体—莽应龙神组，包括莽瑞体神、东吁敏贡神、北方主神、萨多加神、敏耶昂丁神、敏漂神、信多神、云布因神，加上众神之王帝释天，缅甸传统意义上的37尊本土神经过1000余年的发展，至此已全部形成。37神全部形成后，神灵信仰更加普遍。用猪、牛、鸡等动物祭神的现象愈演愈烈。以至于国王莽应龙认为动物祭祀动了杀戒，违背了佛理，还影响了农业生产。于是，他下令缅历九月禁止礼祭摩诃吉利神及其他一切神灵；禁止各家自立神柱、神龛。鉴于莽应龙的威望，这一时期缅甸人的神灵信仰受到了暂时的抑制。此事后来被史学家称为“莽应龙禁神运动”。

贡榜王朝时，神灵信仰在孟云王的支持下又有所抬头。各地的神殿、神庙得到了修缮，波巴神山上的摩诃吉利神像也贴上了金箔，戴上了金冠。历史上神灵崇拜虽受到佛教的排斥、封建帝王的反对以及现代文明的冲击，但作为传统文化的重要组成部分，它已在缅甸社会中深深地扎下了根。神灵信仰与佛教已经在相当程度上结合在一起，其影响力仅次于佛教。当今缅甸许多佛教徒同时也是神灵信仰者，这表明了神灵信仰的顽强生命力。现代，缅甸人的神灵信仰主要表现为10种形式：挂椰子风俗，敬吴信基神风俗，葬礼上的敬鬼风俗，拜敬各路神灵风俗，护身符、生辰八字图风俗，收魂习俗，遇事择吉日习俗，信命运习俗，信兆头习俗和卜卦看星相习俗。神灵信仰中被认为能给人带来吉祥幸福而常遭敬拜的神有观世音、守经女神、摩诃吉利神、吴信基神、刀彬神、九城主神、白马王神、玛纳蕾神和卷席神。

纵观缅甸本土神的形成过程，我们发现本土神多为历史人物，且多在缅甸境内成神。本土神所涉及的民族也有多种，以缅族为主，如本土神中有缅族神28位，孟族神2位，掸族神1位，云族神1位，印裔神3位，婆罗门后裔神2位。本土神的性别构成上，由于缅甸妇女的历史地位历来比较高，所以本土神形成时没有排斥女性的现象，37神中有女神10位。从成神条件上看，37神的构成主要有4类：（1）著名人物，如37神中有国王、王后、邑主等22位；（2）力大过人或做过惊天大事者，如瑞彬瑙神、瑞彬尼神；（3）死于飞来之祸者，如被虎咬死的貌波多神；（4）命运多舛者，如死于麻风病的云布因神。他们成神主要是因为在缅甸人的传统观念里帝王将相和猝死、恶死等非正常死亡者容易变成神灵的缘故。另外在37神之外，也还有一些影响较大的地方神灵。人们一般可以根据需要来敬奉相应的神明，以达到保佑自己幸福平安的目的。

缅甸人信奉的神灵当中，婆罗门教神是属于宗教类的神灵。众所周知，缅甸人是虔诚的佛教信徒，他们尽可能地遵循原发的、纯之又纯的佛教教义。然而要达到佛祖涅槃前的法理委实不易。婆罗门教鼓吹神学，鼓励人们信神、敬神、畏神，训导人们要接受神示。佛教的兴盛虽然推翻了对神的崇拜，但没有赶走神灵信仰。缅甸人在内心深处仍给神留下了一个空间。据文献记载，3世纪以后，随着大批印度商人的到来，婆罗门教传入了缅甸。商人们请来婆罗门僧侣，建造婆罗门寺庙，发展骠人、孟人成为婆罗门信徒，对缅甸人的早期信仰影响极大。包括国王在内的人们开始信奉婆罗门教三大主神：梵天、毗湿奴、湿婆。骠人早期都城被命名为毗湿奴城就是毗湿奴神受到广泛崇拜的明证。蒲甘王朝时期阿奴律陀王建造卧神庙，内置婆罗门教神毗湿奴、湿婆的神像供人敬拜。始建于1059年的蒲甘瑞喜宫佛塔围墙上挂的“内37神”是缅甸最早的系统神，它包括了诸多婆罗门教神如帝释天、湿婆、欢喜天、艺神等。江喜陀王继承王位时，曾手持毗湿奴神法螺，口念消灾经，举行了净土仪式。他还令人将其信奉毗湿奴神的内容镌刻于石碑上。信佛的上层人士中信奉婆罗门神者也为数不少。以前，每到缅历九月各地都要举行祭神会，受祭神明中有一部分为婆罗门教神。缅王时期在缅历四月举行的田耕祭中要有婆罗门教僧侣按印度教传统举行。近现代缅甸人的灌顶仪式中也保留有拜请印度神祇的内容。祭神会上婆罗门教神和本土神混在一起，缅甸人也照拜不误。由此可见婆罗门教传入缅甸后婆罗门神在缅甸人的神灵信仰中始终占有重要的位置，已经成为传统文化中密不可分的组成部分。随着本土神的产生和发展，婆罗门教神的影响正在逐渐降低，其位置也在慢慢地被本土神所取代。到贡榜王朝后期，妙瓦底敏基确定的37神神榜中除帝释天外，其他婆罗门教神如梵天、毗湿奴、湿婆等均已不在神榜之列了。

泰国人对鬼神的信仰始于远古。考古证明，泰国石器时代后期和青铜时期的墓葬中，发现远古人有相信灵魂不灭的祭祀活动。[①]在素可泰发现一碑文上记载说："祭奉鬼神，国家平安，享祚久远……不祭奉鬼神，鬼神不作保护，国家有灾难。"[②]表明虽然当时佛教已经在泰国兴盛，但是人民信仰鬼神的观念并没有消亡。

当前，鬼神崇拜在泰国社会十分普遍。人们相信世间到处都有鬼神的存在，如天神、土地神、山神、路神、城神、家鬼等等，并到处修建神龛、庙宇对鬼神进行祭拜，如路口、悬崖上、河旁、树下，经常可以看见乡民们焚香燃烛、祈神许愿，希望从神灵那里得到护佑和帮助，以实现安居乐业、无病无灾的愿望。在泰国民众的日常生活当中，例如出生、死亡、建造房屋等各种习俗中，都会出现鬼神信仰的影子。不过，远古时代的泰人对鬼神是不加区分的，只是佛教传入泰国后，才把鬼和神区分开来。

泰国人把鬼神分为"善鬼"与"恶鬼"两种，按照等级又把鬼神分为三类：第一类称为天神，因为这些神住在天上。最初泰国人把天神称为天鬼，但是印度文化特别是婆罗门教和佛教传入之后，天上被称为天宫或天堂，于是天鬼也就变成了天神，如佛陀和所有阿罗汉、苏利耶太阳神、湿婆神等。这些天神按照不同的等级各司其职，掌管人间的一切，最高天神被称为披耶天神或披耶因陀罗，现在则称为因陀罗（天神之王），这一点很明显受到印度婆罗门教和佛教文化的影响。这些神是泰人自古以来就虔诚信仰的吉祥神，泰人认为天神为世界创造了生命，对于这类神，人们对其敬畏有加，时常供奉。第二类是介于天神和恶鬼之间的鬼神，泰国人认为其半神半鬼，但还是以神来称呼，如在自然神崇拜里所提及的山神、树神、水神、土地神，以及祖先崇拜里的祖先鬼等等。它们有的住在天上，有的住在地上，是某一地区的鬼头。它们需要人们供祭或修建庙宇才给以保佑，否则会给人们带来灾害。第三类是恶鬼，是最低一级的鬼神，它们无固定的居所，且种类众多，恶鬼只会给人们带来灾难，它以可怕的鬼的形象来吓人。人们对它只有驱赶，因此没有人为它提供庙宇。

老挝人认为鬼分两种：生鬼和熟鬼。生鬼指的是那些仍有生命但靠欺骗他人赖以为生、形同行尸走肉的人；熟鬼指的是死亡后灵魂转化的人。生鬼是受人唾弃的，人们敬畏的是熟鬼。这些鬼包括贡亏鬼、家族鬼、土地鬼和琵琶鬼等。

贡亏鬼，一般的鬼，因叫声似"贡亏"而得名，这类鬼没什么名分，多为游魂野鬼，

---

① 戚盛中：《泰国》，北京：世界知识出版社，1996年版，第153页。

② 净海：《南传佛教史》，北京：宗教文化出版社，2002年版，第205页。

人们不对这类鬼举办任何仪式。

家族鬼，包括七辈子的族人变成的鬼，这些鬼可通过托梦向自己的宗族人提出要求以满足自己的需要。家人死后成鬼，灵魂仍在，满足人们缅怀亲人的心理。每年祭拜祖先，也符合人们孝敬先人的传统，因而这一信仰生命力很强，很多地方把祖先与佛祖放到同等重要的地位加以供奉。

土地鬼，按婆罗门教和佛教的说法，从前有一正妻与小妾互不相容，通过生死轮回没完没了地相互杀害，在佛祖的劝导下，一人被安排守护良田，成为土地鬼。人们为求风调雨顺，五谷丰登，每年都要祭拜土地鬼。

琵琶鬼，是一种厉鬼，人们的病灾祸难都是琵琶鬼在作怪，最为人们所惧怕，也要祭祀以求免灾。

此外，还有一些恶鬼，在人们发泄怒气或骂人的时候时常会提到，如瘟鬼、横死鬼、饿鬼等，也是鬼神文化的一部分，虽不受祭拜，但常用以警示他人不要作恶，以免被恶鬼缠身，这是早期社会规范人们行为的精神力量，具有一定的积极作用。

而与鬼相对的是神，神是天生的，人死后一般不能成神。神一般具有保护人类和大自然的功能，这些神包括树神、山神和天神等。树精或称树神，一般在树大林茂的地方都存在树神，不然不足以保护大树和森林；山神，在村寨附近要建一个小房子以供山神，求得山神对村子的庇护；天神，包括名山大川的保护神，城隍庙里的守护神等，深受群众敬畏和膜拜。

老挝地广人稀，多河流山川，森林覆盖率曾高达80%，这使人们在大自然面前显得极为渺小，大自然的力量显得强大而神秘，这就给鬼神崇拜的产生创造了很好的生长条件。即便是到了现代社会，仍会有很多现象无法通过科学进行解释。老挝社会发展滞后，人们易于服从这些虚幻的神秘力量，相信鬼神的存在。许多佛教活动早已成为老挝民众自觉参加的活动，而把祭祀鬼神的活动与佛教相联系甚至相融合，既符合两者均具有消灾祈福的共同点，也让鬼神崇拜有了可操办的程序和仪式。再者，佛教中也有天堂地狱以及神鬼的说法，这就使得两者的交叉影响和相互融合显得顺理成章。

柬埔寨人相信鬼神，把鬼神与各种自然物质和农作物结合起来，认为自然界的一切都有鬼神的存在，触犯了它们就会招致灾难或疾病。每逢遇到不吉利的事情发生，他们就举行各种祭祀活动，宰杀家禽牲畜献祭消灾，求神灵开恩保佑。柬埔寨人普遍崇拜土地神，这与他们所从事的农业有关，因为正是土地生长了水稻，给人们提供粮食。如今，在柬埔寨土地庙仍随处可见，人们向土地神的祈祷也不仅仅局限于农业生产方面，而是扩大到其他方面，柬埔寨人在工程剪彩、工厂开业、商店开张、兴建屋舍、寻医问药、升学考试等活动中，都会拜祭土地神，祈求保佑。尽管婆罗门教和佛教的传入在一定程度上丰富了人们的信仰，但在下层民众中原始宗教依然十分盛行，同时人们将婆罗门教、佛教诸神与同本族的英雄崇拜混合在一起，形成了多种宗教信仰并存的局面。

由于柬埔寨处于热带地区，常年湿润高热，蚊虫繁多，极易传染各种疾病。在当时条件下，真腊人不能有效防治，只能祈求神灵，以免除灾祸。“每年五、六月中，毒气流行，真腊人便以白猪、白牛、白羊等放于城西门外神祠中，奉献于神，求得神的庇护。”①人们寄望于超自然的神的力量来避免自然灾害，只有供奉了神明，赶走了魔鬼，才能够五谷丰登，六畜兴旺，人丁无恙，如若不然则会招来天灾人祸。柬埔寨一些传统的音乐和舞蹈就是为了驱赶鬼怪而创作，还有一些传统节日的来历也与祭祀鬼神有关。

“蛇神崇拜”在柬埔寨非常普遍，柬埔寨人将蛇神那伽当作自己的祖先，自称蛇神的子孙，这源自扶南的建国传说。据传扶南女王柳叶是蛇王的女儿，即那伽王的女儿（月亮神之女）。“在今越南美荻出土的一块公元658年的石碑记载称：婆罗门混填得到阿斯瓦塔曼赐给他的一杆长矛，他用投掷长矛的方法来选择建都地点。之后他与蛇王之女绍米结婚，当上了国王并建立了绍翁王朝”②。碑铭的描述与中国史籍所记载的混填与柳叶结合的内容相仿，类似的传说还有印度神话中婆罗门教徒憍陈如得到神枪，标定了都城，与龙王的女儿苏摩结合的故事。这些记述或者传说的共同点是扶南女王为蛇王（龙王）的女儿。扶南人从印度神话中创造出本民族和国家的起源传说，蛇神便作为神圣的象征广受柬埔寨宫廷和百姓的崇拜。周达观《真腊风土记》中《宫室》篇记载称：“其内中金塔，国主夜则卧其下，土人皆谓塔之中有九头蛇精，乃一国之土地主也。系女身，每夜则见，国王则先与之同寝交媾，虽其妻亦不敢入。二鼓乃出，方可与妻妾同睡。若此精一夜不见，则番王死期至矣。若番王一夜不往，则必获灾祸。”可见蛇神的地位极高，是一国兴衰的象征。蛇神在柬埔寨民众中地位崇高，它不仅是连接人界与神界的桥梁，而且是财富的守护神。在柬埔寨的各种宫殿、庙宇、纪念碑等建筑物上都具有高棉风格的蛇神雕像。

蛇神分为四种：第一种称为神蛇，它的职责是保护神仙；第二种称为天蛇，它的任务是降雨；第三种是金刚蛇，它们负责保卫海洋和河流；第四种是护宝蛇，它们能够保护埋在地下的财宝。无论什么种类的蛇，柬埔寨人都将它们视作蛇女和混填的后代，同时也将自己视为蛇神的子孙。蛇神崇拜不仅存在于宗教、艺术、建筑等领域，而且已融到柬埔寨人民的日常生活和他们的信仰深处。

如今，在柬埔寨北部和东北部蒙多基里省和腊塔纳基里省山区居住的十多万山地高棉人仍然信奉原始的拜物教。山地高棉人各个部落都有本部落崇拜的鬼神，他们将日常生活的粮食、土壤、水、火、石头、道路与鬼神、精灵紧紧地联系在一起。如果有人患病，他们认为是撞上了恶鬼，需要请巫师来驱鬼治病。遇到灾难时，他们会举行仪式以求平

---

① 陈显泗：《柬埔寨两千年史》，郑州：中州古籍出版社，1990年版，第210页。

② 陈显泗：《柬埔寨两千年史》，郑州：中州古籍出版社，1990年版，第37页。

安，如果仍不奏效，甚至会放弃房屋和土地搬迁至其他地方。

在越南，神灵分为家庭、村社、国家以及民间普遍祭祀的神灵。家庭保护神除祖先外，还有前主人、灶君、财神等；村社祭祀的神灵主要有城隍神、土地神等；此外民间还普遍祭祀行业神、“四不死”神以及母神等。这些神灵和城隍神时有交叉。

城隍信仰是越南最普遍、最重要的信仰之一。“城隍”在中国本是城市的守护神，唐代，在今越南地区已经有了祭祀城隍的习俗。随着越南封建王朝的覆灭，城市的“城隍信仰”消失了，但村社的城隍信仰则保留了下来并获得了极大发展。据史料记载，最迟于15世纪，越南村社已经有了城隍信仰。城隍原本为村社的保护神，具有深厚的民间文化渊源，其向城隍的发展是民间和国家的双重需要，它有效解决了历史上村社自治性和国家集权统治之间的矛盾：地方神灵通过敕封而被纳入封建官僚的政治象征体系，国家则通过地方精英的管理而将城隍和城隍的奉祀地——村亭变成一个类似国家在地方的行政机构。

城隍神的民间和国家两面性使得城隍的神迹和神谱无不经过了封建儒士的精心修订，并且根据神灵的神迹大小，各地城隍被朝廷敕封为上等神、中等神和下等神三等。城隍神中的人神大都与村社有着某种关联（如在本地出生、死亡或生活过），是越南历史上真实出现的人物，如古代帝王、民族英雄、忠臣义士、清官廉吏、科考名流、行业大师以及在当地垦荒建村过程中的有功者、在某重大事件中的贡献卓越者等等[①]。除朝廷敕封的神灵外，有的地方还供奉妖神、邪神和淫神，这些神或被认为具有无边法力，或死于吉时，民间因“畏”而“敬”。

一般而言，越南每个村社都供奉一位城隍。城隍是神界村社的管理者和庇佑者，保一村平安，定全村祸福，因此奉祀城隍历来是全村的大事。最隆重的祭祀城隍仪式是村社“礼会”，“礼”即祭祀城隍之礼，“会”则是娱神和娱人之会。礼会上的祭祀城隍仪式均按儒家祭祀仪式进行，十分复杂，献祭仪式主要分为行初献礼、行亚献礼和行终献礼三个阶段，行初献礼后恭读祭文，行终献礼结束后则焚化祭文，整个仪式过程缓慢而庄严。除礼会祭祀外，每月朔望日及越南传统节日，村亭庙祝及村民都会专门祭祀，村民遇家中有事也都要到村亭祭拜城隍。

“四不死”神也广泛受到民间祭祀，它们是越南民间传说中的四位神灵，即伞圆山圣、扶董天王、褚童子和柳杏公主，因神迹显赫而被尊为越南的“不死”之神，在其化生及显灵之地民间多有奉祀。伞圆山圣（山精）和褚童子相传皆为雄王的女婿，扶董天王相传为雄王六世的将领。伞圆“能排水族”，是越南人与恶劣自然环境（水灾）抗争的象征；扶董天王“大破殷贼”，是越南人勇敢应对不利社会环境（外侵）的典型代表；褚童子恪守孝道，开市立铺；[②]柳杏公主则甘愿放弃天庭的富足生活，追求自由和幸福，体现的是越南人对美好物

① 孙衍峰：《越南民间的城隍信仰》，载《解放军外国语学院学报》2003年第5期。

② 分别见《岭南摭怪》之《伞圆山传》、《董天王传》、《一夜泽传》等。戴可来、杨保筠校注：《岭南摭怪等史料三种》，中州古籍出版社，1991年。

质和精神生活的向往。后两者也以其法力和灵验而成为越南道教和母道教中的重要神灵。

母道教是越南最具特色的民间信仰之一，其信仰基础是越南重“阴”的文化特性和民间对女神的崇拜。母道教的形成过程受到中国道教的影响，因而有着相对完备的神灵体系，所供奉的60多位神灵自上而下依次为：观音、玉皇、圣母（3或4位）、官人（5~10位）、圣婆（4、6或12位）、皇子（5~10位）、侍女（12位）、侍童（10位）以及五虎神、蛇神等。

圣母是母道教神殿谱系的核心。母道教信徒认为，宇宙（包括天界、地界、水界和山岳）是由各位女神掌管的，各界女神之首即为圣母。圣母的位数决定了母道教所供为“三府”（上天母、地母、水母）还是“四府”（天母、地母、水母、山岳母）。柳杏公主是母道教供奉的重要神灵，位列圣母之首。她常常扮演天母的角色，有时也化身为山岳母或地母。柳杏是一位真人，生活在16世纪，南定省务本县云吉人氏，相传她是玉皇大帝的女儿，投胎下凡到人间，因此身怀许多神奇的法术。她时而与名人吟诗论道，时而在民间掀起疫病，时而劝善惩恶，时而帮助帝王杀敌抵御外侵，等等。

以供奉柳杏母为主的庙宇称作“府”，在寺里的母神庙称“殿”，此外许多家庭还设立祭台奉祀母神。越南最大的府是柳杏母家乡南定市务本县的然府（包括仙香府和云葛府），此外河内的西湖府也很有名。

跳神（越语称“候影”、“上童”）是母道教中的主要仪式，它是三府、四府中的各位神灵附身于巫师、巫婆（越语称“童公”、“童婆”），以对母道教信徒进行训导劝诫、驱邪治病、颁赐福禄的一种宗教仪式。童公、童婆候影过程中不断更换的衣服具有类似萨满教“面具”的功能。除三位圣母外，经常显灵附身的神灵还有第一、第二、第三、第五大官，第二、第六侍女，皇七子、皇十子等等[①]。值得一提的是，在有些地方的“四府”母道教中，还存在一个“陈朝府”，越南陈朝名将陈兴道作为与圣母相对应或高于圣母的“父皇”角色走进了母道教的神殿。在候影仪式中，陈兴道往往于圣母之后、各位官人之前显灵附身，其功能是驱邪、治病。

母道教因被视为本土民间信仰而受到越南人的偏爱和推崇。越南北部、中部、南部和西原高原等地都有母道教的祠府，这使得不同地域的女神走进了母道教神殿，如顺化地区的天雅那圣母、西宁地区的灵山圣母等。

在越南，祖师也受到后人的祭祀和尊崇。祖师（越南又称“先师”、“艺师”）即首先创立某种行业的人。有着共同职业或做同一生意的人往往聚合为“坊”，坊里专门建有祖师庙，供奉祖师神像或牌位。祖师的忌日也称为“坊祭”。除了在庙中集体祭祀自己的祖师外，“坊”里的每个成员还在家中供奉祖师。人们认为祖师既然创立了这一行，便会一直关注本行业的发展，并保佑后辈们，使其将行业继续发扬光大。

---

① Ngô Đức Thịnh. *Đạo Mẫu*. Hà Nội: Nxb Khoa học Xã hội, năm 2007, tr. 69.

在印尼，农村中至今还有人相信“菜篮神”，实际上它是一种扶箕或扶乩。祈求“菜篮神”的方法是：在菜篮上方的把柄上吊一根细棍儿，菜篮里垫上布，布上放沙。两人扶住菜篮，轻轻晃动。细棍儿就在沙上画出模模糊糊的字形，据说这就是“菜篮神”的指示。E. M. 勒布、R. 汉·格顿的《苏门答腊民族志》中介绍了巴达克人的神灵崇拜：巴达克人有萨满（Shamanism）信仰，即神巫的信仰。维尔根（G. A. Wilken）提出：“萨满的信仰便是请求神鬼附身于某人的身上，由某人传达神鬼的意见。至于这一个被神鬼附身者便是萨满或神巫。”①

巴达克族神巫祈请神鬼附身时用两种鼓，即贡堂（gondang）和高尔堂（gordang），同时还要焚香。每个神鬼都有其特殊乐调，神巫在火的周围伴乐而舞，舞姿奇特。每个神鬼又各有其特殊的衣服色彩。神巫同时要请多个神鬼附身，就必须穿多种色彩的衣服。神巫在神鬼附身时，须让自身的灵魂暂时退让。奏乐的作用既是暂时赶走自身的灵魂，又是引导神鬼附身。这时神巫若讲话，那便是神鬼借他的口讲的。不经解释，众人是听不懂的。于是请神鬼的那户居民的户主便问神鬼的名字，神鬼则问为什么召他来。双方通过神巫达成协议，例如神鬼帮助救治那户的病人，而病人家属则给神鬼祭祀。

在苏门答腊岛西侧的明达威群岛，当地人为避鬼而在村口树立拜柱（kera）。拜柱有神灵的法力，能拒鬼于村外。人们还相信，疾病是因灵魂暂时脱壳，死亡是永久的失魂。人死后，离体的灵魂变成鬼，鬼带疾病到人间。当鬼带病回村时，村民才不得不祭鬼以求怯病禳灾。

物力论（或前万物有灵论）没有因为万物有灵论的盛行而消失，传统印尼人仍相信每一物件和个人身上都附有某种超自然力量，爪哇人称其为“塞蒂”（sekti），印尼各地更为普遍的说法是“曼纳”（mana）。神奇的“曼纳”越多，生物或物体的神力便越大。巴达克人和达雅克人自古有砍头习俗，2001年当达雅克人与马都拉人发生种族冲突时，此旧习一度复兴，据说这一切就与“夺取曼纳”有关。

在马来西亚，人们相信所有巨大的物体，如大树、巨石等，都有鬼神附于其中，他们必须竭尽全力保护这些住着鬼神的物体，对其表示敬意，如通过巫师向鬼神奉献禁品，方能得到保护。马来人的鬼神信仰种类很多，如女吸血鬼（pontianak）、水鬼（hantu air / hantu laut）、引起疾病的恶鬼（polong）、喜欢吸血或吃儿童身体的恶魔（toyol）、山鬼（hantu bukit）、土地神（jembalang tanah）、无头鬼（hantu tenggelung）等。传统马来社会的医学不发达，每当村舍中有人生病，人们便会认为是凶恶的鬼神在作怪，邀请巫师“驱鬼”②便成了古代马来人治病的重要方式之一。巫师点燃安息香，口念咒语，挥动黄色

① 梁敏和、孔远志：《印度尼西亚文化与社会》，北京：北京大学出版社，2002年版，第57页。

② 在医学尚不发达的古代传统马来村舍中“驱鬼”是巫师医治病人的重要方式。随着伊斯兰教对马来社会的影响以及现代医学技术的普及，这种传统而陈旧的医治方式已经逐渐被马来人放弃。

布块或者某种特定的树叶，请求善良的鬼神附体以驱赶恶鬼。如果疾病很严重，还会宰杀羔羊，羔羊的血被放入河中供鬼神饮用，羊肉则被煮熟供大众享用。在登嘉楼，人们还会跳起一种名为少女嬉戏（main puteri）的舞蹈为病人招魂治病。随着伊斯兰教的传播，鬼神信仰被认为能助长多神信仰而受到伊斯兰教学者的抵制。同时，在科学技术日新月异的今天，由鬼神信仰延伸而来的“驱鬼”治病也被认为缺乏科学依据而受到现代马来人的质疑。但鬼神信仰延续了数百年之久，在马来社会依然有着很大的影响。在有些比较开化的地方，传统而古老的鬼神信仰与伊斯兰教相结合，人们一方面向万能的安拉表达敬意，而在紧急危难的时候也同样会祈求鬼神的庇佑。

在菲律宾，人们把庄稼的丰收和部族的繁衍视为头等大事，所以主宰丰收和生育的神格外受到敬奉，如他们在播种季节和开垦荒地时都要虔诚祭拜土地神（lakapati），以免遭饥饿之苦。

在16世纪西班牙人到达菲律宾之前，菲律宾土著居民的鬼神崇拜已经发展成为一种包括主神和附属神灵的多神信仰系统。主神即至高无上的创世神，如北吕宋伊富高族的主神为Kadak'lan（意为“伟大的”），邦板牙族称其主神为Miglalang（意为“创造者”），三描礼示族的主神叫Malayari（意为“所有者”），泰加罗族和比萨扬族的主神则是Bathala（意为“最大的王”），比科尔族的主神叫Gugurang（意为“最古老的”），而居住在棉兰老的各民族的主神则是Magbabaya（意为“决定者”）。[①]

在菲律宾的多神信仰系统里，除主神外的其他附属神灵主要分为两类：一类称为“共同创世神”，是主神创造出来与之共同创造宇宙的神灵，它们与人们的民间信仰文化关系不深，人们没有向这些神灵乞求保佑的习惯；另一类是在主神和“共同创世神”之下，但与人们关系非常密切的“众神”。“众神”地位虽然低微，但掌管世间万物和人间百业。菲律宾的几个主要民族都有这种众神信仰。如在他加禄人的信仰中，“众神”主要包括劳动之神（Indianale）、丰收之神（Dimangan）、海神（Amanikabli）、月亮女神（Mayaari）、星星女神（Tala）、晨光女神（Hana）、土地神（Lakapati）、季节神（Mapulon）、太阳神（Apolaki）、爱情神（Dian Masalanta）等。而班乃岛比萨扬族的“众神”信仰似乎更丰富，有山谷和平原之神（Maklium-sa-twan）、火神（Maklium-sa-bagidan）、水神（Maklium-sa-tubig）、家庭女神（Suklang Malayon）、疾病之神（Makaptan）、死亡之神（Sidapa）、地狱之神（Sisiburanon）等。众神往往还有等级之分，如布基农族的“众神”崇拜中，地位最高的是智慧之神（Tagolambong），接下来是狩猎之神（Lalawag）、水神（Bulalakaw）、农业女神（Ibabasuk）和财神（Pamamahandi）等[②]。

综上所述，神灵信仰是东南亚各民族普遍存在的现象，这源于各民族的唯神论哲学观。

---

① 施雪琴：《菲律宾天主教研究：天主教在菲律宾的殖民扩张与文化调适（1565—1898）》，厦门：厦门大学出版社，2007年版，第52页。

② 施雪琴：《菲律宾天主教研究：天主教在菲律宾的殖民扩张与文化调适（1565—1898）》，厦门：厦门大学出版社，2007年版，第53~54页。

第三节　东南亚祖先崇拜

祖先崇拜是指对祖先亡灵的崇拜，以求得祖先灵魂的保佑。从根源上说，祖先崇拜是以血缘关系为纽带的社会体制在宗教上的表现。只要社会体制存在宗法关系，祖先崇拜就是必然出现和存在的宗教现象。[①]

越南人的祖先崇拜是在其血缘关系的家族体制基础之上，受中国儒家思想系统化而逐渐形成的，[②]是越南人最为重要的传统信仰。

不论在农村还是城市，越南人几乎家家祭祀祖先。根据越南宗教研究院的宗教社会学调查资料，对于天主教徒而言，89.4%的人在教堂实施祭祖仪式，27.7%的人在家中敬祖，经常性在家中设供桌祭祖的占34.6%，临时性的占6.1%，设宴祭祀的占13.5%；对于非天主教徒而言，祖先崇拜即是他们的“正统”信仰，信仰比例达100%，其中96.75%的家庭将供桌置于家中最庄重的位置，95.85%的夫妇都分别记得自己祖父祖母和祖先的忌日；农村中100%的家庭经常上坟扫墓，这个数字在河内为85%，在胡志明市为89%。[③]

越南传统观念认为，人死但灵魂不灭，为了接近亲人及子女，祖先的灵魂会经常回家，在工作、生活中跟踪他们的子女，并在需要的时候保佑并帮助他们。人们还认为，阴间与阳间的生活一样，阳间的人怎样生活、需要什么，阴间也是如此，这就使祭祀祖先成为必要。在家庭界域内祭祀的祖先，从祭祀者算起不超过4代，在非长子家庭，主要祭祀父母和祖父母两代。

祭祖分家祭和族祭，族祭一般在宗族的祠堂里举行，家祭则在家中举行。人们在家中设立供桌，即便是没有义务祭祀祖先的人，或因远离家乡，或出于对祖先的怀念，往往也会设置供桌，忌日时在家中祭祀，称“祭望”。供桌一般设置于正屋中心的位置，若是多层住宅，则置于顶层专用于祭祀的家祠中。从布局来看，供桌可分为里外两层，两层之间通过“倚门”隔开：里层供奉各位先祖牌位或肖像；外层是香案，其上摆放祭祀用的各种器皿，如香炉、酒台、花瓶、果盘等，根据祭器件数分别称之为“三事”、“五事”或“七事”。

越南人家中发生的大小事，如生子、小孩满月、入学、考试、结婚、立功、建新房、远行、生病、送葬等，家主都会向祖先汇报并祷告。固定祭祖的时间为祖先的忌日、传

① 吕大吉：《宗教学通论新编》，北京：中国社会科学出版社，1998年版，第505页。

② 相比中国血缘宗法制度的政治性和经济性，越南家族没有明显的经济目的，它的存在只为解决两个问题：“保障外婚制度和使祖先崇拜得到最广泛的延续。”儒家思想则赋予越南祖先崇拜的朴素观念以哲理、组织、仪式以及深刻的信念。Ngô Đức Thịnh. *Tín ngưỡng và văn hóa tín ngưỡng Việt Nam*. Hà Nội：Nxb Khoa học xã hội，năm 2001，tr. 46.

③ Phạm Minh Hạc，Nguyễn Khoa Điềm. *Về phát triển văn hóa và xây dựng con người thời kỳ công nghiệp hóa.* hiện đại hóa，Hà Nội：Nxb Chính trị Quốc gia，năm 2003，tr. 469.

统节日（如年节、上元节、清明节、端午节、中元节、中秋节、新稻节、灶君节等等）以及每月的朔望之日等。仪式一般由家长主持，传统的祭仪是：将供品摆上桌（供品可繁可简，根据主人家境和祭祀场合而定，至少要有一杯凉水和一炷香，其他如槟榔、酒、水果等；复杂的供品则包括糯米饭、茶、沙糕、香蕉或供荤），再燃香拜3拜，之后将香插入香炉，再拜3拜；然后家长恭读祭文、祷告（祭文内容包括祭祀时间、地点、祭祀人、祭品、恭请对象、缘由、祷告词等要素），最后再行4次叩首礼、拜3拜。一般情况下，祭祀仪式由家长、女主人和家中其他一两位成员完成。民间认为，香燃之时正是祖先享食祭品之时，这时“倚门”要拉下。香烧过一旬之后，家长再行谢礼。谢礼是祭祀者为了答谢祖先回家享用祭品，并见证子孙们的诚心和孝心而设的，即再点燃几炷香，行谢礼；之后需卸冥器而“化”之，以供祖先在阴间使用。祭礼之后家庭成员享食供品，人们认为吃祖先供品会得到祖先的庇佑。如今行祭拜礼有简化的趋势。

祖先崇拜对越南传统及现代生活有着广泛而深刻的影响，它体现了越南人的伦理道德观念以及对家庭和社会结构的认知，是越南社会永恒的象征符号。

首先，祭祖是对家庭成员角色关系以及家庭伦理秩序观念的重新确认。祭祖仪式的意义在于它“宣告”了生者与祖先（逝者）之间的社会关系，它意味着被祭祀的祖先仍然存在于生者的社会网络之中——不仅在家庭举行重大仪式以及过年过节时祖先们会“在场”，家庭成员所发生的任何大小事情，祖先都会与家庭成员共同“分担”。虽然过世人与现世人的存在方式不同，但人们与祖先之间的关系是连续而不是中断的，现世人与过世人之间仍然保持持续的联系，这种跨越时空的对话通过丧礼与祭礼而得以实现。越南人认为，香烛是沟通这种时空阻隔的桥梁，缕缕青烟可以帮助实现阴间阳间的对话。由此看来，祖先与后代的关系只是现世生活中父母与儿女关系的一种置换形式而已。在越南家庭中，家庭成员的纵向组成是包括了家中所祭祀的历代祖先在内的，他们从来都是家庭的一员，是家庭秩序与权威的象征。

其次，祭祖体现了家庭中代际互惠的亲缘伦理关系，这种亲缘关系表现在子女的孝心以及祖先对于子女的养育和福佑两方面。丧、祭仪式体现了生者对于祖先的责任和义务，而祖先，作为父母在另一时空的延续和存在形式，仍然有义务保佑子孙后代的平安与兴旺，就像他们在世时一样。这正是越南人人伦规范和生活方式的重要部分，它体现的是越南传统家庭中父母与子孙后代的终身互惠关系。在这些象征代际互惠关系的仪式中，祭祀者的诚心与孝心是最核心的因素，它含有返本报恩，不忘其所出的深意。几乎所有的仪式象征符号都以此为核心。当子女们通过丧、祭仪式将自己的孝心敬献于祖先的同时，祖先们也见证并“完成”了他们对于子女的“福佑”，尽管这种见证和福佑只是存在于生者的精神领域之中。

同一时间里的“互惠”只是互惠关系的一个方面，互惠关系的重心在于子女通过祭祀来报答祖先在世时对于他们的恩惠，这种互惠的实施是跨越时间（在世与过世）和空间（阳间与阴间）的。而生者通过祭祀行为报答父母生育、养育之恩的同时，也表达了他们寄托于血缘延续之中的对理想的人生生存状态和死后世界的理解，在这方面，祖先正是生者的领路人和典范，而生者也会在未来的某个时间里成为祖先，受到后人祭祀与膜拜，并成为子孙后代的典范。代际的血缘联系是超时空的、永恒延续的。

因此，越南祖先崇拜的意义在于：重新确认家庭成员（包括祖先）之间的关系，重温家庭成员之间由身份、年龄、性别等所带来的秩序观念；并重温代际间慈与孝的血缘互惠关系——这两种伦理关系正是维系越南家庭的基本纽带。同时，越南人把这种家庭伦理社会化，用家庭、家族中的各种秩序关系、血缘关系去认知、阐释并构建社会关系。越南著名史学家陶维英曾说道："在我国社会，个人淹没在家族之中，所有的伦理道德、文宪制度、政治法律都以家族主义为本。"[①]民俗学家吴德盛也指出："越南社会和社会关系的特征之一在于以'家族'作为基本的社会交际框架。"[②]

而祖先崇拜的基本命题——"支持长老的道德和义务权威"[③]也被运用于村社社会，形成了"上老"制，即村民到60岁（有的村社规定到55或50岁）可以坐上席，在村社大小事务中享有权威，并得到全村人的敬重。这一象征性制度正是家庭秩序观念在社会中的反映。

泰国人重视祖先逝世之后的祭拜活动。因为泰国人相信家人去世后仍然能够保护自己和其他家庭成员。他们相信当一个人死去之后仍然会有其生命的存在，并且活在另一个世界里，只不过他们变成了家鬼，换了一种形式与子孙们生活在一起。所以，泰国人对祖先的神灵进行祭拜就如同他还活着一样，但是泰国人相信死去的人变成了鬼以后其能力却比真正活着的时候要大得多。一般来说泰国人把祖先鬼都划分到善鬼的行列，因为自己家里的人从理论上是不会加害自己人的，但是如果家庭成员对祖先的祭拜不得当，那么祖先鬼就也有可能变成恶鬼。泰国人还把其祖先崇拜的对象扩展到了国家的统治者，因为他们死后是国家的祖先，比家庭的祖先要大，人们把其尊为"大神"。例如拉玛五世王，人们对其拜祭的习俗传统在泰国到处流行，并且把其当作自己的家人一样称呼为"拉玛五世父亲大人陛下"。

泰国的家鬼还有父系、母系以及男性、女性之分。如西北部和北部的家鬼称"披布耶"，意为祖父、祖母变成的鬼，南部称"披达艾"，意为外公、外婆变成的鬼，东北部称"披布达"，意为祖父、外祖父变成的鬼，不包括祖母、外婆等女性祖先变成的鬼。泰国人相信家里的祖辈去世之后形成家鬼会对子子孙孙后代的生存、发展有影响，所以子

① ［越］陶维英：《越南文化史纲》，胡志明市：胡志明市出版社，1992年版，第322页。
② ［越］吴德盛：《越南信仰与信仰文化》，河内：社会科学出版社，2001年版，第775页。
③ ［美］克利福德·格尔兹：《文化的解释》，纳日碧力戈等译，上海：上海人民出版社，1999年版，第102页。

子孙孙要遵照祖先流传下来的家规、家风行事，经常祭拜家鬼，这样才能得到家鬼的保佑，给家庭带来平安、吉祥，否则会给家庭带来灾祸。

老挝祖先崇拜分为对人类共同祖先的崇拜和对家族祖先的崇拜。老挝人认为人类的始祖叫“布耶”（男性）和“亚耶”（女性），相当于《圣经》中所说的亚当和夏娃，来源于老挝的神话传说。布耶、亚耶的形象是长头发、塌鼻梁、大嘴巴，既有当今东南亚人的面部特征，又有原始人的特点。在一些重要的仪式或戏剧演出中，还能经常见到布耶、亚耶的表演，旅游区也常有布耶、亚耶的木偶售卖，说明老挝人对人类始祖的纪念和崇拜还十分热情。

老挝的神灵崇拜主要分为家神、山神和村神，其中的家神就是家族祖先神灵。老龙族人实行火葬，富有人家把骨灰存放在寺庙中，一般人家把骨灰存放在自家庭院中，每家庭院都立有一个骨灰塔，专门用于存放祖先的骨灰，并供奉灵位。每逢节庆或先祖忌日，便于此烧香供养，以示悼念。相对于山神和村神的护佑众人，家神的保佑更具针对性，更有亲切感，毕竟血浓于水，所以老挝人对家神的崇敬更为用心，相信孝敬家神能给家人带来平安健康，如有怠慢则可能给家人招来灾祸，因而一旦有不顺的事情或身有不适，家人首先想到的就是是否做了什么对不起祖先的事情，赶紧上供表示歉意，以求祖宗原谅。

在柬埔寨，村庄里设有祠堂，供奉着祖先的塑像，他们相信虽然人会死亡，但是灵魂尚存，而且就存在于所塑造的雕像当中，因此对雕像的崇拜等同于对祖先本人的崇拜。祠堂中还有一块碑铭记录了祖先的主要事迹，叮嘱子孙们将对他的崇拜和祭祀延续下去，祖先也将保佑后世子孙平安顺利。“吴哥初期，因陀罗跋摩一世在位时将这种民间信仰吸收到王室和贵族当中。他在寺庙里大塑神像，这些神像既有国王本人的，也有先辈们的。”[①]因陀罗跋摩一世期望用这种方式来寄托他对先人们的崇拜。他不仅拜祖先，而且尊自身，希望自己的继承者能像他那样今后将自己作为神明一样供奉起来。国王的做法很快在王族和诸侯当中得到推广，达官贵族纷纷修建神祠，塑造神像。而规模上国王塑造的神像最大，雕塑精美，装饰华丽，其他人的则要小得多，雕饰也略为逊色。

柬埔寨人有在传统节日期间祭拜祖先的风俗习惯。新年期间，柬埔寨人会将房间打扫得干干净净，张灯结彩，摆上供桌，点燃香烛，供上鲜花、香水和果品，全家人围坐在供桌前迎接新年神仙，同时也拜祭祖先，祈求五谷丰登，国泰民安，还要到寺庙中请僧人为祖先们念经诵佛。柬埔寨的亡人节类似于中国的清明节，是柬埔寨人悼念逝世的先祖、慰藉鬼魂的节日。节日期间，全家人会带上孩子去扫墓拜祖，摆上供品，请僧侣为先人和亡灵诵经，点燃烛灯，祭拜和缅怀先辈。

---

① 陈显泗：《柬埔寨两千年史》，郑州：中州古籍出版社，1990年版，第243~244页。

在印尼，祖先崇拜的习俗大概起源于新石器时代的氏族社会，然而祖先崇拜的观念存在于整个印尼历史进程中。例如在印尼的不少乡村，村口或村中央竖立一木雕像，这一雕像即为同一氏族的村民的祖先。在印尼的木雕塑像中既有男子雕像，也有女子雕像。爪哇人把牛皮制成两百多种人形，用灯光把它们影射在白布幕上，那些影子被认为是体现着祖宗的灵魂。皮影戏开场前，人们先焚香祈祷，在烟雾缭绕中把祖宗的灵魂接来。而祖传的宝物被认为附着祖宗的灵魂，能赐福禳灾。

巴达克人的祭祀与祖先崇拜密切相关。他们认为，活人应告诉死者关于家庭中的重要事件。阴间的祖宗既可以庇护，也可能降祸于活着的子孙后代。因此，生者应善于利用祖宗的力量，增进部族的繁荣、兴旺，打击损害家族的仇敌。

巴厘岛有祭祖舞蹈。祭祀之日，男人建造祭坛、布置祭场，女人则头顶高高的几层供品，排着整齐的行列，缓步入场，然后翩翩起舞，祈求神的庇护，也抚慰祖先的亡灵。祖先崇拜在信奉不同宗教的印尼人头脑中根深蒂固。

祖先崇拜在菲律宾民间信仰中占有重要地位。在菲律宾人的祖先崇拜观念里，祖先和部落英雄的灵魂掌管着生者的祸福。人们一般用石头、木头乃至金银制成祖先偶像，称“阿尼托斯”，供奉家中向其祭献，祈求丰收、健康和财富。人们相信如果对祖灵不敬就会遭受惩罚，招致疾病与灾难。如他加禄人认为人死后灵魂还在，称其为“Kaluluwa”。如果祖先死后灵魂到处游荡，没有归宿，就会徘徊人间作祟，给家人带来不幸，所以必须祈求阴间主宰灵魂的神“Naga”为祖先的灵魂安排一个适当的去处。那些正直、勇敢、高尚者的灵魂会住在一个叫“Maca”的地方安息，而那些生前行恶者的灵魂会被安排在“Casaanan”遭受痛苦。

综上所述，祖先崇拜是东南亚各民族重要的民间信仰。祖先崇拜在东南亚地区的流行体现了各民族对祖先灵魂的敬畏，体现了对祖先保佑后世子孙平安顺利的祈愿，体现了尊老的伦理道德观念。

第四节　东南亚民间信仰中的征兆与禁忌

东南亚不少民族有着十分浓厚的迷信心理，认为凡事都会有预兆，人们必须依照预兆行事，否则，就可能有不测。征兆与禁忌是东南亚各民族对事物、现象的一种心理反应。

在缅甸民间信仰中的征兆主要有：蜂在家做窝，兆头好；蜥蜴在，家安全；鼠咬床、衣服，兆头好；梦见死人，身体健康；梦见僧侣、水、太阳、月亮，兆头好；鼻子跳，对象在想你；右眼跳，对象在思念；手臂跳，有福气；腰跳，会得衣服；上嘴唇跳，会吵架、有吃运；手脚指分开，兆头好。

出门见蛇横爬过路，预示路远，兆头不好；听到凤头鸡叫，兆头不好；梦见穿新衣、打雷、地震均为不祥之兆；鹿进村，村子会毁坏，会带来灾祸；草号鸟村里叫，会有人员死；走路遇绊，兆头不好；马车、牛车碰篱笆院墙，不吉利；吃喝时打哽，有人讲坏话；梦见某人抹香水，某人会有灾痛；梦见被狗追咬是凶兆；席子、垫子、衣服、纱笼上烧洞，兆头不好；镜子掉地，兆头不好。

梦见死人有财发；财神喜爱灵魂漂亮者；触到乌鸦、壁虎屎有财发；梦见蛆、豆、瓜果会发财；梦见吃瓜果会发财；手掌痒有钱赚。

秃鹫在房子上歇脚，不会发财；吃饭时有声响会变穷；吃完饭时不要讲“又完了一餐”，容易变穷；走路时脚步不能太重，容易变穷；不能踩饭、踩米糕，容易变穷；睡懒觉，会变穷；剪指甲后指甲要丢出去，留在家里会阻财；壁虎叫，会停财运。

在大树底下小便，树神会来附体；狗叫时有鬼怪来；晚上端牛肉、鱼和食物进屋前应搿一块扔掉，否则鬼怪会危害小孩；房前停尸时要给小孩抹脚灰，否则鬼怪会附体；晒有衣服时，也应立即收回，不能让鬼魂沾上；上床时不要沾饭粒，否则饿鬼会来吓人；月食时，要敲铁桶驱鬼。

在缅甸民间信仰中的禁忌主要有生活禁忌、结婚禁忌和建房禁忌等。

生活禁忌，如孕妇不应做枕头之类的针线活，不能吃并蒂香蕉，不能吃丧家之饭，不能去丧家，泼水节不能泼水；傍晚小孩子不应出门；男子不能从绳子下走过；林中行走时，听到有人叫自己的名字不能答应，否则会丢魂；睡觉时，头不能朝西、朝北；夫妻不能睡在有神龛佛像的房间里。

结婚禁忌，如周一出生的人与周五出生的人、周二出生的人与周三出生的人、周三出生的人与周日出生的人、周四出生的人与周六出生的人，如果结婚八字会相克。

建房禁忌，如每月不宜在初三、十三、二十三打地基，否则房主会生病；初九、十九、二十九打地基，房主会变穷；初八、十八、二十八打地基家人会被抓；初六、十六、二十六打地基，家中会有案件发生。

周日出生的房主建房时，周二、周三出生的人不能拿测桩线，周日出生的人不能打桩；周一出生的人不得为周二出生的房主打桩；周二出生的人不得为周三出生的房主打桩，不能为周四出生的房主建房拿测桩线；周三出生的人不得为周四出生的房主建房打桩，不得为周六出生的房主建房拿测桩线。否则会招灾、破财、倒房。立桩时，桩不能立在龙头上，否则房主会死父母。建房时禁止在南面开门，容易遭劫；在西南开门则容易失火、失盗；在西南、西北开门房主家会变穷。

泰国的征兆和禁忌内容广泛，涉及诸如名称、日子、现象、行为、梦兆、数字等。泰国一些主要的征兆与禁忌可列举如下：

蜜蜂在家里筑窝，有好运；周日理发长寿，周一理发好运相随，周三理发敌人会加害于你，还会易于与别人发生口角之争，周四理发有神灵保佑，周五理发总是会有好运，周六理发万事如意；早上和下午右眼跳有好运，表明自己正期望的事情将会如意，左眼跳会有噩运，会有失望的事情发生；左眼和右眼傍晚跳表明有好运，会有亲密朋友或亲戚来访，但如果是晚上右眼跳则会有不好的事情发生，如果是左眼跳，则表明将会有朋友给你带来好运；梦见蛇会遇到自己的缘分，梦见戒指会生女孩，梦见僧侣会生男孩，梦见人死表明延年益寿。

仓鸮停落在屋顶上不祥；壁虎叫不要出门，大壁虎白天叫有噩运；梦见穿新衣服将会生病，梦见牙齿断亲人会重病，梦见金钱事后必一贫如洗；鸟粪落头，有噩运；梳子断，有噩运。

晚上不要吹口哨，否则会被空中的降头打中；不要在庙里裹头或戴帽子，否则会秃头；不要向马桶里吐口水，否则会丧失语言能力；不要坐在楼梯上，因为家鬼不喜欢；不要吃饭时说自己做的梦，因为五谷之神不喜欢；不要跨过书籍，否则学习会记不住；不要穿湿衣服进屋，因为鬼不怕，而且还会肚子疼；怀孕的女人睡觉时不要绷着脸，否则生出来的小孩很难看；不要闻拿去供佛的花，否则会得鼻炎；不要在聆听佛训时睡觉，否则来世会变成蛇；不要索回给出去的东西，否则会是饿鬼(借出去的除外)；不要在晚上扫垃圾，因为鬼不习惯，而且还会扫走财气；不要在晚上剪指甲，否则会短命；不要从下面穿过支撑香蕉树或房屋的柱子、晾衣竿或者别人的胳膊，否则东西会损坏；不要让任何人跨过自己的头，否则每样东西都会衰败；在陌生地方如果听到有陌生的声音叫，不要回应，否则会中降头或者被不祥的东西入侵；睡觉头不要朝西，否则灵魂会出窍；不要在周六搬家、周五火化、周二给小孩剃顶髻、周三结婚，不吉利；不要穿黑色衣服看望病人；不要把寺庙里的树移栽到家里；不要周三理发；等等。

老挝人非常相信征兆，生活中出现的各种现象都可能是一种征兆，预示即将出现的事情。其中最为老挝人津津乐道的是梦兆。老挝人认为，梦是人的灵魂出窍，提前看到了要发生的事情，相信利用梦兆能规避灾祸，或给自己带来财运。如老挝人梦见了一串数字，一定会用这串数字来买彩票，期望借此发财；如梦见大水、污水或游泳都是不好的征兆，提醒自己不要出门；动物的叫声特别是鸟的叫声更是不得不注意的征兆，如听到雕的叫声预示将要出现让人伤心流泪的事情，人们必须学雕的叫声才能避免出事；斑鸠常在晚间出来摄走人的魂魄，如听到其叫声也是个坏征兆，甚至不能睡觉以保持警惕；看到树木无端折断预示家人将有病灾甚至生命危险。

老挝人的禁忌文化也比较丰富，综合反映了各种宗教信仰的影响和人们对自然力量的敬畏。相对而言，虔诚的佛教徒所持的禁忌要多一些，如过午不食，不食“十肉”(即人、象、虎、豹、狮、马、狗、蛇、猫、龟)等。普通人进入佛殿前必须脱鞋，不得把和尚禁吃的食物如狗肉、马肉、酒等带入佛寺；在重大节日进入寺庙时，男性不得穿短裤，女性不得衣着暴露，而以穿筒裙为美德；认为人的头是最神圣的，不能随意触碰，即便是对小孩子表示亲近也不能触摸其头部。

具体到各个民族，其禁忌内容也不尽相同。如佬族对河水的使用十分严格：上段河水为饮用水，中段只能给男性游泳、洗澡，妇女只能在下段洗澡。佬族人会在屋前放置饮用水，方便过往行人取水饮用，但在取水时，须用主人预留的勺子舀水，而不能使用自己的器具直接舀水。进入佬族人的房屋之前要脱鞋，外人不得进入内室。进屋后，一般席地而坐，坐时不能将脚对着他人。对男性的要求宽松些，可盘膝，也可两脚放在侧边，女性则必须并膝后将双脚放在侧边。老挝人忌讳大声说话，更不喜欢在公共场合大声叫嚷；别人谈话时，不能从谈话人之间穿行而过，女性尤其如此。如果空间狭窄必须经过，要低头弯腰走过，并致歉道："对不起，得从您面前经过了啊。"

老挝的泰族忌讳外来女性或自家的孕、产妇直接进入住房，而必须通过晒台进入。房屋前部有一根安放神位的屋柱，上面还往往挂着一根木制阳具模型，为泰族人的崇拜物，外人或晚辈不得靠近、触摸，更不能有亵渎的言语或行为。在入正门处有楼梯，但仅供男性或年长的女性上下楼使用。

老挝的佧族人信奉鬼神，生活环境较为封闭，对外来人进入村寨或房屋十分敏感。认为进入村寨要保持安静，唱歌、吹口哨等会招来鬼神。当认为村寨出现不吉之兆，或瘟疫流行时，就会全体举行祭鬼活动。此时，外人不得进村。佧族人生病时，忌讳见到外人或生人，家属要把树叶、树枝插在门上作为标志。如果看到门上或屋檐下挂有竹条编的六角形标志，则表示这家有鬼，外人不得入内，担心此时屋内阴气太盛，外人进入会带来更多的不吉之物。佧族人非常忌讳生人从后门出入。

老挝的苗族人喜欢自称"蒙"或"赫蒙"，在称谓上不喜欢别人称他们为"苗"。老挝苗族相对也有些排外，所以一般深居高山丛林中，不喜欢受到外界的打扰。家里人有事时，就在门口插上树枝，表示外人不得入内；婴儿满月前外人不得进入屋内；遇到丧事、祭祀等活动，未经主人允许，外人不得随便闯入。

老挝的瑶族规定在春节期间祭虎三天，不得出门，外人也禁止进入寨内；忌食狗肉、牛肉；忌讳挂白色蚊帐等。

在印尼，神灵崇拜和精灵崇拜在现今社会的留痕可以从种种禁忌中得到证明。如托拉加人在收获稻谷时不能大声说话以免惊动精灵；卡罗人忌讳暴卒者和无疾而终者的尸体得不到及时火化，因为害怕死者的灵魂长留人世。而在某些地区的习俗中，严禁把熟睡者突然叫醒，因为当人熟睡时，"灵魂离开躯体出外漫游"，人猛然惊醒，会使灵魂来不及返回躯体，导致人患病甚至死亡。同样，不能在熟睡者脸上乱涂，做恶作剧。否则，会使外出漫游的灵魂返回时认不出原来的躯体，熟睡者有可能失去灵魂而死去。此外，印尼人把头视作神圣不可侵犯的部位，除长辈外，别人不得触摸，否则被视为挑衅或污辱。因为印尼人认为灵魂是藏在人的头颅中的，不让别人摸小孩的头，是为了避免灵魂被摸走。而在北苏门答腊地区，当客人见到主人的新生婴儿胖乎乎的十分可爱，想夸几句，但他不说“这孩子真胖”，而说“这孩子身体真糟”。因为直接说孩子胖，会引起鬼怪的嫉妒，他们会使用魔力让孩子变瘦或遭难。

在印尼还存在一些语言禁忌。由于对自然力的不理解和对神秘力量的恐惧，人们把语言与相关的现象联系起来，认为语言具有能给人带来祸福的超自然力量。如印尼猎人禁讳直呼老虎，而称其为“老人”、“爷爷”或“拿督”（家族中最年长的男子），这样称呼旨在表明自己是老虎的后代或亲属，希望在林中遇到老虎时能化险为夷。为了能捕到野猪和鹿，猎人们把野猪称作“安达班”（一种矮小的植物），把鹿称作“巴昌安”（一种细长的植物），而蛇则被称为“树根”，因为树根不会活动，也就不会咬人。为了避免捕鱼时鱼儿听见自己的名字而逃之夭夭，渔民把鱼称作“海里的垃圾”。出于防止田鼠危害农田的目的，印尼农民忌讳直呼其名，如果非要提到它们不可时，则称其为“登·巴古斯”（一种贵族的称号）。

综上所述，征兆与禁忌是东南亚各民族宗教信仰、民间信仰的具体表现形式，体现了各民族微妙的文化和社会心理。

第五章　东南亚传统节会

东南亚的传统节会包括宗教性节会、农事祭祀性节会和社交娱乐性节会等。东南亚节会文化与各民族的生产环境、生活方式、宗教信仰等紧密相连，是各民族在漫长的历史过程中形成的产物，是各民族在社会发展中传承、彰显民族文化的重要形式，是各民族政治、经济、生产、衣食住行、宗教信仰、文化艺术、社会交往、民族心理等的综合反映。

第一节　东南亚宗教性节会

东南亚宗教性节会是指那些来源于宗教的节会。宗教节日流传到民间，逐渐形成了庙会等一系列节俗活动。在东南亚宗教性节会中，有些节会是数国有大体相似的渊源和仪式，如在缅甸、泰国、老挝和柬埔寨等国的泼水节，缅甸、泰国、印度尼西亚和马来西亚等国的卫塞节（又称佛诞节、浴佛节），泰国、老挝和缅甸等国的守夏节（又称结夏节）与解夏节（又称出夏节），印度尼西亚和马来西亚等国的开斋节、宰牲节和圣纪节等；有些节会是一国所独有的，如缅甸的考经节和功德衣会、泰国的水灯节、老挝的高升节和柬埔寨的亡人节等。

一、泼水节

泼水节在信奉佛教的缅甸、泰国、老挝和柬埔寨等国有大体相似的渊源和仪式，当然各国也存在某些细微差别。

在缅甸，泼水节是有名的传统节会，一般在缅历一月份（公历4月中旬）举行。泼水节缅文为“thinkyan”。这个词来自梵文，意为物转星移。缅甸的泼水节有4天，即帝释天下凡前日、下凡日、停驻日、回天日。之后便是新年第一天。

泼水节的来由传说不一。一种传说是来源于印度，由印裔释迦王族的泼水习俗演变而成。相传，迦毗罗卫国的释迦王族生性好玩，他们在大湖边修建行宫玩水嬉戏。后来王族们为湖所吸引，长住行宫，不愿再回迦毗罗卫国，由此衍生一俗。释迦族人从印度迁入缅甸，建立太公王国后，不忘旧俗，仍旧泼水。蒲甘那罗波帝悉都时期（1173~1210年），王与王后、众妃下到伊洛瓦底江，行嬉水之乐。后世国王继承此举，沿久成俗。

另一传说讲，人间有一星相大师名迦瓦拉迈，很有学问。一次帝释天和梵天卜卦，因卦象争执不休，不分伯仲。无奈之下，他们只好下凡请迦瓦拉迈仲裁，并约定胜者取下输者之头。星相大师迦瓦拉迈判帝释天胜。帝释天不愿砍梵天的头，梵天为了守约而自砍头颅。由于梵天的头火气太旺，放入大海海水烧干，置于大地大地一片火海。因此，帝释天只好叫来包卡、拉什卡等七位仙女轮流抱头。梵天的头从一位仙女转到另一仙女手中时，正值人间一年。后来帝释天拿来一只象头，用水一泼，梵天便复活了。此后，每到换岁之际人们都要泼水以示消灾纳福，涤除旧年的晦气，迎接新年。按照缅甸人的风俗，人们认为新年之水吉祥，会给人带来一年的好运，所以泼得越多越高兴。

泼水节前日，急不可耐的民众有的就已开始泼水了。他们一般都在泼水节前在自家门前准备好足够的水，以便泼向路人。缅王时期泼水比较文明：人们在银钵中放入清水和香料，用番樱桃树枝蘸水轻轻地洒到对方的肩上、头上以表祝福。如今在仰光等大城市，泼水风俗发生了质的变化，演变成打水战了。人们用桶、水枪、盛有水的塑料袋互相打射取乐。泼水节期间除了不向值更的人员泼水外，无论男女老幼均相互泼水祝福。

传统上，泼水节也是人们行善的日子。泼水节期间人们还以街区、村寨为单位搭起座座牌楼，用糕点、汤圆、鱼汤米线招待四方来客，向僧侣施斋，进行布施活动。各家各户也在自家房前门上挂上消灾的番樱桃树枝，还要做诸如去佛庙拜佛、浴佛、守戒、打扫庙宇、给老人洗头之类的善事。

在泰国，泼水节也称为宋干节。宋干节是泰国的新年，于每年公历4月13～15日举行。“宋干”一词出自梵语，意思是物转星移，其来自婆罗门教的历法，指太阳运行的轨道从双鱼宫进入白羊宫，此时昼夜等长，在泰国文化里标志着新一年的开始。

宋干节据说是随着婆罗门教的传播由缅甸传入泰国的，对于宋干节的产生，说法却莫衷一是。有说宋干节源自印度婆罗门教的一种仪式，教徒们每年都要在规定的日子到河边沐浴，洗去身上的污秽、邪念与罪恶。另有说宋干节来源于婆罗门教的风俗习惯，人们认为将梵天王脑袋流下的血抹在身上就会有好运，所以每到宋干节到来时，便以染红的水代替梵天王的血，泼洒在人们身上，以表示好运上身。

在曼谷卧佛寺石碑上也有关于宋干节的神话传说。相传很久以前，有一富翁为求子，终日在河边大树下供祭日神和月神。一次时值宋干日，树神被其虔诚之心感动，向天帝禀奏，天帝怜悯，命正义金童下凡投胎至富翁家。富翁得子，取名“固玛”，意即“童子”。固玛天资聪慧，七岁能诵经，懂鸟语，还能预言世人祸福，从而触怒了仙师伽宾婆罗门和摩诃婆罗门。仙师伽宾婆罗门提出三个问题，与固玛打赌，输者割下头颅。固玛如期回答了问题，仙师认输并割下了自己的头颅。但是仙师是一个凶神，头颅放在哪里，哪里就会发生灾祸，所以仙师的头颅便由其七个女儿轮流捧住，并供奉在坎健陀都里山洞内四方形塔的塔顶中。每年七仙女轮流前来将其父头颅请出周游须弥山，后来拍威萨素甘神为此修建了一座水晶宫。众神每年到宫里聚会一次，分饮用蛟状蔓藤泡浸过七次的水以作纪念，并命名聚会的日子为“宋干节”。

宋干节一共持续三天，节日的主要活动包括斋僧行善、浴佛、敬拜长辈、泼水祝福、花车游行、放生及歌舞游戏等。节日的第一天被称作“玛哈宋干日”，标志着一年的结束。第二天被称作“宛闹”。最后一天也就是4月15日被称作“宛他棱索”，标志着新年的开始，这是宋干节新年庆祝最重要的一天，各种庆祝活动达到高潮。

泼水是宋干节的主要庆祝活动。泰国人相信水是世界上最为纯洁干净的物质，泼水是一个清洁和净化的过程，能够把身上的晦气和霉运带走，洗掉所有的灾祸、不幸和邪恶，带给人们好运和洁净，从而开始新的一年。于是在宋干节时，人们拿着各种泼水工具，如盆、桶、瓢、水枪、水管、塑料袋等，互相淋洒、泼水，往脸上涂抹白粉，并互相恭喜及祝福，体会节日的欢快与愉悦。

滴水礼是宋干节用水表示祝福的另一种形式，体现着长辈与晚辈之间的关爱与牵挂，以及家庭的和睦与团圆。在宋干节期间，几乎每个家庭都要举行为长辈滴水的仪式。届时，年轻晚辈排成一队用混合香水和鲜花花瓣的清水滴入长辈合十的两手掌中，以吉祥的方式表达对老人的爱和尊敬并祈求得到长辈的赐福。长辈们用滴过水的手抚摸晚辈的头，祝愿他们快乐幸福。此外，人们还会带着香水来到佛寺，为佛像和僧人洒水。僧人在接受俗众洒水时会给予他们神圣的祝福。

各种与佛教相关的活动也是泰国宋干节的传统庆祝活动。清晨天刚破晓，人们就会穿着一新，并准备好食物、日用品和荷花等物品，在家门口等候着托钵化缘的僧人，或者全家都到佛寺去斋僧行善。而僧人则会用树枝把浸着花瓣的圣水，洒到善男信女的头上以消灾赐福。佛寺还会提前准备一尊佛像，供人们在宋干节时洒水洗尘，举行浴佛活动，并让人们在佛寺中“放生”鸟、鱼或龟等动物，以行善积德、祈求吉祥。另外，宋干节期间还会在佛寺内举行“堆沙塔”活动，人们带着器皿去河中搬来沙子放在佛寺中堆成一个个沙塔，并装饰着彩旗和鲜花。之所以这么做是因为泰国人认为当一个人离开寺庙时，鞋底不免会带走寺庙地面上的一些沙土，这被认为是一种罪过，而堆沙佛塔可以被看作是一个弥补被带走的沙的有效方法，也是一种积德行为，人们可以由此获得佛祖的庇佑。

可见，作为泰国新年，宋干节体现的不仅仅是节庆假日的欢愉气氛，更多体现的是人们对所获得的善待、慷慨、快乐和幸福的感恩，对祖辈的尊重以及对家人的关爱，还有对佛教以及佛教精神的颂扬。

老挝的泼水节，也称新年节、宋干节等，在每年佛历五月十三日至十五日举行。泼水节是最具有佛教特色的节日，泼水节的来历有两个说法：一是认为五月份天气开始转热，人容易生病，过年时泼水可消暑去病。第二个说法则是来源于一个婆罗门教传说，有一对富人多年膝下无子，帝释天有感于他的虔诚，让聪慧无比的坦玛班顾曼转世成为他的儿子，坦玛班顾曼德才兼备，学贯三吠陀经书（人类、动物和社会学），在梵天界、天神界和人间都声名远扬。这引起了梵天神迦宾拉蓬的嫉妒。迦宾拉蓬不甘心坦玛班顾曼的风头盖过自己，随即下凡向坦玛班顾曼挑战，提出如果坦玛班顾曼能回答他的三个问题，他愿意被砍下头颅，反之，如果回答不出来，坦玛班顾曼也要被砍下脑袋。这三个问题是“早晨、中午和晚上，人的祥瑞分别在何处”，迦宾拉蓬给了坦玛班顾曼七天时间。这难住了坦玛班顾曼，他冥思苦想了五天，仍想不出答案，甚至因焦虑整整瘦了一圈。他想这回可能是难逃一死了，但就是死也要自己了结，不愿意被加宾拉蓬砍脑袋。于是，他走到了田间地头，看到了两棵大棕榈树，心里想着就选择这里结束生命吧，如此还能保留全尸。不经意间，坦玛班顾曼却听到了栖息在树上的一对老鹰夫妇的对话。母鹰问：“明天我们吃什么呢？牛羊的尸首都吃完了。”公鹰回答道：“不怕，明天我们可要吃人肉了。明天是加宾拉蓬和坦玛班顾曼两人打赌的最后一天，如果坦玛班顾曼回答不了加宾拉蓬的问题，一定会被砍头的。”母鹰问：“加宾拉蓬问坦玛班顾曼什么问题啊？”公鹰说：“早晨，人的祥瑞在哪儿？中午，人的祥瑞在哪儿？晚上，人的祥瑞又在哪儿？我想，坦玛班顾曼肯定回答不了，因为这个问题太难了。”母鹰便问：“那你知道这个问题的答案吗？”公鹰答：“难不倒我，听着，早晨，人的祥瑞在人的脸上，因为早晨人们醒来便要用水洗脸；中午，人的祥瑞在胸部，因为人们要用水擦洗胸部以驱除炎热；晚上，人的祥瑞在脚上，因为临睡前，人们总要洗脚。”坦玛班顾曼听完这对老鹰的对话，不禁喜出望外，赶紧连夜跑回家中，等候加宾拉蓬的到来。第七天期限到了，加宾拉蓬果然如约而至，但他万万没想到坦玛班顾曼竟然一句不差地回答了自己的问题。为了亲眼看到三界中梵天界与人间的顶级智慧大比拼，这一赛事自然引来了众多的观众。在众目睽睽之下，加宾拉蓬也不可能辱没梵天界的威信，不得不遵照诺言，砍下了自己的脑袋。由于加宾拉蓬生前法力无边，脑袋砍下后就会熊熊燃烧，一旦放在人间就会造成森林焚毁，湖泊干涸；一旦放在天上，就会狂风大作、沙尘肆虐，终年降雨不断、冰雪不化。于是，加宾拉蓬让自己的女儿拿来一个大盘子，让坦玛班顾曼把自己的脑袋砍掉并放在盘子里。之后，加宾拉蓬的首级就供奉在山洞中。以后每年年末，加宾拉蓬的七个女儿就把父亲的首级取出，用水泼洒清洗并祈愿父亲在天之灵能够享受一丝凉爽。久而久之，人们觉得这是一项很好的仪式，每到年末辞旧迎新之日，便用花儿浸泡的香水相互泼洒，寄意洗涤污浊晦气，祈愿健康福达。

新的一年，人们总想能摆脱过去一年的晦气，换来全新的前景。于是，水是新年的主题。十三日是每年的最后一天，老挝全国上下，从国家机关办公场所，到寺庙、学校以及每家每户都要大搞卫生，并准备好香烛、浴佛的香水。下午3点，僧人敲锣打鼓以为传号，让人们集中到寺庙中等候拜佛、听经、浴佛。浴佛是这一天最主要的活动，寺院会搭建一个平台，将佛像恭恭敬敬地请到台上，人们用钵、杯子等把准备好的鲜花浸泡过的香水慢慢倒洒在佛像身上，切忌用手触摸。同时也要用香水给和尚和德高望重的长者泼水，家中如有象牙等神圣物件，也要请出来洗浴，态度要庄重和虔诚。人们相互之间也要泼水祝福，用接受过和尚诵经的水泼洒对方被认为更是一种护佑。正式而文雅的泼洒方式是用指尖蘸水，轻轻地洒在对方衣领、物臂等部位，但兴致上来时则没有太多的顾忌，大街上开着车向行人泼水，水枪、水管、盆、桶等通通能派上用场，也不管你是西装革履还是裙子飘飘，都照泼不误，泼水的场景蔚为壮观，让你在狼狈不堪中体会泼水节文化的独特魅力。十四日称为“空日”，是介于除夕和新年之间的日子，一般每年有一天，但隔几年会有两天的空日。这一天人们都会停下手头的工作，或休息或探亲访友。下午4点，寺庙的和尚会敲锣打鼓，告诉大家去采摘野花来献佛。吃完晚饭，和尚仍会敲锣打鼓告诉人们集中到寺庙举行听经仪式，之后举行各种娱乐活动。十五日是新年第一天，这天一早，人们聚集到寺庙中斋僧礼佛，互相拴线祝福。各家各户也会自行组织拴线祝福仪式，以把新年祥瑞之气引入家中。此外，十五日这天还有堆沙塔和放生等活动，这却是佛教积德行善的教化内容，与婆罗门教的泼水活动有机地融合在一起，共同构筑丰富多彩的新年文化。堆沙塔一般在寺庙中斋僧礼佛完成后于下午1点至2点间进行，人们把沙子堆成塔的形状。4点左右，人们把鲜花装饰在沙塔四周。到晚上，人们手捧鲜花围着沙塔举行祈愿求福仪式，很晚才各自散去。十五日下午是集中放生的时间，人们希望通过放生，给动物一个脱离痛苦、囚禁和死亡的机会，给予它们自由。

在柬埔寨，泼水节，也称新年节。新年节是柬埔寨一年当中最隆重、最热闹的传统节日。柬埔寨等信奉小乘佛教的国家皆以佛历释迦牟尼的诞辰（佛历五月十三日）为纪元。每年4月，农民们收割完稻谷，开始庆祝丰收，在雨季到来之前进行休整，庆祝新年。

新年前两三天，柬埔寨人民就开始在家中准备食物、打扫卫生、清洁屋舍，并用各种鲜花进行装饰，并扎上彩带，挂上各种颜色的灯泡和灯笼来点缀。人们做好各式各样的点心，其中最常见的是竹筒糕，它是将大米、黄豆、豌豆搅拌在一起放入竹筒里蒸熟或者煮熟的糕点，十分美味可口。人们在家中准备好一张桌，摆上一对花塔、一对槟榔香蕉供品、五炷香、五支烛、两碗香水、五支槟榔、五束蒌叶、五支香烟以及各种鲜花、饮料、糕点和水果，来迎接新年的神仙。人们根据历法算准新年到来的那一刻，与儿孙们围坐在一起点上香烛、滴洒香水，送走旧神迎来新神，祈求新年神仙保佑家庭成员平安健康、万事如意。人们还要将家中的各种水桶、水缸、水池装满水，以便沐浴。

柬埔寨新年为期3天，通常从公历4月13日至15日或14日至16日。人们会尽快结束工作，城里的人到寺庙里举行各种仪式，或者到近郊旅游，进城务工的人则纷纷返乡与家人团聚，或前往金边、暹粒、西哈努克市旅游，全国上下充满了欢乐、热闹、喜庆的节日气氛。

柬埔寨新年的第一天称为守岁，是人们准备结束旧的一年，进入新的一年的最后一天。百姓准备好桌子，摆上香烛和供品，在神像或者佛像前跪拜三次，祈求神灵保佑平安。

人们会用水在早上洗脸，在中午洗身子，晚上休息前洗脚，以获得好运气。第二天称为辞岁，人们将准备好的食物和新衣服送给老人、父母和对自己有恩德的人，还将食物施舍给穷人、佣人、无家可归者来积累功德。一家人会前往寺庙举行仪式祭拜祖先和对自己有恩德的人。第三天称为新岁，这一天僧人们举行隆重的浴佛仪式，将佛像擦拭干净，洒上象征幸福的香水，祈求佛祖保佑国泰民安。

寺庙是柬埔寨人欢庆新年的主要场所，新年期间全国各地的寺庙会精心打扫，装扮得焕然一新，挂起佛教的五色旗，搭建彩棚迎接百姓。百姓穿上节日的盛装，佩戴上各种各样的首饰，携带香烛、鲜花，其中象征佛教的荷花和茉莉花最受欢迎，提上饭盒和水果一起前往寺庙礼佛斋僧，参加堆沙塔和浴佛仪式。寺庙主殿的地上铺好凉席迎接善男信女们前来布施，百姓则将带来的饭菜盛到准备好的钵和盘里。德高望重的高僧不仅为信徒们礼佛诵经祈求吉祥如意，还为他们滴洒圣水恩赐平安幸福。有些寺庙还在空地上摆上长桌，桌上依次摆放着金盘和银钵，人们纷纷排着队将饭食放入银钵，将钞票放入金盘，表示供奉，积功德。一些人逝世后会将骨灰存放在寺庙里，因此人们借此机会都来清扫骨灰塔，祭拜祖先。新年第一天和第二天的下午通常会举行堆沙塔仪式，人们先将沙子搬运到寺庙里，然后堆成锥形尖塔，类似七级浮屠，沙塔堆得越高象征功德越大。在搭建好的彩棚里通常会堆起五座沙塔，中央最大的一座象征佛祖，四周的四座代表佛教、佛法、父亲和母亲，参加仪式的人们抓上细沙撒到五个沙堆上，象征获得沙一样绵绵不断的幸福和长寿，也预祝来年粮食满仓。沙堆上还要插上香烛进行祈祷，期望驱除厄运，祈求风调雨顺、五谷丰登。有些人还将钞票放在沙堆上，表达对佛教和长辈的敬意，也祈祷自己的心愿能够实现。在堆沙点附近还有举行浴佛仪式的彩棚，善男信女们把香水和茉莉花瓣放在清水中，然后把水从佛像的头顶缓缓倒下，佛祖沐浴过的圣水流进自备的容器中，人们便把浴过佛的水带回家，洒在老人、孩子和家人头上或者洗脸，祈求去病消灾，吉祥如意。

无论在乡村还是城市，柬埔寨人都喜欢聚集在空地上，伴随着欢快的民间音乐一起跳起南旺舞，唱起欢快的歌曲，开展各类民间游戏来庆祝新年，如对歌、掷安哥子、抛布球、拔河、抓小鹰、踢毽子、抢姑娘、捉迷藏等，四处洋溢着欢声笑语。城里的年轻人还喜欢涌上街头，坐在摩托或者敞篷车上，带着水枪、水勺、水桶向过往的行人和车辆泼水表示祝福，将香粉抹到朋友或者其他人脸上。入夜后人们张灯结彩，挂上灯笼继续载歌载舞，各家电视台和电台连续播放庆祝新年的MTV和舞曲方便人们跳舞。大城市里还燃放焰火供人们观赏，传统新年的娱乐项目不断丰富。

除了寺庙和民间举行的各种传统活动之外，各级政府也会举行迎神仪式来祈福，并表演祝福舞等传统舞蹈，以弘扬国家的传统文化。柬埔寨国王会在王宫举行隆重的新年浴佛仪式，仪式通常在新岁这一天举行，僧王、高僧、王族、政府高官、各国使节、贵宾都受邀参加。仪式上国王在王宫正殿前用事先准备好的香水和供品敬拜佛像和祖先，祈祷国王的德行在新的一年保佑柬埔寨王国国泰民安、国运昌盛。然后国王向释迦牟尼佛像献上供品和香水，并用香水沐浴佛像，祈祷佛祖保佑柬埔寨王国和柬埔寨人民新年平安吉祥，富足安康。

二、卫塞节

卫塞节又称浴佛节、浴榕节或佛诞节，该节日是缅甸、泰国、印度尼西亚和马来西亚等国佛教徒重要的节日。佛陀出生、悟道、涅槃三大圣迹均发生于佛历六月十五日的月圆日。为了纪念佛陀，1950年，世界佛教徒联谊会在斯里兰卡举行纪念庆祝会时，便公推这一天三期同庆，命名“卫塞节”(Hari Wesak)。“卫塞”这个词是巴利文“Visakha”的音译，是月亮圆满无缺、光明皎洁的意思，象征佛陀智德圆满，福慧俱足，所悟真理之光遍照大千世界，使众生能得到启示，破除烦恼。

在缅甸，卫塞节称浴榕节，在缅历二月月盈日举行。缅历二月月盈日是释迦牟尼前世接受燃灯佛预言启示、悉达多出生、受四谛成佛、涅槃和菩提树出土的日子。每当缅历二月月盈日到来之时，人们都要去佛塔礼拜，给菩提树浇水、浴佛。菩提树对于佛教徒来讲是十分神圣的，它是佛的象征。当年，释迦牟尼在尼连禅河边苦行林中的一棵菩提树下潜心冥想，静思人生之道，最后得道、觉悟成佛。因此，每一座佛塔都种有菩提树。人们对菩提树倍加爱护，从不砍伐。缅甸的菩提树是由僧侣们从锡兰带入的。史书中有那罗波帝悉都时期僧侣波劳信赴锡兰求菩提树种献于王的记载。缅甸的浴榕习俗始自蒲甘朝。邦牙朝时(14世纪初)浴榕开始成为一个正式的节会。人们浴榕的目的有两个：一是使树长青，二是求雨祈丰年。浴榕节当日，人们一大早就聚集于榕树下。习惯上人们在早上6点要按顺时针方向绕树一圈。6点半司仪宣布浴榕活动开始。先恭请众神下凡，然后僧侣要持戒、颂偈陀和讲法，再献浴榕水，长者宣布浴榕。这时由32位打扮成梵天、帝释天、龙、妙翅鸟模样的演员分4组在榕树周围站好，再由8位身穿民族服装的长者走到树下，念颂偈、给榕树浇水，之后64位少女念祈祷八字偈，分福与众，送梵天回府。众人在大念三声善哉后敲铜磬一下，宣布仪式结束。众人再根据自己的意愿浇水浴榕。由此节会派生的还有献凉水罐的习俗。缅甸人认为施水有十种好处：(1)长寿；(2)美丽；(3)富有；(4)聪颖；(5)力壮如牛；(6)有名气；(7)侍从多；(8)洁净；(9)快步如飞；(10)不缺水。

在泰国，卫塞节称佛诞节、浴佛节，泰语称“维沙迦布差”(Visakha Bucha)，意思是“六月十五日供养”。卫塞节是泰国最为隆重的佛教节日，庆祝活动通常持续三天。清晨人们都到各个佛寺中敬佛、斋僧、行浴佛礼，给佛像洒清水“洗尘”。佛寺在这一天要举行斋戒、放生、诵经法会，晚上人们带着香烛鲜花去佛寺膜拜“三宝”，并举行巡烛仪式，表示对佛的虔诚。

印尼是继泰国、缅甸、斯里兰卡、尼泊尔、马来西亚、新加坡之后第七个将卫塞节确定为公众假日的国家。在印尼，卫塞节也叫“佛诞节”或“浴佛节”。

卫塞节庆祝活动一般持续三天，以节日当天最为隆重，主要活动是举行法会。爪哇的婆罗浮屠、门突、巴旺等神庙是众僧举行法会的主要场所，每年都有数以万计的僧人及普通信徒、居士从爪哇和外岛涌到这里，各国到印尼观光旅游的佛教徒也同当地教徒一起参加庆祝，盛况空前。法会内容包括用圣水（浸泡过香花的水）擦洗佛像并挥洒在其周围；在佛像前供奉灯烛、果品，和尚尼姑进行坐禅拜佛、讲经布道、为民祈福等。由于受各种条件限制，绝大多数教徒不可能前往上述圣地参加盛大法会，但这丝毫也不会减弱他们对佛祖的虔诚之心。他们会在家吃斋诵经，或去当地寺庙进香拜佛。在节日当晚凌晨，他们都要膜拜佛祖，然后再向双亲及亲属中的长者跪拜祝福。卫塞节对于佛教徒的意义不仅是敬仰和纪念佛陀的慈悲善行，更重要的是遵守佛陀的教诲，学习佛陀的德行，不断修正自己的行为。所以，信徒们在过节时除做佛事敬拜佛祖、净心修炼外，还常常做各种善事，如献血、拜访孤儿院和教养院、清扫市场、义务治病等，以达到六根清净，修功进德。

在马来西亚，卫塞节是该国佛教徒最重要的宗教节日。卫塞节这天，马来西亚的佛教徒会集聚在各地的寺庙，敬献香火，放飞和平鸽。晚上，各家都会食斋。目前，在一些州属卫塞节已经被列为马来西亚的公共假日。

三、守夏节与解夏节

守夏节与解夏节又称入夏节、结夏节与出夏节，该节日是泰国、老挝和缅甸等国佛教徒的重要节日。

在泰国，守夏节又称入夏节、雨安居等，泰语叫“考攀沙”。时间从佛历八月十六日开始至十一月十五日的解夏节结束，为期三个月。

守夏节相传源自古印度僧尼雨期禁足安居的习俗，古印度僧尼认为在佛历八月十六日至十一月十五日三个月内外出易伤稻谷和草木小虫，应在寺内坐禅修学，接受供养。守夏节那天，全国各寺的僧侣要清扫寺院和僧舍，全寺僧人举行守夏安居仪式，礼佛诵经，并起誓在寺内安心修持三个月。同时泰国全国放假一天，人们都到佛寺去施斋行善，听经受戒，特别是准备了蜡烛、牙刷、牙膏、肥皂、浴巾等日用品，供僧人在守夏节诵经时使用。之后各寺的僧侣则在这三个月里不出寺门，潜心修学佛法。善男信女大多也会选择在守夏节前举行剃度礼，落发为僧。一些居士也会在守夏的三个月里在家里持戒诵经，接受佛教的教诲，表示对佛教的虔诚。

佛历十一月十五日为解夏日，表示三个月的安居期结束，僧人可以恢复正常外出。佛寺会举行宣讲本生经和供衣等仪式活动，人们会通过向僧侣敬献三衣和其他生活用品等布施活动来表达对严守僧规戒律的僧人的尊敬。

在老挝，入夏节，每年佛历八月份到十一月份，为时三个月。由于八月份雨量增大，为不踩踏庄稼，在入夏节的三个月里，僧人遵照佛祖的指示只能在寺庙中修行，不得出行，不得已要离开寺庙也必须在七天之内回来。由于僧人不得出外化缘，佛教徒就只能到寺庙中布施，同时，看到僧人为了民众的利益而守戒，人们也自愿约束自己的行为，在入夏节的三个月内不得结婚，以示对佛教的尊重。

出夏节在每年十一月份举行。自八月份入夏以来，僧人已有三个月不得出行，为使僧人们能够交流佛法，沟通心得，同时也有机会探望家人以及化缘布匹等，自该月中旬起解除雨季禁行令，允许僧人出行。为庆祝出夏节，这一时期还举行漂灯船（也有漂水灯活动）、赛龙舟等活动，都是民众广泛参与的活动。

在缅甸，入夏节称为结夏节。相传释迦牟尼在世时僧侣们一年两个月无限制地到处云游，踩坏青苗，引起了世人的不满。为此佛祖降旨，不许僧侣在雨季里云游四海，每天要在常住的庙中过夜。这一规定延续至今成为传统。每到缅历四月十五日和五月十五日，和尚们先要在自己挂单的庙中打扫卫生，把大缸小罐装满水。当日下午或晚上众僧诵经完毕后，由主持宣布坐夏事项，再按僧腊大小念一至两遍“弟子在坐夏三个月内，只在本庙坐夏”的誓言，其他僧众高呼善哉后仪式结束。也有施主参加结夏会的，他们等和尚们宣谕完毕后，给和尚敬献姜茶和其他允许的食品。此后三个月之内，僧侣们不能到处乱跑而只能在庙中修行坐夏了。

四、开斋节

在东南亚宗教性节会中，开斋节是印尼和马来西亚等信奉伊斯兰教国家共有的节会。

在印尼，伊斯兰教历每年九月，全国伊斯兰教徒白天都要“封斋”，即戒除饮食男女，清心寡欲，谨言慎行，自我反省。据传，在伊斯兰教的创始人穆罕默德40岁那年（伊斯兰教历九月），真主把引导人们走向正途的《古兰经》传授给了他。为了表示纪念，便有了斋月。斋月期间，人们体验饥饿干渴，养成坚韧、刚强、廉洁的美好品德。斋月过后的第一天即十月一日，教徒们开禁进食，这一天便成为开斋节（Idul Fitri）。当穆斯林圆满完成斋戒后，犹如完成一项重大的善功，自然可喜可贺，于是开斋节便成了一个喜庆的重大节日。

开斋节前夕，家家户户都要筹办过节用的食品和衣物，市场商店一片繁忙景象。各伊斯兰教团体和慈善机构也忙着进行慈善捐赠活动。开斋节前夕是个不眠之夜，各清真寺整夜念经，诵经声通过高音喇叭传到四面八方。在雅加达，当晚要在广场举行有成千上万人参加的庆祝典礼，电台、电视台都会播放精彩的文艺演出。开斋节那天，家家户户打扫得干干净净，门前挂着用嫩椰叶制作的装饰物。穆斯林们沐浴净身，穿着盛装前往清真寺参加会礼，聆听伊玛目演讲，大家一起做礼拜。然后，各家各户前往墓地扫墓，祭奠圣人及先人亡灵。之后，走亲访友，互相问候，互致谅解，增进感情，品尝早已准备好的美味佳肴。可以说，开斋节是印尼最盛大和最重要的传统节日，虽然按国家规定只放假一天，但实际上一般都要放三天以上，有的单位甚至放假一周。每逢此时，印尼举国欢庆，处处都是一片喜庆景象，外出工作的人都要赶在开斋节前返回老家与亲人团聚，共度佳节。

在马来西亚，开斋节（Hari Raya Puasa）是马来西亚这个以伊斯兰教为官方宗教的国家最重要的节日。每年伊斯兰教历九月，全国的穆斯林要把斋一个月。在斋月期间，除病人、孕妇、婴儿等特殊人群之外，所有的穆斯林不能在白天进食，夫妻不能行房事。他们通过禁欲的方式，对自己在过去一年当中的所作所为进行自我反省，向安拉忏悔。此外，穆斯林相关组织还会在斋月期间开展捐赠活动，以帮助尚有困难的穆斯林兄弟姐妹。斋月过后的第一天是他们庆祝、狂欢的时刻，即为开斋节。在节日前夕，远离家乡的马来穆斯林会相继回家，与亲人团聚，共庆佳节。开斋节的清晨，大家会集聚清真寺，进行隆重的祷告仪式。仪式过后，大家相互道祝贺，同时也会彼此说声感谢和对不起，感谢彼此的陪伴和扶持，也对以往的遗憾表示歉意。在开斋节这一天，家家户户都会准备美味佳肴以及各种糕点以招待来访的客人。

五、圣纪节

圣纪节（Hari Maulud Nabi）是伊斯兰教的三大节日之一。伊斯兰教历三月十二日既是伊斯兰教创始人穆罕默德的诞辰，又是他的逝世纪念日，这一天为圣纪日（Maulud Nabi Muhammad S.A.W.）。与世界大多数伊斯兰国家的教徒一样，印尼穆斯林也在这一天同时庆祝穆圣的诞辰和忌日。这一天，教徒们都要前往清真寺做会礼，听教长讲述穆圣生平事迹及其不朽功德，并诵读《古兰经》，以表示对他的敬仰与缅怀。

过去，爪哇岛的各个宫廷在圣纪日期间都要举行为期一周、名为“色卡丹”的纪念活动。“色卡丹”的内容包括祭祀、讲教、诵经等宗教仪式和传统文艺表演。尤其是在被视为爪哇文化中心的日惹王宫，宫廷官员会一连七天（周五除外）日夜不停地轮流敲击置于宫廷两侧的佳美兰乐器，以唤起人们重视并虔诚地信仰伊斯兰教。节日期间，宫廷内将表演歌颂伊斯兰教圣贤、宣传伊斯兰教义的皮影戏。节日那天，人们抬着制作成山状的祭物从宫廷出发绕宫墙游行至清真寺，一路上鼓乐齐鸣，声势壮观。

在现代社会，“色卡丹”已渐渐演变成了包罗万象的集市。在“色卡丹”期间，讲经说教虽仍是主要内容，但增加了许多其他活动，如人口、计划生育、卫生健康、福利保险等方面的宣传活动及商品销售活动。“色卡丹”庆祝活动深受各界和各阶层人士的欢迎，它不仅使人们的灵魂得到了净化，而且也满足了人们的视觉享受及购物需要。

圣纪节也是马来西亚穆斯林的重大节日。每年节日当天，数十万穆斯林会在国家元首的率领下，前往吉隆坡国家清真寺举行非常隆重的祈祷仪式。其间阿訇会在仪式上讲经，主要讲述穆罕默德的生平及创建伊斯兰教的伟大功绩。之后，人们会举行盛大的游行庆祝活动。

六、宰牲节

伊斯兰教历十二月十日为穆斯林的宰牲节（Idul Adha），也被称为“古尔邦节”，意为通过奉献牺牲、行善积德来接近真主。相传伊斯兰教先知易卜拉欣老年膝下无子，后来祈求真主为其赐子，才得到儿子易司马仪。有一天易卜拉欣在梦中受真主“启示”，命他将其子易司马仪宰杀后献祭，以考验他对真主的忠诚。易卜拉欣虽舍不得，可为了表达对真主的忠诚，还是决定杀掉儿子。在欲杀之际，真主被他的诚心感动，使一只绵羊从天而降，代替易司马仪去死。穆斯林教徒根据这一传说，每年的这一天便宰羊向真主献祭，并将它定为宰牲节，以表达人们对真主的忠诚和敬畏。

在印尼，宰牲节是除开斋节之外的伊斯兰教第二大节日，其隆重程度虽比不上开斋节，但政府和教徒们也十分重视。每年节前，各地各级政府都要组织安排调运数量可观的上好牛羊，以保证节日期间有充足的牛羊可供宰杀以便敬献真主。节日当天，穆斯林们都要打扫卫生，收拾庭院，沐浴更衣，参加会礼，聆听演讲，颂赞真主并相互拜贺。经济富裕的穆斯林家庭，一般都要杀牛宰羊，宰杀前要面向伊斯兰圣地麦加祈祷。宰杀的牛羊献祭过后，一部分留给自家食用，另一部分赠送来友和施舍给穷人。有的地方也将生鱼作为祭品和赠物。这一天，家家户户都准备丰盛的筵席，其中什锦姜黄饭是必备主食。

在马来西亚，宰牲节也称为哈吉节（Hari Haji）或古尔邦节，是穆斯林的盛大节日之一。每年伊斯兰教历的十二月十日，即穆斯林朝觐的最后一天，马来西亚的穆斯林们会在家中准备各式糕点庆祝哈吉节。凡是完成了去麦加朝觐的穆斯林，男性会在名字前加“哈吉”，而女性则加上“哈贾”的头衔。

七、考经节

缅甸是一个以佛教为主的国家，历代帝王都把自己视为弘扬佛法的传人。因而，推广佛教、培养人才是帝王们义不容辞的责任，于是就有了考经。考经的目的在于选拔贤人和弘扬佛法。考经节起始于阿瓦朝时期（14世纪中叶），考经内容各朝略有不同，一般包括文法、经、论等。古代历朝对考经都相当重视，到贡榜王朝末期，考经方式已经发展到背诵、口试和笔试三种，时间从缅历三月初到三月底，历时一个月。每次考试前帝王都要接见考经生，赐给其礼物。对成绩优秀者，除重奖外还有许多优惠，且委以重任。缅甸独立后，1950年联邦议会通过了《巴利语大学与佛经讲授师法》，对巴利文教育做出了改革。1954年起，考经时间移到了缅历十二月（公历3月）以利于考经者复习。考试地点也由仰光、曼德勒两市扩展到了15个城市，考点达17个。考试结束后一般都要举行庆祝活动，优胜者被授予各种称号。与缅王时期不同的是，现代已不在优胜者中选拔官员了。

八、功德衣会

功德衣会是缅甸人的传统节会。节会举行的时间在缅历七月月圆日至八月月圆日间的任何一天。功德衣会主要是向和尚布施袈裟，以成善举。捐功德衣时至少要捐5件袈裟。相传，佛陀在竹林精舍修行时，看到拔毹维姬兄弟两人缺少袈裟，便允许信徒在解夏之后向僧侣施衣。一般认为，此时捐衣可获双倍好处，如（1）行走无危险；（2）财产避火灾；（3）饭食无虞；（4）不忘物品；（5）易于找物发财。但有三类和尚不能接受功德衣：（1）没坐夏者；（2）坐夏中断者；（3）不在同一寺庙解夏者。功德衣可捐给和尚，也可捐于神明。缅甸的功德衣会在骠人时期（公元1~10世纪）就有了。捐功德衣、布施袈裟可以在寺庙内或者寺庙外进行。一般在布施日的下午4点钟要进行布施巡游。巡游队伍最前面是两头纸牛。每头牛由穿掸式黑裤者领引，要边走边做滑稽动作。接着是抱献袈裟的男女、持功德树者和乐队。按照习惯，巡游队伍一直要游到天黑。次日，施主家要以饭食招待宾客。僧侣们在得到功德衣后，要挑选出最穷的和尚，并将捐来的功德衣送给他。

九、水灯节

水灯节被认为是泰国传统民间节日中最为美丽浪漫的节日，且富有丰富的神话意义。水灯节于泰历每年的十二月十五日晚举行，这一天是月亮盈满之日，月光皎洁，烛光点点，波光粼粼，人们把各式精致美丽的水灯漂放在水面上，寄托祝福，表达情感。

关于水灯节起源的说法有很多种。有的认为水灯节源自婆罗门教，由古代婆罗门教升灯笼仪式演变而来，或是敬奉婆罗门教主神毗湿奴卧于千头蛇身上遨游大海。有的则认为水灯节源自佛教，是印度祭祀佛陀脚印的一种活动，或是为了迎接佛祖从天界来到人间时的一种欢迎仪式。泰国的文学作品《诺帕玛》中的记载认为水灯节源自素可泰时期，当时一位名为诺帕玛的王妃，用香蕉叶折叠成了一盏莲花形的灯船，并插上鲜花，点着香烛，漂放在水里，以表示对佛祖和河神的感谢之情。但是还有人认为水灯节是泰国人民自古就有的一种活动，是泰国作为一个传统的农业国家，为了报答河神赐水的恩泽及请求水患不再发生的举动，或者是一种敬奉祖先亡灵的方式。

水灯节最主要的庆祝活动就是漂水灯。水灯的材料多以芭蕉树干和芭蕉叶为主，芭蕉树干横切成圆块状做成底部，其里面疏松的结构充满空气，可以用来漂浮。灯身的部分用芭蕉叶做成，或翻或卷或切或割，形状可为圆形、塔形、莲花形、船形等。另外还可以用椰壳、彩纸、塑料泡沫等做成水灯。做好后可以在水灯上插上鲜花，点燃香烛，放上雕琢精致图案的水果或者撒上钱币、米饭等，以供奉河神。

夜幕降临，人们穿上节日盛装带着制作精美的水灯来到河边，点燃水灯上的香烛后，手托水灯，闭上眼睛，口中喃喃有词许下心愿，祝愿家人平安、幸福。特别是许多青年男女，相携并肩而跪，双手合十，默默祈祷，希望早缔良缘，爱情永远。除此以外，水灯节还有燃放孔明灯、花车游行、选美比赛、歌舞表演等活动。

十、高升节

高升节是老挝有名的传统节会，也称火箭节，在每年公历5月举行。高升节源自婆罗门教的求雨风俗。其来源一说是雨神喜欢火，人们只有以火祭拜，它才会降雨。还有个说法是人类与天神斗争的结果，天神输了战争便答应每年按人类的要求降雨，但人们需要放射火箭作为信号，从而使放射火箭成为一个习俗。同时，佛祖的生日、悟道日和涅槃日都在六月，对佛教徒来说这个月份当然很重要，把火箭高升作为与佛祖沟通的方式也易于为佛教徒们接受。放火箭之前，还有火箭游行等活动，游行过程中常常有载歌载舞，热闹喜庆。虽然歌词往往不乏粗俗的内容，但此时的人们是欢乐和宽容的，反映了老挝普通民众追求自由、无拘无束的思想文化观。据婆罗门教传说：在古印度南部有一个高种姓的女子卡丽下嫁给一个低种姓的樵夫，樵夫意外死亡后，她跳入焚烧丈夫的大火中殉夫。后来天下发生大规模肺痨，百姓大量死亡。人们认为婆罗门教的湿婆神与其妻子优摩神分别是樵夫及其妻卡丽转世，因两神分居南北两地，两性欲望得不到满足而无心体恤天下苍生。为此，人们须制造阳具并通过火箭升天敬赠给优摩女神，以讨女神欢心。因此，老挝人制作的火箭都会刻意造成阳具的模样，火箭游行时展示的图画也会有阳具图案，唱词中有性或粗俗的内容也就顺理成章了。

十一、亡人节

亡人节在每年佛历十月下弦初一至十五举行，是柬埔寨人民祭拜先人、追思亡灵的传统节日。亡人节的来历源自柬埔寨广为流传的祭鬼传说。在真腊时期，有一群商人乘坐商船途径一个荒无人烟的小岛，那时太阳已经落山了，无法继续赶路，大家便停泊在小岛边上过夜。在这座岛上有很多饿鬼经常在午夜出来觅食，饿鬼们发现商人们后十分高兴，他们冲上船去要抓住商人饱食一顿。商人们被饿鬼的吵闹声惊醒后十分害怕，苦苦哀求饿鬼们不要吃他们，但无济于事。这时一位聪明的商人向鬼王乞求道：“请您放我们回去吧，我们家里的父母妻儿都在等着我们养活，你们吃了我们就等于杀了我们全家，请可怜可怜我们吧。”鬼王答道：“我们都是无依无靠的孤魂野鬼，几百年来从没有一个人来祭拜，给我们饭吃，我们都饥饿难耐，难得遇到你们，我们才能饱餐一顿。”商人恳求道：“你们现在吃了我们，只是撑饱一时，请放我们回去，我们一定年年为你们提供食品，祖祖辈辈、代代相传祭拜和供奉你们，再不让你们忍饥挨饿。”听了商人的话，饿鬼们思考良久，终于同意放他们回家。鬼王还吩咐道："以后每年北风吹起时，我们就去你们那儿接受供品，你们把各种粮食，比如稻谷、豆子、芝麻、椰子、扁米、香蕉等等放在船上漂来供我们享用。如果食言，我们不会轻易饶过你们。"商人们再次保证，便开船返回家乡去了。他们将遭遇告诉家人，之后，每年佛历十月下弦初一至十五日，大家就按照承诺准备好食物和果品，放在小船上让北风吹走供奉饿鬼们。柬埔寨人民世代相传，这一习俗便发展成为亡人节。

亡人节具有浓郁的佛教色彩，按照佛教的仪式举行。亡人节共15天，在第1天至第13天，百姓根据自家的条件前去寺庙斋僧。每天凌晨4点左右，善男信女们纷纷前往寺庙，将糯米饭团、糕点、水果和蜡烛放入银盘中供奉僧侣，然后聚集跪坐在大堂里，双手合十聆听僧侣们吟诵招魂经。招魂经通常语调低沉，语速缓慢，语音悲戚，唤起人们的无限哀思。有条件的家庭每天都会到佛寺中斋僧，一天去几座寺庙里布施。条件不好的家庭在节日期间也至少要去一两座佛寺中祭拜亡灵，布施僧侣。因为柬埔寨人相信去的佛寺越多，积累的功德也就越多。最后三天是公共假期，一家人无论远近都会聚在一起，祭拜祖先。

每年柬埔寨王室举行的"亡人节"仪式比民间更加隆重，仪式通常从佛历十月一日开始进行。第一、第二天，迎请高僧们前往王宫诵经，第三天下午开始为已故国王，尤其是最后驾崩的五位国王，即安东国王、诺罗敦国王、西索瓦国王、莫尼旺国王和苏拉马里特国王诵经直至翌日凌晨。第四天时，王族成员与文武官员举行仪式，恭请高僧诵经，祈求已故国王灵魂得以解脱，早登极乐世界。国王、王族和政府官员随后向先王塑像献花、祭拜，祝先王们在仙界享福。晚上9点还要举行超度亡灵仪式。最后，国王点燃先王塑像前的一对蜡烛，九位婆罗门法师开始诵经，并将盛在海螺里的圣水倒出为国王净手净足，国王亲自将一支柏叶放在先王塑像的左耳上，以示平安，祈求先王保佑国王和柬埔寨人民生活幸福。

佛历十一月上弦初一是送鬼日，早上天未亮人们就摸黑来到河边，在用香蕉叶编成的小船上放上饭团、菜肴、糕点、果品等食物，让小船漂入河中随波而去，跪在岸边祈求亡灵乘船返回阴间，亡人节的仪式至此结束。

如今，在亡人节上人们不仅祭奠先人，布施僧侣，还开展丰富多彩的活动，在乡村里，会举行骑水牛比赛、古典摔跤、古典棍术等多项比赛，城里人也趁着假期到名胜古迹旅游，走亲访友，郊游踏青等。

越南的亡人节与道教和佛教有关。道教认为，中元节对应地官，为地官神主赦罪之日。这一天人鬼间的幽隔被打通，因此不仅要买冥器祭享祖先超度新亡魂，还要在马路上用榕树叶粥祭享孤魂。中元节还受到佛教盂兰盆节的影响。盂兰盆会不是为某个人举行的，而是集体性大规模的"普度众鬼"的仪式活动。在越南，每年这一天，寺庙会请高僧前来营斋结坛以普度亡魂，民众参与者甚多，之后还会举行放生等活动。

十二、伊斯兰教新年

伊斯兰教历一月一日是伊斯兰教新年(Tahun Baru Hijriyah)。伊斯兰教历一月在爪哇历中称为“苏罗”月。印尼人尤其是爪哇穆斯林将“苏罗”月视为圣月。圣月里人们回首走过的路途，反省自己，盘点是非功过，加强身心修养，更多地关心他人和社会。除虔诚祈祷外，还要举办各种形式的庆祝和纪念活动。

伊斯兰教新年这一天，在穆斯林家庭，主妇们都要忙里忙外地准备各种过节食品，包括制作或购买各种糕饼，烧煮上白下红的两色甜粥等。进餐时将所有食品放在地席中间，全家人围坐四周一起进餐。进餐前，一家人在长辈带领下诵经祈祷，祈求真主在新的一年里赐福并保佑全家。

在日惹王宫，每到“苏罗”月都要举行盛大的洗金辇仪式。时间一般选在当月第一个星期二或星期五，当地称为“克里翁”集日。[①]这一天，王宫内外喜气洋洋，宫中人们身穿宫廷盛装，将宫内珍藏的圣物如金辇、皮影戏傀儡、克里斯短剑、佳美兰乐器等搬到宫廷两侧的庭院内用水清洗。仪式由宫内德高望重的官员主持，普通百姓当天也获准进宫参加。对老百姓来说，这是个求之不得的机会。他们相信，清洗圣物的水附着圣物的灵气，将它淋在人身上，人会健康无病；淋在家中，全家人会无灾无难；洒在果园，果树结满硕果；洒在稻田里，稻谷将粒大丰满。因此，他们进宫时都带着盆、罐等器皿。清洗在祈祷声中结束后，人们便用自带的器皿去接清洗金辇等圣物的水，有的干脆用它当场洗头、洗脸，或用毛巾、肩巾蘸着擦拭全身。仪式自始至终充满虔诚的气氛。

在雅加达“美丽的印度尼西亚缩影公园”内，每年也都要举行“苏罗”月盛会。时间一般为两周，即伊斯兰教新年元旦的前一周至后一周。活动内容包罗万象、多彩多姿，其核心则是展示爪哇文化，其中有人生礼仪中的剃发、割礼等仪式，有避邪、驱邪仪式，有传统医疗和特种医疗(如用眼镜蛇、第六感官治病等)门诊，有拳术、雅加达和中爪哇的皮影戏、西爪哇的木偶戏以及其他地方戏表演。

综上所述，在东南亚节会中，宗教性节会数量多，影响范围广，群众参与程度高，充分显示了佛教、伊斯兰教和天主教等宗教对各民族节会文化的巨大影响。

第二节　东南亚农事祭祀性节会

东南亚农事祭祀性节会是指一系列与农耕生产相关的祭祀活动。这些祭祀活动体现了人们期盼丰收、感谢神灵保佑的美好愿望。东南亚农事祭祀性节会有越南等国的春节、

① 武文侠、陆春林:《印度尼西亚》，北京：世界知识出版社，2001年版，第217页。

缅甸的糯糊节、老挝的丰收节、柬埔寨的御耕节和送水节、越南的端午节等。

一、春节

春节不仅是中国最重要的传统节日，而且是越南最重要的传统节日。同时，在印度尼西亚和马来西亚两国华人社团中春节也是重要的节日。

在越南人的观念中，春节的开始是以腊月二十三送灶君上天为标志的。受汉族灶神信仰的影响，灶神在越南也被奉为“第一家之主”。其任务是看管家宅，驱鬼避邪，并于腊月二十三上天（向玉皇大帝）客观陈诉人世间所发生的事情，定家庭之祸福。因此腊月二十三是一年中最重要的祭祀灶神的日子。与中国不同的是，越南的灶神①是一个“三位一体”的神灵体系，因此祭祀对象有三位。腊月二十三，人们需供祭品（供荤）、恭读祭文、行祭拜礼，并将当年供灶神用的纸钱、帽子、衣服和靴子或牌位焚化，然后将事先买好的3条或1条活鲤鱼放生到江河或池塘中，据说鲤鱼放生后会变成龙送灶君上天。

送走灶神之后，一般在腊月二十五，家庭要举行“送祖先”仪式，因为子女们认为年末打扫屋子和收拾供桌之类的琐事不用祖先在场见证。而且到了年末，祖先也愿意到某些地方走走转转。所谓“送祖先”，即倒掉旧年供祖先用的残香，这些残香需选一处清洁的地方烧尽或连同香灰一起倒入江、湖中，然后将香炉擦洗干净，换上新的香灰。

年三十这一天被越南人看作是“驱鬼日”，需要通过一系列的仪式来保证新旧交替的顺利完成。种幡竿便是其中之一。幡竿用一棵高高的竹子做成，人们在竹梢上挂若干象征物（称作幡竿符），如菠萝叶、鸡毛、苏铁叶，或几个陶磬、粗陶鱼、竹罩等等。幡竿符虽被赋予不同的象征意义，但皆以保佑人们健康幸福为目的。如菠萝叶象征除鬼除恶的利剑，可抵御鬼对家庭的侵扰；陶磬的“磬”因与“庆”同音，“庆”即“福”，象征新年能给家庭带来福气；鸡毛则象征神鸟——超自然力量的化身。中午或下午家庭要举行腊祭仪式（扫墓和祭坟），目的是请祖先回家过年。也有的地方在家里举行迎祖先仪式。

除夕祭是春节最关键、最重要的仪式，需要举行一系列祭祀仪式，仪式以祭天（时间神）为主，同时包括了祭祖、祭神等重要内容。实际上，将祖先迎回家之后，祭祖礼就已经开始了，且一直要持续到初三或初四送祖先仪式为止。这期间每日要供3次，供桌上的香塔和香柱是不能熄灭的。与祭祖同时进行的是迎、祭土公（灶神）仪式。人们根据新年的五行换上相应颜色的牌位，迎接三位土公神下凡。如果说祖先象征了家族血缘关系和生存时间上的延续，那么对土公神的祭祀则是越南人对地缘关系和居住空间的表达。

---

① 越族关于灶神的传说为灶神及祭灶习俗提供了推源解释：从前有 对夫妇，丈夫名重高，妻子唤氏儿。有一天重高打了氏儿，氏儿离家出走，遇到一人名范郎，范郎将氏儿带回家两人遂成为夫妻。重高寻妻一直未果。一天重高来到一户人家乞讨，发现女主人正是氏儿，氏儿也认出了重高。两人十分悔恨。此时范郎正好回家，氏儿让重高暂时藏进稻草堆里。范郎为取草灰点火烧掉稻草堆。重高未出，氏儿悲恸也跳进了火堆。范郎见状，也追随妻子跳进火堆中。这样三人全都被火烧死。玉皇见三人都有情有义，于是封为灶君，但每人各司其职：范郎为“土公”，掌管厨房之事；重高为“土地”，掌管家庭之事；氏儿为“土祇”，掌管集市和菜园之事。每年腊月二十三土公上天朝拜，陈诉人世间的好事和坏事。

零点时，送旧迎新仪式开始。所谓“送旧迎新”，实际上是祭时间神，新旧年交替的时刻也是旧王行遣与新王行遣交接工作的时刻，因此人们要在此刻举行祭行遣神仪式，送旧王行遣，迎新王行遣。旧时越南祭行遣神仪式都在村亭举行，如今，除极少数村社外，大部分村社的送旧迎新仪式已由村亭走进了家庭。人们在屋外露天的院子里设香案，摆上一碗香和两支蜡烛，供一只公鸡，此外还有粽子、糖果蜜饯、槟榔、水果、酒、米盐、冥器和一套送给行遣官的衣帽。祭祀开始，家长念祭文，同请判官、土地神、村城隍见证，祈求诸神保佑全家老小新年添福添寿，人安物兴，万事亨通。除了祭时间神——天神外，越南人往往在除夕时刻举行“解星”仪式，在某些场合个人也会举行。

零点前后的5分钟，家家开始燃放鞭炮。放鞭炮习俗源于中国，这一在南北朝时期形成的仪式最初是为了“辟山臊恶鬼”[①]。在越南，放鞭炮除具有驱除邪鬼、赶走晦气的神圣意味外，它还被当作一项农业仪式——人们以此来唤醒冬天沉睡的土地，并通过声音的模仿招来春雷，为春天的播种做准备。

冲年喜是越南人于除夕之后（也有的地方为大年初一清晨）举行的重要仪式之一。新年期间第一位到家拜访的外人称作“冲地客”（或称“踩地客”、“冲房客”），这位客人非常重要，他被认为会对家主整一年的命运产生影响。所以越南人常常是过年前就从邻里或好朋友中选择一位面善的、事业有成的、儿女双全的、家庭幸福同时没有丧事在身的人（民间称作“好魂人”，即吉相人），约好新年来“冲地”。“冲地客”首先要在主人家门口点燃一挂鞭炮，炮响之后才能进入，同时向主人祝福新年，并赠送事先备好的酒或槟榔。而主人则也将“冲地客”视为上宾，向他祝福新年并回赠礼品。从社会功能角度看，“冲地”则是自腊月二十三人们及家庭进入隔离状态之后恢复社会交往的首度仪式，也是继燃放鞭炮之后“神灵”对于沉睡土地的生命力和财富的再次激活。

除夕之后，人们会根据生辰及新年的属相选择吉时吉向出行，出行也是对恢复人们社会性交往关系的预先演习。出行途中，人们会去附近的寺庙、乡亭或祠祭拜，回家时则会特意经过有榕树的地方，掰下一枝带有叶子的枝条（枝干朝东、叶子干净无虫、枝形好且有树芽者为上），称“采禄”（“禄”与“绿”同音）。人们将“禄枝”带回家插在瓶子里直到春节结束，也有的家庭会将“禄枝”保存一整年。不过因该仪式给生态环境造成了破坏，因而越南政府并不提倡，有的地方还明令禁止。如今城市里有人专门卖带叶子的甘蔗枝作为“禄枝”以替代榕树枝。

初一清晨在家庭（家族）内部要举行贺岁仪式。此外还有许多禁忌，如忌扫垃圾（担心把财运扫走）、忌打骂孩子（否则一年将不和顺）、忌讨债放债（否则将亏本受损失）、忌给火要火（因为“火”象征红运，给火意味着失掉好运）、忌借东西给人家（借出意味着失

① 《荆楚岁时记》记载：正月一日这天，要“鸡鸣而起，先于庭前爆竹，以辟山臊恶鬼”。山臊，为传说中的山中怪兽。谭麟：《荆楚岁时记译注》，武汉：湖北人民出版社，1985年版，第1页。

财)、忌打碎碗碟茶具(象征破碎，不祥)、忌说“失去”、“死”之类的不吉利的话(否则这些话将变成事实)、忌横坐于门前(因为门象征着通顺、顺利)、忌互相拍肩膀(否则会互相沾染晦气)、忌供桌上的香灯无油自灭(这意味着生活丧失生命力)、忌哭叹忧郁(否则一年都会惨淡)、有丧事在身的人忌到别人家去(否则将视为对逝者的不孝，并将自己的不幸带给了其他人)等等。

过了大年初一，社会交往的范围已完全由家内扩展到家外——从内亲到外亲、由亲属关系网络而延及社会关系网络。越语有俗语云：“初一父亲家，初二母亲家，初三老师家。”这体现了越南人观念中最基本、最重要的三种关系。正月初三或初四(也有很多家庭在正月初七)要举行送供祖先及焚化冥器仪式。化完冥器之后，祖先就送回阴府了，供桌上的香灯和供香这时才可以熄灭。

此后，不同人群会举行“开春”仪式，“开春”是社会性的仪式行为。如对于农民而言，“开春”即为“动土”；对于儒生、学生则称之为“开笔”；商人则为“开行”，诸如此类。“开春”的时间也各有不同，动土仪式一般于正月初三举行。

正月初七则举行开贺仪式。人们在这一天祭天地，供祖先，并开宴祝贺。因所“开”之宴标志着春节的结束，是春节期间的最后一道宴席，因此人们也十分看重。与开贺同时举行的还有下幡竿仪式，作为与阴暗、邪恶力量相对的太阳和光明的象征符号，幡竿的可缺失性说明，宇宙人间顺利地完成了它的再生过程，开始新一轮的周而复始。春节，至此也体现了它作为仪式过程的全部象征并实现了其功能。

在有大量华人居住的印度尼西亚和马来西亚，春节也是这两个国家重要的节日。在印度尼西亚，华人世代相传，一直保持庆祝这一节日的习惯，其庆祝方式与我国福建、广东基本相同。节前家家户户清扫庭院，筹办各种年货。其中年糕和海鱿鱼是年夜饭不可缺少的食品。除夕夜家家户户门前张灯结彩，鞭炮声不绝于耳。祭大伯公、祭祖、晚辈给长辈磕头、长辈给年幼晚辈压岁钱等也是除夕夜的重要内容。正月初一，华人社团要举行舞狮、舞龙和其他文艺表演，许多人到庙里去烧香拜佛，亲朋及街坊邻里间作揖拜年，互道“恭喜发财”。1967年，印尼政府颁布了限制华人春节期间在户外举办各种庆祝活动的法令，因此从这一年起，华人的春节庆祝活动黯然失色。

30多年之后的2000年1月18日，瓦希德总统颁布第6号总统决定书，宣布废除上述禁止华人户外庆祝春节的禁令，准许印度尼西亚华人在公共场所欢庆华人传统节日春节。2001年印度尼西亚宗教部根据国务秘书处的建议，公布了第13号决定书，规定春节为“自选公休日”。这一决定是华人境遇得到改善的一个标志，但它的不明确性也给学校、机关特别是民间的商业活动带来了麻烦和混乱。在各方的敦促和要求下，2002年4月，梅加瓦蒂总统正式颁布第19号总统决定书，宣布春节为“法定公共假日”。

春节是马来西亚华人最为隆重的节日。马来西亚的华人与其他地区的华人一样，根据中国传统的农历年，从新年的第一天开始庆祝新年的到来，一直到正月十五元宵过后方才结束。在此期间，华人社区会举行各种各样的庆祝活动，如舞狮、举办春节晚会、庙会等。华人亲友们会相互登门拜访，家长也会给孩子们派发红包，习俗与中国汉族春节大致相同。随着华人在马来西亚经济、政治等各领域地位的提升，春节这一天，即农历新年的第一天，已被政府规定为公共假期。

二、糯糊节

糯糊节是缅甸重要的农事祭祀性节会。进入缅历十一月，新稻均已成熟，满怀喜悦的人们为了庆祝丰收、分享农民的喜悦，全缅各地从缅历十一月初到十一月月圆日要捣糯米糊，以示庆祝。缅甸人认为吃油腻的糯糊可以亮肤、壮体。据载，糯糊节产生于良渊后期，是一个以健身养性为目的的节会。糯糊节做糯糊的形式多种多样：有以户为单位做的，有几家合做的，有以社区为单位做的。每到缅历十一月十五早晨，人们便将前一天准备好的糯米、芝麻油、椰子油、花生、姜等煮熟捣成糊状，然后放入香蕉叶中包好，分送给僧侣和邻里品尝。对于品行不端和违犯戒律者是不能给糯糊吃的。做糯糊时，东家多要请小伙子、姑娘们参加。糯糊节里，也有进行捣糯糊比赛的。比赛时，观众们常常敲鼓唱歌，为参赛者加油助兴，场面十分热闹。

三、春耕节

春耕节是体现泰国农耕文化的一个传统节日，是一个祈祷风调雨顺、农业丰收的节日。一般在每年雨季开始的公历5月由王室通过占卜师选定吉日举行。全国视这一天为盛大的节日，国王、王室人员和政府领导人都会出席在曼谷皇家田举行的春耕节大典仪式。

泰国春耕节始于素可泰王朝，据传最早由婆罗门教的春耕礼发展而来。之后历代国王都会把春耕礼作为宫廷的重要礼仪每年隆重举行，目的是提醒臣民春耕已经开始，应及早播种。此风俗一直延续至今，并发展成泰国重要的传统节日。最初春耕礼只有婆罗门教仪式，曼谷王朝拉玛四世王时期，增设了佛事仪式，节日也分两天进行。一天在玉佛寺举行佛教的“吉谷仪式”，一天在皇家田广场举行婆罗门教的“春耕礼”，合称“吉谷春耕王事仪式”。

“吉谷仪式”以佛教仪式为主。届时国王及王室重要成员来到皇家寺院玉佛寺的佛殿，上香明烛，向佛像和供桌前提前准备好的农作物种子膜拜。担任春耕大臣的农业部部长向佛像敬献花环，婆罗门祭司宣读诏书，诵念感恩祝词。诵毕，由11位高僧诵吉祥经，然后国王向春耕大臣和春耕女施滴水礼，并向春耕大臣赠圣水、御戒指及御剑，作春耕礼之用。

春耕礼当天，婆罗门祭司率领春耕大臣和春耕女等从玉佛寺出发前往皇家田广场，春耕女中各有两名挑装满种子的金担和银担。国王及王室成员来到广场后，首先点香明烛，祭拜神明，然后春耕大臣膜拜诸神明，占卜当年雨量。占卜雨量完毕后，由婆罗门祭司率领圣牛、春耕大臣、春耕女及乐队、仪仗队开始耕种。春耕大臣手执犁和赶牛的刺棍，驱圣牛松土、犁地各三圈，春耕女随后撒播稻种，婆罗门法师跟着向地里洒圣水。耕种完毕后，将圣牛牵到王室婆罗门法师的占卜台，选吃稻谷、玉米、绿豆、芝麻、青草、水和酒，以预言当年何种粮食丰收。春耕节仪式完后，国王向前一年各府稻谷产量最高的农民及最佳农业合作社颁发奖品，春耕礼仪式也就此结束。

四、丰收节

丰收节，也称聚场节，是老挝的农事祭祀性节会，在每年二月份举行。人们把稻谷堆聚到空旷的场地上，堆得越高越能显示丰收，能给农户带来来年五谷丰登的好兆头。主人须请僧侣和亲朋好友参加，由僧侣主持仪式，诵经祈福，亲朋好友围坐于谷堆旁边，举行拴线祝福仪式。仪式结束后，要把受过法事的圣水洒到田地间和耕牛身上，以感谢它们带来了丰收和幸福。丰收节上做过法事的稻谷如果捐献给佛寺更是功德无量，能给捐献者带来更多的福分。传说有两个兄弟，以种庄稼为生，弟弟勤快，在播种、插秧、收割、晒谷和入仓等各个环节都要布施，一年要布施九次，最后得道成为阿罗汉，得以侍守在佛祖身边。而哥哥懒惰，一年只布施一次，最后没能留在佛祖身边，而只是成为人类中的圣者。因此，老挝人认为，施舍稻米是很大的功德，多少都会得到回报，当然诚意和行动的差别也会带来功德的不同。

五、御耕节

御耕节最初是柬埔寨王室举行的农耕纪念仪式，在每年佛历六月（公历5月）下弦初四举行，如今已发展成全国性的节日。柬埔寨是传统的农业国家，自古以来都非常重视农业生产，御耕节展现了柬埔寨历史悠久的农业文化。相传古时候农民不知道何时耕种，种植何种作物才能够避免天灾获得丰收，于是国王根据宫廷婆罗门教占卜师的建议，在每年雨季到来之前亲自带领神牛在王家田地里举行耕作仪式，通过神牛所吃的食物来传达天神的旨意，引导农民们耕种，并祈求新年里风调雨顺、五谷丰登。

御耕节上的主要仪式有御耕王犁田、麦霍播种、神牛选择食物。“御耕王”象征掌管天下农业的主神；“麦霍”意为“南方之母”，是播撒种子的仙女；牛在婆罗门教中是很神圣的动物，而且在柬埔寨是非常重要的农业生产工具，因此神牛择食具有神圣的预示意义。古代柬埔寨国王常常扶犁开种亲任“御耕王”。在安东时期（1841~1860年），国王不再亲自扶犁，农业大臣代替了国王充当“御耕王”，其妻子通常充当“麦霍”。西哈努克亲王担任国家首相期间便亲自担任“御耕王”，其女儿则担任“麦霍”。柬埔寨内战期间御耕节一度中断，新的王国政府成立之后，“御耕王”常由王族和国家主要领导人担任，“麦霍”

则由他们的夫人担任。御耕节前人们要精心挑选种子和神牛，神牛由三对健壮的公牛充当，还要准备好三张耕犁，每一对神牛拉一张犁。柬埔寨农民使用的耕犁通常只有一个手柄，而御耕节上使用耕犁有两个手柄，这也显示出“御耕王”的神圣身份。

御耕节前三天，五位婆罗门教祭司先要在王家田上的圆亭里举行祭神仪式。六月下弦初一的傍晚，祭司们首先祭奠土地神，祈求土地神赐予“圣田”举行仪式。“圣田”即王家田，位于金边王宫的北面，国家博物馆的东面。初二、初三的傍晚还在“圣田”里举行祭火仪式。在圣田周围能工巧匠们搭起五座颜色艳丽、光彩夺目的圆亭，亭内供放着湿婆神像，神像前是一个三层的小土山，山顶中央挖出一个四方形小坑，四壁涂上鲜牛粪，坑内放着九根干柴。祭神仪式开始后，“御耕王”点燃干柴，僧侣们诵经祷告，人们围绕土山，用树叶蘸着蜂蜜和牛油，往火坑里洒，同时把牛奶或牛油慢慢往里倒，以祈求神灵保佑五谷丰登、国泰民安。

节日当天，国王、文武百官、各国驻柬埔寨使节和外宾应邀在检阅台就座。身穿盛装的游行队伍簇拥着“御耕王”和“麦霍”仙女，“御耕王”坐在轿子上，“麦霍”盘坐在吊床里，大臣们跟随其后，从王宫浩浩荡荡地前往王家田。到达后“御耕王”和“麦霍”先到王家田西北角的圆亭里祭拜湿婆神像，祭司吹响海螺，三遍之后表示御耕节仪式正式开始。“御耕王”扶掌着一张犁走在正中央，两名政府官员扶着其他两张犁跟在后面。在三张犁之后，“麦霍”和一群身穿传统民族服饰的少女把最优良的稻种向左右撒播，还有一位婆罗门祭司在后面泼洒圣水，口中念念有词，祈祷农业丰收。每耕作一圈，祭司便吹海螺为号，绕场三圈后，耕作仪式便告结束。随后犁田队伍走到东面供奉湿婆的亭子前，即观礼台前，把披红挂绿的神牛从犁上解下。亭子前并排摆放着七个银盘，分别盛着稻谷、青豆、玉米、芝麻、鲜草、水和酒。婆罗门国师将圣水洒在“御耕王”驾驭的两头神牛头上，祈求神牛带来好兆头，然后放开它们去任意挑选银盘里的食物，并根据神牛吃的东西来预卜一年的吉凶。如果神牛吃稻谷、青豆、玉米、芝麻就预兆着风调雨顺，五谷丰登，哪一种粮食被吃得多，便预示那一种庄稼就会有好的收成，吃得少则收成少；神牛吃鲜草，预兆牲畜将得瘟疫，谷米歉收，甚至发生饥荒；神牛喝水预兆发生水灾（一说雨量充沛，风调雨顺）；神牛喝酒预兆发生战争，匪盗横行。人们都默默期盼神牛多吃稻谷、青豆、玉米和芝麻，希望获得好的收成。随后，国师根据神牛所吃的东西向百姓宣布神牛的预示，向神灵祭拜后宣告仪式结束。

为了庆祝御耕节，柬埔寨全国放假一天，近年来西哈莫尼国王还在柬埔寨旧都吴哥地区主持过御耕节仪式，使这一传统节日得到了更好的传承和发展。

六、送水节

送水节是柬埔寨人在每年佛历十二月月圆之时举办的赛龙舟、放河灯、拜月、吃扁米等仪式的统称。每年5月柬埔寨迎来雨季，湄公河河水沿着洞里萨河灌入洞里萨湖，大量鱼虾在湖内繁殖，使洞里萨湖成为巨大的天然鱼仓。11月旱季来临时，洞里萨湖湖水回流入湄公河，柬埔寨进入捕鱼季节。两条河流还为沿岸的庄稼提供了丰沛的灌溉用水，11月水稻成熟，农民们开始准备收割稻谷。柬埔寨人举办送水节来表达对母亲河的感恩，并庆祝收获季节的到来。

柬埔寨王国政府非常重视这一传统节日，每年都成立专门的庆典委员会，组织盛大的欢庆活动。送水节期间全国放假三天，各地人民都要举办大小不一的庆祝仪式。送水节的官方庆典通常在首都金边王宫对面的洞里萨河举行，历时三天，规模浩大，各种活动热闹非凡。节日前一周金边市内张灯结彩打扫一新，洞里萨河边两岸彩旗飘扬，河边搭上了长长的浮宫和观礼台。节日期间全国各地成千上万的人们都涌入金边，大街小巷洋溢着欢乐祥和的景象。

节日第一天的白天，金边洞里萨河会举行龙舟赛的开幕式，各省、市的优胜队都前来参加初赛。柬埔寨人举行龙舟比赛是为了纪念吴哥时期阇耶跋摩七世带领高棉水军击败占婆军队的伟大胜利。在吴哥寺的浮雕上还刻有阇耶跋摩七世屹立船头，高举王剑，英勇指挥水军冲锋杀敌的恢弘场景。当天柬埔寨国王、政府高官、各国外宾端坐在金碧辉煌的观礼台上，河两岸人潮如织，比肩接踵。赛前一艘龙船引导参赛船只驶至河中央列好队形，随后先导船划向观礼台前，敬请国王点燃香烛，宣布比赛开始。龙舟比赛开始后，队长在船头挥舞着木棍呐喊做指挥，队员们在船上整齐有力划动船桨，十几支龙舟同江竞技，你追我赶，气氛十分热烈。主持人在岸边用广播介绍各支队伍的情况，号召群众为选手们呐喊加油。到达终点后，选手们放下船桨，向观礼台和岸边的人们合十致礼，国王和贵宾起身热烈鼓掌，对选手们表示祝贺，主持人会带领人们高呼“国王万岁”和“柬埔寨万岁”，场面热闹欢腾。

夜幕降临后，洞里萨河上要举行游灯船和放水灯活动。首先下水的是王室和政府各部门的灯船，这些灯船造型别致，船头摆放着丰富的祭品，船身安放着用彩灯装饰的国徽、王室标志和各部门的徽标，灯船在河面缓缓漂过，五彩斑斓，流光溢彩。随后，百姓纷纷将精心制作的各式水灯放入河中，水灯上放着蕉叶包着的糯米团，糯米上插着蜡烛。数万只水灯在河中漂浮，顺流而下，烛光闪烁，仿似银河中的繁星点点。第二天白天举行划龙舟半决赛，晚上举行祭拜月神仪式和吃扁米活动。“圆月东升时，河畔响起礼炮，人们首先举行祭月祷告，再把水灯放入河中，默默祈祷河水将一切病魔和灾难冲走，把安康和幸福带给人间”[①]。第三天是最重要的一天，白天举行龙舟决赛，参加决赛的队伍竞争更加激烈，场面更加热烈，国王会为冠军颁奖。晚上继续拜月，吃扁米，游灯船，

① 王士录：《当代柬埔寨》，成都：四川人民出版社，1994年版，第85页。

放河灯，岸上燃放起五颜六色、绚丽多彩的焰火，人民欢呼雀跃，开始狂欢，将节日的气氛推向高潮。

七、端午节

农历五月初五是中国的端午节，越南人也过这个节日。我们知道，端午节的起源与节令气候和农业生产密切相关。早在先秦时期，人们就普遍认为农历五月是恶月、毒月，重五之日是恶日、死亡之日，因为五月正值初夏，是一年中气候潮热、病菌繁殖较快的月份，所以端午节要进行一系列辟邪、祛疫活动以求“生”。与中国端午节后来被赋予的人文意义如纪念屈原（或伍子胥、曹娥等）及其他相关习俗的推源传说不同，对于普通老百姓而言，越南的端午节只具备原始的自然意义，它只是一种单纯的预防疾病的节日，民间俗称“杀虫豸节”或“五月初五”节，其人文意义则主要流传于越南儒士等知识分子阶层。①

越南端午节的习俗也非常丰富。祭祀是必不可少的仪式。越南逢节日必有祭祀。当然，祭祀对象与屈原无关，而是在家里祭祖先、土公或行业神，在村亭祭村社的城隍神等，或在屋外搭坛祭天地、山神、河伯、土地神、谷神等诸神，以求雨或求萌（即求秧苗发芽，为种稻做准备），有的地方还要在院子里祭祀孤魂。

除祭祀外，越南人在这一天的主要活动都围绕“辟邪、祛疫”展开，这些习俗都与中国大同小异。首先是杀虫豸。越南人认为，虫豸平时都藏在人的肚子里，只有农历五月初五才肯出来，所以要利用这个机会消灭它们。具体做法是：早晨起床后喝一碗糯米酒，把虫子“灌醉”；再吃些李子等酸味水果将其杀死。小孩吃完后，大人还会将朱砂或雄黄涂抹在小孩的额头、太阳穴、咽喉及肚脐等部位以除虫；大人还会用五彩线和彩绸缝制佩符，内装雄黄、朱砂等中药材，小孩佩戴后被认为能除病、辟邪。此外，这一天人们还要用指甲花染指甲，民间认为，染了的指甲能避鬼邪，驱害虫。

越南也有端午采药之俗。午时为阳气最旺之时，山民常会于此时上山采草药如艾蒿、益母草、紫苏等，有些地方还有采初五茶或野花的习俗，采回后需晒干以备全年之用。

与中国过端午的习俗不同，越南还有于端午节“拷树”以及赠礼等习俗。“拷树”即对多年未结果的树进行拷问：“树，为何不结果？下季若再不结果，我就把你砍掉。”这时趴在树上的人假扮树神回答：“请别砍我，下季我一定开花结果！”人们相信，经过了拷问的树一定会果实累累。

端午节赠礼则往往发生于未来的女婿—岳父母，学生—老师，病人—郎中等存在施恩、受恩关系的人群之间，体现了越南人的恩义观念和重情重义的美德。②

① 除纪念屈原说外，还有纪念刘臣、阮召采药说等，另外，民间故事《蜥蜴的故事》也与农历五月初五有关。

② 阮翠鸾：《越南的端午节》，载《亚细亚民俗研究（第六辑）》，北京：学苑出版社，2006年，第86页。

八、水牛节

水牛节每年5月14日至15日在菲律宾的奎松省和黎刹省举行，以庆祝农业的收获。水牛是农民使役的主要牲畜，因此农民对水牛有着深厚的感情。古老的水牛节源于对丰产神的崇拜，由于当地人后改信天主教，这个节日又同纪念保护神伊西德罗融合在一起。

水牛节前夕，牛主人要把水牛擦洗得干干净净，并在牛角和牛蹄上涂上“圣油”。节日开始时，主人在牛颈上套上花环或彩布条，然后牵到教堂外面，先由牧师为水牛祈祷，再带着水牛参加赛跑和选拔。赛跑是在田野里进行的，到了终点，水牛随着主人的口令声表演前腿屈膝等动作。选拔水牛的标准分为力气、体态、牛角长度和使役技术等。中选水牛的主人可以获得物质奖励。

第二天，节日活动转向城镇。成群结队的牛车边缘挂着象征丰收的瓜果，车上坐着身穿民族服装的农家子弟。凡是牛队经过的街道都经过一番装饰，无论是栅栏或窗户上，都挂着彩条，以及各式食品，如香蕉、菠萝、芒果、薄饼、烤鱼、烤猪等。当水牛队伍经过时，沿街人家即把竹架上的食物降低，以此表示赐福。最有趣的是，孩子们争相往一些高大的竹竿顶上爬，以获得竹竿顶上挂着的糖果和纸币。

水牛经过教堂时，要按口令做前腿下跪的姿势。游行队伍前面抬着伊西德罗神像，最后面是管弦乐队和载着妙龄女郎的彩车。最后，人们簇拥着圣像进入教堂，以祈祷的形式表示感恩。

综上所述，东南亚各国是传统的农业国家，自古以来都非常重视农业生产，农事祭祀性节会呈现了东南亚各国历史悠久的农业文化以及基于农业文化的风俗习惯和多姿多彩的节会活动。

第三节　东南亚社交娱乐性节会

东南亚社交娱乐性节会主要内容是歌舞娱乐，有时还加入民间的竞技活动，它们具有联欢游乐的性质，主要的目的是为了加强个人与个人、人与社会的社交和友好往来。东南亚社交娱乐性节会主要有缅甸的赛船节、基玛努节、赛马会，越南的中秋节和菲律宾的面具节等。

一、赛船节

在缅甸，缅历六月时，河面上风平浪静。天宫图显示为一右手执稻、左手撑油灯的乘船少女形象。据此，缅甸人办起了赛船节。赛船节在缅历六月初八、十五、二十三日举行。赛船之日，岸上人山人海。比赛按船的类别、大小分组进行。赛船在全缅各地都有，一般以社区、村寨为单位比赛。比赛距离长短不一。比赛时，常有许多文艺表演。古代赛船前有全村上山选好木做船的习俗。选木做船时，女子、家中有病人者、丧妻者不能接近。迷信者在造船时还要杀鸡祭船。船做好后，要在船身上绘图装饰，选吉日下水试船。现在缅甸人的赛船之俗正在逐渐消失。但政府每年还在仰光甘道枝湖组织龙舟比赛。

二、基玛努节

基玛努节是缅甸小伙子们开玩笑、做恶作剧的节会。举行的时间规定在缅历八月十五人们入睡之后至次日凌晨间。此节会来源于开玩笑的习俗。先前，小伙子们进入物主家中，将其物品藏匿，使其不能正常顺当地使用，以达到取乐的目的。因为是在晚上至次日凌晨乌鸦休眠时进行的，故称基玛努节，即乌鸦未醒时进行的节会。

按习惯，无论男女老幼在人们入睡之后，都可以独自一人或成群结队地将别人家院子里的东西拿走，藏于一处来取乐。但拿走的东西不能损坏，放置于院外的物品也不允许乱拿。天亮后，拿走的东西要由物主领回。物主领东西时，必须唱歌跳舞以取悦藏匿者。如果东西贵重，物主还要以少量的农产品来赎领。基玛努节中获取的钱物一般都要用于以后的社区公益活动。藏东西时，如果被物主发现，或物主叫出拿东西的人的名字后，对方即算输。输者不能逃跑，要老老实实地待在事主指定的地方直至天亮。天亮后，被抓者要押到村子中央，做物主要求做的每一件事，如唱歌、跳舞等。被抓者也有以义务为村里干某一件事情而求情的。由于缅历八月十五明月当空，要成功地拿走别人的物品并非易事，常常是被抓者甚众，十分有趣。现在，由于世风日下，基玛努节渐渐变了味。许多人利用这一节会来偷东西，使基玛努节变成了合法的小偷节。故近年来基玛努节参加的人数越来越少了。

三、赛马会

赛马会是缅甸古代的一个宫廷节会。赛马的目的在于提高武艺，显示参赛者的胆识，为国家选拔武将，同时也是国王及大臣们择婿的节会。赛马会始于邦牙王朝。赛马会的参加者多为王室成员、官宦子弟。除赛马以外，还举行骑象、斗象、马术、射箭、投枪、刀术、射击和各种武术比赛。赛马会一般在缅历十月初举行，为期一个月。比赛时，如接连获胜三次，国王和王后会亲自赏赐。赛马会作为一项宫廷活动在民间影响不大。19世纪下半叶，英国人入侵缅甸后，赛马会不再举行。现在，缅甸政府为了弘扬民族精神，从1995年起又恢复了这项传统活动。

四、中秋节

阴历八月十五是越南的中秋节，这一天是一年中月亮最圆之时。越语有“欲知五月的稻，看八月半的月”等说法。旧时越南人在这一天要组织放风筝，进行男女对歌等。这个节日后来演变为越南的儿童节（这与中国有些民族或地区将中秋作为女孩节类似），这一天家庭在院落中赏月，吃中秋饼（又称“赏月饼”），儿童在父母的陪伴下逛街市、迎花灯，看舞龙、舞麒麟、歌舞表演等，非常热闹。

五、面具节

菲律宾西内格罗斯人每年10月19日要举行“面具节”。这个节庆起源于很久以前在巴若尔附近海域发生的海难事件。人们穿着特别的服饰，戴上面具在街上载歌载舞。

六、民间艺术节

民间艺术节于1973年开始，每年7月在马尼拉民间艺术广场举行为期一周的菲律宾民间艺术节，届时全国各省市均派出文艺演出队，汇集到马尼拉市，演出他们引以为豪的具有地方特色的民间音乐舞蹈节目。

综上所述，东南亚各民族是勤劳的民族，在辛勤劳作之余，开展了丰富多样的社交娱乐性节会，这些节会展现了各民族乐观的性格和热爱生活的态度。

参考文献

[1]蔡文欉.老挝风情录[M].北京：世界知识出版社，2008.

[2]陈鹏.东南亚各国民族与文化[M].北京：民族出版社，1991.

[3]陈显泗.柬埔寨两千年史[M].郑州：中州古籍出版社，1990.

[4]德班梭迎.缅甸文化史[M].缅文版.仰光：耶敏书局，1968.

[5]德格都新斯利.联邦各民族的婚礼习俗[M].缅文版.仰光：茉莉花出版社，1991.

[6]德贡纳新.缅甸槟榔习俗[M].缅文版.仰光：文学宫出版社，1972.

[7]德贡纳新.缅甸十大传统工艺[M].缅文版.仰光：文学宫出版社，1978.

[8]登貌.蒲甘时代的文化[M].缅文版.仰光：多迪萨印书馆，1956.

[9]杜苏森艾季.音乐与舞蹈[M].缅文版.仰光：文学宫出版社，1968.

[10]杜继文.佛教史[M].北京：中国社会科学出版社，1991.

[11]范若兰，等.伊斯兰教与东南亚现代化进程[M].北京：中国社会科学出版社，2009.

[12][荷]费什尔.印尼文化人类学引论[M].印尼文版.阿纳斯·马克罗夫，译.雅加达：建设出版社，1957.

[13]傅岩松，胡伟庆.柬埔寨研究[M].北京：军事谊文出版社，2004.

[14]古兰经[M].马坚，译.北京：中国社会科学出版社，1981.

[15]汉达瓦底吴巴迎.缅甸传统习俗[M].缅文版.仰光：文学宫出版社，1990.

[16]何成轩.儒学南传史[M].北京：北京大学出版社，2000.

[17]贺圣达.东南亚文化发展史[M].昆明：云南人民出版社，1996.

[18]黄夏年.现代泰国佛教的活动及思潮[J].东南亚纵横，1992(4).

[19]纲领党中央党部.各民族相同的传统文化习俗[M].缅文版.仰光：图书出版发行公司，1975.

[20]净海.南传佛教史[M].北京：宗教文化出版社，2002.

[21]金湘玉.腾飞的东盟六国[M].北京：时事出版社，1995.

[22]孔远志.中国印度尼西亚文化交流[M].北京：北京大学出版社，1999.

[23]郎天咏.东南亚艺术[M].石家庄：河北教育出版社，2003.

[24]劳动人民日报社.缅甸文化漫步[M].缅文版.仰光：文学宫出版社，1969.

[25][英]理查德·温斯泰德.马来亚史[M].北京：商务印书馆，1974.

[26]李金兰.印度尼西亚：千岛牵手[M].南宁：广西民族出版社，2006.

[27]梁敏和，孔远志.印度尼西亚文化与社会[M].北京：北京大学出版社，2002.

[28]林秀梅.泰国社会与文化[M].广州：广东经济出版社，2006.

[29]刘新生.赤道上的翡翠：印度尼西亚[M].上海：上海锦绣文章出版社，2010.

[30]刘昫.旧唐书(卷一九七)[M].上海：中华书局，1975.

[31]吕大吉.宗教学通论新编[M].北京：中国社会科学出版社，1998.

[32]马燕冰，黄莺.菲律宾[M].北京：社会科学文献出版社，2007.

[33][苏联]马·叶列米耶夫.伊斯兰教是多结构社会的意识形态[J].世界宗教资料，1984(4).

[34]曼林妙觉.克伦族风俗[M].缅文版.仰光：瑞摩出版社，1970.

[35]曼纽丁.缅甸的乐器[M].缅文版.仰光：文学宫出版社，1986.

[36]貌岸.佛教2500年历程[M].缅文版.仰光：宗教局印书馆，1977.

[37]貌昂盟.兄弟民族习俗拾遗[M].缅文版.仰光：文学宫出版社，1985.

[38]貌波素江.缅甸古代服饰[M].缅文版.仰光：文学宫出版社，1983.

[39]貌新皆.克伦习俗[M].缅文版.仰光：父母心书店，1967.

[40]缅甸节会文化[M].缅文版.仰光：波罗沙书店，1984.

[41]苗敏淑.缅甸表演艺术[M].缅文版.仰光：文学宫出版社，1966.

[42][埃]纳·阿·曼苏尔.圣训经：中册[M].陈克礼，译.北京：北京清真书报社，1994.

[43][新西兰]尼古拉斯·塔林.剑桥东南亚史[M].贺圣达，等，译.昆明：云南人民出版社，2003.

[44]戚盛中.泰国[M].北京：世界知识出版社，1996.

[45][英]乔治·司各特.缅甸人：生活与信仰[M].缅文版.丁兑，译.仰光：主流出版社，1966.

[46]任一雄.东亚模式中的威权政治：泰国个案研究[M].北京：北京大学出版社，2002.

[47][巴基斯坦]赛·菲·马茂德.伊斯兰教简史[M].北京：中国社会科学出版社，1981.

[48]桑通昂.联邦民间游戏[M].缅文版.仰光：文学宫出版社，1968.

[49]僧维多陀比萨旺.缅甸传统剃度风俗[M].缅文版.仰光：缅甸书局，1982.

[50][越]释德念(胡玄明).中国文学与越南李朝文学之研究[M].台北：台北金刚出版社，1979.

[51]施雪琴.菲律宾天主教研究：天主教在菲律宾的殖民扩张与文化调适(1565—1898)[M].厦门：厦门大学出版社，2007.

[52]苏盟宁.缅甸妇女服饰[M].缅文版.仰光：文学宫出版社，1989.

[53]苏盟宁.缅族传统习俗[M].缅文版.仰光：妙瓦底印书馆,1991.
[54]汤平山.印度尼西亚[M].北京：当代世界出版社,1998.
[55]田禾，周方冶.列国志·泰国[M].北京：社会科学文献出版社,2005.
[56]王士录.当代柬埔寨[M].成都：四川人民出版社,1994.
[57]王守业，梁敏和，刘新生.列国志·印度尼西亚[M].北京：社会科学文献出版社,2006.
[58]王守贞，邹晓峰.马来西亚伊斯兰金融系统发展研究[J].东南亚研究,2008(2).
[59]吴艾乃.缅甸传统节会[M].缅文版.仰光：宗教局印书馆,1980.
[60]吴崇伯.举足轻重的东南亚大国：认识印度尼西亚[M].济南：山东大学出版社,2010.
[61]吴达拉.黄香楝文化[M].缅文版.仰光：文学宫出版社,1974.
[62]吴丹佩敏.缅甸人的缅甸[M].缅文版.仰光：摩福社,1967.
[63]吴敏奈.文化简介[M].缅文版.仰光：文学宫出版社,1990.
[64]吴平.古代云南与老挝的佛教文化交流[J].法音，2007(7).
[65]吴瑞明.印度尼西亚语语言文化研究[M].北京：军事谊文出版社,2001.
[66]吴虚领.东南亚美术[M].北京：中国人民大学出版社,2004.
[67]吴钦貌基.缅甸漆器[M].缅文版.仰光：文学宫出版社,1981.
[68]吴素.缅甸传统建筑艺术[M].缅文版.仰光：文学宫出版社,1986.
[69]武文侠，陆春林.印度尼西亚[M].北京：世界知识出版社,2001.
[70]信漂遵昂登.缅甸乡村民俗[M].缅文版.仰光：文学宫出版社,1990.
[71]雅玛涅哥哥乃.缅甸雕刻艺术[M].缅文版.仰光：文学宫出版社,1987.
[72]杨昌鸣.东南亚与中国西南少数民族建筑文化探析[M].天津：天津大学出版社,2004.
[73]杨全喜，唐慧.印度尼西亚研究[M].北京：军事谊文出版社,2009.
[74]杨武.东盟文化与艺术研究[M].哈尔滨：哈尔滨工程大学出版社,2007.
[75]俞人豪，陈自明.东方音乐文化[M].北京：人民音乐出版社,2002.
[76][美]约翰·卡迪.东南亚的历史发展[M].上海：上海译文出版社,1988.
[77]张殿英.东方风俗文化辞典[M].合肥：黄山书社,1991.
[78]张英.东南亚佛教与文化[M].北京：中央民族大学出版社,1999.
[79]赵锦元，戴佩丽.东南亚佛教与文化[M].北京：中央民族大学出版社,1999.
[80]朱振明.当代泰国[M].成都：四川人民出版社,1992.
[81]中共中央对外联络部课题组.老挝人民革命党处理宗教问题的探索与实践[J].当代世界与社会主义,2006(4).

[82]吴杰伟. 菲律宾天主教对政治的介入[J]. 东南亚研究,2005(6).

[83] Bùi Xuân Mỹ. *Tục thờ cúng trong gia đình người Việt*[M]. Hà Nội: Nxb Văn hoá Thông tin, năm 2001.

[84] Florus, Paulus dkk(ed.). *Kebudayaan Dayak: Aktualisasi dan Transformasi*[M]. Jakarta: Gramedia, 1994.

[85]http: //en. wikipedia. org/wiki/Religion_in_Malaysia, 2010-12-25.

[86] Hussin Mutalib. *Islam and Ethnicity in Malay Politics*[M]. Singapore: Oxford University Press, 1990.

[87] Ikram, Achadiati(ed.). *Bunga Rampai Bahasa, Sastra dan Budaya*[M]. Jakarta: Penerbit Intermasa, 1988.

[88] Koentjaraningrat. *Manusia dan Kebudayaan di Indonesia*[M]. Jakarta: Penerbit Djambatan, cetakan ke-18, 1999.

[89]Lê Văn Chưởng. *Cơ sở văn hoá Việt Nam*[M].Nxb Trẻ, năm 2005.

[90] Ngô Đức Thịnh. *Tín ngưỡng và văn hóa tín ngưỡng Việt Nam*[M].Hà Nội: Nxb Khoa học xã hội, năm 2001.

[91]Nguyễn Đăng Duy. *Các hình thái tín ngưỡng tôn giáo ở Việt Nam*[M]. Hà Nội: Nxb Văn hoá Thông tin, năm 2001.

[92]Nguyễn Hữu Ái, Nguyễn Mai Phương. *Phong tục cổ truyền Việt Nam*[M].Hà Nội, Nxb Văn hoá Thông tin, năm 2003.

[93]Phạm Minh Hạc, Nguyễn Khoa Điềm. *Về phát triển văn hóa và xây dựng con người thời kỳ công nghiệp hóa*[M].hiện đại hóa, Hà Nội: Nxb Chính trị Quốc gia, năm 2003.

[94] *Quarterly Bulletin of Malaysian Islamic Capital Market by the Securities Commission*,2007. 2, http: //www. mifc. com/06_ marketinfo. htm.

[95] *Quarterly Bulletin of Malaysian Islamic Capital Market by the Securities Commission*,2006.12, http: //www. mifc. com /06_ marketinfo. htm.

[96] Ruslan Zainuddin. *Sejarah Malaysia*[M]. Selangor: Penerbitan Fajar Bakti Sdn. bhd. ,2003.

[97]Rodey Wilson. *Islamic and Malaysia's Economic Development*[J]. Journal of Islam Studies, 1998, No. 2, p.269.

[98] Shadily, Hasan(ed.). *Ensiklopedi Indonesia*[M]. Jakarta: PT Ichtiar Baru Van Hoeve, 1985.

[99]Saripin. *Sejarah Kesenian Indonesia*[M]. Jakarta: Pratnja Paramita, 1960.

[100]Trần Ngọc Thêm. *Tìm về bản sắc văn hoá Việt Nam*[M].Nxb thành phố HCM, năm

2001.

[101] Trần Huyền Thương. *Phong tục Việt Nam*[M].Hà Nội: Nxb Văn hoá Thông tin, năm 2002.

[102] ภารดี มหาขันธ์. *พื้นฐานอารยธรรมไทย*[M]. กรุงเทพฯ: สำนักพิมพ์โอเดียนสโตร์, 1989.

[103] สมเจตน์ มุทิตากุล. *วันสำคัญของไทย*[M]. กรุงเทพฯ: สำนักพิมพ์โอเดียนสโตร์, 1988.

[104] อานนท์ อาภาภิรม. *สังคม วัฒนธรรมและประเพณีไทย*[M]. กรุงเทพฯ: สำนักพิมพ์โอเดียนสโตร์, 1982.

[105] ผจงจิตต์ อธิคมนันทะ. *สังคมและวัฒนธรรมไทย*[M]. กรุงเทพฯ: สำนักพิมพ์มหาวิทยาลัยรามคำแหง, 1998.

[106] วิไลเลขา ถาวรธนสาร. *พื้นฐานวัฒนธรรมไทย*[M]. กรุงเทพฯ: สำนักพิมพ์มหาวิทยาลัยรามคำแหง, 1993.

[107] ສັນລິດ ບົວສີສະຫວັດ. *ຮີດຄອງປະເພນີລາວ(ເຫຼັ້ມໜຶ່ງ)*[M]. ວຽງຈັນ: ໂຮງພິມສີສະຫວາດ, 2001.

[108] Sophie Clement Charpentier, Pierre Clement. ແປໂດຍສຸບັນທາ ຈັນຍາລາ. *ເຮືອນຂອງລາວ*[M]. ວຽງຈັນ: ບໍລິສັດຈັດພິມດອນເກດ, 2003.

[109] ອາລຸນ ສີລາດາລາຄຸນ. *ວັດທະນາທຳລາວ*[M]. ວຽງຈັນ: ມະຫາວິທະຍາໄລແຫ່ງຊາດ. 2001.

[110] ບົວບານ ວໍລະຄຸນ. *ລັກສະນະຊາດຂອງວັດທະນະທຳ*[M]. ວຽງຈັນ: ໂຮງພິມແຫ່ງລັດ, 1998.

后 记

本书为解放军外国语学院亚非语系主任、博士生导师钟智翔教授主持的“十二五”国家重点图书出版规划项目之一，由钟智翔教授策划编写。

作为中国的邻邦，东南亚各国与中国的友好关系源远流长。进入21世纪以来，随着双方交往的增多，广大读者了解东南亚、亲近东南亚逐渐成为一种时尚。有鉴于此，解放军外国语学院亚非语系特组织编写了《东南亚文化概论》一书。

本书以区域文化为视角，在整体观与多元观相结合的学术视野下，重点讨论了东南亚的生活习俗、艺术、宗教、民间信仰和节会文化，力图把构成东南亚文化的各民族文化作为一个完整的体系进行综合描写，实现东南亚各民族文化碎片化与区域文化整体性的对立统一。本书共时与历时相结合，描述与分析相结合，资料务求第一手，力求翔实可靠。

本书由于在照、钟智翔教授主编，编写组成员均为解放军外国语学院亚非语系东南亚语种群语言文化方向教学科研骨干。编写过程中，发挥各自的东南亚语言优势，认真查阅资料，阅读原著，切磋观点，力创新见。钟智翔教授作为本书的策划人，对本书的总体立意、框架建构以及学术规范、撰写要求等都给予了具体建议和指导。同时，还撰写了缅甸文化的相关内容。于在照教授作为本书的主编，负责全书内容、结构的具体设计和统稿。书稿写作之时，各位编写人员教学、科研工作十分繁重，但大家克服重重困难，加班加点，对书稿反复推敲，几经修改，终于完成了写作任务。

参加编写的人员（以姓氏笔画为序）有：尹湘玲、卢军、陈晖、张高杰、钟智翔、唐慧、徐方宇、蒋丽勇、覃海伦。

本书的出版得到了解放军外国语学院亚非语系教材建设委员会、亚非语言文学专业博士学位授权点、亚非语言文学国家特色专业建设点以及世界图书出版广东有限公司的大力支持。在此，谨一并致以诚挚的谢意。

虽然我们付出了很多努力，但终因学术视野及知识水平有限，故书中偏颇、阙漏在所难免，敬请学界同行、方家不吝批评指正。

编　者

二〇一四年五月